Georg Groddeck
Schicksal, das bin ich selbst

GEORG GRODDECK

Schicksal,
das bin ich selbst

Briefe und Aufsätze zur Psychosomatik

Mit einem Essay von

LAWRENCE DURRELL

LIMES VERLAG

Herausgegeben
von
MARGARETHA HONEGGER

Veränderte Neuauflage des Bandes
Der Mensch und sein Es, 1970

Alle Rechte vorbehalten

Der Abdruck der Briefe Sigmund Freuds
erfolgte mit freundlicher Genehmigung der
Sigmund Freud Copyrights Ltd, London
Gesamtherstellung: Ebner Ulm
Printed in Germany 1992
ISBN 3 8090 2301 9

INHALT

Lawrence Durrell: Groddeck 265

Anhang

Der Abdruck der Briefe Freuds an Groddeck vom 5.6.1917, 8.2.1920, 25.3.1923 und 21.12.1924 erfolgt hier mit freundlicher Genehmigung des S. Fischer Verlags, Frankfurt am Main. Diese Briefe erschienen bereits 1960 in der von S. Fischer Verlag veranstalteten Sammlung: Sigmund Freud, Briefe 1873–1939, hrsg. v. Ernst und Lucie Freud; 2. erw. Aufl. 1968.

BRIEFE

Baden-Baden, den 27. Mai 1917

Sehr geehrter Herr Professor,

gestatten Sie mir zunächst Ihnen meinen warmen Dank für alles auszusprechen, was ich durch das Studium Ihrer Schriften empfangen habe. Das Bedürfnis Ihnen diesen Dank auszusprechen, wird zur Pflicht, weil ich im Jahre 1912 ein Buch veröffentlicht habe, in dem sich ein voreiliges Urteil über die Psychoanalyse findet, aus dem Wortlaut allein ergibt sich, daß ich damals die Psychoanalyse nur von Hörensagen kannte. Es bedürfte einer ausdrücklichen Versicherung, daß der unverzeihliche Fehler auf Unwissenheit beruhte, nicht, wodurch er ja auch gar nicht gemindert wird, wenn nicht ein Umstand die Geschichte meiner Bekehrung, um diesen Ausdruck zu gebrauchen, interessant machte.

Im Jahr 1909, also drei Jahre vor der Veröffentlichung jenes Buches, trat eine Dame in meine Behandlung, deren Beobachtung mich auf denselben Weg gezwungen hat, den ich später als den der Psychoanalyse kennenlernte. Ich kann bestimmt versichern, daß jene Kranke nicht einmal das Wort Psychoanalyse kannte

7

und glaube fast, dasselbe von mir behaupten zu können. Ich habe von ihr zunächst die Eigentümlichkeiten der kindlichen Sexualität und der Symbolik kennengelernt und stand sehr bald, schon nach wenigen Wochen, dem Begriff der Übertragung und des Widerstandes gegenüber, – die Bezeichnungen Übertragung und Widerstand habe ich erst jetzt kennengelernt –, die beide gewissermaßen automatisch Drehpunkte der Behandlung wurden. Die Freude des Entdeckens hat mich dann in einen Rausch versetzt, der mehrere Jahre angehalten hat. Die Nachprüfung an meinem sonstigen Krankenmaterial und an den Ereignissen des täglichen Lebens ist eine reiche Zeit gewesen.

Je weiter ich aus der anfänglichen Zurückhaltung meiner Ansichten andern gegenüber ging, um so häufiger begegnete es mir, daß mir der Name *Freud* als Vorkämpfer dieses Ideenkreises genannt wurde. Da ich all mein lebelang trotz aller gegenteiligen Erfahrungen an dem Wunschgedanken festhielt, selbst schöpferisch zu sein, sträubte ich mich gegen die Erkenntnis, daß ich auch diesmal nur fremde Ideen auf irgendeine geheimnisvolle Weise in mich aufgenommen und verarbeitet hätte. Aus einer gleichsam divinatorischen Neidstellung heraus erfolgte dann 1912 mein Angriff. 1913 sah ich Ihre *Psychologie des Alltags* im Schaufenster, kaufte sie und gleichzeitig die *Traumdeutung*. Die Wirkung der Bücher war so erschütternd, daß ich, trotz des Bewußtseins mich einer außerordentlichen Bereicherung meines Wissens und Lebens zu berauben, keins der beiden Bücher zu Ende las.

Im Lauf der folgenden Jahre steigerte sich meine praktische Arbeit infolge der zeitraubenden psychischen Behandlung so sehr, daß ich nach einem Ausweg suchen mußte. Ich verfiel auf den Gedanken, in meinem Sanatorium Vorträge für meine Kranken zu halten, weil ich dann wenigstens nicht jedem einzelnen die allgemeinen Grundlagen meiner Ideen, die ich noch immer für mein Eigentum hielt, auseinanderzusetzen brauchte. Tatsächlich erreichte ich meinen Zweck. Der Eindruck war im übrigen so stark, daß ich den Plan faßte, die frei gehaltenen Vorträge zu überarbeiten und zu veröffentlichen. Diesen Entschluß habe ich im Oktober 1916 gefaßt. In dem dunkeln Gefühl, daß irgend etwas

an meiner scheinbaren Entdeckung nicht stimme, nahm ich Ihre
Bücher nochmals vor und ging dann zum Studium der psychoanalytischen Literatur, soweit sie nicht im Laufe des Krieges ver-
stummt ist, über. Eine der Folgen meiner verspäteten Ehrlichkeit
ist dieser Brief, der wohl in erster Linie ein Versuch der Recht-
fertigung vor mir selbst ist.

Der Wunsch, die Resultate meiner langjährigen Arbeit doch noch
in irgendeiner Weise öffentlich bekanntzugeben, besteht jedoch
weiter, aber es gibt noch eine Schwierigkeit, die sich für mich noch
nicht gelöst hat. Ich bin nach der Lektüre Ihrer Beiträge zur Geschichte der Psychoanalyse zweifelhaft geworden, ob ich mich zu
den Psychoanalytikern Ihrer Definition rechnen darf. Ich möchte
mich nicht als Anhänger einer Bewegung bezeichnen, wenn ich
Gefahr laufen muß, von dem Führer der Bewegung als nicht da-
zugehöriger Eindringling abgewiesen zu werden und deshalb
möchte ich Sie bitten, der Lektüre meines Briefs noch einige Minuten mehr zu widmen.

Zu meinen – oder soll ich sagen Ihren – Anschauungen bin ich
nicht durch das Studium von Neurosen gekommen, sondern durch
die Beobachtungen von Leiden, die man körperlich zu nennen
pflegt. Meinen ärztlichen Ruf verdanke ich ursprünglich meiner
Tätigkeit als physikalischer Therapeut, speziell als Masseur. Infolgedessen ist meine Klientel wohl anders geartet als die der
Psychoanalytiker. Längst ehe ich jene obenerwähnte Kranke im
Jahre 1909 kennenlernte, hatte sich bei mir die Überzeugung festgesetzt, daß die Unterscheidung von Seele und Körper nur eine
Wort- nicht eine Wesensunterscheidung ist, daß Körper und
Seele ein Gemeinsames sind, daß darin ein Es steckt, eine Kraft,
von der wir gelebt werden, während wir zu leben glauben. Selbstverständlich kann ich auch diese Idee nicht als mein Eigentum
beanspruchen, aber sie war und ist der Ausgangspunkt meiner
Tätigkeit. Mit andern Worten, ich habe von vornherein die Scheidung körperlicher und seelischer Leiden abgelehnt, habe den einzelnen Menschen an sich, das Es in ihm zu behandeln versucht,
einen Weg zu finden gesucht, der in das Unbetretene, Unbetret-
bare führt. Ich bin mir bewußt, daß ich mindestens hart an der
Grenze des Mystischen, vielleicht schon mitten darin mich be-

wege. Trotzdem zwingen mich die einfachen Tatsachen, diesen Weg weiter zu gehen.

Die Psychoanalyse arbeitet, wenn ich es recht verstehe, vorläufig mit dem Begriff der Neurose. Ich vermute allerdings, daß auch für Sie hinter diesem Wort das ganze Menschenleben liegt. Jedenfalls ist es so für mich. Das Es, das in geheimnisvollem Zusammenhang mit der Sexualität, dem Eros oder wie man es sonst nennen will, steht, formt ebenso die Nase wie die Hand des Menschen wie es seine Gedanken und Gefühle formt, es äußert sich ebenso als Lungenentzündung oder Krebs wie als Zwangsneurose oder Hysterie und ebenso wie die als Hysterie oder Neurose vortretende Tätigkeit des Es Gegenstand der psychoanalytischen Behandlung ist, ist es auch der Herzfehler oder der Krebs. An sich existieren Wesensunterschiede nicht, die uns zwingen könnten, hier den Versuch der Psychoanalyse zu machen und dort nicht. Vielmehr ist es nur eine praktische Frage, eine Frage des persönlichen Ermessens, wo man aufhören will, psychoanalytisch zu behandeln. Ich brauche den Ausdruck behandeln, weil ich nicht glaube, daß die Tätigkeit des Arztes sich weiter erstreckt als auf die Behandlung, das Heilen besorgt nicht er, sondern eben das Es.

Hier ist nun der Punkt, wo ich zweifle, ob ich das Recht habe mich als Psychoanalytiker öffentlich aufzuspielen oder nicht. Es ist nicht möglich bei der Entwicklung dieser Ideen, die ja im Grunde die Ihren sind, eine andre Nomenklatur zu brauchen als die, die von Ihnen festgelegt ist. Sie ist nicht zu ersetzen und reicht auch für meinen Zweck aus, sobald der Begriff des Unbewußten erweitert wird. In der Internationalen Zeitschrift beschränken Sie jedoch die Bedeutung des Unbewußten ausdrücklich. Will man diese Bedeutung erweitern, was zur Betrachtung psychoanalytischer Behandlung sogenannter körperlicher Leiden nötig ist, so überschreitet man vielleicht die Grenzen, die Sie der Bezeichnung Psychoanalyse gesteckt haben. Ist das der Fall, so müßte ich dem geplanten Buch einen Abschnitt einfügen, der den Versuch einer Entwirrung meines Verhältnisses zur Psychoanalyse enthielte, und dieser Versuch wird aller Wahrscheinlichkeit nach nicht verstanden werden. Es würde sich in der Arbeit nicht darum handeln, die Adlerschen Theorien weiter auszuführen, sondern darum, daß die organischen Leiden ebenso entstehen wie die funktionellen.

Ich fürchte, daß ich mich mit meinem „Es", das den Menschen formt, ihn denken und handeln und ihn krank werden läßt, nicht deutlich ausgedrückt habe. Vielleicht wird die Sache klarer, wenn ich in aller Kürze ein paar Beispiele nehme.

Eine Patientin erwacht morgens mit einer dickgeschwollnen Oberlippe, die Schwellung ist bedingt durch Herpesbläschen. Auf die Frage nach einem Datum wird der vorhergehende Tag genannt, als Stunde meine Besuchsstunde. Bei diesem Besuch habe ich der Patientin, die ich seit vielen Jahren wegen schwerer Polyarthritis behandle, scherzhaft gesagt, ihre Lippen seien zu dünn, das deute verkniffne Kußleidenschaft an. Eine Stunde nach dieser Feststellung ist die Schwellung der Lippe verschwunden. Die prompte Reaktion kann gewiß auch hysterisch genannt werden. Auf diese Weise ist man aber gezwungen, alles mögliche hysterisch zu nennen, unter anderm ihre Polyarthritis, die zur doppelseitigen Kniescheibenluxation geführt hat. Ihre Krankengeschichte, die zu ausführlich für diese Mitteilung sein würde, beweist, daß das Es in ihr die Polyarthritis geschaffen hat, um sie am Durchgehen zu verhindern. Ich habe in den letzten Jahren bei ihr die verschiedensten Verschlimmerungen und Besserungen ihres Gelenkleidens genau verfolgt und war imstande, mit experimenteller Sicherheit Veränderungen in dem Zustande der Gelenke durch Erwecken oder Beseitigen von Widerständen gegen mich herbeizuführen.

Bei einer andern Dame, deren Ergehen ich seit langen Jahren verfolge, vermochte ich ebenso auf experimentell psychischem Wege lange abgelaufene Venenentzündungen wieder hervorzurufen und zu beseitigen. Viele Erfahrungen habe ich auch mit Fettansatz und Abmagerung gesammelt, ebenso mit dem Wachstum der Kinder. Interessant sind auch Veränderungen in der Größe der Nase, die psychisch beeinflußbar sind. Die Reaktion der Schleimhäute auf die Einwirkung psychischer Verdrängungen in Gestalt von Schnupfen, Bronchialkatarrhen, Diarrhöen etc sind ja bekannt; ihre psychoanalytische Behandlung gibt überraschende Resultate.

Ich darf wohl noch einige Beispiele anführen. Einer meiner Patieten leidet an Netzhautblutungen. Merkwürdigerweise treten sie stets im Herbst auf. Es stellte sich heraus, daß der sehr intelligente, aber völlig ungebildete Kranke – er hat erst mit 18 Jahren autodidaktisch schreiben und lesen gelernt – als Kind einen Blinden täglich gesehen hat, von dem die Dorfbewohner erzählten, er sei einer Gotteslästerung wegen erblindet. Vollständig vergessen hatte der Kranke jedoch, daß er im Alter von 9 Jahren einen hölzernen Christus am Ausgang des Dorfs mit Steinen vom Kreuz geworfen hatte. Wie stark der ganz vergeßne Vorgang gewirkt haben muß, ging daraus hervor, daß der Patient bei der Mitteilung dieses Vorfalls ohnmächtig wurde. Es bestanden übrigens Ödipus- und Kastrationskomplexe, wie ich wohl kaum zu erwähnen brauche. Seit jener Mitteilung sind fünf Jahre lang keine Blutungen mehr aufgetreten, mit Ausnahme einer ganz kleinen, die am Tage vor der Aushebung zum Dienst stattfand und zwar an einer Wegkreuzung gegenüber einem gekreuzigten Christus. Zum Überfluß kam noch heraus, daß der Mann jenes Kindheitsereignis wiederum vollständig vergessen hatte, ja daß meine Mitteilung seine Erinnerung nicht zu beleben vermochte, sondern daß sie erst einige Tage darauf sich wieder einstellte.
Anschließend hieran erwähne ich verschiedene Beobachtungen über Blepharitiden, die mit Onaniekomplexen zusammenhingen. Die analytische Behandlung eines ziemlich bedeutenden Kropfs ist mir soweit gelungen daß die linke Kropfhälfte vollständig, die rechte etwa um drei Viertel zurückgegangen ist.
Zum Schluß möchte ich noch einen Kranken erwähnen, dessen Es Symptome der Syphilis hervorgebracht hatte, ganz charakteristische Hautausschläge, Geschwüre am Penis und am Arm, Halsgeschwüre und den Wassermann. Alles, auch der Wassermann – der übrigens durch seinen Namen gewirkt hatte – ist im Laufe der psychischen Behandlung verschwunden. Der Fall ist doppelt interessant, weil das Es im Laufe der Behandlung zeitweise, für Stunden oder Tage, Temperaturen von 40 Grad hervorbrachte, auf Nennung bestimmter Namen oder Aufwecken bestimmter Vorstellungen. Im übrigen litt der Kranke an Sklerodermie, derentwegen ich ihn vor 20 Jahren behandelt hatte. Das Wiederauf-

leben des Prozesses zu einer Zeit, in der ich schon auf die Tätigkeit des Es achtete, brachte mich darauf, der Sache analytisch nachzugehen. Das Resultat war ein Stillstand des Prozesses und ein völliges Abheilen der neu erkrankten Partien. Außerdem deckte die Analyse in für mich überzeugender Weise die ganze Entstehungsgeschichte seiner Sklerodermie auf, die ausgegangen war von dem linken Bein und zusammenhing mit dem Versuch ein nachkommendes Kind im Leib seiner Mutter zu zertreten. Die Verliebtheit in seine eignen und fremde Beine spielte dabei eine große Rolle. Später wurden unter dem Einfluß von Verdrängungen sadistischer und Schwangerschafts-Phantasien die Arme und die Bauchhaut mit ergriffen.

Ich darf wohl annehmen, daß Sie, hochverehrter Herr Professor, aus meinen kurzen Andeutungen herauslesen, daß ich beabsichtige in meiner Veröffentlichung die Idee zu vertreten, daß alle Erkrankungen des Menschen, ebenso wie sein ganzes Leben unter dem Einfluß eines Unbewußten stehen und daß in diesem Einfluß sich stets die Sexualität zum mindesten nachweisen läßt. Ich könnte mir sehr gut denken, daß Sie den Träger eines derartigen Versuchs als nicht in den psychoanalytischen Kreis in Ihrem Sinne passend desavouieren würden, falls er sich Psychoanalytiker nennen wollte. Dem mag ich mich aber nicht aussetzen. Ich würde daher sehr dankbar sein, wenn Sie mir mitteilen ließen, wie Sie darüber denken. Ich werde mich danach richten und in dem Buche eine deutliche Definition dessen geben, was mich aus der offiziellen Schule der Psychoanalyse ausschließt.

Das würde ich öffentlich tun müssen, falls Sie mir sagen, daß ich die Grenzen der psychoanalytischen Tätigkeit überschreite. Persönlich aber werde ich mich, trotzdem ich ursprünglich auf anderen Wegen als dem Ihrer Schriften zur Psychoanalyse gekommen bin, stets als Ihren Schüler betrachten müssen, dessen Hochachtung und Dankbarkeit ich Sie bitte nicht ganz zu verschmähen.

In vorzüglicher Hochachtung

Ihr ganz ergebener
    Dr. Georg Groddeck

Wien, den 5. 6. 1917

Sehr geehrter Herr Kollege,

Ich habe seit langem keine Zuschrift bekommen, die mich so erfreut, so interessiert und so sehr gereizt hätte, die dem Fremden
gebührende gemeine Höflichkeit durch analytische Offenheit in
der Antwort zu ersetzen.

Ich will es also versuchen: Ich merke, Sie bitten mich dringend,
Ihnen doch amtlich zu bestätigen, daß Sie kein Psychoanalytiker
sind, daß Sie nicht zur Schar der Anhänger gehören, sondern sich
als etwas Besonderes, Eigenständiges ausgeben dürfen. Ich tue
Ihnen offenbar einen großen Gefallen, wenn ich Sie von mir
stoße, dahin wo die Adler, Jung u. a. stehen. Aber ich kann es
nicht tun, ich muß Anspruch auf Sie erheben, muß behaupten,
daß Sie ein prächtiger Analytiker sind, der das Wesen der Sache
unverlierbar erfaßt hat. Wer erkennt, daß Übertragung und Widerstand die Drehpunkte der Behandlung sind, der gehört nun
einmal rettungslos zum wilden Heer. Ob er das „Ubw" auch „Es"
nennt, das macht keinen Unterschied. Lassen Sie mich Ihnen zeigen, daß es *keiner* Erweiterung des Begriffes vom Ubw bedarf,
um Ihre Erfahrungen bei organischen Leiden zu decken. In meinem Aufsatz über das Ubw, den Sie erwähnen, finden Sie
(S. 258 f.) eine unscheinbare Note: „Die Erwähnung eines anderen bedeutsamen Vorrechts des Ubw sparen wir für einen anderen Zusammenhang auf." Ich will Ihnen verraten, was hier zu-
rückgehalten worden ist: Die Behauptung, das der Ubw Akt eine
intensive plastische Einwirkung auf die somatischen Vorgänge
hat, wie sie dem bewußten Akt niemals zukommt. Mein Freund
Ferenczi, der darum weiß, hat in der Mappe der Int. Zeitschrift
eine Arbeit über Pathoneurosen bereitliegen, welche ganz nahe an
Ihre Mitteilungen herankommt. Ja, derselbe Gesichtspunkt hat
ihn für mich zu einem biologischen Versuch veranlaßt, in dem
gezeigt werden soll, wie eine konsequente Fortsetzung des Lamarckschen Entwicklungsgedankens zu einer Konsequenz der
psychoanalytischen Anschauungen wird. Ihre neuen Beobachtungen stimmen so ausgezeichnet zu den Gedankengängen dieser Arbeit, daß wir nur wünschen können, uns zur Zeit unserer Publikation auf Ihre bereits veröffentlichte Mitteilung zu berufen.

14

Möchte ich also beide Hände nach Ihrer Mitarbeiterschaft ausstrecken, so stört mich der eine Umstand, daß Sie den banalen Ehrgeiz, der originell sein will und nach Priorität strebt, wie es scheint, so wenig überwunden haben. Wenn Sie der Selbständigkeit Ihrer Erwerbungen sicher sind, wozu soll Ihnen dann noch die Originalität dienen? Übrigens können Sie in diesem Punkt sicher sein? Sie sind doch gewiß 10 oder 15 vielleicht 20 Jahre jünger als ich (1856). Können Sie nicht die leitenden Ideen der Psychoanalyse auf kryptomnestischem Wege aufgenommen haben? Ähnlich wie ich meine eigene Originalität aufklären konnte? Was kann das Ringen nach Priorität gegen eine ältere Generation überhaupt wert sein?

Ich bedaure diesen Punkt Ihrer Mitteilungen so recht, weil die Erfahrung gezeigt hat, daß ein ungebändigter Ehrgeiziger doch irgend einmal aufspringt und zum Schaden der Wissenschaft wie seiner eigenen Entwicklung Eigenbrötler wird.

Die Proben, die Sie von Ihren Beobachtungen geben, haben mir ausgezeichnet gefallen und ich hoffe, daß selbst nach strenger kritischer Sichtung sich vieles davon behaupten wird. Das ganze Gebiet ist uns ja nicht fremd, aber Beispiele wie das Ihres Blinden sind noch niemals gegeben worden und nun das zweite Bedenken! Warum stürzen Sie sich von Ihrer schönen Basis aus in die Mystik, heben den Unterschied zwischen Seelischem und Körperlichem auf, legen sich auf philosophische Theorien fest, die nicht an der Reihe sind? Ihre Erfahrungen tragen doch nicht weiter als bis zur Erkenntnis, daß der ps. Faktor eine ungeahnt große Bedeutung auch für die Entstehung organischer Krankheiten hat? Aber macht er diese Erkrankungen *allein*, ist damit der Unterschied zwischen Seelischem und Körperlichem irgendwie angetastet? Es scheint mir ebenso mutwillig, die Natur durchwegs zu beseelen wie sie radikal zu entgeistern. Lassen wir ihr doch ihre großartige Mannigfaltigkeit, die vom Unbelebten zum organischen Belebten, vom Körperlichlebenden zum Seelischen aufsteigt. Gewiß ist das Ubw die richtige Vermittlung zwischen dem Körperlichen und dem Seelischen, vielleicht das langentbehrte „missing link". Aber weil wir das endlich gesehen haben, sollen wir darum nichts andres mehr sehen können.

Ich fürchte Sie sind auch ein Philosoph und haben die monistische Neigung, alle die schönen Differenzen in der Natur gegen die Lockung der Einheit geringzuschätzen. Werden wir damit die Differenzen los?

Natürlich werde ich mich sehr freuen, wenn Sie mir Antwort geben! Ich bin überhaupt sehr gespannt darauf, wie Sie das Schreiben aufnehmen werden, das weit unfreundlicher wirken mag als die Absicht ist, die ihm zugrunde liegt.

In kolleg. Hochachtung
Ihr Freud

Juni (?) 1917

. . . . . .

Einige Worte möchte ich noch über das Ubw (des Es) hinzufügen. Wenn ich die Sache recht verstehe, so haben die Forschungen auf psychoanalytischem Gebiet bisher dazu geführt, wichtige Teilgebiete des menschlichen Lebens in Religion, Sprache, Kunst, Technik, täglichem Leben, in physiologischem und pathologischem Geschehen vom Ubw abzuleiten. Es besteht aber immer noch, wenigstens scheinbar, ein Gegensatz zwischen Ubw und Bewußtsein, als ob da zwei Kräfte wirksam seien. Man beansprucht scheinbar selbst im psychoanalytischen Kreise noch eine Menge Erscheinungen des Lebens als reine Abkömmlinge des Bewußtseins und tut so, als ob damit das Ubw nichts zu tun habe. Ich bin der Meinung, daß das Bewußtsein lediglich eine Äußerungsform des Ubw ist; daß alles, was im Menschenleben geschieht (das tierische und pflanzliche geht mich für meinen Zweck ebensowenig an wie das anorganische), daß alles letzten Endes vom Ubw geschaffen wird. Das Bewußtsein ist lediglich ein Werkzeug des Ubw, im wesentlichen wohl ähnlichen Verständigungszwecken dienend wie etwa die Sprache oder Gebärde. Oft kommt es mir auch so vor, als ob uns das Ubw mittelst des Bewußtseins nur das Allmachtsgefühl erhalten wolle, und ein sehr lustiges, allerdings auch grausames Spiel mit uns, das heißt mit sich selber triebe. Es wird nie gelingen, die Zusammenhänge aufzudecken, aber dem Beobachter ge-

lingt es zuweilen etwas zu sehen, was dem Antlitz des Ubw oder seiner Hand gleicht. Man hat auf die Zusammenhänge der Berufswahl und dem Ubw hingewiesen. Aber der Gang, die Haltung, die Bewegungen und die Gestalt der Hand verraten häufig genug die Bedingtheit durch unbewußte Kräfte. Für die Verdauung haben Pawlows Experimente einige dunkle Andeutungen gebracht, für Atmung, Herzschlag, Blut und Säfteverwandlung wissen wir es längst, und die Abderhaldenschen Versuche bezeichnen die Richtung, in der sich auf irgendeine Weise die medizinische Chemie mit dem Ubw auseinandersetzt. Mich wundert, daß man der Frage nach der Bedingtheit des Bewußtseins immer wieder ausweicht und dieses Ausweichen gar exakte Wissenschaft nennt, was doch nur exakte Dummheit ist. Wir vergeben uns doch nichts, wenn wir die Frage stellen, ob das Denken außerhalb des Zusammenhangs alles Geschehens steht, ob wir aus eigener, gewissermaßen außerweltlicher Machtvollkommenheit denken, handeln und geformt sind, oder ob nicht etwa auch wir in den Kreis des Natürlichen hineingehören und nach dem Willen von Kräften gelebt werden, die wir ganz gut im Abglanz sehen können. Die Psychoanalyse scheut sich nicht, auf die vorgeburtliche Zeit zurückzugreifen, und sie tut recht daran. Warum hängt sie sich aber durchaus und immer wieder an dem Organ des Gehirns auf und warum will sie nicht sehen, daß ceteris paribus aus Samenfaden und Ei immer wieder Hände, Augen, Gehirn werden? Da ist doch von Bewußtsein und bewußter Absicht keine Rede. Und wenn das Ubw das zustande bringt, so ist es doch wohl auch fähig, ein Hühnerauge zu schaffen oder eine Handbewegung zu leiten, oder den Chemismus der Menschen so umzustimmen, daß er anfallsfähig für Bakterien wird. Eben fährt ein Luftschiff über mein Haus, sieht es bloß so aus, als ob es ein Riesenmembrum wäre, ist es nur ein symbolischer Gedankenzusammenhang, oder ist nicht vielmehr das Ubw tätig gewesen und hat nach seinem Bilde etwas geschaffen, was das Bewußtsein für sich beansprucht, seiner selbst spottend. „Wie ein schöner silberner Vogel" ruft eben eine Frauenstimme. Ist das nicht zum Lachen?
Ich halte mich nicht für einen Monisten, wenn ich ehrlich mit mir bin, merke ich, daß ich Freude am Zusehen des bunten Spiels aller

Kräfte habe und mitspiele, ohne es immer selbst zu wissen. Wenn ich aber einsehe, daß das Wort Wissenschaft eben auch nur ein Spiel ist, lasse ich mir doch nicht immer und jederzeit weismachen, es sei heiliger Ernst. Und wenn ich erst einmal die Tatsache gesehen habe, daß aus Samenfaden und Ei die ganze Menschenherrlichkeit samt ihrer Wissenschaft entsteht, lasse ich mich nicht mehr immer in die wohl abgesteckten Grenzen der Dummheit zurückdrängen, die nicht sehen will, daß das Leben schon vor dem Gehirn da ist. Ab und zu ergreift mich dann die Lust, jemanden am Ohr zu fassen und ihm einen Embryo zu zeigen. Ich bilde mir auch ein, daß es ebenso wichtig und ebenso berauschend ist, dem Ubw nachzuspüren, als immer wieder die Fasern eines Muskels zu zählen oder aus früheren Büchern abzuschreiben, daß es Tuberkelbazillen gibt. Daß sich dabei die Grenzen von Wissenschaft und Mystik für mich verwischen, ebenso wie die von Körper und Seele (die übrigens der Grieche in seiner guten Zeit nicht kannte), halte ich für kein Unglück, für mich gewiß nicht, denn mir macht es Spaß, für meine Kranken auch nicht, denn denen helfe ich schlecht und recht wie andre Ärzte, und für das Weltgeschehen komme ich mir nicht wichtig vor. Ins Blaue hinein laufe ich wohl kaum, dazu bin ich zu sehr an die Praxis gebunden, alles in mir verwertet sich letzten Endes in der Krankenbehandlung. Und da habe ich die Hypothese, daß das Es den Menschen krank macht, weil es damit irgendwelche Zwecke verfolgt, nützlich gefunden. Wenn der Mensch aus dem Munde stinkt, will sein Ubw nicht geküßt werden und wenn er hustet, will es etwas nicht eintreten lassen und wenn er erbricht, will es etwas Schädliches wegschaffen und wenn ein Hühnerauge da ist, habe ich bisher immer und jedesmal unter dem Hühnerauge eine schmerzhafte Stelle gefunden, die das Ubw durch eine Schwiele schützen will. Und wenn jemand Gicht an den Füßen bekommt, so läßt sich nachweisen, daß er Ursache hat, vorsichtig zu gehen, um nicht am Stein des Anstoßes und Ärgernisses zu stolpern, und wenn jemand blind wird, so hat er die Gewohnheit des Es, das meiste nicht zu sehen, nur ein bißchen zu weit getrieben. Denn es ist nicht wahr, daß wir immer nur einen einzigen Bruchteil dessen sehen, was wir sehen könnten, das Es verbietet uns zu sehen, mit Bewußtsein zu sehen, was vor uns liegt. Es verhindert aber nicht, daß die Strahlen dessen, was wir nicht wahrnehmen in unsrer Netzhaut und von dort „reflektorisch" in uns selbst wirken. „Reflektorisch", wer lacht da nicht? Sie werden ebenso wie ich tausendmal nachgewiesen haben, daß in dem Gegenstand, den wir sehen, aber nicht wahrnehmen, Hindernisse für das Wohlbefinden unsres Ubw liegen.

Mein Brief ist unheimlich lang geworden. Aber ich muß doch nochmals Ihnen danken für Ihren Brief zunächst. Er hat mir gesagt, was ich hoffte. Und für alles andre, was Sie sind und tun, erst recht.

Immer Ihr ergebner
Groddeck

Esorbato, 29. 7. 1917

Sehr geehrter Herr Kollege,
Ihr Brief ist mir richtig zugekommen und hat mich sehr lebhaft interessiert. Ich habe ihn Ferenczi zugesendet und etwas lange auf seine Rücksendung warten müssen; daher die Verspätung meiner Antwort.

Ich meine nun, wenngleich Ihr Verhältnis zur Frage des Unterschiedes zwischen physisch und psychisch nicht ganz das unserige ist, sollten Sie doch sich als einen uns Nahestehenden betrachten und uns in unserer Arbeit zu Hilfe kommen. Unsere Zeitschriften stehen Ihnen offen. Wir werden uns freuen, Beiträge von Ihnen zu bringen, vielleicht solche, die Ihrem größeren Werke präludieren.

In dieser Erwartung und mit besten Wünschen
für den Fortgang Ihrer Arbeiten begrüße ich Sie

Ihr ergebener
Freud

Hochverehrter Herr Professor,

Meine Antwort auf Ihren gütigen Brief hat sich verzögert, weil ich Ihnen gerne gleichzeitig eine Broschüre zuschicken wollte, die erst heute in meine Hände kommt. Im wesentlichen ist es ja eine Wiederholung dessen, was ich Ihnen schon brieflich mitteilte. Vielleicht macht es Ihnen aber doch etwas Spaß, sich diese Frucht Ihrer Anregungen anzusehen.

Haben Sie Dank für die Erlaubnis, hie und da für Ihre Zeitschriften zu arbeiten. Ich werde gewiß Gebrauch davon machen. Heut nur ein paar Mitteilungen zum Zeitvertreib. Zunächst zum Thema: männliche Schwangerschaft. Ich behandelte jüngst einen Herrn wegen Gicht. Eines Morgens klagte er über einen neuen Anfall. Er sei gleich beim Beginn eines Spaziergangs entstanden. Er wisse nicht mehr, ob er gleich auf die Straße oder erst durch den Park gegangen sei. Assoziationen: Park – Parkin – Name eines Haarwuchsmittels, das sein Bruder brauchte; als Student hat er selbst ein braunes Haarwuchsmittel gebraucht, seine Wirtin hat gescholten, weil die Bettwäsche dadurch braune Flecken bekommen hatte. Frage, ob er einmal das Bett schmutzig gemacht habe. Er lacht und erzählt: Nach der zweiten Entbindung seiner Frau, die eine ganze Nacht gedauert habe, habe er in der folgenden Nacht geträumt, er müsse etwas aus dem Bauch herauspressen, er habe gepreßt und gepreßt und beim Erwachen habe das Kind in Gestalt einer Kotentleerung zwischen seinen Beinen gelegen. – Der Gichtanfall ging rasch vorbei, nachdem die Assoziation kahler Kopf-kahler Beutel gefunden und zergliedert war.

In der letzten Nummer der Imago findet sich ein Aufsatz von Levy über die Paradiessage. Der Apfel als Brust gedeutet ist wohl richtig; gleich wichtig, vielleicht wichtiger ist der Apfel als Hinterbacke (italienisch mele). Im Deutschen ist der Apfel ganz gebräuchlich in dieser Bedeutung. Noch auffallender ist der Pfirsich (Pfirsichbacken) namentlich für das Auge. Die Schlange ist nah verwandt dem Baum (Baumstamm-Stammbaum). Die malerischen Darstellungen des Sündenfalls sind eine Fundgrube. Beim Fluch läßt sich Herr Levy das Hübscheste entgehen, die Deutung von: Sie wird Dir den Kopf zertreten und Du wirst sie in die Ferse stechen. (Erschlaffung post coitum und Storchenmärchen.)

Ferenczi erzählt in der psychanalyt. Zeitschrift von den Heiserkeiten. Ich besitze eine Menge Material über diesen Gegenstand, möchte darauf aufmerksam machen, daß die Menschen heiser werden – auch dauernd – wenn sie etwas haben, was sich nur flüsternd mitteilen läßt, einen geheimnisvollen Komplex, den sie mitteilen möchten in der einen ubw Schicht, während die andre sich wehrt. Dahin gehört auch das Stocken in dem Fluß des Satzes – auch bei der schriftlichen Mitteilung mitten im Wort. Sehr interessant ist das Hoch- und Tiefwerden der Stimme im Verlauf der Unterhaltung. Bei Kindheitskomplexen wird die Stimme höher meist nur für einzelne Worte.

Bemerkenswert ist der Widerruf von Mitteilungen durch Einschieben von „nicht wahr?" „nicht?" etc. „Ich meine" (ich und mein) ist auch beliebt.

Können Sie eine Zusammenstellung solcher kleinen Züge brauchen, so will ich es versuchen.

In aufrichtiger Hochachtung Ihr ergebener Groddeck

N. B. Falls Sie glauben, daß Ferenczi oder einer der andern Herren Interesse an der Broschüre nimmt, würde ich sie gerne schicken; nur weiß ich ihre Adresse nicht.

Wien, 7. Oktober 1917

Sehr geehrter Herr Kollege,

Besten Dank für die Zusendung Ihrer Schrift, die ich trotz der Ihnen bekannten Bedenken für interessant und bedeutungsvoll halte. Ich werde für ihr Referat in der Intern. Zeitschr. Sorge tragen.

Ihr sehr ergebener Freud

Sehr geehrter Herr Kollege,
Ihr Anerbieten, weitere Exemplare Ihrer Schrift zu schicken, nehme ich dankend an. Das meinige ist zu Ferenczi (Budapest, Hotel Royal) gewandert, der darüber referieren soll. Ich würde gerne ein zweites für mich behalten und ein drittes soll im Verein herumgehen, um Interesse für Ihre Arbeiten zu wecken.

Die Beiträge, die Sie uns versprechen, werden bereitwilligst angenommen und abgedruckt werden, sobald die jetzigen Schwierigkeiten es gestatten. Besonders zweckmäßig erscheint mir ein kleiner programmatischer Aufsatz (in Anlehnung an Ihre letzte Schrift), der das Neue und Überraschende an Ihren Erfahrungen dem Publikum der Zeitschrift vorstellt und Sie selbst aufs passendste einführen könnte. Sie wissen mein Interesse für Ihre Aufstellungen ist sehr groß, und ich bin mir nur über den Umfang, in dem sie zu erweisen sind, unsicher.

Mit ergebenem kolleg. Gruß
Ihr Freud

Wien, 28. Oktober 1917

Sehr geehrter Herr Kollege,
Ich bestätige den Empfang der Sonderabdrucke Ihrer Schrift, die ich im Verein herumgehen lasse. Ferenczi hat das Referat darüber bereits vorgelegt.

Ihre interessante Bemerkung über die Analyse von Rosmersholm hat mich veranlaßt, das Stück nochmals zu lesen und es mit meinem, jetzt einzigen Gehilfen, Dr. Sachs, zu besprechen. Wir sind darin einig, Ihnen nicht nachzugeben. Alles scheint uns dagegen zu sprechen, daß das Geständnis der Rebekka West ein fiktives sei. Sachs meint, daß damit der Lebensnerv des Stückes durchgeschnitten wäre. Ich finde, daß die Stelle, an der sie auseinandersetzt, wie man gegen seinen Willen in solcher Weise immer weiter gedrängt wird, in ihrer aufrichtigen Erregung gegen Ihre Annahme spricht. Rosmer über den Steg zu bringen, ist doch ein Symbol für ein Ziel und kein Ziel selbst, für das man sein Leben lassen kann. Es soll doch nur bedeuten, daß er sich über den

Selbstmord der Frau hinwegsetzt. Seine Impotenz ist gewiß herauszufinden, aber Ibsen hat nicht an sie angeknüpft, sie nicht zum Träger des Stückes gemacht.

Heute habe ich eine Dame von 44 Jahren gesehen, die psy. hergestellt werden wollte, bei der ich aber die Diagnose einer multiplen Sklerose machen mußte (abgelaufene Neuritis. Blasenstör., ...). Ich habe abgelehnt, frage aber bei Ihnen an, ob Sie einen solchen Fall, bei dessen Entwicklung der psy. Einfluß ganz evident war, in Ihr Haus aufnehmen können. . . . . . .

Mit kolleg. Grüßen Freud

Baden-Baden, November 1917

Hochverehrter Herr Professor,

aufrichtigen Dank für Ihre Güte. Ich bin gerne bereit, den Versuch mit der Patientin, von der Sie schreiben, zu machen. Die Kosten betragen, alles eingeschlossen mit Ausnahme der Heizung, 25–35 Mark täglich je nach der Größe des Zimmers. Behandlung ist darin mit eingeschlossen.

Über Rebekka West denken Sie also doch so wie früher. Ich bin nun nur neugierig, wie Sie erklären, daß Rebekka das Gespräch zwischen Rosmer und Kroll belauscht und daß sie Kroll zu verstehen gibt, er wisse, wer die anonymen Briefe geschrieben hat. Ibsen ist zu sorgfältig in seinen Arbeiten gewesen, als daß man annehmen könnte, beides sei nur so zum Spaß eingelegt. Ich habe gefunden, daß man bei den Ibsenschen Dichtungen nach jeder neuen Lektüre vor neuen Problemen, ästhetischen und psychoanalytischen steht. In den letzten Jahren habe ich den Eindruck gewonnen, daß er sich in erstaunlicher Weise über die Menschheit lustig gemacht hat. Namentlich Nora ist dafür bezeichnend. Diese angebliche Frauenrechtlerin lügt, wie man es nur in den Hörsälen gewöhnt ist, und hält ihrem Mann, von dem sie weiß, daß er betrunken ist, im tête à tête Reden, die nur berechtigt wären, wenn ganz andre Bedingungen beständen. Es ist eine arge Verspottung des Publikums, das ja auch gründlich darauf reingefallen ist.

Ähnlich ist es mit dem Baumeister Solneß, der Wildente und vor allem Rosmersholm. Der Lebensnerv des Stücks wird nach meiner Ansicht durch meine Auffassung nicht berührt, das Ganze erscheint nur in andrer Beleuchtung und aus dem Pathos wird ironisches Pathos. Sobald man das Mißverhältnis zwischen Mittel und Resultat bei Ibsen ins Auge faßt, bemerkt man, glaube ich, daß er nicht bürgerliche Dramen sondern Komödien geschrieben hat. Ich halte es auch für wahrscheinlich, daß er das wußte und das stille Lachen des Ironikers sehr wohl kannte. Es ist ironische Tragik, daß ein Prachtweib wie Rebekka durch das Rosmersholmmilieu und einen „Adelsmenschen" zugrunde gerichtet wird.

Mit den herzlichsten Wünschen Ihr ergebener
Schüler Groddeck.

Baden-Baden, 19. 10. 1919

Hochverehrter Herr Professor,
mit derselben Post sende ich Ihnen ein Manuskript, das ich in einer Anwandlung von Laune einen psychoanalytischen Roman genannt habe. Das Buch hat seinen obligaten Rundlauf bei einer Reihe von Verlegern gemacht und ist mir regelmäßig mit höflich ablehnendem Dank zurückgeschickt worden. Nun habe ich die Hoffnung aufgegeben, jemanden zu finden, der es herausgibt, möchte aber, daß Sie, ehe es definitiv verschwindet, einen Blick hineinwerfen. Vielleicht macht es auch Ferenczi Spaß, es durchzublättern; es würde mich freuen, wenn ich ihm durch ein paar heitere Stunden meinen Dank für seine gütige Kritik meiner Broschüre abstatten könnte.
In meiner kleinstädtischen Abgeschiedenheit höre ich nichts mehr von dem, was vorgeht. Mein fasliger Buchhändler behauptet, Imago und die psychoanalytische Zeitschrift seien eingegangen. Ist das wahr? Ich hatte mich an diesen Genuß so gewöhnt, kann aber seit Monaten kein Heft mehr bekommen.

Mit allen guten Wünschen bin ich
Ihr dankbarer Groddeck

Baden-Baden, 31. 1. 1920

Hochverehrter Herr Professor,
darf ich Sie bitten, mir das Manuskript meines Romans wiederzu-
schicken? Ich stehe wieder mit einem Verlag in Verhandlungen,
vermutlich ohne Resultat; aber ich will es doch versuchen. Das
Buch scheint überall Unlust zu bringen, wenigstens lege ich mir
Ihr Schweigen als ein Zeichen des Mißfallens aus.
Beim Überarbeiten meiner Vorträge, bin ich auf einige gestoßen,
die sich mit dem 1. Buch Moses beschäftigen, andere über den
Struwwelpeter und über ein paar Klingersche Bilder. Wenn Sie sie
für die Imago brauchen können, würde ich sie schicken. Aber vielleicht haben Sie Stoff in Hülle und Fülle.

Mit allen guten Wünschen bin ich
Ihr ganz ergebener Groddeck

Wien, den 7. 2. 1920

Sehr geehrter Herr Kollege,
Ihr Beitrag angekommen, er ist so reichhaltig und originell wie
sonst Ihre Sachen. Wenn Sie wollen, kann ich alles Wesentliche
darin aus eigener Erfahrung bestätigen. Wir werden ihn in die
Zeitschrift stecken. Hoffentlich ist er nur der Vorläufer anderer
Beiträge.
Zu Ihrem Roman erlaube ich mir noch die Anregung, ob Sie ihm
nicht das Anslichtgebrachtwerden durch die Wahl eines minder
skurrilen Titels erleichtern wollen.

Ihr ergebner Freud.

Wien, 8. 2. 1920

Geehrter Herr Kollege,
Ich werde Ihnen den Roman nächster Tage durch unseren Verlag
zurückschicken lassen, aber Sie irren sich: er hat mir gut gefallen.
Ich habe mich partienweise köstlich mit ihm unterhalten. Die
Vorbilder alter englischer Humoristen sind gut getroffen. In
einem Punkt scheint er uns mit dem unsterblichen Muster eines

jeden humoristischen Romans, dem Don Quijote Ähnlichkeit zu haben. Der Held wächst dem Autor unter den Händen zu etwas Ernsterem als ursprünglich beabsichtigt schien. Ihre Gabe plastischer Schilderung, die gar nicht gewöhnlich ist, habe ich besonders an den Szenen in der Eisenbahn bewundert.

Nun freilich glaube ich auch mit Ihnen, daß das Buch nicht nach jedermanns Geschmack sein wird. So viel gescheite freimütige und übermütige Gedanken verträgt man nicht leicht. Und doch sollten Sie versuchen, es herauszubringen. Es sind wirklich schlechtere Produktionen in Zeichen der Analyse veröffentlicht worden.

Ihre Beiträge zur Imago werden uns immer willkommen sein. Wir haben zwar jetzt kein Papier, aber wir suchen es zu bekommen.

In kolleg. Hochachtung
Ihr ergebener Freud

Baden-Baden, den 2. 3. 1920

Hochverehrter Herr Professor,

Ihr Brief hat große Freude hervorgerufen. Der Roman ist nun wieder unterwegs bei Verlegern, hoffentlich kommt es zum Druck. Von Ihrer Erlaubnis, zu Ihren Zeitschriften beizusteuern, mache ich gleich Gebrauch. Allerdings ist es weder die Bibel noch der Struwwelpeter geworden, aber vielleicht findet der Schwefeldampf auch Liebhaber. Ob es sich für Imago oder für die Zeitschrift verwenden läßt, entscheiden Sie bitte selbst. Ich habe den Eindruck, als ob der Aufsatz – echt irdisch – zwischen dem Sublimen der Imago und dem Irdischen der Zeitschrift stünde.

Mit aufrichtigem Dank und in treuer Gesinnung

Ihr ganz ergebener
Groddeck

Hochverehrter Herr Professor,

unter dem Eindruck der Nachricht, daß der Höllenaufsatz in der Zeitschrift erscheinen soll, ist etwas Neues entstanden. Wenn es nicht brauchbar ist, bitte ich meinen Eifer zu entschuldigen.

Vom Roman kann ich leider nur melden, daß er wieder einmal zurückgewiesen ist. Die Absagen sind nicht ausführlich begründet, beginnen mit großem Lob des ersten Teils und enden mit dem Urteil, daß der analytische Teil die Kunstform zerbräche und infolgedessen das Ganze unbrauchbar werde. Der letzte Verlag behauptet sogar, daß ich mich in krassem Naturalismus verlöre. Ich werde weiter hausieren gehen. Daß Sie auf das Werk in Ihrem letzten Schreiben zurückkommen, hat mir Mut gegeben. Die Titelfrage ist immer heikel. Ich suche nach etwas anderem. Viel Hoffnung habe ich aber nicht. Jeder, der es liest, stößt irgendwie auf seine eigenen Verdrängungen und dann geht der Widerstand los.

Ich bin dabei, einen Aufsatz über Symbolik zu schreiben, der für die Imago berechnet ist; er geht aber arg ins Breite und wird nur für wenige genießbar sein.

Mit den herzlichsten Wünschen bin ich Ihr ganz ergebener

Groddeck

Sehr geehrter Herr Doktor,

Jeder Beitrag von Ihnen ist willkommen. Machen Sie sich mit der Tatsache vertraut, daß die Redaktion der psy. Zeitschriften hier Ihre Bedeutung zu schätzen weiß. Hätten wir Geld und Papier, so würde unser Verlag auch den Irrfahrten Ihres Romans ein Ende setzen.

Gegen Ihre letzte, uns eingesandte Analyse habe ich ein Bedenken, das Sie selbst helfen sollen zu zerstreuen. Ich glaube den halb ironischen Pat. Ihrer Analyse zu kennen; es gibt nicht leicht zwei solche Menschen. Auch ist er mit Ihrer Druck- und Ausdrucksweise sowie selbst mit Ihrer Höllenarbeit allzu vertraut. Nun haben wir es bisher möglichst vermieden, den dokumentarischen Charakter einer Analyse anzweifeln zu lassen. Es würde

27

vielen Mißbräuchen Eingang schaffen. Auch könnte uns das Halb-
phantastische Ihrer Analyse (dessen Berechtigung ich persönlich
wohl anerkenne), vor der Öffentlichkeit in Verlegenheit bringen.
Sagen Sie mir doch, wie Sie selbst darüber denken, und ob Sie
nicht den Kern dieses „analyt. Delirs" in ernsthaftester kritischer
Form für die Publikation erhalten können?

In herzlicher Ergebenheit
Ihr Freud

Baden-Baden, den 27. 4. 1920

Hochverehrter Herr Professor,
ich weiß nicht, ob die Änderungen in dem Kreuzartikel Ihnen
Freude bereiten, aber jedenfalls klären sie bis zu einem gewissen
Grade auf, was vorher unverständlich war. Und ein paar weitere
Worte werden Ihnen zeigen, wie kurios manchmal die Dinge liegen. Die Analyse hat tatsächlich so stattgefunden, wie ich sie niedergeschrieben habe, sie konnte aber nur deshalb so ausfallen,
weil der Kranke mein Stiefsohn ist, der seit seinem achten Lebensjahr in meinem Hause ist. Er ist mit einem starken nachbil-
denden Dichtertalent begabt, das vielleicht einmal schöpferisch
wird. Im Krieg ist er mit einer schweren Neurose niedergebrochen
und wird von mir seit zwei Jahren mit vielen Unterbrechungen
behandelt. Die Ähnlichkeit seiner Ausdrucksweise mit meinem
Romanhelden erklärt sich daraus, daß er eifersüchtig ist und mir
den Thomas Weltlein lebendig vorführt. Die Nachahmung meiner Person, die ja viel für Thomas Weltlein abgegeben hat, spielt
in den Symptomen seiner Neurose und wohl auch in deren Ursachen eine große Rolle. Seine Behandlung hat bei den engen
Beziehungen ihre Reize und ihre Schwierigkeiten. Vielleicht
komme ich einmal dazu, seine Geschichte mitzuteilen; sie ist
durch die Verquickung einer langjährigen Furunkulose des Gesichts und Rückens mit neurotischen Komplexen ausgezeichnet
und ein typisches Beispiel für die Verhältnisse, die mich von
vornherein dazu gebracht haben, die Analyse an Kranken mit
sogenannten somatischen Leiden zu erlernen.

Ich habe versucht, dahinterzukommen, warum ich nicht gleich in den wesentlichen Punkten mein Urheberrecht betont, sondern meinem Stiefsohn Dinge zugeschoben habe, für die ich und nicht er die Verantwortung trägt, wenn er sie auch rein formell in der Analyse vorgebracht hat. Die Umarbeitung zeigt Ihnen, daß das an dem Christusmythos liegt. Irgend etwas in mir hat mich gewarnt, aber ebenso wie Sie aus der Form die Fälschung durchgefühlt haben, ist es Freunden gegangen, denen ich den Artikel mitteilte. Und ich selber habe ein ungemütliches Gefühl dabei gehabt. Das ist nun vorüber, seit ich der Wahrheit die Ehre gegeben habe. Daß Sie mir diese Last weggenommen haben, danke ich Ihnen herzlich.

Ich möchte nun noch etwas Besonderes über diesen Artikel sagen. Das Wesentliche daran – wenigstens für mich – ist die Deutung der Kreuzigung. Sie ist mir schon sehr früh aufgefallen – möglicherweise im Anschluß an eine Radierung von Félicien Rops – und ich trage sie seit Jahren mit mir herum, ebenso wie vieles andere aus dem Neuen Testament. Ich habe beschlossen, sie im zweiten Teil des Thomas Weltlein, der wohl ungeschrieben bleiben wird, zu verarbeiten und sie gleichzeitig in die Überarbeitung meiner Vorträge aufzunehmen. Mittlerweile hat mich aber die Tatsache, daß von meinen eingebildeten Entdeckungen eine nach der andern von Ihnen oder Ihren Mitarbeitern veröffentlicht wurde, ungeduldig gemacht und mich dazu verleitet, die Sache in dieser Form zu Papier zu bringen. Im Innersten bin ich davon überzeugt, daß innerhalb der nächsten zwei Jahre irgend jemand das Christusthema behandeln wird, und ich verfalle noch oft in den Prioritätswahnsinn.

Es handelt sich nun für Sie und mich um die rein praktische Frage, soll die Deutung jetzt in einer Ihrer Zeitschriften veröffentlicht werden, oder ist es besser zu warten. Wie sehr mich das beschäftigt, sehen Sie daraus, daß ich zunächst die Deutung meinem Stiefsohn zugeschoben habe und daß ich mich gleichzeitig hinter Ihrem Rücken verkrieche und es Ihrer Zeitschrift aufhalse. Ich glaube, das spricht deutlich genug. Bitte, veröffentlichen Sie den Aufsatz nicht.

So nun ist es heraus. Leicht war es nicht. Aber ich bin immer zufrieden, wenn ich einmal mich entschließe, ein unanständiges Verfahren einzugestehen und wiedergutzumachen. Ich bin froh, daß Sie Verständnis haben.

Ich möchte Ihnen jetzt noch eine Menge Gutes sagen, so z. B. daß ich wieder einmal über Ihren Büchern sitze und mich an ihnen freue. Und dann, daß es mir angenehm ist, in Wien einen Menschen zu wissen, der Anteil an mir nimmt, ohne mich zu kennen, der mir etwas sagt, während sonst in der Ferne alles schweigt und nur ganz nahe Stimmen für mich vernehmbar sind.

Würde es Ihnen Freude machen, wenn ich in einen der psychoanalytischen Vereine Aufnahme suche? Ich passe nicht ganz hinein, das weiß ich jetzt schon; aber ich kann sagen, daß ich verträglich bin.

Und nun zum Schluß noch ein Wort über meinen Roman. Ich bekomme eine Absage nach der andern. Wäre es nicht möglich, das Ding im psychoanalytischen Verlage herauszugeben, wenn ich die Kosten trage? Aber das Papier – Wenn ich unbescheiden bin, verzeihen Sie es. Sie tragen einen Teil der Schuld, denn Sie sind freundlich gegen mich, und das ist – wenigstens von seiten der Ärzte – neu für mich.

In herzlicher Verehrung
Ihr Groddeck

Wien, den 9. 5. 1920

Geehrter Herr Kollege,

Das war wirklich eine merkwürdige Vermengung von Erraten und Fehlgehen. Nun aber, da Sie die Sache geklärt und geordnet haben, bitte ich auch um Ihre nachträgliche Zustimmung zu meinem Vorgehen.

Ich habe Ihren mir so wertvollen Beitrag bereits der Redaktion der Zeitschrift übergeben.

Sagt man übrigens nicht: Der Sohn *hängt* an der Mutter oder wie wir es ausdrücken: er ist an sie fixiert?

Das Anerbieten, das Sie mir für den Verlag machen, wirkte natürlich faszinierend. *Wenn* wir Papier bekommen, können wir uns mit der Sache beschäftigen. Aber wissen Sie auch, wie hoch die Kosten heute sind? Ein Bogen 1 Mark also bei 20 Bogen etwa und 1000 Exemplaren 20 000 Mk. Erfreuen Sie mich mit der Nachricht, daß solche Beträge für Sie keine Rolle spielen! Dann machte ich den Vorschlag als Zitat einfach den Namen des Helden zu verwenden und darunter zu setzen: Ein psychoanalytischer Roman.

Ob wir etwas davon hätten, wenn Sie z. B. in die Berliner Gruppe einträten? Ich denke doch, man würde sich dann auf den Kongressen (der nächste im Haag 8. September) sehen können.

Seien Sie herzlich gegrüßt. Sie haben recht,
es kursiert wenig Wohlwollen in der Welt
Ihr Freud

Baden-Baden, 21. Mai 1920
Hochverehrter Herr Professer,
Gerne gebe ich meine „nachträgliche Zustimmung", bin dankbar für die Veröffentlichung und bedaure nur, daß Ihr „der Sohn hängt an der Mutter" und das fixiert und crucifixus nicht in dem Aufsatz steht. Wenn es nicht unbescheiden ist, möchte ich bitten, es noch in einer Anmerkung einzufügen.

Bei der Berliner Gruppe habe ich um Aufnahme gebeten. Es wäre schön, wenn ich Sie einmal treffen könnte, und der Haag ist nicht unerreichbar für mich. Seit Jahren geht mir es im Kopfe herum, Sie zu bitten, ein paar Wochen hier bei mir gern gesehener Gast zu sein. Aber so etwas muß man sich erst von der Seele ringen, ehe man es auszusprechen wagt. Freilich Wünsche darf man hegen.

Thomas Weltlein, psychoanalytischer Roman, das ist einfach und gut. Besten Dank. Daß Sie den Roman eventuell für den Verlag nehmen wollen, ist so angenehm zu hören, daß ich mich nicht genug freuen kann. Die Geldfrage läßt sich lösen, allerdings nicht aus meinen Mitteln; aber ich habe Freunde – in Holland vor allem – die mir helfen werden, so daß ich, sobald Aussicht auf Papier da ist, die 20000 Mark deponieren kann, wo und wie Sie es wünschen. Aus meinem Bekanntenkreise kann ich mit einigen hundert Käufern rechnen, so daß der Verlust für den Geldgeber selbst im schlimmsten Fall nicht groß sein würde. Wollen Sie es versuchen?

Ich habe noch ein paar Kleinigkeiten verändert, denke aber, Sie werden Freude an den Veränderungen haben.

Meine Symbolarbeit ruht zur Zeit. Wenn sie gelingt, wird sie Ihr Interesse wecken, aber es ist die Frage, ob sie gelingt.

Mit meinen herzlichsten Grüßen
und reichem Dank bin ich

Ihr ergebener Groddeck.

Den Haag, 11. 9. 1920

Hochverehrter Herr Professor,

Ihre Frage, ob ich meine Mitteilungen auf dem Kongreß ernst meine, ist mir nachgegangen. Ich will versuchen, mich verständlich zu machen.

Wenn man sogenannte gesunde Menschen auffordert, sich die Gegenstände ihres Wohnzimmers anzusehen, die Augen dann zu schließen und die Objekte zu nennen, so lassen sie regelmäßig dieses oder jenes aus.

Analysiert man, warum diese bestimmten Gesichtseindrücke nicht in das Bewußtsein kommen, so stellt sich heraus, daß sie zu verdrängten Komplexen gehören. Es besteht also eine Wachzensur.

Sind die verdrängten Komplexe für visuell stark beanlagte Menschen zuviel, so wird die Zensur verschärft und das Auge kurzsichtig gemacht. Reicht das nicht aus, so zerstört das Unbewußte durch Blutung die Netzhaut.

Es ist derselbe Vorgang auf einem andern Gebiet wie die Bildung der Antitoxine zur Überwindung der Toxine, wie Fieber und Eiterung zur Überwindung der Infektion.

Werden die Verdrängungen gelöst, so kann die Zensur gemildert und die Netzhautblutungen können aufgegeben werden. Ceteris paribus: Wann kommen Sie nach Baden-Baden.

Stets Ihr ergebener Groddeck

Baden-Baden, den 17. Oktober 1920

Hochverehrter Herr Professor,

statt des Symbolaufsatzes, den ich schon lange versprochen habe, schicke ich Ihnen einen Nachklang aus den Kongreßtagen. Für mich ist dieser Versuch, mich mit der Nomenklatur auseinanderzusetzen, eine Notwendigkeit, weil ich sonst immer Mißverständnissen ausgesetzt bin. Nach dieser Probe hoffe ich des Diploms als Psychoanalytiker wert zu sein und kann nun, in meinem Gewissen beruhigt, zu meinem Kauderwelsch zurückkehren, das ich bequemer handhabe und das mir Freiheit läßt zu denken, was ich denken muß. Der Kongreß hat nämlich eine etwas unangenehme Folge für mich gehabt. Die alte Erfahrung, daß das Wort das Denken fesselt, hat sich mir in solchem Maße bestätigt, daß meine Scheu vor terminis technicis, ja vor jeder bestimmten Definition noch größer geworden ist, als sie ohnehin war.

Vielleicht läßt sich der Aufsatz in der Zeitschrift unterbringen. Hat Ihnen Rank mitgeteilt, was er für einen Titel für den Roman gefunden hat? „Der Seelensucher". Mir gefällt er, aber ich möchte nichts ohne Ihre Einwilligung ändern. Zur Erklärung muß ich hinzufügen, daß ich in das erste Kapitel eine Erzählung von einer Silhouette eingeschoben habe, die Thomas Weltlein den Seelensucher nennt, und die das Ganze des Romans beherrscht; die Silhouette wird vorn auf dem Titelblatt abgedruckt. Ranks Bekanntschaft ist besonders angenehm für mich gewesen. Die wenigen Worte, die er auf dem Kongreß gesprochen hat, sagten bestimmt und deutlich, was er meinte, und das ist eine Gabe, die mich interessiert.

Im übrigen bin ich während dem Kongreßtage in halbem Dämmerzustande hinter Ihnen hergelaufen, recht wie ein Verliebter. Und wenn ich daran zurückdenke, freue ich mich, daß ich noch jung genug bin, stark zu empfinden, wenn es sich lohnt. Meine Sehnsucht ist nun, einmal ruhig mit Ihnen zusammen zu sein. Aber die Aussichten dafür sind nicht günstig. Ich sitze hier fest und muß Geld verdienen und Ihnen wird es nicht viel anders gehen. Empfehlen Sie mich bitte Fräulein Anna und wer sonst noch Interesse für meine Grüße hat und seien Sie selbst herzlichst gegrüßt

von Ihrem getreuen Schüler Groddeck.

Wien, 15. November 1920

Lieber Herr Doktor,

Ich bin sehr froh, daß wir Ihnen einen so schönen und „braven Aufsatz" herausgerissen haben. Er haust bereits in der Redaktionsmappe und wird sie für die zweite Nummer des neuen Jahrgangs (hoffentlich!) verlassen. Von Ihrem Roman weiß ich natürlich alles und bin mit dem Rankschen Namen sehr einverstanden. Eben wird ein hübsches Umschlagbild entworfen.

Warum Sie sich bei der Annahme unserer termini als Märtyrer vorkommen, durchschaue ich nicht ganz. Ein Residuum Ihrer ersten Zuschrift an mich, etwas Kalkstaub vom Tor, durch das Sie in unser Städtchen eingetreten sind! Ich habe lachend bemerkt, daß Sie am Ende Ihres schönen, originellen und von einer freien Skepsis durchwehten Aufsatzes dogmatisch und phantastisch werden und unser bis dahin gemeinsames, Gott sei Dank recht vorläufiges und unbestimmtes Unbewußtes mit den positivsten Qualitäten aus geheimen Kenntnisquellen ausstatten. Nun, jeder gescheite Mensch hat ja eine Grenze, wo er anfängt mystisch zu werden, dort wo sein Persönlichstes beginnt. Aber können Sie in diesen letzten Sätzen nicht noch etwas ändern, ein sacrifizio d'emozione bringen? Es wird dankend anerkannt werden.

Starken persönlichen Nachhall haben Ihre Worte von der vermutlichen Unterhaltlichkeit eines ausgiebigeren Gedankenaustausches zwischen uns beiden gefunden. Aber auch Ihr resignierter Nachsatz hat recht. Ich bin in der Lage der kumäischen Sibylle, die sich das letzte Drittel ihres Vorrats an Weisheit teurer als das Ganze bezahlen lassen will. Auch ich bin so verarmt, daß ich das letzte meiner Arbeitszeit- und Kraft teuer verkaufen muß, zum Glück ist es kein Drittel mehr. Auch reißt die Analogie darin, daß ich keinen der jetzt so seltenen Könige finde, ich raffe es also von Kollegen und Krämern zusammen.

Mit herzlichem Gruß
Ihr Freud

P. S. Meine Tochter ist noch in Berlin, wird sich über Ihre freundliche Erwähnung sehr freuen.

Baden-Baden, den 20. 11. 1920

Hochverehrter Herr Professor,

aus Ihrem Briefe sehe ich wieder, wie gütig Sie mit mir verfahren. Die Schlußsätze meines Aufsatzes sind, senza emozione gelesen, nicht brauchbar. Ich bitte, den ganzen Abschnitt zu streichen und die Arbeit mit den Worten schließen zu lassen: „geht hervor, daß die Psychoanalyse des Organischen dieselben theoretischen Gesetze und praktischen Erfolge hat wie die der Neurose".

Damit ist die Sache verschoben, aber nicht erledigt, da ich wohl die Schärfe hier, wo sie ganz falsch wäre, ohne weiteres und freudig weglassen kann, aber meinen Mystizismus, ohne den es bei mir nicht geht, irgendwo anders loswerden muß. Ich komme damit auf eine Angelegenheit, die ich schon mehrfach erwähnt habe. Seit einigen Jahren brüte ich über einem Buche, das verständlich und ruhig auseinandersetzen soll, was ich denke. Ich denke, mich im Winter für einige Monate einzuschließen und diese Arbeit zu erledigen. Aber ich fürchte, Sie wird Ihnen nicht sonderlich gefallen, denn sie wird viel Mystik und viel Phantasie enthalten. Schon meines Verhältnisses zu Ihnen wegen wird es gut sein, wenn ich diese Seeschlange ans Licht gebracht habe. Ich komme mir wie ein Kind vor, von dem man voraussetzt, es sei lieb gewesen, während es im Tiefsten allerlei vorhat, wovon es weiß, die Eltern billigen es nicht und deshalb möchte ich, daß Sie das Werk kennenlernen. Es wird entscheiden, ob Sie mich noch weiter als Gefolgsmann dulden können.

Mir ist bekannt, daß hinter dieser Angst, ihre Billigung zu verlieren, der Wunsch steckt, wieder frei zu sein. Aber dieser Wunsch wird auf die Arbeit keinen Einfluß haben, zumal jetzt nicht mehr, nachdem Ihr Brief mich auf die Gefahr der emozione aufmerksam gemacht hat. Der Gernegroß haftet mir an und steckt seinen Kopf vor, wo es nicht recht ist. Und dann finde ich es schwer zu schweigen, bloß weil man nicht genau weiß, ob es auch richtig ist, was man sagt. Ich habe zu oft erlebt, daß aus lauter Vorsicht Dinge ungesagt bleiben, die gerade nur der Eine sagen kann. Ja, und dann kann man mit fünfzig Jahren noch eine freche Ansicht äußern, die einem mit sechzig Jahren unmöglich vorkommt, und als Unbekannter trägt man nicht die Fesseln der Vergangenheit und des Autoritätseins.

Vielleicht irre ich mich auch, und das Buch ist gar nicht so gefährlich. Jedenfalls bitte ich Sie, Ihr Urteil über mich noch nicht abzuschließen, soweit es meine ärztliche Tätigkeit betrifft. Und als Mensch werden Sie mich schon deshalb nicht loswerden, weil ich Sie nicht loslassen werde. Ich habe sehr fest zugegriffen, so daß es mich ein Stück Fell kosten würde, wenn ich abgeschüttelt würde.

Hoffentlich leiden meine Liebeserklärungen nicht an Eintönigkeit. Im Grunde bin ich aber ruhig darüber, seit ich Ihr verstehendes Lächeln gesehen habe, in dem sich das Wort: „Richtet nicht" so gut personifiziert.

Mit allen herzlichen Grüßen und Wünschen bin ich
Ihr ergebener Groddeck

Wien, 28. November 1920

Lieber Herr Doktor,

Ich danke Ihnen sehr für Ihre Opferung zu Ende Ihres Aufsatzes für die Zeitschrift.

Ich finde es sehr begreiflich, daß Sie sich dafür entschädigen wollen (der ökonomische Gesichtspunkt!) und bin auf Ihr angekündigtes Buch sehr gespannt. Teile aber Ihre angedrohten Besorgnisse keineswegs; ich meine eher, wenn bei uns alles gut geht, werden wir Sie bitten, uns auch dieses ketzerische Werk zum Verlag zu überlassen. Ich bin nämlich selber ein Ketzer, der sich noch nicht in einen Fanatiker umgewandelt hat. Fanatiker, Leute die imstande sind ihre Beschränktheit feierlich ernst zu nehmen, vertrage ich nicht. Wenn man nur seine Überlegenheit behält und weiß, was man tut, kann man allerlei tun, was außer der Richtung läuft. Auch die Courage, die Sie zeigen wollen, gefällt mir sehr gut. Vielleicht wird meine letzte, kleine eben erschienene Schrift: „Jenseits des Lustprinzips" mein Charakterbild auch in Ihren Augen etwas verändern.

Auch ich denke also nicht daran, so leicht auf Sie zu verzichten.

Mit herzlichem Gruß
Ihr Freud

Hochverehrter Herr Professor,

als Neujahrsgruß schicke ich Ihnen einen etwas mißgestalteten Aufsatz für die Imago. Er ist charakteristisch für meine Verfassung, falls sonst nichts daran ist. In der ersten Hälfte ist alles dicht und fest gewebt, dann wird er fadenscheinig und schließlich sind nur noch ein paar zusammenhängende Streifen da, die riesige Löcher einschließen. Das Ganze verdient die Bezeichnung Faulheitsprodukt.

Inzwischen ist das Probeexemplar des Seelensuchers bei mir eingetroffen. Umschlag und Vordruck sind herrlich und die ganze Ausstattung würdig. Ich bin sehr froh, den Narren in so gutem Gewand herumlaufen zu sehen. Nun bleibt abzuwarten, was die Welt dazu sagt. Ihre neue Arbeit habe ich noch nicht, freue mich also ein wenig länger darauf. Ich wollte, ich könnte auf irgendeine Weise Ihnen einen Teil der Lebensfreude wiedergeben, die ich durch Sie bekommen habe. Ich kann es aber nur so wie es brave Knaben mit ihren Vätern tun, mir vornehmen, gut zu arbeiten und Ihnen Ehre zu machen.

Am Montag gehe ich, seit sechs Jahren zum erstenmal, in die Ferien, in den Schwarzwald, in ein Häuschen abseits von allen Menschen, nur begleitet von meiner Assistentin, ohne dienstbaren Geist und ohne die Gefahr, irgend jemanden zu sehen. Sie wird kochen und ich werde Holz hacken und Zimmer kehren, wir werden im Walde herumstreifen, Vögel und Rehe füttern und viel dösen. Und wenn es der Himmel will, werde ich das Buch über das Ubw anfangen. Etwas Populäres. Vor ein paar Jahren hatte ich den Drang, es zu schreiben, jetzt muß ich mich dazu zwingen.

Meine Mitarbeit an dem Kinderbuche, zu der mich der Verlag aufgefordert hat, wird nichts werden.

Draußen knallen die Jungens mit Fröschen und Schwärmern, und dabei ist die Nacht warm wie im April. Ab und zu geht der Wind durch die Bäume vor meinem Fenster, und im Grunde genommen ist das Leben arg schön.

Ich grüße Sie von Herzen und bin wie immer
Ihr dankbar ergebener Groddeck

Lieber Herr Doktor,

Manuskript angekommen, nicht beschimpfen, klug und keck wie immer. Dem „Narren" steht sein Gewand sehr gut. Er wird vielen Freude machen, viele ärgern. Ferenczi hat sich ausgebeten, ihn zu begrüßen. Großer Neid ob Ihrer Waldfahrt, aber keine andere Zeit des Jahres?

Herzliche Wünsche
Ihr Freud

Wien, 17. 4. 1921

Lieber Herr Doktor,

Es ist Sonntag und ich mache mir einen Feiertag daraus, Ihren Brief zu beantworten.

Die fünf Briefe sind charmant; ich bin fest entschlossen, Sie zu keinem anderen Verlag wandern zu lassen. Besonders wo Sie von sich selbst erzählen, sind Sie unwiderstehlich. Ich soll Ihnen berichten, daß meine Tochter, bisher außer mir der einzige Leser und nicht ohne mitgebrachte Antipathie vom Haag her, denselben Eindruck bekommen hat.

Nun bin ich sehr gespannt auf die Fortsetzung. Ob Sie den spröden Stoff auch weiterhin so leichtflüssig schmelzen werden und ob es Ihnen gelingen wird, bei all Ihren Capriccios das Stück Boden, von dem Sie abspringen, so kenntlich erscheinen zu lassen. Ihr Stil ist bestrickend, Ihre Rede wie musikalisch.

Um nun von Ernsterem zu reden: Ich verstehe sehr wohl, warum Ihnen das Ubw nicht genügt, um das Es entbehrlich zu finden. Es geht mir ebenso, nur daß ich ein besonderes Talent zur fragmentarischen Genügsamkeit habe. Denn das Unbewußtsein ist doch nur etwas Phänomenales, ein Kennzeichen in Ermanglung einer besseren Bekanntschaft, wie wenn ich sagen würde: der Herr im Havelock, dessen Gesicht ich nicht deutlich sehen kann. Was mache ich, wenn er einmal ohne dieses Kleidungsstück auftritt? Längst empfehle ich daher im intimen Kreise, nicht das Ubw und das Vbw, sondern ein zusammenhängendes Ich und ein davon ab-

gespaltenes Verdrängtes in Gegensatz zu bringen. Das löst aber
auch die Schwierigkeit nicht. Das Ich ist in seinen Tiefen gleichfalls tief unbewußt und doch mit dem Kern des Verdrängten zu-
sammenfließend. Die richtigere Vorstellung scheint also zu sein,
daß die von uns beobachteten Gliederungen und Sonderungen
nur in relativ oberflächlichen Schichten Geltung haben, nicht in
der Tiefe, für die Ihr „Es" die richtige Bezeichnung wäre. Etwa
so:

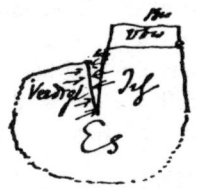

Wir werden noch darüber sprechen, wenn das Büchlein (Ihres)
fertig ist. Sprechen wäre mir auch lieber als schreiben. Aber wie
soll man das machen? Können Sie im Sommer einige Tage ab-
kommen, nach Gastein oder wo ich später sein werde?
Sie sagen auch, ich entfernte mich von der Erotik. Mein nächstes
Schriftchen wird Ihnen vielleicht zeigen, daß, wenn ich das tue,
ich doch den Eros mit auf die Reise nehme (Massenpsychologie
und Ich-Analyse).

      Mit herzlichen Grüßen und in Erwartung Ihr ergebener
                                     Freud

                             Baden-Baden, den 22. Mai 1921
Hochverehrter Herr Professor,
Darf ich gleich mit einer Bitte beginnen? Kommen Sie doch auf
ein paar Wochen hierher. Wann es Ihnen paßt. Ich weiß, es ist oft
lästig Gast zu sein. Aber in der Marienhöhe läßt es sich leben.
Niemand wird gestört oder läßt sich stören. Sie bekommen wie
ein jeder Ihre Mahlzeiten auf Ihrem Zimmer und wenn Sie Gesellschaft beim Essen oder sonstwo brauchen, sagen Sie es, dann
esse ich mit Ihnen. Ich bin schon seit Jahren den ganzen Tag
dort, mein eigenes Haus ist nur Schlafstelle für mich. Von den

Kranken – mehr als 14 sind es nie – merken Sie nichts, auch keinen Jodoform- oder Apothekengeruch. Und dann sind Sie in Baden-Baden. Soviel ich auch von der Welt gesehen habe, der schönste Ort ist Baden-Baden. Ich bin selbst eingewandert, ein Preuße und liebe die Süddeutschen ebensowenig, wie sie mich lieben. Aber das Land ist schön.

Die einzige Schwierigkeit ist, daß ein Verliebter in Ihrer Nähe sein wird. Aber ich bin darin noch jung, und ebenso wie ich im Haag zufrieden war, wenn ich Sie ab und zu sah und sprach, werde ich es auch hier sein.

Wenn ich recht unterrichtet bin, sind Sie es gewöhnt, Ihre Tochter bei sich zu haben. Ich hoffe, sie wird gütig sein und meine Einladung annehmen und auch Ihnen zureden. Bitte grüßen Sie sie von mir.

Worte und Zeichnung vom Verdrängten, Ich und Es haben auf mich gewirkt und werden Früchte tragen. Vielen Dank!

Meine Schreiberei stockt etwas. Aber ich habe das Gefühl, daß es bald wieder losgehen wird. Es war eine große Freude zu hören, daß Ihnen die Briefe gefallen.

Darf ich fachsimpeln? Eine Frau ist bei mir, die das Etikett: Herzfehler und chronische Nierenentzündung mitbrachte. Hochgradig wassersüchtig und strenge Katholikin. Anfangs ging die Sache leidlich vorwärts. Plötzlich – unter Zuhilfenahme des Sonntags – ließ sie das Wasser steigen, der Puls wurde beängstigend schwach und die Urinsekretion stockte 36 Stunden ganz. Montag morgen um $1/2$ 11 Uhr entdeckte ich den Grund des Widerstandes. Um $1/2$ 2 Uhr war der Nachttopf voll und am nächsten Morgen waren 3 Liter weggepinkelt. Ist das nicht hübsch?

Und eine andre. Sie war vor Jahren gonorrhoisch angesteckt worden. Die Sache heilte, aber es sollen Reste von einer Salpingitis geblieben sein. Vor vier Monaten wieder dicker gelber Eiter, ohne Gonokokken, in der linken Seite starke Schmerzen in der Eileitergegend. Lange frauenärztliche Behandlung. Das Etikett von englischer Weisheit ausgewählt, septic Endometritis und Salpingitis: vermutlich also Streptokokken nachgewiesen. Um 1 Uhr erste Analyse. Zwei Stunden darauf sind die Schmerzen fort. Am nächsten Morgen ein wenig weißer Ausfluß. Aufsuchen und Finden des Widerstands. Seitdem ist der Ausfluß fort. Ist das nicht auch hübsch? Wenn sich doch auch andre entschlössen, den Unterschied zwischen organisch und neurotisch auf seine Berechtigung hin zu prüfen.

Lieber Herr Professor, kommen Sie doch her nach Baden. Es wird Ihnen sicher gefallen.

Alles Gute und Herzliche von Ihrem getreuen Schüler
Groddeck.

Wien, den 29. Mai 1921.
Lieber Herr Doktor

Was für eine verlockende Perspektive eröffnen Sie mir da! Und wie schlau, auch meine Kleine einzuladen, damit ich nicht von Heimweh befallen werde! Ich muß natürlich ablehnen. Der rationelle Grund ist, weil die heurigen Ferien schon verteilt sind und nichts mehr hineingeht. Der wirkliche Grund ist ein andrer. Weil mir nämlich die Jugend abhanden gekommen ist. Wäre ich 15 Jahre jünger so hätte mich kein Teufel abgehalten, mich Ihnen für einige Wochen aufs Genick zu setzen und zu schauen, was für Künste Sie trieben, wie ich es – noch früher – mit Bernheim gemacht hatte. Aber jetzt, Ihnen sage ich es frei heraus und habe sogar eine Zuversicht, daß Sie's nicht vorzeitig weitersagen werden: Im Grunde hat man in den Jahren nur noch ein Bedürfnis, das nach Ruhe. Es ist eine ganz durchsichtige Rechnung. Da ich doch die Früchte von dem Baume nicht werde pflücken können, pflanze ich ihn lieber gar nicht. Gemein aber wahrhaft. Man will nichts Neues mehr lernen, dabei hat man auch vom Alten nicht die richtige Freude mehr. In etwa 20 Jahren werden Sie mich besser verstehen und dann nicht schlechter von mir denken, wenn Sie sich erinnern werden, daß ich mich ohne Schöntun dem Verhängnis unterworfen habe.

Es ist gewiß, daß ich nicht bei Ihnen sein kann, um mich allein an dem Charme Ihres Verkehrs zu erfreuen. Ich müßte mich auch um die merkwürdigen Einflüsse kümmern, die Sie studieren. Aber außerdem gibt es die Gedankenübertragung, die Einlaß heischend laut vernehmlich an unsere Pforten pocht; manches andere, was man okkult heißt. Die Möglichkeit, die pathogenen Faktoren durch Austausch und Zugabe von Geschlechtsdrüsen abzuändern usw. Das was man selbst gemacht hat, ist so unabgeschlossen, fragmentarisch vorläufig; man brauchte ein zweites Menschenleben, um es besser zu machen.

Bei alledem ist es nicht ausgeschlossen, daß sich noch eine Lücke im Gefüge ergibt und ich unangemeldet als Besucher für einige Tage vor Ihnen stehe. Hoffentlich ist das Reisen in Deutschland wieder ein Vergnügen geworden. Bei uns ist es nicht so.

Daß Ihre Freundin Sie nicht mehr um die Fortsetzung des Briefwechsels drängt, ist nicht hübsch von ihr.

Seien Sie herzlich gegrüßt und bedankt
von Ihrem Freud.

Baden-Baden, den 2. Juli 1921

Hochverehrter Herr Professor,

Ihr Brief hat mir eine kleine Hoffnung gelassen, daß Sie doch noch unangemeldet vor mir stehen werden. Daran halte ich mich und darauf freue ich mich.

Geht diese Hoffnung nicht in Erfüllung, so muß ich mich mit dem Kongreß trösten, weiß aber nicht, ob einer stattfinden wird. Die Zeitschriften finden nur langsam ihren Weg hierher.

Die Freundin hat sich Ihre Mahnung zu Herzen genommen und mir so lange auf dem Bauch gekniet, bis wieder ein paar Geisteskinder losgelassen worden sind. Sie gehen Ihnen in den nächsten Tagen zu. Da ich nicht weiß, wie viele von den Briefen in Ihren Händen sind, schicke ich auf gut Glück vom 6. Brief an, was fertig ist. Übrigens bitte ich, die Briefe nur als vorläufige Fassungen zu betrachten. Der Stoff ist so groß, daß ich wahrscheinlich später vieles ausmerzen muß.

In der Praxis erlebe ich hie und da mitteilenswerte Dinge. So

kürzlich einen Fall von Endometritis mit stinkigem Eiterausfluß, der seit vier Jahren von englischen und holländischen Gynäkologen behandelt wurde. Ursprünglich war die Kranke – vor der Heirat – von ihrem späteren Manne gonorrhoisch angesteckt worden. Die Gonokokken sind längst verschwunden, die Endomitritis ist geblieben. Die Heirat mit ihrem Mann wurde gegen den Willen der Familie des Mannes geschlossen, angeblich weil er weit unter seinem Stande heiratete. Es stellte sich nun schon bei der ersten Besprechung heraus, daß die Kranke den stinkenden Ausfluß benutzte, um damit jede Kränkung ihres Mannes oder durch dessen Familie zu beantworten: „Ich bin euch zu schlecht", war die Idee, „aber euer hochgeborener Sohn hat mich angesteckt." Das Symptom, das vier Jahre lang bestand, ist sehr rasch verschwunden. N. B. nur durch die Psychoanalyse (oder das Aussetzen jeder lokalen Behandlung, ja jeder körperlichen Behandlung überhaupt). Das Interessanteste war, daß die Infektion (offenbar?) durch den Abscheu vor dem Kinderkriegen herbeigewünscht worden war. Denn hinter allem andern kam ein klarer und wie ich hoffe gelöster Ödipuskomplex zum Vorschein. Übrigens ist mir dabei wieder meine alte Ansicht, daß das Dickwerden symbolische Schwangerschaft bedeutet, vordemonstriert worden. Die Kranke hat in drei Wochen 11 kg abgenommen.
Einer Ihrer Patienten ist augenblicklich bei mir, ein Dr. Veneziani aus Triest. Ich bin begierig, was aus ihm werden wird.
Vom Seelensucher höre ich hie und da etwas. Aber das hübscheste sind die Erfahrungen, die ich bei meinen nächsten Freunden mit dem Buch mache. Sie verstecken es sorgfältig.
Zum Schluß muß ich nochmals meine Hoffnung betonen, daß Sie doch herkommen. Die Reise ist teuer, aber nicht unbequemer als sonst eine Reise. Bitte, kommen Sie.

Mit allen guten Wünschen Ihr getreuer Schüler
Groddeck

Lieber Herr Doktor

Die weiteren Briefe an Ihre Freundin erhalten und hier in Ferienruhe gelesen. Ich liebe besonders Ihre Anfänge und die Brocken einer Selbstanalyse, da werden Sie direkt anmutig. Einige kleine Unarten könnten Sie opfern und manche Details ändern, an denen der Analytiker Anstoß nähme. So z. B. ist es nicht ratsam, in der mosaischen Menschenschöpfungsgeschichte tiefen Sinn zu finden. Die ist wahrscheinlich eine absichtliche, priesterliche, Verdrehung des alten Mythus und darum auch das einzige bekannte Beispiel der Entstehung des Weibes aus dem Mann anstatt des umgekehrten (inzest.) Verhältnisses. In der Erörterung der Menstruation wird derselbe Rechtgläubige fordern, daß der Komplikation und Schichtung Rechnung getragen werde. Wenn das Weib den Besuch des Mannes mit der Verfrühung der Periode beantwortet, so ist das nicht nur die alte Brunst, sondern auch starke Abwehr, die sich des alten jetzt unbrauchbar gewordenen Entgegenkommens bedient. Die Erklärung der Erdbeerurtikaria wird nur Ärgernis hervorrufen – ohne Erleuchtung zu bringen. usw.

Als warnendes Exempel rückt in der Ferne ein gewisser, allzu schrankenloser – dabei sehr unbeständiger – W. Stekel.

Gerne möchte ich, Sie wissen, welches Komposition Anfang und Endziel des Werkes ist, das ich durchaus sonst zu nehmen beabsichtige. Die Bruchstücke von Krankenanalysen schreien nach mehr. –

Der Unterzeichnete bleibt bis 13. 8. hier, geht dann nach Seefeld im Tirol.

Herzlich Ihr Freud.

Hochverehrter Herr Professor,

Gastein und Seefeld, da wird für das arme Baden wohl nichts mehr abfallen. Und ich würde mir die Freude, Sie hier zu haben, so gerne gönnen, schon um Sie durch den Augenschein von den düsteren Ahnungen abzubringen, mit denen Sie mein psychoanalytisches Werden begleiten. Denn ich muß wohl annehmen, daß der Hinweis auf Stekel irgendeine Besorgnis ausspricht, obwohl ich deren Tragweite nicht ermessen kann. Außer seinem Buch über die Träume kenne ich nichts von ihm; ein Buch über Kriegserscheinungen von ihm war so langweilig, daß ich es nach den ersten zwei Seiten weggelegt habe. Was aber zwischen ihm und Ihnen vorgefallen ist, weiß ich nicht. Sie haben ihn mir jedoch beschrieben und eine seiner Eigenschaften nehme ich mit Freuden für mich in Anspruch, die Schrankenlosigkeit, dagegen bin ich nicht unbeständig. Darf ich ein Wort der Erklärung über meine Schrankenlosigkeit hinzufügen? In meiner Lehrzeit spielten die Worte exakt und objektiv eine große Rolle. Ich selber habe es nie vermocht, in der Weise, wie es verlangt wurde, exakt und objektiv zu sein, und weil ich es nicht konnte, habe ich dort, wo es mich interessierte, in der Medizin nämlich, jedem scharf auf die Finger gesehen, der sich dieser Eigenheiten rühmte. Da ich die Fehler sehen wollte, habe ich sie gesehen und bin so zu der eigentümlichen Überschätzung des Subjektiven und Widerspruchsvollen gekommen. Und daraus hat sich dann eine Art Exaktheit der Paradoxie entwickelt, die sehr wohl wie Schrankenlosigkeit aussieht und in gewissem Sinne auch ist. Die Definition hat darunter am meisten gelitten. Anfangs habe ich jede einzige zu sprengen versucht, was nicht allzu schwer war. Nach und nach aber ist mir das Verständnis für die Definition verlorengegangen, so daß ich mir Mühe geben muß, ihren Sinn zu begreifen. Und oft genug gelingt mir das nicht. Da hat sich eine Schranke erhoben, die mir ein gut Stück Welt zusperrt. Das Wesentliche an meiner Unfähigkeit mich zu beschränken ist aber nicht, daß ich in endlose Weiten gehe, sondern daß ich im Abgegrenzten nicht Ordnung halten mag. Schon in der Schulzeit war mein Schrank ein wüstes Durcheinander, wo Kämme und Butterbrot mit den Lehrbüchern Kameradschaft schlossen. Und das ist so geblieben. Mit andern Worten, ich sehe die Grenzen zwischen den Dingen nicht, sondern nur ihr Ineinanderfließen. Das ist ein Fehler, aber auch ein großer Vorzug. Systematische Köpfe brauchen zu ihrer Geltung auch Leute meines Schlags, wie ein bißchen Pfeffer denn gar nicht zu verachten ist. Letzten Endes ist meine Schrankenlosigkeit wohl durch mein Verhältnis zu meinen Eltern und Geschwistern bedingt. Wir sind mit einem arroganten Satz großgezogen worden, der lautet: „Es gibt gute Menschen, es gibt böse Menschen und es gibt Groddecks." Zwischen uns und dem andern ist also eine Schranke, die ich nicht überwinden kann; aber als Äquivalent hat sich in mir der Wunsch festgesetzt, die Inzestschranken zu ignorieren, keine Grenzen zwischen mir und den Groddecks aufkommen zu lassen. Sie können sich denken, was für ein wahnsinniger Klumpen von Komplexen daraus entstanden ist, da sich die Inzestschranken sehr wenig um meine Wünsche gekümmert haben. Tatsächlich sind sie meines Wissens nicht überschritten worden, aber es muß doch viel für mich bedeutet haben, daß ich als einziger meiner Familie übriggeblieben bin. Mein Arm- und Gesundwerden läßt sich mit einigem guten Willen nach den Todesfällen in meiner Familie datieren, und was besonders auffallend ist, nach dem Tode des letzten Groddecks habe ich mich mit allem, was ich an Gefühl habe, an einen Menschen angeschlossen, mich seiner bemächtigt, der mich täglich und stündlich an irgendein Glied meiner Familie, besonders an Schwester und Mutter erinnert.

Verzeihen Sie meine lange Auseinandersetzung, seien Sie lieb zu mir und haben Sie Zutrauen. Ich werde die Briefe überarbeiten und nach Möglichkeit ausrotten, was Anstoß erregt. Es wird auch dann genug übrigbleiben, um mir die Genugtuung zu verschaffen, daß dieser oder jener das Anathema über mich ausspricht.

Ich schicke Ihnen in ein paar Tagen wieder einen Stoß Freundinnenbriefe. Auf die Frage nach Komposition, Umfang und Endziel kann ich nur bedingt antworten. Komposition ist nicht drin; das Endziel war ursprünglich ein gemeinverständliches Buch über Psychoanalyse zu schreiben, das die Behandlung erleichtern sollte.

Inzwischen bin ich dahintergekommen, daß Bücher keinen Nutzen für die Behandlung haben. Ich schreibe also ohne Endziel, bloß zu meinem Vergnügen und um denen, die meine Schreibart mögen, die Langeweile zu vertreiben und sie ein wenig durch Necken an mich heranzuziehen. Den Umfang kann ich jederzeit ausdehnen oder einengen. Vielleicht sagen Sie mir, wenn es genug ist.

Ich mag gar nicht noch einmal lesen, was ich Ihnen eben geschrieben habe. Es ist eine klotzige Hitze und trotzdem ich in nahezu völliger Nacktheit sitze, triefe ich von Weisheit und Schweiß. Lieber wäre es mir, Sie wären hier. Es will mir nicht in den Kopf, daß ich nicht die Freude haben soll, Ihr Gesicht mir gegenüber zu sehen und Ihre Stimme zu hören.

Ich empfehle mich Ihrer Nachsicht und bin wie immer Ihr dankbarer

Groddeck.

Seefeld im Tirol, 27. 8. 1921

Lieber Herr Doktor,

Bekenne mich zu Empfang und Lektüre der dritten Sendung Ihrer Briefe an eine Freundin. Ebenso faszinierend wie die früheren, vielleicht minder mutwillig. Schon seiner Eindringlichkeit wegen soll diese Produktion, die das wirklich Neue an der Psychoanalyse betont, unter die Leute kommen, ihre Vorurteile und Beengtheiten auflockern und sie zu kräftigen Schimpfentladungen anregen.

Herzlich Ihr Freud.

Hildesheim, 23. 9. 1921

Hoffe Sie waren mit Ersatzmann einverstanden

Freud

Waren Sie es? Ferenczi
Schönste Grüße Dr. Rank
Desgleichen

Abraham   Ernest Jones
Hanns Sachs   Eitingon

Hochverehrter Herr Professor,

Die Briefe an die Freundin sind nun abgeschlossen. Man könnte sie noch eine Weile fortsetzen, aber für den ersten Wurf scheint es mir genug zu sein. Ich bin dabei, sie zu überarbeiten, werde versuchen, alles Feindliche herauszubringen und sie möglichst lesbar zu machen. Einzelne gefallen mir auch jetzt noch, im ganzen aber ist es mir zu ironisch geworden. Die Vorträge, aus denen sie entstanden sind, hatten Enthusiasmus und der scheint sich ein wenig hinter der lachenden Maske verkrochen zu haben.

Inzwischen ist Ferenczi hiergewesen. Ich habe große Freude an ihm gehabt und hoffe, daß auch er an mir und den Meinen Gefallen gefunden hat. Er hat versprochen wiederzukommen und ich denke, er wird es halten. Abgesehen von dem Genuß, den wir davon haben werden, kann er es brauchen. Wir haben viel voneinander gehabt.

Soweit bin ich also mit der Stellvertretung zufrieden. Aber es ist doch Stellvertretung und entbindet mich nicht von dem Versprechen, daß ich Sie unaufhörlich quälen will, bis Sie selbst kommen. Baden-Baden ist wert, es sich anzusehen und weder der Troll noch ich haben verfehlt, beide Ferenczis nach Möglichkeit über Freudsche Wünsche und Bedürfnisse auszuholen. Sie glauben nicht, welche Rolle diese so oft durchträumte Phantasie in meinem Leben spielt.

Ich werde Ihnen das druckfertige Manuskript der Briefe gegen Ende des Monats zuschicken. Es kann dann jederzeit mit dem Druck begonnen werden. Während des Januars und Februars gehe ich wieder in die Einsamkeit und will dort den zweiten Teil des Seelensuchers anfangen. Der wird mich dann wohl im nächsten Jahr beschäftigen. Ferenczis Kritik hat mich sehr froh gemacht. Er brachte sie mit, als er nach Baden kam. Frau Ferenczi war mit hier. Die beiden Frauen haben sich angefreundet, und wir reden noch oft von diesen Tagen.

Meine praktische Tätigkeit ist noch immer voll von Überraschungen und ich hoffe, es immer weiter zu bringen, je dreister ich darauf losgehe. Die Gefahren der Philosophasterei und des Okkultismus sind vorläufig für mich noch nicht da. Für die erstere habe ich Neigung, der Okkultismus ist aber tabu für mich.

Ich bin bei der Behandlung einer Dame mit Arthritis deformans beider Kniegelenke und habitueller Patellaluxation. Hoffentlich wird es ein Erfolg. Bis jetzt ist das Hauptresultat, daß ich auf dem Wege zu der Kranken vom Rade gefallen bin und mir das rechte Knie zerschlagen habe. Das hat mich wieder zur Selbstanalyse geführt und der Erfolg davon ist glänzend.

Ferenczi schrieb, daß Baden-Baden vielleicht für den Kongreß 1923 in Frage käme. Ich würde mich halb tot freuen, wenn es so wäre, glaube auch nicht, daß man einen schönern und bequemeren Ort finden kann.

Lassen Sie sich, hochverehrter Herr Professor, meine Liebesgesten mal gefallen und bewahren Sie mir Ihr gütiges Interesse.

Stets Ihr dankbarer Schüler

Groddeck.

Wien, den 29. Dezember 1921

Lieber Herr Doktor,

Der durch die schäbige Alltags-ἀνάγκη hervorgerufene Aufschub in der Beantwortung Ihres letzten Briefes hat nun doch die Folge gehabt, daß ich Ihnen in einem alles Wünschenswerte, Gute und Schöne zum nahenden Jahr 1922 wünschen kann mir aber gleichzeitig auch nur Wiederverleihung der Allmacht der Gedanken, damit meine Wünsche etwas ausrichten.

Ich bin Ihnen für die wiederholten Einladungen nach Baden-Baden zu kommen sehr erkenntlich. Es tut doch sehr wohl von einem Asyl zu wissen, das man jederzeit aufsuchen kann, wenn man versagen sollte. Vorläufig aber ziehe ich noch fest an und denke an das englische Wort: There is still life in the old dog.

Ganz unmerklich bin ich in letzter Zeit ins Altersfach hinübergeglitten, schreibe nichts mehr selbst, sondern lese Manuskripte anderer, behandle kaum mehr Kranke, sondern richte Analytiker durch Autoanalyse zu (1 Pat. auf 9 Schüler).

Wenn der Rest Ihres Manuskriptes ankommt, werde ich alle anderen beiseite legen, um die Drucklegung nicht aufzuhalten. Sehr erfreut hat mich die Nachricht, daß unser närrischer Freund nicht verunglückt ist, sondern Weiteres von sich hören lassen wird. Auch der Don Quijote bekam ja einen zweiten Teil.

Dieser Brief, hoffe ich, trifft Sie noch vor Ihrem Eintauchen ins Ein- oder Zweisiedlerleben.

Herzlichst Ihr

Freud.

Baden-Baden, Werderstr. 14, 30. 12. 1921

Hochverehrter Herr Professor,

mit der gleichen Post geht das druckfertige Manuskript der Freundinbriefe an Ihre Adresse. Von den Briefen, die Sie noch nicht in Händen gehabt haben, ist nur der 14. interessant; er enthält ziemlich ausführlich eine merkwürdige Krankengeschichte. Würden Sie die Güte haben, das M. S. Rank zu übermitteln. Ich schreibe gleichzeitig an ihn. Für den Titel schlage ich drei Formulierungen vor; mir gefällt am besten die mittlere. Vielleicht wissen Sie irgend etwas Besseres oder Rank hat wieder solch genialen Einfall wie mit dem Wort Seelensucher.

Daß der Roman die zweite Auflage erlebt, freut mich riesig. Es bestärkt mich in der Absicht, bald an den zweiten Teil zu gehen, zumal die Polgarsche Kritik im Berliner Tagblatt wohl ihre Wirkung tun wird.

Bis ersten März verschwinde ich in die Berge, gebe Ihnen aber meine Adresse in der kühnen Hoffnung, daß Sie Ihrem entfernten Anbeter ein Wort schreiben werden.

Von dem, was unter den Psychoanalytikern vorgeht, höre ich wenig. Ich sitze zu sehr außerhalb Berlins. Ab und zu teilt mir Ferenczi etwas mit, im übrigen lebe ich von den Zeitschriften und meinen eigenen Erfahrungen.

Wie mir das Troll sagt, hofft sie von Ihnen die Übersetzung Ihrer Werke ins Schwedische zu bekommen. Ich verstehe genug Schwedisch, um, wo es nötig ist, mitarbeiten zu können. Wir freuen uns beide nach 6jähriger gemeinsamer analytischer Arbeit nun auch literarisch zusammen wirken zu können.

Meine diesjährige Praxis hat allerlei schöne Resultate gehabt, auch für meine eigene Entwicklung. Wenn es noch ein paar Jahre so weitergeht, werden Sie Freude an Ihrem allerphantastischsten aber getreusten Schüler haben.

Es ist warm und lustig zu leben hier, fast als ob schon Frühling wäre. Wir stecken mitten in den Vorbereitungen zum Aufbruch, packen Konserven, Decken, Geschirr und Rauchwerk, was für mich schwer entbehrlich ist. Die Stiefel sind genagelt und der etwas unbändig gewordene Bauch sehnt sich danach, Fett abzugeben. Habakuk, der Kater, und Fick, der Kanarienvogel werden mitgenommen. Troll-Voigt hat das Kochbuch eingepackt und macht mir den Mund mit Beschreibungen schwedischer Kochart wäßrig.

Wozu ich Ihnen das alles schreibe? Damit Sie Lust bekommen, hierherzureisen, und damit, wenn Sie es doch nicht so bald tun, ich mir einbilden kann, Sie nähmen wenigstens in Gedanken an mir teil.

Und nun zum Schluß die besten Wünsche für das neue Jahr. Alles Gute Ihnen und den Ihren.

Herzlichst Ihr ergebener Schüler
Groddeck

Meine Adresse ist: Murberg bei
Sasbachwalden im Hause von
H. Zink.

Murberg b. Sasbachwalden, 1. 2. 1922

Hochverehrter Herr Professor,

wie im vorigen Jahr benutze ich auch diesmal die Ferienzeit, um Freud zu lesen. Das heißt, in den ersten Wochen habe ich In-diandergeschichten und Marlitt geschmökert, schlechte Laune gehabt und viel geschlafen. Jetzt bin ich, nach ein paar Gewaltmär-schen durch den Schnee der Berge, wieder munter und überzeuge mich, daß ich, wie andere auch, aus einzelnen Sätzen Ihrer Schriften Bücher herstelle. Ich weiß nicht, ob es der richtige Weg ist, um zur Fortsetzung des Narrenbuchs zu kommen, jedenfalls aber ist die Korrektur meiner Überheblichkeit in andrer Richtung nützlich.

Ich nehme Ihr Schweigen über die Freundinbriefe als ein Zeichen, daß Sie allerlei daran auszusetzen haben, ja daß Ihnen irgendwelche wichtigen Punkte nicht passen. So leid mir das tun würde, wäre es doch nicht irreparabel. Die Anordnung in Briefform gestattet alle möglichen Änderungen. Das ist der Hauptgrund gewesen, warum ich solche ausgefallene Schreibart gewählt habe. Ich rechne mit der Kritik und will sie in einer späteren Auflage, die ich für wahrscheinlich halte, ähnlich benutzen, wie ich es mit einem von Ihren Einwänden getan habe. Persönlich mache ich mir nichts daraus, wenn in meinen Arbeiten Fehler sind. Es wäre mir nur unangenehm, wenn Sie sich daran ärgerten. Ich werde dann versuchen zu verbessern.

Es ist mir aufgefallen, daß ich wieder das Dorabruchstück vorgenommen habe und als ich neulich bei einer meiner Wanderungen kopfüber über ein paar Felsbrocken weggefallen bin, hat sich dafür in der Nacht eine Art Erklärung gefunden. In den Analysestücken, die ich in den Briefen an die Freundin mitteile, findet sich der Name Raabe. Ein Schulkamerad von mir desselben Namens hat sich in ähnlicher Felsgegend wie die meines Stürzens war, das Bein gebrochen und daran dachte ich in dem Moment, wo ich fiel. Es war ein so absolut trostloser einsamer Platz, daß ich vermutlich Speise für Rabe und Fuchs (Fuchs heißt der Eigentümer meines Ferienhündchens) geworden wäre. Rabe kam mir auch dadurch nahe, daß wenige Tage vorher jemand zu Besuch bei mir war, in dessen Analyse der Rabe („Was ist das für ein Bettelmann? Er hat ein kohlschwarz Röcklein an") eine große Rolle gespielt hat. Von Dora bin ich auch in den Briefen auf Rabe gekommen. Hier ist aber eine neue Verbindung. Der Mitschüler Raabe stand in Verbindung mit meinem Mathematiklehrer Buchbinder und dessen Tochter hieß Dora. Sie führte den Spitznamen „Dragoner", was mich wiederum auf Drago führt, ein Name, der in der Genovefasage eine Rolle spielt. Gerade diese Sage hat mir in der letzten Zeit lebhaft im Kopf herumgespukt, offenbar auch im Anschluß an irgendeine Analyse. Außerdem ist sie mir durch ein Weihnachtsgeschenk in Erinnerung gekommen, durch

Schwabs Volkssagen. Schwab ist, wie ebenfalls in den Briefen
steht, ein wichtiger Name für mich.

Sie sehen, meine Gedanken beschäftigen sich viel mit der Selbstanalyse und mit den Briefen. Thomas liegt mir noch ganz fern.

Zu den Sexualtheorien Halbwüchsiger habe ich ein Stückchen mitzuteilen. Ich wurde wegen Impotenz von einem jungen Mann
konsultiert. Es stellte sich heraus, daß er mit zehn Jahren die
Idee bekommen hatte, daß beim Kindererzeugen, der Hoden, das
Ei durch die Harnröhre durchgepreßt würde, das stellte er sich
sehr schmerzhaft vor. Und diese im Halbbewußten weiterlebende
Idee, die trotz besserer Kenntnis im Dunkel der Seele unkorri-
giert geblieben war, scheint der Hauptgrund der Impotenz gewesen zu sein. Wenigstens ist der Mann gleich am nächsten Tage,
als ihm das Geheimnis entlockt war, beim Mädchen gewesen und
seitdem geht alles gut. – Nehmen Sie die besten Grüße und
Wünsche

von Ihrem dankbar ergebenen Groddeck

Murberg (Sasbachwalden) 12. 2. 1922

Hochverehrter Herr Professor,

Herr Dr. Rank hat mir heute geschrieben, daß die Briefe an die
Freundin gesetzt werden. Ich hatte ihm aufgrund eigener Erwä-
gungen und einiger Worte aus Ihren Briefen die Vermutung mitgeteilt, daß das Buch beim Verlage nicht eitel Billigung finden
werde. Er bestätigt dies und schlägt mir vor, kräftig zu kürzen,
will mir auch seinen Rat geben, wo gestrichen werden muß. Ich
habe das dankbar angenommen und will nur hoffen, daß auf
diese Weise etwas Brauchbares entsteht.

Soweit ist alles in Ordnung, aber ich habe die Gelegenheit benutzt, bei Rank anzufragen, wie der Verlag zu meinen Arbeiten
steht, und ich möchte dieselbe Frage auch an Sie persönlich stellen.
Was mich, der ich mir inmitten objektiv Glaubender als ausge-
prägter Subjektiver, noch dazu behaftet mit der chronischen Erkenntnis des Nichtwissens, merkwürdig genug vorkomme, was
mich mutig gemacht hat an die Öffentlichkeit zu treten, war Ihr

persönliches Wohlgefallen an meinen Arbeiten. Ich habe nun nicht die Überzeugung, daß dieses Wohlgefallen sich auch auf die Freundinbriefe erstreckt, und bitte Sie deshalb, sagen Sie mir, ob ich unbequem geworden bin. Es ist mir nicht wahrscheinlich, daß ich auf dem Wege, den ich einmal eingeschlagen habe, stehenbleiben oder gar davon abweichen könnte. In den Briefen ist, so bizarr sie sein mögen, doch die Richtung deutlich erkennbar, in der ich gehe. Wenn diese Richtung, die immer tiefer in die Dunkelheit führt, sich mit der Arbeit Ihrer Schüler verträgt, ist es mir lieb. Ich weiß niemanden sonst als Sie, dem ich diese für mich wichtige Frage, ob die Führer der psych. Bewegung billigen oder wenigstens dulden, was ich geschrieben habe oder was ich in gleicher Richtung schreiben werde, vorlegen könnte. Haben Sie die Güte und beantworten Sie sie mir.

Mit allen guten Wünschen bin ich wie immer

Ihr dankbarer Schüler

Groddeck.

Wien, 12. 2. 1922

Lieber Herr Doktor,

Daß Sie das Ausbleiben einer Antwort auf Ihren vorletzten Brief (der sich aber gekreuzt hatte) auf Kritik und Unzufriedenheit beziehen, liegt sehr nahe und ist doch von der Wahrheit weit entfernt. Ich schrieb Ihnen nicht, weil ich von der gelehrten und Geschäftskorrespondenz aufgezehrt werde, weil ich Gäste wie Ferenczi und Abraham im Hause hatte, weil mich durch Wochen die Influenza in schleichend fieberloser Form heimsuchte und unter solchen Bedingungen schiebt man gerade die intimen Briefe auf. Was Sie von Kritik und Vorschlägen zur Abänderung von Wien gehört haben oder hören werden, geht nicht von mir sondern von Rank aus, der allerdings ein gutes Urteil hat und Ihnen sehr wohl will. Nicht, daß ich selbst keine Kritik zu äußern hätte, aber mir wäre es auch recht gewesen, Sie einem verehrlichen schwachsinnigen Publiko mit all Ihren Unarten und Urwüchsigkeiten vorzusetzen und zu fordern, daß Sie so verbraucht werden sollen, wie Sie sind. Vielleicht lassen Sie sich aber doch lieber von Rank beeinflussen.

Meine kritischen Abweichungen von Ihnen sind schon im Anfang unserer Korrespondenz zum Vorschein gekommen. Daß ich Ihren bis zur Mystik ansteigenden Panpsychismus nicht teile, sondern schon viel früher meine Agnosie bekenne; daß ich meine, Sie verachteten zu früh Vernunft und Wissenschaft, und täten den jeweiligen Universitätsbeamten zu große Ehre an, sie mit beiden zu identifizieren. Daß Sie mir die Spuren früherer Fixierungen zu getreu bewahrt zu haben scheinen usw. Aber dies alles habe ich als Ihr gutes persönliches Recht anerkannt, es hat mich weder im Genuß Ihrer Schriften gestört noch in der Schätzung Ihrer originellen Funde und Auffassungen beirrt.

Lassen Sie sich's in der jetzigen Ein- oder Zweisamkeit gut gehen.

Es grüßt Sie herzlich
Ihr Freud.

Wien, den 16. 2. 1922

Lieber Herr Doktor,

Briefe wiederum gekreuzt! Tut mir leid, wenn Sie für Moment irre an uns geworden sind. Fishing for compliments sähe Ihnen doch nicht gleich. Bitte nicht unglücklich sein! Nur die andern fallen gern von mir ab; wenn ich bei einem bin, ist es für lange. Die Briefe an Freundin habe ich sehr genossen und könnte man nicht variieren:

> Von allen Geistern, die bejahen
> Ist mir der Schalk am wenigsten zur Last?

Herzlich
Ihr Freud

Murberg Sasbachwalden, 19. 2. 1922

Hochverehrter Herr Professor,

Ihr Brief hätte mir noch mehr Freude gemacht, wenn er nicht die Nachricht von Ihrer schleichenden Influenza gebracht hätte. Aber da läßt sich so aus der Entfernung nichts tun als freundliche Gedanken haben. Das wird mir doppelt leicht, weil ich seit einigen Tagen im Besitz der hübschen Ausgabe Ihrer Vorlesungen bin. Der Verlag hat sich damit selbst übertroffen, und daß Sie mir ein Exemplar zuschicken ließen, hat mich froh gemacht. Haben Sie vielen Dank und werden Sie bald gesund.

Meine Ferien sind in einigen Tagen zu Ende. Gearbeitet habe ich nichts, dafür aber allerlei Eindrücke von Wald und Tier in Winter und Schnee eingeheimst.

Mit allen guten Wünschen Ihr getreuer Schüler

Groddeck.

Baden-Baden, den 9. Mai 1922

Hochverehrter Herr Professor,

ich habe in den letzten Tagen eine kleine Episode erlebt, die ich Ihnen nicht unterschlagen will. In meiner Behandlung ist ein junger Mann, der seinen eigenen Komplexen entsprechend den Aristoteles analytisch zu bearbeiten versucht. Wir haben alle Tage nette Überraschungen dabei, wenn auch die Bewältigung der toten Sprache allerlei Schwierigkeiten gibt. Wenn Aristoteles auf Dinge stößt, die seinen Impotenz- und Kastrationskomplex aufrühren, fängt er an zu schwatzen und braucht dabei immer von neuem den Ausdruck τοθετι. Die Übersetzer behaupten, das sei dasselbe wie Kants berühmtes „Ding an sich", übersetzen es auch so. Wir sind nun darin übereingekommen, daß auch Kant das „Ding an sich", das nach ihm ja unerkennbar ist, aufgrund des Kastrationskomplexes erfunden hat, in der Onanieangst und hermaphroditische Komplexe hineinspielen. Das Ding an sich wäre danach das Ding an Kant, wie etwa Luthers Worte „Des Menschen Herz ist ein trotzig und verzagt Ding" und „Es ist ein gutes Ding, daß das Herz fest werde" Erektion und Er-

schlaffung des Gliedes, die engste Beziehungen zum Herzen bringen. Gelegentlich einer solchen Besprechung erzählte mir mein
Kranker folgendes: Er habe eben in einem Moskowskischen Buch
etwas über die Stufen der Genauigkeit gelesen und zwar benutze
Moskowski zu seiner Auseinandersetzung das Meer. (Der Kranke
hat einen ungelösten Ödipuskomplex und hat spaßhafterweise
noch gar nicht abgefaßt, daß er auf dem Wege der Assoziation
Meer = la mère von sich selber sprach, während er unter meiner
Assistenz den Moskowski deutete.) Es gibt also nach Moskowski
4 Stufen der Genauigkeit bei der Beobachtung der Meeresform;
erstens die Kugelform, dann die des rotierenden Ellipsoids, dann
die durch Mond und Gestirne beeinflußte, viertens die der
schwingenden Atome. Bei der Analyse stellt sich nun heraus, daß
die erste (zeitlich letzte) der schwangere Leib ist, die zweite tiefer-
liegende (zeitlich frühere) das rotierende Kind, die dritte die Begattung, die vierte der Zustand vor der Begattung ist. (Mond
Erektion und Erschlaffung, Atome Samentiere und Ei). Es wird
dann erigiert in 3. Beginn der Schwangerschaft (Mond) und Tum-
meln der Samentierchen nach der Begattung. Die vier Stufen sind
das Tier mit den 4 Füßen aus dem Sphinxrätsel. Sphinx abgeleitet von σφιγγειν = umschlingen. Sphinx führt zu Sphincter
und der Aftergeburt.
Ich weiß nicht, ob die Assoziation Sphinx-Sphincter schon literarisch verfolgt worden ist. Die vier Stufen der Genauigkeit scheinen mir aber eine Mitteilung an Sie wert. Vor allem aber finde
ich es gut, daß sich einmal ein Sachverständiger – und das ist der
Kranke auf dem Gebiet der wissenschaftlichen Philosophie – mit
der Analyse der Gedankensysteme beschäftigt. Soweit ich diese
modernen Philosophen kenne, leiden sie alle an Ödipus- und Impotenzkomplex, verbunden mit einer auffallenden Flucht vor
allen Symbolen, ganz im Gegensatz zu den voraristotelischen
Philosophen. Mein Kranker selbst ist ein typisches Beispiel: er
erkennt die Symbole, vermag diese Erkenntnis aber nur in einer
Sekunde festzuhalten und verwandelt sie, nachdem er sie mühsam für eine Sekunde aus dem abstrakten Begriff herausgeholt
hat, sofort wieder in das Abstrakte. Es ist ein Seitenstück zu der
angeblichen Synthese Jungs! Ist diese Flucht vor dem Symbol,

die mir mehrfach als kaum überwindliches Hindernis der Analyse begegnet ist, schon an einem bestimmten Fall bearbeitet?
Baden hat seinen schönsten Blütenschmuck angelegt, um Sie mit mir zu grüßen. Wie immer Ihr dankbarer Schüler

Groddeck.

Wien, den 1. Juni 1922

Lieber Herr Doktor,
Verzeihung, wenn ich mit Karte anstatt Abhandlung antworte. Kann Sie nicht länger warten lassen. Die Arbeitswellen schlagen mir über Kopf zusammen. Ihr Brief gibt zu denken. In der blutleeren Abstraktion ist nicht leicht etwas zu erkennen, kräftiger noch im Wahnsystem wie bei Kielholz, Jakob Böhme. Die Symbolflucht ist gewiß nicht allgemein behandelt worden, bei unseren „Gebildeten" in der Tat sehr auffällig. Symbole sind so ziemlich das Unpopulärste in der Wissenschaft.

Herzlichen Gruß Ihr
Freud.

Baden-Baden, 2. 11. 1922

Hochverehrter Herr Professor,
Der Überbringer dieser Zeilen, Herr Karl Kotthaus, Tegernsee, hat eine Sammlung vergleichender Physiognomik angelegt, die mir des Interesses der Psychoanalytiker wert erscheint. Mein Urteil ist allerdings von vornherein befangen, weil die Grundidee, daß das Äußere des Gesichts genau so wie der Charakter und der Beruf vom Keimplasma gebildet werden, meinen eigenen Phantasien allzu nahe steht und weil ich nicht genug Zeit hatte, mich eingehender mit der Frage zu beschäftigen. Ich bin aber überzeugt, daß Sie an der Prüfung der Bilder Freude haben werden, und bitte, Herrn Kotthaus, falls es Ihre Zeit irgendwie erlaubt, zu empfangen.

Mit allen guten Wünschen bin ich Ihr ergebener Schüler
Groddeck.

Lieber Herr Doktor.

Wundern Sie sich, daß ich Ihren reichhaltigen interessanten Brief erst heute beantworte oder verstehen Sie, daß das Datum alles aufklärt, die Verspätung sowohl wie die Nachholung.

Genug, endlich zur Beantwortung zu kommen, finde ich, daß das gar kein Brief ist, den man beantworten soll, sondern einer, über den man mehrere Abende diskutieren könnte, da aber solche Abende nicht zu haben sind, – – –

Es hat mir sehr leid getan, daß Sie auch der psychoanalytischen Karriere auszuweichen hatten. Diese Aufklärung Ihres in der Tat nicht geglückten Vortrags und Ihre Unterbringung meiner Person in der Mutterreihe – in die ich doch offenbar nicht passe – zeigen klar, wie Sie der Vaterübertragung ausweichen wollen. In der Analyse werden die Opfer zu ihrem großen Lebensgewinn genötigt, sich mit ihr einzulassen und was an ihr zweckdienlich ist, anzunehmen.

Erinnern Sie sich übrigens, wie frühzeitig ich das Es von Ihnen angenommen habe? Es war lange, ehe ich Sie kennengelernt hatte, in einem meiner ersten Briefe an Sie. Dort hatte ich eine Zeichnung eingeschaltet, die demnächst wenig verändert vor die Öffentlichkeit treten soll.

Ich denke, Sie haben das Es (literarisch, nicht assoziativ) von Nietzsche hergenommen. Darf ich das auch so in meiner Schrift sagen?

Hattingberg hätte nicht so viel Affekt verdient. Er praktiziert einfach das Benehmen des Ununterrichteten, wenn er mit der Neigung zur Schöpfung von Theorien behaftet ist. Ganz so wie Jung, der auf die erste Analyse, die er verstanden hatte, eine neue Theorie aufbaute. Schade, daß es so schwer ist, Analyse zu lehren, noch mehr, daß es soviel Leute gibt, die sich nicht wollen belehren lassen. Sie entdecken dann alle Irrtümer neu, an denen der Ältere glücklich vorbeigekommen ist. Um Hattingberg tut es mir leid, aber ich fürchte, es wird bei ihm nichts zu machen sein.

Die Sache Ihres Esbüchleins will ich gerne bei Rank führen, aber Sie wissen gar nicht, wie schwer es sich jetzt arbeitet. Auch ist der Verlag infolge des Marksturzes jetzt in einer kritischen Lage.

Ihnen und meiner liebenswürdigen Übersetzerin die schönsten
Wünsche für das nahende Jahr!

Herzlich Ihr Freud.

Baden-Baden, Werderstr. 14, 11. 3. 1923

Hochverehrter Herr Professor,
einer meiner Patienten hat sich seit einigen Jahren damit beschäftigt, den Aristoteles im Urtext analytisch durchzuackern. Das vorläufige Resultat dieses mühsamen Grabens ist beifolgender Aufsatz, den er mich bat, Ihnen zu senden „zur gefälligen Ansicht".
Vielleicht finden Sie eine Stunde Zeit dazu. Die Schreibart ist
allerdings bei dem vielfachen Überarbeiten immer dunkler geworden, ich habe aber den Eindruck, daß der Kern noch genießbar
ist, mit andern Worten, daß wenigstens für die Aristotelische
Philosophie bewiesen ist, daß sie im Impotenzkomplex wurzelt.
Persönlich glaube ich, daß diese Wurzel jeder Begriffsphilosophie
eigen ist, ganz im Gegensatz zu der mythisch gestimmten Welt-
anschauungsphilosophie. Ein sich sündig fühlender Narzißmus,
hinter dessen Onaniewünschen die Kastrationsangst steht und
der sich mit Wörtern verteidigt.
In wenigen Tagen nehme ich meine Arbeit wieder auf. Seit Weihnachten habe ich nichts getan, mich nur etwas mit Botanik und
Zoologie beschäftigt, das ist aber nicht ohne Folgen für meine
analytischen Taten geblieben.

Mit allen guten Wünschen Ihr dankbarer Schüler

Groddeck

Wien, den 25. März 1923

Lieber Herr Doktor
Vorerst meine Gratulation zum endlichen Erscheinen vom Es. Mir
ist das Büchlein sehr lieb. Ich halte es für verdienstvoll, den Leuten immer wieder das Fundamentale der Analyse, vor dem sie so
gerne abrücken vor die Nase zu halten. Außerdem vertritt das

Werk ja den theoretisch bedeutsamen Gesichtspunkt, den ich in meinem bevorstehenden „Ich und Es" aufgegriffen habe.

Im Publikum wird es natürlich noch mehr Abneigung und Entrüstung erwecken als der köstliche Seelensucher, der als künstlerische Verarbeitung des Unerwünschten entschädigen konnte. Aus dieser Wirkung wird sich Ihr Selbstgefühl wenig machen.

Die eingeschickte aristotelische Abhandlung blieb mir ziemlich ungenießbar. Für meine armselige philosophische Anlage reicht ein Satz wie: Das An sich wohnt im Was insofern dieses in ihm wohnt, hin, um Verständnis und Urteil dauernd zu lähmen. Ich bin auf Ihre Mitteilung angewiesen, daß der Schrift Ihres Schülers ein gewisser Nachweis gelungen ist. Seine eigene Darstellung finde ich auch dunkel genug.

Ich erwarte nun Ihre Mitteilung, was mit dem zur Einsicht geschickten Aufsatz geschehen soll.

Herzliche Grüße an Sie und meine Übersetzerin
Ihr Freud

Baden-Baden, April 1923

Hochverehrter Herr Professor,
Herzlichen Dank für Ihre gütigen Worte über das Buch vom Es. Ich bin gefaßt darauf, daß es mit Empörung aufgenommen werden wird. Dagegen hilft mir nicht mein Selbstgefühl, sondern die Trägheit, die mir nicht erlaubt, lange angenehmen oder unangenehmen Eindrücken nachzuhängen. An sich bin ich empfindlich für Lob und Tadel.

Das Manuskript des Herrn von Roeder über Aristoteles bitte ich an meine Adresse zurückzuschicken. Denn daß es für die Imago verwendet werden könnte, wage ich nun nicht mehr zu hoffen. Mit der Bezeichnung „mein Schüler" tun Sie mir aber zu viel Ehre an. Ich habe nie Schüler gehabt, habe vielmehr die Überzeugung, daß meine Begabung wesentlich Krankenbehandlung ist. Auch von meiner Schriftstellerei, mit Ausnahme des Seelensuchers, halte ich nicht viel.

Mit allen guten Osterwünschen bin ich Ihr ganz ergebener
Schüler Groddeck

Baden-Baden, den 10. Mai 1923

Hochverehrter Herr Professor,
beiliegende Schrift habe ich zu meiner eigenen Instruktion verfaßt. Wenn Sie sich von Ihrer Veröffentlichung Nutzen versprechen, bitte ich Sie, sie in der Zeitschrift erscheinen zu lassen,
andernfalls sie an mich zurückzuschicken. Persönlich habe ich die
Auffassung, daß irgendeine Ermahnung zur Besinnung notwendig ist. Der Satz, daß man nachbetet, was innerlich Ungläubige
vorbeten, gibt meine Überzeugung wieder. Ihr Lebenswerk wird
nie erschüttert werden, aber seine Entwicklung wird, nicht mehr
von äußern sondern von inneren Kräften gehemmt. Aber vielleicht ist es anmaßend, von mir zu glauben, ich könne diese Kräfte
lahmlegen. Der Ton des Aufsatzes liegt nicht an dem tatsäch-
lichen Inhalt, sondern in der Art des Schreibens.
Leider habe ich das Es und das Ich noch nicht in Händen. Ich
freue mich darauf. Das Buch vom Es entfaltet in den Kreisen meiner Kranken seine Wirkung.

Ich grüße Sie in herzlicher Liebe als Ihr Schüler

Groddeck

Wien, den 27. Mai 1923

Lieber Herr Doktor,
Ich hoffe, Sie haben das Ich und Es, das vor Ihrer Mahnung ab-
geschickt wurde, jetzt erhalten.
Ihre kleine Arbeit hat mir Verlegenheiten gebracht. Ich gehe gerne
auf die Nachlust ein, aber was soll ich mit Nachbewußt anfangen.
Ganz unfaßbar! Können Sie die beiden Nachzügler nicht trennen? Irgendein Läuslein ist Ihnen über die Leber gelaufen. Wo
sitzt es jetzt?

Herzlich Ihr Freud

Hochverehrter Herr Professor,
herzlichen Dank für die Übersendung von Ich und Es. Nun müßte
ich wohl als Gevatter der Namensgebung auch ein Wort darüber
sagen. Aber das einzige, was mir einfällt, ist ein Vergleich, der
unser gegenseitiges Verhältnis und unser Verhältnis zur Welt be-
leuchtet, aber über das Buch nichts aussagt. In diesem Vergleich
komme ich mir vor wie ein Pflug, Sie aber wie der Bauer, der diesen – vielleicht aber auch einen andern Pflug für seine Zwecke
benutzt. In dem einen stimmen wir überein, daß wir den Boden
lockern. Aber Sie wollen säen und vielleicht, wenn Gott und Wetter es erlauben, ernten. Der Pflug will nur lockern und nebenbei
die Steine vermindern, die ihn schartig machen könnten. Und da
der Pflug keine Augen, wohl aber Furcht vor Steinen hat, hakt er
sich zuweilen fest, um den Bauer, der ihn führt, auf seine Führung aufmerksam zu machen, damit der Pflug nicht schartig
wird. Für den Pflug ist das eine Lebensfrage, für den Bauer letzten Endes eine Geldfrage, da er den unbrauchbar gewordenen
Pflug durch einen neuen ersetzen kann. Aber immerhin, auch für
den Bauer ist es nicht angenehm, wenn sein Instrument unbrauchbar wird.
Ein solches Festhaken war meine Schrift über „Vorbewußt und
Vorlust". Das ist noch kein Stein, aber es kennzeichnet die Angst
des Pflügers, der ja die Absichten des Bauers nicht kennt, wohl
aber dem Boden ausgeliefert ist und dessen Beschaffenheit miß-
trauischer gegenübersteht. Sie überblicken das ganze Feld, ich
aber habe nur eine dumpfe Empfindung davon, daß steiniger Boden da ist. Zum Beispiel, Ihre Ableitung des Sadismus aus den
destruktiven Trieben. Da hak' ich mich fest und möchte nicht
weiter, denn ich fürchte, der Boden wird die Saat vernichten und
Unkraut wachsen lassen. Ich kann mich ja irren, aber ich glaube,
Ihre Wirkung auf den Boden, d. h. auf Ihre Schüler besser zu
kennen als der Bauer. Freilich für ihn ist ein Ausbleiben der Ernte
an diesem oder jenem Fleck nicht so wichtig. Die heutige Generation Ihrer Jünger hat nur für uns so große Bedeutung, nicht
für Sie.
Dann kommt aber gleich ein wirklicher Stein, oder wenigstens

etwas, was ich für einen Stein halte: Das Psychische, daß der Bauer weiß: hier ist steiniger Boden, fühlt der Pflug an der vorsichtigen Hand, die ihn leitet. Er bemerkt auch, daß der Bauer den fruchtbaren Boden des Es, der danebenliegt, im Auge behält. Aber er begreift nicht, warum der Bauer durchaus erst das steinige Stück beackern will, das dem Pflug so wenig ertragreich vorkommt, der Pflug geht nur ungern mit auf das Gebiet des Ich, auf dem ihm die Scheidung zwischen psychisch und physisch zu sehr betont ist. Und der Satz: „An diesem Ich hängt das Bewußtsein, es beherrscht die Zugänge zur Motilität, zur Abfuhr der Energie an die Außenwelt", bringt ihm eine reelle Scharte bei. Der Pflug, der in harten Erfahrungen endlich begonnen hat einzusehen, daß er kein Ich ist, hat die Neigung, den Begriff Ich für ein Blendwerk des Es zu halten. Zum mindesten kann er sich nicht entschließen, auf die Annahme zu verzichten, daß jede Zelle ihr eigenes Bewußtsein hat und also auch unabhängige Abführungen besitzt. Das Ich scheint ihm nicht einmal die Motilität der willkürlichen Muskeln zu beherrschen, noch viel weniger Darm, Nieren, Herz oder Hirn. Damit leugnet er freilich weder Ich noch Überich. Es sind für ihn aber Arbeitsmittel, nicht Existenzen. Ich habe den Eindruck, daß der Bauer aus irgendwelchen Gründen wenigstens vorläufig auf dem Gebiet des sogenannten Psychischen bleibt und vielleicht eine ganze Reihe von Pflügen unbrauchbar machen kann, ohne eine große Ernte zu bekommen. Mit andern Worten, der Pflug hält den Bauer für ein wenig eigensinnig. Aber dafür hat er auch nur Pflugverstand.

Nun bin ich doch ins Schwatzen gekommen und muß sagen: „Nichts für ungut". Ein strahlendes Licht war für mich die Erklärung der unbewußten Schuld aus dem Ödipuskomplex und der Identifizierung. In der Vaterfrage bin ich auf eigene Komplexe aufmerksam, kann aber vorläufig noch nicht verhindern, daß ich lieber mit der Mutter operiere als mit dem Vater. Vielleicht bessert sich das, wenn meine Homosexualität freier wird. Die Kastrationsuntersuchung kann aber kaum an dem Geburtsakt und dem Saugen und Entwöhnen vorbeigehen, und ich glaube vorläufig, daß diese Angst ebenso der Mutter gilt wie dem Vater und daß sich in den Entleerungen eine dritte Wurzel findet. Abspaltung von Samenfaden und Ei und, was etwa mit Ihrem destruktiven Triebe verwandt ist, Ausstoßen von Material, das das Zellen-Es nicht verwenden will.

Zum Schluß – ich könnte noch viel plaudern, aber das Wesentliche erzählt sich aus dem Vergleich, ich bin eben von Natur aus unverständig, Werkzeug – zum Schluß ein heimliches Lachen über die verschiebbare Energie, Libido, die im Dienst des Lustprinzips arbeitet, um Stauungen zu verwinden und Abfuhren zu erleichtern und der es bis zu einem gewissen Grade gleichgültig ist, auf welchem Wege die Abfuhr geschieht. Und wir können die ewig unbeantwortete Frage, wem sie zugehört, beiseite lassen, da wir ja das Instrument dieser verschiebbaren Energie haben und höchstens zeitweise an andre Wesen, die das Instrument verschiebbar machen, leihen.

Herzlichst Ihr ängstlicher
Groddeck.

Baden-Baden, 31. Mai 1923

Hochverehrter Herr Professor,

es wundert mich nicht, daß Sie mit Nachbewußt nichts anfangen können. Ich habe erst jetzt begriffen, was Sie unter Vorbewußt verstehen. Bisher bildete ich mir ein, was vorbewußt sei, liege dicht vor dem Bewußten, (örtlich) und da habe ich mir etwas zurechtphantasiert, was dicht hinter dem Bewußten (örtlich) und weiterhin nach dem Bewußten (zeitlich) liegt. Lassen Sie es; es hat nur Wert als Zeichen bösen Wollens und auch die Nachlust möge als solches gelten und in Vergessen und Vergeben untertauchen.

Damit bin ich bei dem Läuslein, das aber eine gewaltige Laus ist. Auf meiner Seite hat der Groll anfangen, als Sie mich mit Stekel verglichen. Das ist jetzt anderthalb Jahre her. Abgesehen davon, daß ich schon damals gehört hatte, wie Sie über Stekel denken, drückte es mich, daß ich verschiedenes aus Stekels Buch vom Traum mir angeeignet hatte, ohne es wirklich zu verdauen. Diebstähle drücken mich nicht, wenn das, was ich stehle, meinem Wesen konform ist. Ich stehle aber mitunter Dinge, die nicht zu mir passen und das hat dann böse Folgen. Verschärft wurde der Groll durch Ranks Korrespondenz über das Buch vom Es und durch ein paar Worte, die Sie darüber schrieben. Und schließlich war es der Berliner Kongreß. Ich bin im Anschluß daran heftig erkrankt und die ganze Zeit ist für mich eine unerquickliche Erinnerung. Speziell das Abschiedsfest und das Essen bei Eitingon. Hattingbergs Auftreten hat einen Wutausbruch hervorgerufen, der jetzt bei mir zu den Seltenheiten gehört. Ungefähr weiß ich, was zu dem allem geführt hat. Im September 1921 war Ferenczi zum erstenmal in meiner Behandlung und ich weiß, daß ich mich gebläht habe und gedacht habe: „Was sind denn die Analytiker für dumme Kerle." Ich habe auch mehrfach zu ihm gesagt: „Ihr macht das so und so, ich aber –" Und da habe ich Freud nicht ausgenommen. Es hing auch mit der Behandlung Venezianis zusammen, auf die ich mir damals allerlei einbildete, was sich später als Irrtum herausgestellt hat. Kurz, die böse Gesinnung war da und sie entstand im September, d. h. in der Zeit des Todestags meines Vaters. Im nächsten Jahr ist Ferenczi wieder bei mir gewesen, ich habe ihn wieder behandelt und bin von ihm etwa sechs- oder siebenmal analysiert worden. Er hat mir sehr eindringlich von meinem Vaterkomplex gesprochen. Ich habe es angehört, und die Folge davon war einige Wochen später eine Äußerung seiner Schwägerin und Stieftochter gegenüber: „Die andern Paralytiker" statt „Analytiker", wobei mich die unbewußte Selbstverhöhnung noch jetzt lachen macht. Auch das war in der Jahrestagszeit des väterlichen Todes. Etwas Seltsames ist nun heute nachmittag vor sich gegangen. Ich bin seit einigen Tagen erkältet, hatte mich in Ausnutzung des Festtags zu Bett gelegt und im Halbschlummer erschien mir das Gesicht meines Vaters, sehr zornig mit wutsprühenden Augen. Nach und nach ging es in das Gesicht über, das er auf dem Totenbette hatte. Ich bin nicht sicher, ob wirklich heute der Hochzeitstag meiner Eltern ist, aber schon, daß der Gedanke auftaucht, sagt genug. Nun haben Sie freilich keine Ähnlichkeit mit meinem Vater, wohl aber haben Sie und auch Ihre Tochter Anna, die ich nicht wiedererkennen wollte, die Augen meiner Mutter. Und Ihr Name hat das Ende verloren, er sollte noch ein e haben. Der Todes- und Kastrationswunsch ist deutlich. – Weiter kann ich vorläufig nichts sagen. Höchstens die Bitte aussprechen, was aber unnötig ist, daß Sie meiner armen Seele mildernde Umstände beim Lesen ihrer Ergüsse(!) zubilligen.

Herzlichst Ihr Groddeck.

Wien, 21. Juni 1923

Lieber Herr Doktor,

Ich danke für Ihre Briefe, die wieder alles glatt gemacht haben. Wundern Sie sich nicht über meine späte und kurze Antwort. Ich war selbst krank und hatte eine Operation im Munde, und jetzt habe ich ein liebes Enkelkind nach 3 wöchentlichem Leiden an Miliartuberkulose verloren. Das tut weh und macht schweigsam.

Herzlich Ihr

Freud

Baden-Baden, den 8. November 1923

Hochverehrter Herr Professor,

es ist lange her, daß ich nichts von mir habe hören lassen. Um so öfter habe ich Ihrer gedacht. Im Grunde genommen verläßt mich der Gedanke Freud überhaupt nicht.

Wir leben immer noch trotz allen seltsamen Vorgängen in Deutschland unser altes Leben. Die Arbeit geht ihren Gang, bald mit, bald ohne Erfolg. Zweimal im Laufe des Sommers habe ich Gelegenheit gehabt, Schwangerschaft, Entbindung und erste Lebenswoche des Säuglings in meinem Sanatorium zu beobachten. Die Vermutung, daß sich auf dem Gebiete der Geburtshilfe besonders günstige Resultate mit der Psychoanalyse erreichen lassen, hat sich dabei verstärkt. Die Schwangerschaftsbeschwerden – beide waren Erstgebärende, eine 33 Jahre alt – sind sehr rasch verschwunden, die Entbindungen waren kurz und leicht, ja die ältere brach bei dem Durchbrechen des Kopfs durch den Scheideneingang in den Ruf aus: ach wie schön, wie schön. Eigentümlich

67

hat mich der Verlauf des Wochenbettes berührt. Die übliche Abneigung der Frauen, ihr Kind selbst zu nähren, ließ sich in ihren Wurzeln verfolgen und beheben, und bei der einen, bei der die Milch plötzlich für 24 Stunden versiegte, begann die Sekretion der Milch wieder, nachdem eine alte sorgfältig verschwiegene feindselige Gesinnung gegen die eigene Mutter zum Vorschein gekommen war. Vor allem aber ist mir klargeworden, daß eine ganze Reihe von Säuglingsbeschwerden von der Mutter – bewußt oder unbewußt hervorgerufen werden, und nach der Analyse der Mutter verschwinden. Alles war so lehrreich, daß in mir der Wunsch wach wurde, mehr technisches Geschick in der Geburtshilfe zu haben. Ich würde dann ohne weiteres eine Entbindungsanstalt mit meinem Sanatorium verbinden. Sowohl für das Studium der Mutter- und Kindesseele wie für die Praxis der Geburtshilfe ist da noch viel zu lernen.

Auch sonst habe ich allerlei gesehen, was in meiner Richtung liegt. Leider wird, je länger man tätig ist, die zuversichtliche Selbsttäuschung über die eigenen Entdeckungen immer geringer und es wird immer schwerer, bei der Masse der Wege des Labyrinths im Unbewußten nicht die Richtung zu verlieren. Mitteilbar ist kaum irgend etwas. Ich begnüge mich immer mehr damit aufmerksam zuzusehen, ohne dem Ehrgeiz zu verstehen, nachzugeben. Mitte Dezember werde ich vermutlich das Sanatorium schließen. Wir gehen dann – Emmy und ich, die übrigens nun endlich auf dem Standesamt sich haben trauen lassen – nach Holland, Dänemark und Schweden, wo ich Vorträge halten soll. Allerdings ist es noch nicht fest bestimmt.

Von Zeit zu Zeit höre ich von Ihrem Ergehen, auch von den Operationen habe ich Nachricht erhalten. Meine Gedanken und guten Wünsche sind bei Ihnen, den ich so liebe.

Herzlichst
Ihr Groddeck.

Lieber Herr Doktor,

Vor allem meinen herzlichen Glückwunsch, im Grunde bin ich doch für Solidität. Nun bin ich natürlich auch daran beteiligt zu wissen, ob Sie Ihrer Frau die volle Freiheit lassen werden, meine Übersetzungen zu fördern.

Was Sie wissenschaftlich schreiben, ist wie immer interessant, neu und hoffnungsvoll. Aber ich enthalte mich gerne aller Versuche, Sie zu beeinflussen, was Sie ja nicht immer gut vertragen.

Von mir selbst ist zu sagen, daß ich krank bin. Die Details scheinen Sie zu kennen. Ich weiß natürlich, daß es der Anfang vom Ende ist. Ob es sich direkte fortsetzt oder mit Pausen, läßt sich ja nicht vorher wissen. Aber ein Ende muß ja sein und die Fortsetzungen wird man auch nicht vermissen. Eine davon wird sich bei Ihnen finden.

Mit herzlichem Gruß an Sie beide
Ihr Freud.

Baden-Baden, Werderstr. 14, 5. 12. 1923

Hochverehrter Herr Professor,

Ihr Brief hat bestätigt, was ich gerüchtweise gehört hatte. Ich bin traurig, mehr kann ich darüber nicht sagen.

Sie fragen nach der schwedischen Übersetzung. Die Maschinenschrift, in der sich dieser Brief präsentiert, zeigt, wie weit es damit ist. Ich bin bei der Abschrift. Soweit ich nicht voreingenommen bin, ist dieser erste Versuch gut gelungen. Wir reisen Ende Januar nach Schweden und werden dort mit dem Verleger persönlich sprechen. Die Vorlesungen folgen als zweite Übersetzung. Das dritte soll, wenn es Ihnen recht ist, die Traumdeutung werden.

Man hat mich aufgefordert in Haarlem und in Stockholm, vielleicht auch in Kopenhagen, Vorträge zu halten. Das Abschreiben des schwedischen Textes frischt meine Sprachkenntnisse wieder auf.

Das Sanatorium ist bis Mitte März geschlossen, ich hätte also

Zeit zum Arbeiten. Aber die Lust fehlt vorläufig. Der zweite Teil vom Seelensucher ist noch nicht so weit an die Oberfläche gekommen, daß ich an das Niederschreiben gehen könnte. Es soll etwas Gutes werden. Das Buch vom Es war von mir schon preisgegeben, ehe ich es schrieb.

Ich muß nun doch einmal auf Ihre Krankheit zurückkommen. Ich bin so ganz der Narr meiner Anschauungen geworden, daß es unheilbare Krankheiten für mich nicht gibt. Die Mißerfolge liegen am Arzt, nicht an der Art der Erkrankung. Aber der Arzt muß wollen und der Kranke auch. Da Sie beides in einer Person sind, braucht bloß einer zum Wollen überredet zu werden. Es schickt sich nicht, wenn das Ei klüger sein will als die Henne. Aber ich liebe Sie und kann Sie nicht entbehren.

Es ist der erste Brief, den ich mit der Maschine schreibe. Vielleicht zeigen Ihnen die Fehler, was in Verdrängung geraten ist. Ich bin wie immer Ihr dankbarer Schüler

Groddeck

Wien, den 18. Dezember 1923

Liebe Frau Doktor,

die Geschichte Ihrer Arbeitshemmung und deren glückliche Überwindung hat mich sehr amüsiert. Natürlich denke ich viel milder über die Gesellschaft, die Sie 1922 in Berlin getroffen haben, und sehe ihr allerlei Menschlichkeiten nach.

Ihre wiederholte freundliche Einladung, mit meiner Tochter zu Ihnen nach Baden-Baden zu kommen, soll nicht prinzipiell verworfen werden. Vorderhand gehen Sie allerdings nach Schweden zurück, ich bin nicht reisefähig; wenn ich im Frühjahr hergestellt bin, muß ich arbeiten und was im Sommer sein wird, kann niemand vorhersehen. Aber man soll nichts verschwören. Übrigens gibt es nicht ein Zusammentreffen vorher, zu Ostern in Salzburg?

Wenn Sie sich in Stockholm nach meinen Chancen für den Nobelpreis erkundigen, werden Sie erfahren, daß ich seit einer Reihe von Jahren vorgeschlagen und jedesmal gründlich durchgefallen

bin. Vielleicht ist die Bewerbung, die natürlich nicht von mir ausgeht, damit bereits erledigt.

Mit herzlichen Grüßen für Sie beide und besten Wünschen für
Ihre bevorstehende Reise

Ihr Freud.

Baden-Baden, Werderstraße 14, 4. 1. 1924

Hochverehrter Herr Professor,

Ihren gütigen Brief an meine Frau kann ich mit der Nachricht
beantworten, daß die Übersetzung des Alltagslebens ins Schwedische druckfertig ist. Wir nehmen das Manuskript auf unsre
Reise nach Schweden mit, meine Frau läßt es dort noch einmal
von einem schwedischen Sachverständigen durchsehen und über-
gibt es dann dem Verlage. Sie will dann sofort an die Übersetz-
zung der Vorträge gehen und bittet den Verlag, ihr zu diesem
Zweck ein Exemplar der neuesten Auflage zuzuschicken. Soweit
ich urteilen kann, ist die Übersetzung gut, das heißt streng an
den Wortlaut des Originals gebunden.

Wir gehen nach Schweden, um dort unsre Verwandten zu besuchen, gleichzeitig soll ich in Stockholm und Göteborg Vorträge
halten. Auch für den Kongreß habe ich heute einen Vortrag angemeldet. „Über die zukünftige Entwicklung der Psychoanalyse",
für den ich mich diesmal vorbereiten will, weil er grundsätzliche
Fragen behandeln soll. Wenn ich mich dabei den Eingebungen des
Augenblicks überlassen wollte, würde es nicht das werden, was
es werden soll.

Herr von Roeder, dessen Aufsatz über Aristoteles im letzten Heft
der Imago steht, möchte gerne an dem Kongreß teilnehmen. Ich
habe mich nach Berlin um eine Eintrittskarte gewandt, wollte Sie
aber gleichzeitig benachrichtigen.

Meine Frau wird mit nach Salzburg kommen. Vielleicht erhält sie
dort einen andern Eindruck als in Berlin. Tatsächlich ist auch für
mich Berlin seit vielen Jahren kaum zu ertragen.

Bei der Übersetzung hat meine Frau einen Fund gemacht, der
vielleicht für Sie selbst dann Wert hat, wenn Sie selbst schon

daran gedacht haben. Die Mitteilungen eines ganz Unbefangenen haben ja immer Wert. Es handelt sich um die Zahl 2467. Da Sie dieses Zahlenbeispiel mitgeteilt haben, schließt meine Frau daraus, daß alles, was damit zusammenhängt, besondere Bedeutung in Ihrem Ubw hat. Soviel sie weiß, sind Sie in diesem Jahre 67 Jahre alt geworden, genau das Alter, in dem der Feldzeugmeister verabschiedet wurde. Meine Frau meint, und ich teile ihre Ansicht, daß sich dort ein Zugang zu den tiefen Schichten Ihres Ubw finden ließe, dessen Beschreitung vielleicht in die heilenden Schichten Ihres Wesens führen. Wir senden Ihnen beste Grüße, hoffen auf Salzburg und endlich auch auf Baden. Stets Ihre getreuer Schüler

Groddeck.

Ich habe nochmals flüchtig die Stelle mit der 2467 durchgesehen und halte es doch für angebracht, darauf einzugehen, schon weil ich selber aus 2467 eine 4267 gemacht hatte. Die Erklärung meines Irrtums ist interessant, ich unterschlage sie aber, um auf Ihr Zahlenbeispiel einzugehen. Kurz vorher geht die Geschichte von der Namensverwechslung und dem Kindermädchen. Ihre Schwester, Rosa, Dora (hat wohl besondere Bedeutung), *die armen Leute, die nicht einmal ihren Namen behalten können,* (Heirat? aufgezwungenen Namen durch den Staat), Erna, Lucerna. (Luzern?). Es muß doch einen Sinn haben, daß Sie gerade das Hysteriebruchstück veröffentlicht haben.

Hinter der Erzählung folgt sofort Adler. Vielleicht hat das Wort Adler mehr Bedeutung für Sie als der Mann. Ich glaube, daß bei einer so hartnäckigen Erkrankung Mißtrauen gegen die anfänglichen Einfälle angebracht ist, weil sie, an sich richtig, doch in listiger Absicht vom Es gebraucht werden. In den Zwischensätzen sprechen Sie von Fällen sehr intimen Inhalts, die sich der Mitteilung entziehen, und fahren mit einem „darum will ich" fort. Dieses „Darum" hat gar keinen bewußten Grund und muß auffallen, da Sie sonst so besonders präzis in Ihrem Satzbau sind. Übrigens taucht nachher der Ausdruck „Diskretion" in Verbindung mit „bedauerlicherweise" auf. Wort und Begriff „Diskretion" spielen in Ihren Schriften eine zu große Rolle, als daß man das mit der Diskretion des Arztes oder des anständigen Menschen begründen könnte. Hier spricht irgendwie das Idealich und das Es sitzt dahinter und lacht. Weiter ist mir aufgefallen, daß im Adlerschen Beispiel die Zahl 17 da ist, genau dieselbe bei der die Verschiebung von 19 auf 17 in Ihrem Beispiel aufgetreten ist. Daß mir das UB aufgefallen ist, liegt wohl an meinen eigenen Verhältnissen, ich teile Ihnen aber mit, daß mir, schon ehe meine Frau mit der 67 kam, der Gedanke an die Abkürzung UBW kam, mit der mir längst bekannten und oft von mir geprüften Empfindung des Widerwillens gegen das Zeichen Ubw. – Die nächste Erzählung bringt die Zahlen 17 und 19, und als Sie selber wieder das Wort ergreifen, kommt gar 426718, also beinahe 2467. „Das jüngste Kind in langer Kinderreihe und ein früh verlorener Vater."

Nun die Erzählung selbst. Der Freund, der Brief, *Korrekturen*, Traumdeutung, „nicht mehr ändern wollen" *Fehler*. Der Satz: „Am besten zitiere ich jetzt (warum am besten?) – – – auf frischer Tat ertappte." Das letzte hat sicher einen tiefen Sinn. – Sie setzen, eine seltene Ausnahme im Buch, neben den General die Initialen E. M. Hat das etwas zu bedeuten? Die Begründung, warum Sie gerade dieses Mannes Laufbahn verfolgt haben, ist so kurios, daß Sie Ihre Aufmerksamkeit darauf richten können. Und nun tritt Ihre Frau auf mit einer Frage, und an dieser Stelle sind Sie wieder gegen Ihre Gewohnheit unklar, oder lassen irgend etwas aus. Denn warum fragt Ihre Frau so, als ob Sie mit dem General identisch wären. Der Leser vermag da nicht zu folgen. Es fehlt da etwas. Ich protestiere. Ein fester Punkt in meiner Erinnerung. Sie nehmen sich vor, mit 67 Jahren in den Ruhestand zu treten. Schließlich kommt ein Satz, der mit dem Wort „offenbar" anfängt und die Schlußfolgerung zieht. Das Wort „offenbar" ist in ähnlicher Weise verdächtig wie die Wörter „wahrscheinlich, sicher, vielleicht etc."

Ich habe mich nicht einer Täuschung dahingegeben, daß meine Worte – jetzt bin ich im Begriff, etwas ganz andres zu schreiben, als ich wollte. Statt der Entstellung also die Wahrheit. Ich möchte, daß Sie durch diesen Exkurs sich veranlaßt sähen, sich nochmals mit Ihrer Erkrankung zu beschäftigen und – nach Baden zu kommen.

Alles Gute Ihnen und den Ihren von beiden Groddecks.

Wien, 15. Januar 1924

Lieber Herr Doktor,

Also haben Sie, resp. Ihre Frau, das auch gemerkt! Ich hatte mich die ganze Zeit über die Möglichkeit geärgert, den okkulten Mächten eine Bestätigung zu liefern. Nun scheint es glücklich vermieden, ich habe ein neues Arbeitsjahr angefangen.

Herzliche Wünsche für Ihre Reise!
Ihr Freud

Baden-Baden, 18. Dezember 1924

Hochverehrter Herr Professor,

Sie haben recht, ich habe lange nichts von mir hören lassen. Ferenczi hat mir einiges von Ihnen erzählt, und ich hoffe, er wird das auch bei Ihnen getan haben. Viel ist nicht zu berichten. Als ich hörte, daß Sie nicht nach Salzburg kommen würden, habe ich das Interesse an diesem Kongreß verloren und den Vortrag, den ich halten wollte, ungeschrieben ad acta gelegt, ein Zeichen, daß ich mich auf Sie als Hörer eingestellt hatte; wie ich denn immer mehr dahinterkomme, daß ich wohl Sie liebe, aber nicht die seltsame Atmosphäre von vielen auseinanderstrebenden Kongreßlöwen. Befreundet bin ich nur mit Ferenczi, und der ist so nett, mich hier aufzusuchen. Im übrigen gehe ich meinen stillen Weg der Praxis weiter und verehre Freud aus der Ferne. Eine Unterbrechung war ein Aufenthalt in Berlin mit meiner Frau, wo ich ein paar Vorträge mit viel Vergnügen und gutem Erfolge gehalten habe.

Meine Meinung über den Grafen Keyserling ist sehr subjektiv. Ich mag ihn persönlich sehr gern. Von seiner Philosophie weiß ich gar nichts. Es hat mir aber gefallen, daß er mir diese Unkenntnis nicht übelgenommen hat; selbst dann nicht, als er mir eine Reihe seiner Schriften geschenkt hatte und bemerkte, daß ich sie nicht las. Auch seinen Aufsatz über die Psychoanalyse kann ich nur subjektiv betrachten. Er macht so viel Gerede von mir, daß ich annehme, er ist irgendwie vor seinem eigenen Gewissen zum Judas an sich und mir geworden. Aber das würde mir nur beweisen, daß er ein empfindliches Gewissen hat, was ich ohnehin aus der kurzen Zeit seiner Behandlung weiß, und daß ich irgendwo im Laufe dieser Behandlung einen Fehler gemacht habe. Gefallen hat er mir, weil er eine glückliche, heiter stimmende Mischung von Mann und Kind ist, wobei das harmlos gütige, etwas prahlsüchtige, intuitiv lebende Kind überwiegt. Darauf führe ich auch den verblüffenden Eindruck zurück den er auf den einzelnen Menschen und auf die Massen ausübt. Er weiß eine zufriedene, wenigstens für die Zeit des Zusammenseins mit ihm in sich ausgeglichene Stimmung zu schaffen. Und wenn er diese Wirkung seiner Weisheit zuschreibt, so glaube ich, daß er dabei seinem Hang zum Renommieren nachgibt. Das Angenehme ist, daß er diesen Hang kennt und sich darüber lustig macht. Er hat ein überwältigendes Lachen, wenn er ehrlich über sich spricht. Er ist sehr eitel, aber nicht im geringsten eingebildet. Mir scheint die Deutung eines Traums, in dem ein Kohlweißling vorkam, für sein Wesen charakteristisch zu sein: „Weißling, Weiseling, das bin ich", sagte er, „und Kohl, Kohl rede ich". Das ist ungefähr, was ich über den Grafen Keyserling zu sagen weiß. Hinzufügen möchte ich nur, daß Sie ihn nicht allein gesehen haben. Ich weiß aus persönlicher Erfahrung, daß man Ihnen gegenüber nur dann aufrichtig ist, wenn niemand zuhört. Das ist etwas, was sich aus Ihrem Wesen erklären läßt, was wohl andern Analytikern nach dreißigjähriger Beichttätigkeit auch als Schicksal auferlegt werden mag, bei Ihnen aber besonders stark empfunden wird, weil Sie der König sind.

Eine Polemik gegen Keyserling halte ich für zwecklos. Ihr Werk ist lebendig aus eigener Kraft, wächst und gedeiht und wird viele Keyerlings überdauern.

Meine Frau sendet die herzlichsten Grüße und den besten Dank für Ihre gütigen Worte. Ich selbst bin wie immer Ihr getreuer Schüler

Georg Groddeck

75

Wien, den 21. Dezember 1924

Lieber Herr Doktor,

es ist mir eigentlich sehr recht, daß Sie einen menschlich sym-
pathischen Eindruck von Keyserling empfangen haben. Ich wurde
damals nicht klug aus ihm. An eine Polemik gegen ihn habe ich
natürlich niemals gedacht. Meine Bemerkung darüber entsprang
nur der Sorge, Sie könnten hinter meiner Erkundigung solche
Absichten vermuten. Allerdings waren seine Bemerkungen über
die Psychoanalyse in seinem letzten Aufsatz besonders einfältig.

Ärgerlich ist mir natürlich ein Zug an Ihnen, den ich gerne beeinflussen möchte, wiewohl ich weiß, ich werde nicht viel ausrichten können. Es tut mir leid, daß Sie eine Mauer zwischen sich
und den andern Löwen in der Kongreßmenagerie aufführen
wollen. Es ist schwer, Psychoanalyse als Vereinzelter zu treiben.
Es ist ein exquisit geselliges Unternehmen. Es wäre doch viel
schöner, wir brüllten oder heulten alle miteinander im Chor und
im Takt, anstatt daß jeder in seinem Winkel vor sich hin murrt.
Sie wissen, wieviel mir Ihre persönliche Zuneigung wert ist, aber
nun sollten Sie auch ein Stück davon auf die andern übertragen.
Das käme der Sache nur zugute.

Die Erwähnung Ferenczis läßt mich den Vorwurf ahnen, daß ich
Sie noch nicht in Ihrem schönen Heimatort besucht habe. Ich täte
es gern, aber, machen Sie sichs klar, welches meine gegenwärtige
Lage ist und wie schwer mir jetzt, möglicherweise immer, das Reisen sein muß.

Mit herzlichen Grüßen für Sie beide
Ihr Freud

Baden-Baden, den 16. März 1925

Hochverehrter Herr Professor,

mir ist schreibelig zu Mute, und ich möchte Ihnen gerne sagen,
daß ich Ihrer gedenke. Warum die Empfindung momentan so
lebhaft ist, daß ich schreiben muß, wird sich wohl nach und nach
herausstellen. Die letzten Jahre sind für mich nicht ruhig gewe-

sen, jetzt scheint es wieder besser zu sein. Vor allem regt sich das Bedürfnis, das Fazit aus den Erlebnissen seit 1920 zu ziehen. In welcher Form das geschehen soll, weiß ich noch nicht. Weder zur Ironie des Seelensuchers noch zu der seltsamen Mischstimmung des Buchs vom Es habe ich Beziehungen. Irgend etwas Autobiographisches beschäftigt mich; wenigstens lese ich eifrig alle möglichen Memoiren und entwerfe vage Träume, wie so etwas bewußt analytisch sich machen ließe. Angeblich soll man sich an die gegebene Linie des Lebenslaufs halten. Ich könnte mir aber denken, daß der assoziative Weg auch gangbar ist.

Und da ist der Grund, warum ich so lebhaft mich nach Ihnen sehne. In solch einer analytischen Biographie würden Sie eine große Rolle spielen. Das Pater peccavi fällt mir ein. Und alles, was in das Buch hinein soll, findet nicht die Genehmigung in mir, solange ich Sie nicht von dem Plan benachrichtigt habe. Damit ist förmlich nicht gesagt, daß es ausgeführt werden wird.

Grüßen Sie alle, die Interesse an mir nehmen bestens und seien Sie herzlich gegrüßt von Ihrem dankbaren Schüler

Groddeck.

Baden-Baden, den 15. April 1925

Hochverehrter Herr Professor,

ich habe Ihre Autobiographie gelesen und große Freude daran gehabt. In den Schlußsätzen steckt so viel einfache Kraft, daß ich von Ihrer Genesung überzeugt bin. Das Ganze führt sicher bergan und wer zuschaut und prüft, weiß, der Wanderer da wird noch lange und sicheren Schritts voll Lebenskraft und Aufnahme- und Verarbeitungsfähigkeit steigen.

Landauer erzählte mir, daß er Sie in Wien besuchen wird. Ich freue mich darauf, von ihm Näheres zu hören. Er ist ein angenehmer Mensch, dessen Wesen und Worten ich traue und von dem ich gerne mir erzählen lasse.

Wir erleben hier allerlei, auch manches, was ich längst zu kennen glaubte, gewinnt für die Sinne neue und anregende Formen. Ich bin neugierig, wohin es mich führen wird. Vorläufig merke ich nur an dem dicker werdenden Bauch, daß ich wieder einmal schwanger bin. Ich habe Lust zur analytischen Biographie. Meine Frau redet mir zu einer methodischen Arbeit über das Es zu. Vielleicht verpufft auch alles in einigen kleinen Artikeln.

Herzliche Grüße von uns beiden.

Ihr ergebener Schüler
Groddeck.

Persönlich ist es mir eine Genugtuung, daß Sie nochmals Ihre Meinung über die Qualifikation der Nichtärzte zur psychoanalytischen Behandlung ausgesprochen haben.

Wien, den 26. April 1925

Lieber Herr Doktor,

Dank für Ihre letzten beiden Briefe. Mir ist es recht, daß Sie an der Selbstdarstellung Gefallen gefunden haben, ich hatte sie ohne inneren Drang nur auf das Drängen des Herausgebers geschrieben.

Daß es bei Ihnen gärt und zu irgendeiner Eruption kommen wird, höre ich gerne. Sie wissen, ich schätze die Originalität auch wenn sie mit etwas Widerspenstigkeit verbunden ist. Letztere allein, wie sie bei Hattingberg zum Vorschein kommt, weiß ich sie nicht zu würdigen, sie scheint mir ein schlechter Ersatz für die erstere. Mir geht es lokal nicht besonders gut. Mein Masochismus als Behandlungsobjekt ist nahezu aufgezehrt; es wäre Zeit, daß ich vom Arzte unabhängig würde.

Mit herzlichen Grüßen für Sie und Ihre Frau
Ihr Freud.

Baden-Baden, 13. Juni 1925

Hochverehrter Herr Professor,
erschrecken Sie nicht über den Inhalt; er verlangt nicht gelesen zu werden. Aber Sie haben ein Recht zu wissen, was ich treibe. Die Zusammenkünfte, von denen in dem Begleitschreiben die Rede ist, scheinen sich zu bewähren. Es sind fast nur Laien, nur ab und zu verirrt sich ein Arzt her. Es wird von Tod und Teufel geschwatzt, und die Menschen lernen es, nach und nach aus sich herauszugehen.

Neulich habe ich Keyserling gesehen, der mir von Ihnen erzählte. Er hat einen tiefen Eindruck von Ihnen mitgenommen. Und was er von Ihnen sagte, hat mein Herz freudig bewegt. Ich habe Grund anzunehmen, daß er mir gegenüber harmlos ist.

Werden Sie nach Homburg kommen? Ich habe einen Vortrag angemeldet und hoffe, daß es mir diesmal besser gelingen wird zu sagen, was ich meine. Allerdings hängt bei mir alles vom Augenblick und sehr viel vom Publikum ab.

Ich wünsche Ihnen alles Gute, mehr als Sie es für möglich halten. Meine Frau sendet Ihnen die besten Grüße.

Ihr stets ergebener Schüler
Groddeck.

Wien, 18. Juni 1925

Lieber Herr Doktor!
Ich danke Ihnen für Berichte und Zusendungen. Alles, was von Ihnen kommt, ist für mich interessant, auch wenn ich im Detail nicht dabei bin. In Ihrem Es erkenne ich mein zivilisiertes, bürgerliches, der Mystik beraubtes Es natürlich nicht wieder. Doch, wissen Sie, leitet sich meines von Ihrem ab.

Keyserling hat mir diesmal einen besseren Eindruck gemacht. Wir haben einen sehr interessanten Abend verbracht. Er sprach sehr sympathisch von Ihnen, während er H. – wohl etwas schmeichelhafterweise – für den größten Esel erklärt, den er je kennengelernt.

Nach Homburg dürfte ich nicht kommen. Ich muß mich an allerlei Verzichte gewöhnen. Aber natürlich, wenn das eintrifft, was Sie mir wünschen, mehr Gutes, als ich selbst für möglich halte, dann komme ich.

Herzlichen Gruß für Sie und Ihre Frau
Ihr Freud

Budapest, Hotel Szent Gellert, 13. 11. 1925

Hochverehrter Herr Professor,

am 24. und 25. werden meine Frau und ich auf der Rückreise nach Baden-Baden in Wien sein. Wenn Sie Zeit und Lust haben, Ihren allergetreusten Anbeter zu empfangen, würden Sie ihm eine große Freude machen.

Mit allen guten Wünschen
Ihr Schüler
Groddeck.

Wien, am 17. 11. 1925

Meine Lieben!

Wenn ich um den 24. d. Monats nicht gerade wieder krank bin, werde ich mich sehr freuen, Sie beide bei mir zu sehen.

Mit herzlichen Grüßen
Ihr
Freud

Wien IX., Berggasse 19
23. 11. 1925

Meine Lieben,

ich bin, wie vorhergesehen wieder erkrankt gewesen, diesmal an einer nicht spezifischen Zahngeschichte, nach einer Operation noch nicht ganz hergestellt und getraue mich nun, Sie zu einer Unterhaltung morgen Dienstag, 24. d. M. 12 Uhr einzuladen.

Herzlich Ihr Freud

Hochverehrter Herr Doktor!

Zu Ihrem sechzigsten Geburtstag sendet Ihnen unsere Vereinigung die herzlichsten Glückwünsche. Auch Ihre Gegner auf wissenschaftlichem Gebiete sind Anhänger und Freunde Ihrer Person. Alle wissen Ihnen Dank für die eigenartigen Auffassungen, mit denen Sie auf kaum noch erforschbarem Gebiete mutig vorangegangen sind. Dann danken wir alle für das köstliche Lachen, mit dem Sie unser sonst so ernstes Untersuchen der Seele in Ihrem „Seelensucher" gestaltet haben. Möge Ihr besonderes „Es" noch lange Ihnen, Ihren Freunden und Patienten zur Freude, erhalten bleiben.

Für die Wiener Psychoanalytische Vereinigung
der Obmann
gez. Freud
der Schriftführer
Dr. R. H. Jokl.

13. Oktober 1926

Mein Ich und mein Es beglückwünschen Ihr Es zur vollendeten Tat, und hoffen, daß es seinem unerforschlichen Ratschluß gefallen wird, sich eine lange heitere Lebensfrist zu gönnen.

Freud.

Baden-Baden Hütte, 17. Oktober 1926

Hochverehrter Herr Professor,

tausend Dank für die reizende Depesche. Soweit ich es bei der geheimnisvollen Natur meines Es beurteilen kann, ist es gewillt, sich eine lange heitere Lebensfrist zu gönnen. Jedenfalls freut es sich der Teilnahme Ihres Ich und Es und ist stolz darauf.

Wir sind nach einem ereignisreichen Jahr wieder in die Ferien gegangen, zunächst in unsere geliebte Hütte, wollen aber bald nach Berlin gehen, wo ich wieder Vorträge zu halten habe, und dann wahrscheinlich nach London.

Ferenczi und Frau Andreas-Salomé waren hier und haben von Ihnen und Ihrem Befinden erzählt. Ich nehme alle Nachrichten, die sich auf den Gegenstand meiner letzten Leidenschaft beziehen, durstig auf und behalte sie.

Meine Frau sendet mit mir die herzlichsten Grüße und Wünsche.

Stets Ihr dankbarer und ergebener Schüler
Groddeck

Baden-Baden, 17. Oktober 1926

Der Wiener Psychoanalytischen Vereinigung
sage ich meinen besten Dank für den ehrenvollen Glückwunsch zu meinem 60. Geburtstag.

Die Teilnahme, die meine Auffassungen seitens der Vereinigung und weiterhin seitens der Gesamtheit der Internationalen Psychoanalytischen Bewegung gefunden haben, sind mir eine wirksame Anregung, weiter in die Gebiete einzudringen, die vor mir liegen, und sie, die vorläufig kaum noch erforschbar sind, so weit zugänglich zu machen, daß sie mit Nutzen von der methodischen Wissenschaft untersucht werden können.

Den Seelensucher, den ich als den Ausdruck meines besten Könnens ansehe, hoffe ich, in absehbarer Zeit wiederaufleben zu lassen, auf daß das Lachen über dem Ernst nicht versäumt wird.

Mit aufrichtigem Dank
Dr. Georg Groddeck.

Wien, 7. September 1927

Lieber Herr Doktor,

infolge Ihrer Mitteilung, daß der Verlag Ihre Anfrage betreffs der Fortsetzung des Seelensuchers noch nicht beantwortet habe, werde ich bei Storfer energisch eingreifen, wenn ich ihm die Zeichnungen einschicke. Eine Entscheidung selbst kann ich nur mit Gründen der Sympathie beeinflussen, die objektive Situation kennt nur er. Die Zeichnungen haben mich in eine gewisse Verlegenheit gebracht. Ich möchte sie ähnlich beurteilen wie Sie selbst. (Das Blatt mit dem urinierenden Löwen scheint mir anatomisch unrichtig). Aber ich habe wiederholt erfahren, daß derartig karikierende Illustrationen weder an sich Genuß bringen noch den Genuß am Text steigern können. So ging es mir mit den Illustrationen Benikshanks (glaube so schreibt man ihn) zu Dikkens, denen der großen Balzac-Ausgabe, die ich besitze und neuerdings mit den Holzschnitten zur postumen Ausgabe von Anatole France, die ich von der französischen Gruppe seit dem 70. Geburtstag erhalte. Ich möchte mich also am liebsten für ganz inkompetent erklären.

Im Inhalt des zweiten Seelensuchers vermisse ich das Weiterspinnen eines Fadens, der aus dem ersten Teil heraushängt, der Beziehung T. W.s zu seiner Nichte. Sonst freue ich mich, Ihre Gestaltungskraft wieder am Werk zu sehen, nachdem Sie in der Es-Mythologie in die Auslöschung aller Differenzen und in unbefriedigende Monotonie geraten waren. Ich mache kein Geheimnis daraus, daß mir P. T., obwohl ich bei ihm eine Anleihe gemacht, lange nicht so sympathisch war wie T. W.

Ich denke, auf dem Kongreß hat man Sie vermißt. Ihr Warnen vor der Überschätzung ärztlicher Standesinteressen hätte gute Wirkung getan. Immerhin hat es damit geendet, daß die engherzige Forderung der Amerikaner abgewiesen wurde und die Laienanalyse wenigstens eine Empfehlung fand. Der neue Präsident Dr. Eitingon ist vor allem vorsichtig und konziliant, wahrscheinlich der richtige Steuermann bei unruhiger See. Ich freue mich sehr, unsern Freund Ferenczi in der Nähe zu haben. Vorläufig konnte ich ihn noch nicht allein sprechen, so sehr drängen sich die Besucher nach dem Kongreß vor.

Ich grüße Sie und Ihre Frau herzlich
Freud

Baden-Baden, 9. September 1927

Hochverehrter Herr Professor,

ein Brief von Ihnen bringt gute Laune, und die werde ich verwenden, um gleich zu antworten. Das soll aber nicht eine Bettelei um einen weitern Brief sein, obwohl ich nicht leugnen will, daß er mir Freude machen würde.

Ich bin ganz Ihrer Ansicht, daß Illustrationen zu solchen Büchern nicht passen; aber das Publikum hat manchmal kuriose Wünsche. Es könnte ja sein, daß es Geschmack an einer illustrierten Ausgabe fände. Der Verlag wird am besten wissen, ob sich der Versuch lohnt.

Daß Sie kein Gefallen an dem Buch vom Es haben, weiß ich. Ich habe aber nie begriffen, warum Sie es mit den Stekelschen Büchern zusammengeworfen haben. Der Ausdruck: Es-Mythologie bringt mich auch nicht weiter, ich kann ihn ebensogut als Kompliment wie als Tadel auffassen.

Über den Wert eines Buches entscheidet der Leser, und es hat keinen Zweck, wenn der Verfasser sein Buch verteidigt; man weiß ohnehin, daß er es für gut hält, sonst würde er es nicht veröffentlichen. Aber Sie sind ja nicht eigentlich Lehrer, so daß Sie für die Leistungen Ihrer Schüler verantwortlich wären, sind auch nicht Leser im üblichen Sinne des Wortes, sondern sind Freud und als solcher täten Sie doch vielleicht besser, die Torheiten Ihrer Anbeter nachsichtig zu beurteilen. Ebenso wie Ihre Anerkennung belebt, tötet Ihr Tadel.

Wenn ich mir die Leistungen der psychoanalytischen Literatur in den letzten Jahren ansehe, finde ich dort dieselbe Monotonie, die Ihnen aus der Es-Mythologie entgegenklingt, nur in einer andern Tonart. Warum billigen Sie mir nicht die Milderungsgründe zu, die Sie andern zuwenden? Ich habe trotz Ihrer Ablehnung den Glauben, daß dieses Buch einige nicht zu unterschätzende Vorzüge hat. Zunächst ist, was an Tatsachen darin mitgeteilt wurde, wahr; sie sind nicht nur für meine Gutgläubigkeit wahr, ich erhalte für die reelle und ideelle Wahrhaftigkeit der Mitteilungen immer neue Bestätigungen von approbierten und nichtapprobierten Ärzten. Dann ist das Buch nicht langweilig. Drittens nennt es eine Menge von Dingen bei Namen, was dringend notwendig war, und viertens behandelt es ein Gebiet, über das ich besser Bescheid weiß als andre.

Die Tatsache, daß nicht einer unter den Mitgliedern der Vereinigung gewagt hat, meiner Anregung zu folgen – Deutsch und der Amerikaner, wie er heißt, weiß ich nicht mehr, zählen ernsthaft nicht mit – beruht nicht darauf, daß mein Weg falsch ist, es gibt außerhalb der Vereinigung Menschen genug, die sich mühsam am corpus vile des Kranken klarzumachen suchen, was Freud gemeint hat und die sich nicht mehr im Bannkreis der Neurosen fesseln lassen. Ich kann mich des Gedankens nicht erwehren, daß dieses auffallende Verhalten der Vereinigung in der Angst vor Ihrer Mißbilligung wurzelt. Man weiß, wie Sie über das Buch vom Es denken, man weiß aber nicht, oder man tut wenigstens so, als ob man es nicht wüßte, wie Sie über die Verwendung der Psychoanalyse im Organischen denken. Ich bin eitel genug, aus Ihrem jahrelangen Schweigen über meine Tätigkeit eine Folgerung zu ziehen, die etwa so lautet: Der Groddeck hat eine brauchbare Idee, aber die Art, wie er sie vorbringt, kann ich – Freud nicht billigen; er muß und wird sich allein weiterhelfen. Das ist ehrend für mich, aber es schmerzte lange und tief.

Bitte empfehlen Sie uns beide den Ihren und nehmen Sie selbst die ehrfurchtsvollen Grüße von mir und meiner Frau

Ihr ergebner Schüler Groddeck.

Wien, 7. September 1929

Lieber Herr Doktor,

Wenn ich Herrn Dr. Runge begegne, werde ich ihm sehr gerne behilflich sein, soweit es mir möglich ist. Ich gehe jetzt noch für eine Weile mit meinem Vater nach Berlin, aber im Oktober bin ich wieder in der Wiener Vereinigung und dort wird ihn Dr. Federn ja sicher einführen.

Meinem Vater geht es sehr gut hier, wie Sie ja sicher auch von Dr. Ferenczi hören.

Mit freundlichen Grüßen
Ihre Anna Freud.

Mein hochverehrter Lehrer und innigst geliebter Mensch,

da ich Ursache habe, der Lesbarkeit meiner Handschrift zu mißtrauen, werden Sie entschuldigen, wenn ich mit der Maschine
statt mit der Feder schreibe; zum Diktieren habe ich es freilich
noch nicht gebracht, aber es geht auch so leidlich rasch.

Ihr Bild ist eine große Freude für mich und eine Überraschung,
wie sie mir selten zuteil geworden ist. Ich vermutete nicht, daß
Sie wüßten, was Sie persönlich für mich sind.

Leider habe ich zu spät erfahren, daß Ihnen der Goethepreis zu-
erkannt worden ist. Soviel ich gehört habe, fühlen sich allerlei
Menschen veranlaßt, sich dazu zu äußern. Wenn ich nach meiner Erfahrung urteilen darf, konnte in der ganzen Welt niemand
gefunden werden, der ihn mehr verdiente. Ich bin in der Goethe-
verehrung großgezogen worden, aber ich habe nicht viel von ihm
verstanden, ehe ich die Psychoanalyse kennenlernte. Aufgrund
der Annahme, daß die Psychoanalyse, die ja für mich keine medizinische Angelegenheit ist, sondern ganz etwas andres, mich fä-
higer gemacht hat, Fragen zu stellen, wende ich mich an Sie, der
Sie der neue sorgsame Verhüller sind, in der Hoffnung, daß Sie
dem Buben von dem Besten, was Sie wissen können, doch etwas
sagen dürfen.

Als Faust nach seinem Tode von den Engeln emporgetragen wird,
begleiten ein paar Verse diese Handlung, über deren Sinn sich der
Schüler bis zur Empfindung des Mühlrads im Kopf abphanta-
siert hat. Was mich stört, sind die Anführungszeichen, die das
Wort – Wer immer strebend sich bemüht, den können wir erlösen – einschließen; sie fehlen selbst in der Weimarer Ausgabe
nicht, während dort der Doppelpunkt nach – Bösen – weggelassen
ist. Nach Eckermanns Bericht hat ihm Goethe gesagt, daß das Rätsel des Faust in diesen Versen gelöst sei. Sowenig ich – aus Fa-
milientradition – Eckermann traue, kann ich doch nicht annehmen,
daß er sich verhört haben könnte, zumal er anschließend
eine lange Erzählung gibt, was Goethe darüber noch gesagt haben soll; das klingt aber echt Eckermannisch, es bestätigt mir
nur, daß eine Äußerung über die Wichtigkeit der Stelle gefallen
sein mag. Die Anführungsstriche beweisen, daß diese berühmten

Worte vom Sichstrebend-bemühen ein Zitat sind, nicht ohne weiteres die Meinung der Engel wiedergeben. Wenn es wahr ist, was ich annehme, daß dieser Satz das Böse ist, daß der Glaube, man könne durch strebendes Sichbemühen erlöst werden, böse ist, wäre mir sehr geholfen.

Ich beabsichtige mit meiner Frage nicht, eine Antwort aus Ihnen herauszulocken, eher möchte ich, daß Sie mich widerlegen. So gern ich es haben würde, wenn Goethe Kronzeuge meiner absonderlichen Ideen wäre, ist mir doch bei meiner Gottähnlichkeit bange.

Das Beste ist vielleicht, gar nicht zu antworten, aber das Beste ist nicht immer das Erfreuliche für Ihren etwas altgewordenen Schüler .

    Groddeck

Wollen Sie bitte Frl. Anna sagen, wie leid es mir tut, sie nicht in Frankfurt begrüßt zu haben. Ich traue ihr ein verzeihendes Herz zu.

                         Grundlsee, 5. September 1930
Lieber Herr Doktor,
Wie Sie wissen, ist man nicht verpflichtet, sich für Gratulationen zu bedanken, zumal wenn sie sich auf öffentliche Anerkennungen beziehen.

Zum Glück enthält Ihr Brief noch anderes, worüber man sich freuen darf.

Wenn ich wieder in Wien und in der Nähe meines Bücherkastens bin, werde ich versuchen, mir den Kopf über die von Ihnen beanstandete Stelle zu zerbrechen, werde den Eckermann einsehen, der mir ähnlich unsympathisch ist wie Ihnen, und Ihnen dann darüber schreiben.

Vorläufig verstehe ich den Goethe daselbst nicht besser als den Groddeck. Ob ich als Goethephilolog Glück haben werde? Es erscheint mir als ein hartes Brot.

Die Feier in Frankfurt soll sehr hübsch gewesen sein. Meine Tochter hätte sich gewiß sehr gefreut, Sie im Goethehaus zu sehen.

Ihr herzlich ergebener
Freud

Baden-Baden, den 7. Februar 1932

Hochverehrter Herr Professor,

um es gleich vorwegzunehmen: ich erwarte nicht, daß Sie sich selbst mit der Lektüre der einliegenden Manuskripte abgeben, aber vielleicht hat Fräulein Anna Freud noch ein wenig für mich übrig im Andenken an unser Zusammentreffen im Haag, an das ich nicht selten zurückdenke. Ich bitte sie, eine müßige Stunde zu opfern und Ihnen kurz Bericht zu erstatten.

Ich befinde mich ungefähr in derselben Lage, wie zur Zeit des Seelensuchers; freilich, ob Sie mir diesmal helfen können, weiß ich nicht. Es wäre denkbar, daß Sie ebenso wie ich der Ansicht sind, daß der Stoff, den ich bearbeite, besser als Meinungen des etwas angekränkelten Thomas Weltlein veröffentlicht würde. Mir fehlt aber zur Zeit und wahrscheinlich für Lebenszeit die Kraft zum Erzählen und Gestalten. So habe ich den ernsthaften Weg gewählt.

Es handelt sich um ein Buch, in dem Eigentümlichkeiten der Sprache und der bildenden Kunst benutzt werden zu dem Nachweis, wie eng von jeher Symbol und Leben miteinander verbunden sind; der Zusammenhang mit der Medizin wird namentlich im ersten allgemeinen Teil nur locker sein; gleichzeitig will ich aber – entweder auch in einem in sich abgeschlossenen Bande oder in einzelnen Broschüren – das Wirken des Symbols im Gesamtorganismus und dessen einzelnen Teilen besprechen. Von beiden Plänen lege ich eine Kostprobe bei, die wohl genügen wird, um entscheiden zu können, ob sich der Psychoanalytische Verlag auf die Sache einlassen kann oder nicht. Das erste Kapitel ist von Storfer für die psy. Bewegung angenommen und wird vermutlich im nächsten Heft erscheinen; ich lege die beiden folgenden Kapitel ein. – Vom zweiten Teil geben die Bruchstücke über das

Sehen eine Vorstellung. Alles ist noch unfertig und bedarf der Bearbeitung. Ich hoffe, im Herbst mit dem ersten Teil und einem beträchtlichen Stück des zweiten fertig zu sein.

Daß ich Ihnen die Arbeit in Form eines Monstrums vorlege und nicht warte, bis der Balg ansehnlich geworden ist, hat seinen Grund in der Ungewißheit, ob der Verlag sich prinzipiell zur Publikation der Arbeit entschließen kann. Daraus soll keine Verpflichtung entstehen, es handelt sich um eine Anfrage. Da ich aus Erfahrung weiß, wie lange es dauert, wenn man mit einem fertigen Werk bei den Verlegern hausieren gehen muß, will ich versuchen, alles wenigstens einzuleiten.

Storfer hat mir mitgeteilt, daß er am ersten April aus dem Verlag ausscheidet. Wenn ich ihn recht verstanden habe, tritt Ihr Sohn an seine Stelle. Ich habe ihm gleichzeitig Mitteilung von dem Schritt gemacht, den ich bei Ihnen getan habe. Er hat wohl die Güte, mir gelegentlich die Manuskripte zurückzuschicken, gleichgültig, ob ich ein Ja oder ein Nein bekomme.

Ich bin mit vielen Grüßen und Wünschen ihr leider etwas senil und brüchig gewordener, aber immer dankbarer Schüler

Groddeck.

Wien, 25. März 1932

Lieber Herr Doktor!

Trotz Ihres freundlichen Briefes an mich, hat mein Vater darauf bestanden, Ihr Manuskript selbst zu lesen. Er läßt Ihnen sagen, daß er schon vorher nicht an Ihre „geistige Altersschwäche" geglaubt hat, aber nach der Lektüre erst recht nicht. Aber – soll ich Ihnen weiter sagen – das Gefallen, das er daran gefunden hat, hat leider keine praktischen Folgen. Das liegt nicht an dem MS, nur an der Lage des Verlages. Mein Bruder hat ihn übernommen, um ihn aus einer gefährlichen finanziellen Situation langsam und mit Vorsicht herauszuführen. Zu dieser Vorsicht gehört leider eine große Einschränkung der Produktion, die sich für eine Weile auf die Zeitschriften beschränken muß und – auf Bücher, für die die Autoren die Druckkosten bezahlen können. Das dauert hoffentlich nicht lange, aber augenblicklich geht es nicht anders, wenn der Verlag am Leben bleiben soll.

Sie werden das verstehen, denn Ähnliches hört man in unsern Tagen so oft. Es tut mir leid, daß aus Ihrem Brief keine gute Stimmung klingt und daß ich jetzt auch nichts dazu tue, um sie zu verbessern.

Ich soll Ihnen Grüße von meinem Vater bestellen. Es geht ihm gut, er überwindet alle körperlichen Schwierigkeiten, die sich ihm entgegenstellen, immer wieder mit wunderbarer Energie und Frische.

Sehr herzlich Ihre Anna Freud.

Wien, den 4. März 1934

Lieber Herr Doktor,

Einen oder zwei Aufsätze von Ihnen zu lesen bleibt ein Vergnügen, auch wenn man keine Parteinahme zustande bringt, wie es mir diesmal ergeht. Die Melancholie macht es mir schwer, ich kann mich in die Intensität der Denkweise jener Zeit nicht hineinfinden. Der Krebs liegt mir ja – leider – viel näher, aber, was Sie darüber sagen, erscheint mir zu unbestimmt, wahrscheinlich auch Ihnen selbst so. Aber gewiß werde ich die beiden Essays den Redaktionen der Imago vorlegen.

Sie sind uns schon als Zeichen Ihres fortdauernden Interesses wertvoll.

Herzlich Ihr
Freud

Baden-Baden, den 6. März 1934

Hochverehrter Herr Professor,

tausend Dank für Ihren gütigen Brief. Die beiden Aufsätze sind absichtlich unbestimmt gehalten, sonst wäre ich bei der Melancholie von dem Amor ausgegangen, ich halte den Stich für eine Illustration der Folgen, die entstehen, wenn man den erotischen Grundgedanken des Lebens verleugnet. Über die Krebsfrage deutlicher zu schreiben, als ich es getan habe, halte ich noch nicht für ratsam. Ich habe Ihnen die Sachen geschickt, weil Sie mir so oft Ihr Interesse für meine Tätigkeit bewiesen haben und weil ich Ihnen gern ein Lebenszeichen geben wollte. Mit einer Veröffentlichung habe ich nicht gerechnet; aber die Sachen stehen zur Verfügung der Imago, wenn sie sie drucken will.

Stets Ihr dankbarer Schüler
Groddeck

Ganz unmerklich bin ich in letzter Zeit ins Alternszart hinübergeglitten, schreibe weniger manuskript, sondern lasse mann skripte andrer, behandeln Kranken nicht Kranke sondern suche Qualitäten durch Aufnahme, sehen zu (1 Pat. auf 9 Schüler).

Wenn das Heft Ihrer Musik ankommt, werde ich alle anderen bei Seite legen und lasse nur die Unterbrechung nicht aufhalten. Sehr erfreut hat mich die Nachricht daß unser närrischer Freund nicht verunglückt ist, sondern weiterhin von sich hören lassen wird und der Don Quijote bekommt je einen zweiten Teil. Diesen Brief sollte ich breithin noch vor Ihrer Eintauchen ein oder zwei Widmung laben. Herzlich Ihr

Freud

AN DEN BRUDER CARL GRODDECK

5. 6. 1904

. . . . . .

Jedenfalls kann ich Dich versichern, daß ich, so viele Menschen ich auch kennengelernt habe, keinen getroffen habe, der so klar und durchsichtig denkt wie Du, so sicher und ruhig. Du bist mir darin stets ein Meister gewesen, wie überhaupt in vielen Dingen. Ich besinne mich ganz gut auf die Zeiten, wo ich Dich in Gang, Haltung, Sprache, Denkweise etc. imitiert habe, und zwar völlig bewußt. Wenn ich schließlich auf einen eigenen Weg gekommen bin, so ist doch viel haften geblieben, und namentlich ein großes Stück Ehrfurcht, die ich im übrigen ziemlich losgeworden bin, Ehrfurcht, die mitunter sogar lästig ist. Ich glaube, daß meine Gesinnungen Dir gegenüber stets die gleichen gewesen sind, wenigstens besinne ich mich nicht, daß ich je in meiner Meinung irre geworden bin. Das ist ganz einzig, denn meine Ansichten über unsre Eltern haben viele Wandlungen durchgemacht.

. . . . . .

24. 2. 1905

Lieber Bumi, das Verderben ist nicht mehr aufzuhalten. Die letzten Korrekturbogen sind durchgesehen, und ich stehe vor einer vollendeten Tatsache. Mit etwas Katzenjammer, das gestehe ich offen. So verliebt ich in das Buch bin, und so sehr mir manches gefällt, die Erkenntnis der Fehler bleibt nicht aus. So habe ich wenigstens die Hoffnung, noch reifer werden zu können. Und das ist vielleicht für mich wichtiger, als wenn das Buch besser wäre. – Daß ich vieles stehengelassen habe, was Dir mißfällt und was auch ich mit wenig günstigen Augen ansehe, darf Dich nicht wundern. Es sind nicht immer die reinsten Gründe, die mich bewogen haben, die bessere Einsicht zu verleugnen. Schweninger beispielsweise war nicht mehr zu beseitigen. Er kennt die Stelle, die ich über ihn geschrieben habe, und ich mag ihm, der stets freundlich zu mir war, die Kränkung nicht antun, jetzt etwas zu ändern. – Die Frage nach dem Haarstrählen hat mich eigentümlich berührt. Ich habe das Wort schon als Kind mit den Sonnenstrahlen in Verbindung gebracht und mir stets dabei ein besonders schönes, leuchtendes Haar vorgestellt; auch besinne ich mich, daß ich bei dem Märchenwort stets ein bestimmtes Bild von einem Mädchen, das sich im Freien die Haare kämmt, vor Augen hatte, ein ganz bestimmtes liebliches Bild, ganz unabhängig von der Erzählung. Jetzt sind mir Zweifel über meine Ableitung gekommen. Ich werde sehen, ob ich der Bedeutung auf die Spur komme. Vorläufig so viel, daß ich persönlich an Kämmen gedacht hatte. Die Beräucherung meines Helden hat auch mich unangenehm berührt. Es ist wohl der schwerste Fehler, aber auch hier hoffe ich, daß er ein Jugendfehler ist. Ich möchte doch aber, um wenigstens bei Dir falschen Schlüssen vorzubeugen, gleich sagen, daß Wolfgangs Ansichten durchaus nicht die meinen wiedergeben. Du würdest Dir auf diesem Wege ein falsches Bild von mir machen. Daß man jetzt allgemein nach Subjektivität und Persönlichkeit schreit, ist mir widerwärtig, ich bin je älter ich werde, um so mehr für Form und Gesetz, und stehe der Persönlichkeitsfrage ebenso ablehnend gegenüber wie der Frauenemanzipation. Leider muß ich die Erfahrung machen, daß ich meine Ideen darüber unklar ausgedrückt habe. Das Frauenproblem ist von allen, die es gelesen haben, mißverstanden worden. Ich mache daraus nur mir selbst einen Vorwurf. Man darf nicht in Rätseln schreiben. Ich hatte gehofft, diesmal deutlicher zu sein. Es scheint aber nicht so. Jeder, der den Wolfgang liest, glaubt ich müsse vertreten, was er sagt, während er doch eine unabhängige, ganz außer mir stehende Figur ist, dessen Entwicklung seine Ansichten erzwingen sollten. Doch genug davon. Es ist ganz aussichtslos zu versuchen, ein so verwickeltes Ding, wie es mein Gehirn allmählich geworden ist, auseinanderzuklauben. Daß Dir die Spitteler-Probe Spaß gemacht hat, freut mich. Seitdem ich selbst vom Buchteufel besessen bin, lese ich anders, und dabei hat mich sogar eine Art edlen Neides erfaßt, den ich schon ganz verloren glaubte.

Für Deine Griechenauffassung bin ich besonders dankbar. Sie deckt sich mit meiner eignen, die ich übrigens schmählicherweise nicht mir selbst verdanke, sondern Burckhardt und Nietzsche. Burckhardts Kolleg über griechische Kulturgeschichte ist eins der

Bücher, die großen Eindruck auf mich gemacht haben, nur daß sich die griechische Frage für mich wenigstens zum Teil zu einer meiner Marotten hinzugesellt und darin eingefügt hat; dieses Ding ein Frauenproblem zu nennen, war freilich ein arger Mißgriff. Die Schlußfolgerung auf unsre Künstler vermag ich aber nicht mitzumachen. Ich glaube nicht, daß jemals in Europa wieder ein solcher Begriff wie der Polis entstehen wird, und noch weniger daß die kraftvollen Elemente unter uns sich je wieder mit Politik anders als theoretisch beschäftigen werden. Grübeln und Nachdenken, das ist wohl das einzige, was uns übriggeblieben ist. Ja, ich möchte behaupten, daß Goethe, auf den Du Dich im besondern beziehst, mehr politisches Interesse hatte, als jetzt irgendeiner. Was man von seinem mangelnden Verständnis redet, ist ja eine blöde Überlieferung. Das stellt sich immer mehr für mich heraus, je öfter ich ihn lese. Aber so kümmerlich auch der Staatsbegriff in der freien Reichsstadt Frankfurt geworden war, es war doch immer noch eine feste Tradition da, die sich selbst jetzt noch bei alten Frankfurtern findet. Jetzt aber die tüchtigen Männer, die ich kennengelernt habe, waren alle theoretische Politiker und Berufsleute. Um den Staat neu zu schaffen im antiken Sinn, dazu müßte man den Beruf abschaffen und die Weiberherrschaft dazu. Der Grieche war eben der freiwillige Knecht seines Staats, wir bilden uns ein, auf dem entgegengesetzten Wege etwas zu erreichen, dadurch daß wir die freie Persönlichkeit ausbilden wollen. Das hat man in Griechenland seinerzeit versucht, und damit war es mit der Leistung des Volkes aus. Ich wüßte nicht eine Idee zu nennen, der ich mich dienstbar machen möchte, obwohl ich den brennenden Wunsch immer gehabt habe, und obwohl ich Begeisterungsfähigkeit und einen guten Willen besaß. Und schließlich bin ich auf den Weg gekommen zu grübeln und diese Grübeleien erst auszusprechen, später niederzuschreiben. Nun sitze ich fest und bilde mir ein, Kunstwerke zu schaffen, die doch gewiß mit Nachdenken allein nicht zu machen sind. Wenn ich mich aus meiner Tätigkeit zurückziehen könnte, würde ich es noch heute tun und meine Kinder erziehen, so sinnlos erscheint es mir tätig zu sein. Es ist ja möglich, daß meine Ansicht durch den Verkehr mit Kranken entstanden ist, aber glauben kann ich es nicht. Meine Ansichten, ich wollte, ich hätte welche, die sich in Taten umsetzen ließen. Modern sind sie aber gewiß nicht in dem Sinn des Nietzscheschwindels. Ich stehe ihm ganz fern. Das wird sich schon allmählich zeigen, wenn jetzt nicht, vielleicht in zehn, zwanzig Jahren. Denn ich darf wohl mit Deiner Wendung schließen – ich habe Euch noch manches zu sagen, so unendlich vieles, daß mir der Kopf bei dem bloßen Gedanken schwindelt. . . . . . .

Herzliche Grüße Dein Bruder Pat.

18. 7. 1907

Lieber Bumi, ich hätte Dir gerne zur Feier Deines Geburtstages wieder ein Stück August geschickt, bin aber in den letzten Wochen nicht dazu gekommen, an ihm zu arbeiten. So mußt Du Dich denn mit den Glückwünschen begnügen, und ich will nur hoffen, daß meine nächste Lieferung ebenso gut ausfällt, wie die Gesinnungen, die ich für Dich habe. – Übrigens ist es nicht Faulheit, daß ich den Weltenträumer beiseite gelegt habe. Da die Komposition ziemlich feststeht, und eine leidlich feste Disposition da ist, kann es mir gut sein, wenn ich mich nicht übereile. Schreibe ich so wie bisher fort, so bin ich in etwa 2–3 Jahren fertig, und eine so weit aussehende Beschäftigung ist mir gerade recht. Augenblicklich hat sich eine medizinische Arbeit dazwischengeschoben, auf die ich durch meine botanischen Studien gekommen bin. Ich bin dieses Mal so unbescheiden, meine Aufsätze für originell und wichtig zu halten, und darin macht es auch mich nicht irre, daß sie schon doppelt und dreifach zurückgewiesen worden sind. Ich werde wohl aber am Ende gezwungen sein, auf Schweningers Hilfe zurückzugreifen, wenn ich die Sache gedruckt sehen will, und das stimmt mich nicht heiter, obwohl ich ja an abschlägige Antworten nachgerade gewöhnt sein müßte. – Du interessiertest Dich ja für das Schicksal des mythologischen Ungeheuers. Hier also die Nachricht, daß es kaltlächelnd von ein paar Journalen abgewiesen ist. Nur Pierson in Dresden will es drucken, wenn ich die Kosten bezahle. Dazu habe ich aber vorläufig keine Lust. –

Schweninger hat darin entschieden mehr Glück. Sein Arzt ist in 14000 Exemplaren gedruckt und vergriffen. Übrigens hat er als Honorar der ersten Auflage 700 M. bekommen. Das übrige hat der Verleger eingesteckt. Das Merkwürdigste ist mir, daß die Kritik so gut wie einstimmig den Arzt lobt. Ich gönne meinem vielgeschmähten Lehrer die späte Anerkennung, die er jetzt bei der Wissenschaftsclique findet, und möchte nur, daß er auch auf andern, streng wissenschaftlichen Gebieten gewürdigt würde, für die er so viel getan hat.

Damit sind meine literarischen Neuigkeiten erschöpft. Denn daß mich Deine Bemerkungen über den August nachdenklich gestimmt haben und weiterwirken, brauche ich nicht erst zu sagen. Ich hatte seine Verrücktheit absichtlich im Ungewissen gelassen, um die Spannung zu erhöhen, und habe dabei wohl des Guten zuviel getan, so daß die Spannung quält und langweilt. Es wird sich aber leicht Abhilfe finden lassen. Die Gegenfiguren wollte ich allmählich immer schärfer gezeichnet hervortreten lassen, nicht von vornherein eine deutliche Vorstellung wecken. Die Schwierigkeit lockte mich. Vielleicht ist es aber ein ganz dummer Weg. Für den nächsten Abschnitt bin ich sehr im Zweifel, ob nicht ein Stück Sentimentalität, für die ich die Liebesgeschichte schon angelegt habe, ganz am Platz wäre. Dieser Zweifel ist mit schuld an der Unterbrechung. Ein paar Neuigkeiten von uns machen Dir und den Deinen wohl auch Spaß. Der Onkel meiner Frau, R. B., seines Zeichens Musiker, ist wieder hier, und ich setze anscheinend mit Glück meine Versuche fort, ihm sein bißchen Augenlicht zu erhalten. Da er ein amüsanter Kerl voller Geschichten und Witz ist, außerdem mit seiner Musik viel Anregung bringt, ist alles bei uns voller Frohsinn. Ein paar Tage war auch mein Bildhauerfreund Epple bei uns zu Gaste und hat uns wieder mehr in seinen Interessenkreis geführt. Ich weiß nicht, ob ich Dir je von ihm schrieb; ein junger Kerl, der die Büste meiner Frau gemeißelt hat und der für mich das ist, was ich mir unter einem echten Künstler vorstelle, mir übrigens schon deshalb lieb, weil er mir ein Paradigma für den Satz vom Nutzen der Krankheit ist. Er braucht infolge eines Ekzems der Hände, das sofort auftritt, wenn er in Ton arbeitet, immer sehr lange Zeit zur Vollendung seiner Werke und bei dem sprudelnden Reichtum seiner Phantasie halte ich das für eine unschätzbare Gabe der Natur.

Auch Spitteler ist hiergewesen, zwei, drei Stunden, und wir sind so vernünftig gewesen, die Dichtungen beiseite zu lassen und uns über Boden und Bodenbebauung und später über Mensch und Menschwerden zu unterhalten.

Deiner Frau und den Jungens beste Grüße. Wir stehen eben in der Lektüre des Münchhausen, zur großen Erheiterung aller. Es macht mir Spaß, wie empfänglich die Kinder für Witz sind. Herzlichst Dein Pat.

25. 9. 1907

. . . . . . Der Brief hat wieder einige Tage gelegen; ich will versuchen, ihn heute rasch zu schließen, sonst bleibt er bis in alle Ewigkeit in meinem Schreibtisch. – Zunächst ein Wort über das Stückchen August, das ich mitsende. Es ist, wie Du bald sehen wirst, keine Familienlektüre, also sei vorsichtig, damit Du nicht beim Vorlesen auf Stellen stößt, die nicht lesbar sind. Mit diesem Abschnitt ist wohl das Schicksal des Werks entschieden. Drukken lassen kann man ja so etwas nicht, und ob ich Lust dazu bekommen werde, es umzuarbeiten, steht dahin. – Ich würde überhaupt Dich mit dem Lesen verschonen, wenn ich nicht wissen möchte, ob meine Schreibart nicht zu nachlässig wird. Das Abschreiben war mir lästig und so habe ich denn den letzten Abschnitt ohne Kladde niedergeschrieben. Im übrigen habe ich das Gefühl, als sei die Frauenversammlung zu sehr in die Länge gezogen und gerade durch das Bemühen, ihr Charakter zu geben, farblos geworden. – Von dem Gedicht habe ich den ersten Korrekturbogen erhalten. Es erscheint also noch vor Weihnachten. – Mein Aufsatz über den Wasserkreislauf ist immer noch nicht gedruckt, warum weiß ich nicht. Es sind Sachen darin, die des Lesens wert sind. – Wir haben allerlei Freude daran, Goethes Gespräche, von Biedermann gesammelt, miteinander zu lesen. Ich komme ganz allmählich dahinter, daß die Goethephilologie doch nicht so dumm ist, und daß der alte Herr wohl gewußt hat, warum er jeden Zettel sorgfältig aufgehoben hat. Für meine psychologischen

Spielereien ist es sehr wertvoll, ein Leben, wenigstens soweit es mitteilbar ist, vor sich zu sehen, und ich freue mich, wenn ich meine Sammlung über Goethe etwas vervollkommnen kann.

Zu der Botanik ist nun ganz neuerlich bei mir die Mineralogie getreten, allerdings eine Beschäftigung, die mich nicht produktiv macht, wie es bei der Botanik im hohen Grad der Fall war. So komme ich jetzt auf einem neuen Wege der bildenden Kunst wieder näher, die mir ganz fern getreten war. Und meine Schriftstellerei hat auch den einen Vorteil, daß ich besser lesen gelernt habe.

Von der Familie ist nicht viel zu sagen. Daß die Kinder größer werden, macht sich immer mehr geltend, und der Gedanke, daß das von Jahr zu Jahr störender eingreifen wird, treibt mich dazu, möglichst abzuschließen mit den tausendfachen Anfängen meines Lebens und mich auf bestimmte Dinge zu konzentrieren.

Für meine Tagesarbeit bleibt mir immer noch genug Interesse übrig, um nicht der übergroßen Anstrengung zu erliegen. Wenn mir auch selten etwas begegnet, was mich medizinisch anregen könnte, so gibt es um so mehr, was mich über den Gang des Menschenlebens und seinen Zusammenhang mit dem Weltganzen belehrt, namentlich seitdem ich mir neuerlich angewöhnt habe, mein Material nicht mehr aus persönlichen Motiven anzusehen, sondern es möglichst auf die typischen Erscheinungen zu untersuchen, wobei ich freilich immer mehr zu dem Glauben komme, daß mein früheres Streben, alles auf das Individuum zurückzuführen, recht verfehlt war. Das wird so nach und nach eine völlige Umwälzung in mir geben, aber ich habe das Gefühl, als ob ich auf diesem Wege zu einem greifbaren Ziel kommen werde, bei dem ich mich nach dem durchtobten Leben beruhigen kann.
. . . . . .

14. 7. 1908

. . . . . .
Der andauernde Mißerfolg meiner Schriftstellerei hat mir eine Antipathie gegen diese Art der Beschäftigung eingeflößt, und da ich obendrein seit einiger Zeit meinen gewohnten Federhalter ver-

loren habe, nahm ich das als Omen. Vielleicht ist er mir auch von irgendeinem gütigen Gott entführt worden. Um nun zunächst die Akten dieser wohl abgeschlossenen Periode zu erledigen, so dies zur Nachricht, daß meine Novelle überall abgewiesen worden ist. Ich hatte sie ursprünglich für einen Preis von 5000 M. geschrieben, den das *Daheim* für die beste Novelle ausgesetzt hatte. Da ist sie offenbar gar nicht gelesen worden, wenigstens schließe ich das aus dem saubern Zustande des Manuskripts, und dasselbe Schicksal hat sie auf verschiedenen Redaktionstischen gehabt. Der Kreuzigung habe ich übrigens das Überpoetische nach Möglichkeit genommen und ich denke, Du würdest jetzt auch mit diesem Teil zufrieden sein. Daß es Dich mehr befriedigt hat als mein früheres Geschreibsel, beweist mir wenigstens, daß ich etwas gelernt habe. Und damit genug. – Meine Familie ist eben auf den Schwarzwald gereist, und ich genieße die Freuden der Einsamkeit, für die ich, seit ich sie vor zwei Jahren kennenlernte, eine gewisse Vorliebe habe. Abgesehen davon beneide ich auch niemanden, der bei dem abscheulichen Wetter seinen gastlichen Herd verläßt. Gott sei Dank sind wenigstens alle wohl und munter abgedampft. Ich werde die Zeit benutzen, mich wieder etwas im Mikroskopieren zu üben, das ich in den Jahren meiner Praxis ganz vernachlässigt hatte. Meine Beschäftigung mit der Natur ist allerdings nur dilettantisch, aber sie genügt doch, um mir Vergleiche mit meinem eigenen Schicksal aus allen Bereichen zu bringen und um die Fährlichkeiten des menschlichen Lebens heiter zu überwinden. Meine Welt- und Menschenverbesserungswut bröckelt dabei ab, und ich fange an, die Dinge im rechten Licht zu sehen. Merkwürdig ist mir nun, wie das jüngere Geschlecht dieselben blumigen Phantasiepfade geht, aus denen ich mich herausgefunden habe. Das Verständnis für die Bedeutung der Jugend geht mir auf. . . . . . .

AN FRAU VON VOIGT, SEINE SPÄTERE ZWEITE FRAU

5. 4. 1916

. . . . . .
Wenn ich für etwas dankbar bin, so ist es, daß ich genußfähig geboren bin und mir diese Gabe durch alle Verhältnisse und Schwierigkeiten meines Lebens hindurch gerettet habe. Ich komme mir oft so reich vor, wenn ich unter Menschen bin, und allein bin ich es erst recht. Mutter Natur hat es gut mit mir gemeint, sie läßt mich geben und nehmen und alle moralischen Erziehungsversuche hat sie bei mir zunichte gemacht.
. . . . . .

6. 4. 1916

. . . . . .
Ich finde den Schrei nach dem Kinde durchaus nicht natürlich, halte ihn vielmehr für einen Schwindel, hinter dem sich der Schrei nach dem Genuß verbirgt, nach dem Spiel. Es ist ganz gleichgültig womit man spielt, aber man muß spielen, und Leute, die das nicht verstehen zu spielen, sich nach unerreichbarem Spielzeug sehnen, statt aus einem Taschentuch eine lebendige Puppe zu machen, sind ziemlich dumm. Wem seine Dummheit Spaß macht, in Gottes Namen behalte er sie. Jeder hat sein eigenes Vergnügen.
. . . . . .

10. 4. 1916

. . . . . .
Mit meiner Rede über die Kriegerheimstätten wird es nichts. Gott sei Dank! Ich habe keine Lust mehr am öffentlichen Auftreten, bin froh, daß ich meine Ehrenämter so ziemlich alle los bin. In meinen wachen Träumen hat das Reden früher eine große Rolle gespielt. Das ist aber vorbei. Und im öffentlichen Reden habe ich wohl Erfolg gehabt, aber die Sache sehr bald satt bekommen. Die Menschen sind ja so dumm, daß sie verlangen, man soll am Ende eines Vortrages noch wissen, was am Anfang gesagt worden ist.

Daß der Menschengeist etwas Bewegliches ist, wollen sie nicht wahrhaben, und doch ist diese Beweglichkeit das einzige, was einen interessieren kann. Mir machen die Gedankensprünge Spaß, seitdem ich zu schwerfällig geworden bin, über körperliche Hindernisse wegzuspringen. Ich besinne mich, daß es ein großes Vergnügen für mich, als Junge, war zu springen und daß ich eine gewisse Fähigkeit dazu hatte, so tölpisch ich sonst im Turnen war.

Wie ich das Frühjahr genieße! Von Jahr zu Jahr wird das Leben schöner und voller und reicher. Das mit dem Altwerden ist Geschwätz. Kindisch werde ich vielleicht einmal, aber gewiß nicht alt. Und so wird es Dir wohl auch gehen. Ich halte überhaupt vieles für Geschwätz. Man soll das Leben nehmen, wie es ist, und wenn man keine Puppe hat, so soll man mit dem Taschentuch spielen.

. . . . . .

5. 5. 1916

. . . . . .

Deine Briefe sind eine reine Freude und gestern in Karlsruhe habe ich solchen Genuß gehabt. Forsell war ein Don Juan nach meinem Herzen, und die Oper selbst hat mich hingerissen. Ich war mit Leib und Seele dabei. Don Juan ist ein nobler Kerl, ein echter wahrer Mensch, und Mozarts Musik so richtig für mich geschrieben. Das Nein, mit dem er sich den lebendigen und toten Dummheiten entgegenstellt, ist mein Nein, und das Ja mit dem er alles nimmt, was es auf Erden gibt, ist mein Ja. Und die heitre Musik, mit der Donna Anna ihre Racheschwüre gen Himmel singt, ist echt menschlich, und die Liebe ist die größeste unter ihnen. Wie schön ist das Leben, wie schön ist der Mann und wie schön sind die Frauen. Bei mir hört die Natur nicht, wie bei den meisten, mit dem Menschen auf, der Mensch ist für mich ein Stück Natur, ebenso interessant wie die Heide und der Fasan, und ich freue mich am Menschen ebenso wie an der Heide, oder am Wald, oder am Berg.

. . . . . .

. . . . . .

Das Ich und das Es ist hübsch, aber für mich gänzlich belanglos. Im Grunde eine Schrift, um sich der Anleihen bei Stekel und mir heimlich bemächtigen zu können. Dabei hat sein Es nur bedingten Wert für die Neurosen. Er macht den Schritt in das Organische nur heimlich, mit Hilfe eines von Stekel und Spielrein genommenen Todes- oder Destruktionstriebes. Das Aufbauende meines Es läßt er beiseite, vermutlich um es das nächstemal einzuschmuggeln. Manches Spaßhafte ist darin.

. . . . . .

8. 7. 1916

. . . . . .

Meine Bücher sind alle albernes Zeug, höchstens brauchbar für jemanden, der wissen will, wie krampfhaft ich versucht habe, wider meine eigene Natur zu leben.

. . . . . .

AN EINEN PROFESSOR DER MEDIZIN IN BERLIN

um 1895

Hochverehrter Herr Professor!
Die Berliner Charité wird umgebaut. Minister und Geheimräte sind dortgewesen. Jetzt kommt es in Gang, jetzt endlich! Diese Stätte des Elends und Unglücks soll fallen, diese Mauern, in denen jahrhundertelang Kranke mit dem Tode ringend geschmachtet haben, dies Haus, das den tausendfältigen Fluch der Siechen und Sterbenden trägt – endlich soll es stürzen, endlich! Sagen Sie mir, daß es wahr ist. Es muß wahr sein. Es wäre schändlich, wenn man uns wieder getäuscht hätte. Wer diesen Steinkoloß des bittersten Jammers, dies riesige Grab der Armen kennt, schüttelt sich vor Grauen. Mir war zu mute, als ob das ganze

mächtige Gebäude auf mir gelastet hätte, mit all der drückenden Not, all der Qual und Pein, allen Toten und Lebendigen, die drin gehaust und gelitten haben, und als ob das nun alles von meiner Seele abgewälzt wäre. Endlich? Darf ich mich freuen? Ich täte es so gern, aber doch kann ich es nicht. Freilich dieser schmutzige Flecken auf dem Gewande der Stadt Berlin wird verschwinden. Man wird ein neues Haus für die Kranken bauen, gut und brauchbar, würdig und groß. Die Armen werden nicht mehr wie im Gefängnis liegen, sie werden nicht mehr davor fliehen wie vor dem alten Haus, das ihnen höhnisch den Namen „Barmherzigkeit" entgegengrinste und sie in seinen steinernen Armen erdrückte. Dann wird man dort ein menschenwürdiges Dasein haben, Tausenden wird man die letzte schwere Stunde, den letzten Kampf erleichtern. Das ist viel, sehr viel und wir Ärzte, die wir in dem alten Krankenhaus gerungen und gekämpft haben, sind dankbar dafür. Aber es ist blutwenig, wenn nicht noch mehr geschieht.

Die Charité ist die Bildungsstätte der Ärzte. Wie Berlin die größte der medizinischen Fakultäten ist, so ist das Krankenhaus die größte Klinik des Reichs. Nur der geringere Teil der Studenten tritt in die Praxis ohne an der Charité die großen Meister der Wissenschaft gehört zu haben. Hunderte ziehen jährlich in die Welt, die dort den Grund ihres Wissens und Könnens gelegt haben. Das Krankenhaus prägt den jungen Geistern der Medizin ihre Ansichten ein. Von dort gehen die leitenden Ideen der Gelehrten in die Welt der Praxis. Vor allen andern Universitätseinrichtungen hat sie die Macht gestaltend und befehlend zu wirken. Aber sie hat diese Macht mißbraucht. Das Pfund, das ihr gegeben war, hat sie vergraben. Sie hat die Geister geknechtet und irregeleitet. Der mächtigen Bewegung, die in den Kreisen der Ärzte immer stärker sich regt, hat sie sich jammernd in den Weg gestellt. Immer von neuem hat sie der Kunst die Flügel beschnitten und hat die Ärzte verführt, falsche Götter anzubeten, die sie in der Praxis, am Krankenbett jämmerlich im Stiche lassen. Darum ist es Zeit, daß sie fällt, sie, mitsamt dem ganzen Lehrplan, mitsamt der ganzen falschen Erziehung der jungen Ärzte.

Das ganze medizinische Studium taugt nichts mehr. Von Grund

aus muß es umgeändert werden. Nicht Ärzte hat man auf der Universität herangebildet, sondern Gelehrte, nicht Künstler sondern Wissenschaftler. Man hat die Studenten mit Formeln und Hypothesen geplagt, die sie erst wieder vergessen mußten, um ihren Kranken helfen zu können. Das Halbwissen hat man großgezogen, denn kein Mensch ist mehr imstande, die weite Trümmerstätte, die sich Wissenschaft nennt, zu überschauen, viel weniger daraus ein echtes Bauwerk des Könnens zu schaffen. Das Spezialistentum hat man gezüchtet, diesen Krebsschaden der modernen Medizin. In wüstem Chaos drängen sich beim jungen Arzt die Kenntnisse durcheinander, hindern ihn, beengen ihn. Ratlos steht er dem Kranken gegenüber, der ihn um Rettung anfleht. Er kennt wohl die Krankheit, er kennt wohl den Ausgang derselben, aber Hilfe kennt er nicht. Sein Kopf steckt voll Theorien, aber der Mut und die Kraft der Tat fehlt ihm. Denn der Gedanke ist der Feind der Tat. Der Student weiß viel, aber er kann nichts.

Glaubt Ihr das nicht, Ihr Lehrer auf Euren Kathedern. Fragt nur die jungen Ärzte, sie werden Euch Bescheid sagen, daß Euch die Ohren gellen. Hunderte von ihnen, die die Approbation in der Tasche haben, können nicht den leichtesten Kranken pflegen, denn sie haben's nicht gelernt. Sie können den Siechen nicht betten, sie haben es nicht gelernt. Sie können ihn nicht aufrichten, nicht bewegen, sie können ihn nicht waschen, nicht kämmen, nicht füttern. Sie haben es nicht gelernt. Vor allem sie können ihn nicht behandeln! Vor jedem hergelaufenen Heilpropheten, vor jeder frommen Schwester müssen sie die Augen niederschlagen, wenn nicht das Unfehlbarkeitsdogma der Universität jede Scham in ihnen ausgelöscht hat. Wie viele sind es denn die in ihrer Studienzeit eine Wunde verbunden, ein Messer geführt haben? die den Katheter einführen können oder die Schlundsonde? Wer hat auch einmal auf der Universität die Zange am Menschen angelegt? Wer kann massieren oder elektrisieren? Wer weiß den Spiegel zu gebrauchen, um das Auge, den Kehlkopf, das Ohr zu schauen. Ja wie viele sind nur, die wirklich auskultieren und punktieren können. Wer hat jemals während des Studiums sehen und hören gelernt? Wer hat die Studenten gelehrt, den Menschen zu diagnostizieren nicht die Krankheit? Und wenn wirklich der eine oder der andre eine Diagnose zu stellen vermag, nicht eine Wortdiagnose, sie ist der Notbehelf der Dummen, sondern eine, die den Menschen in allen seinen Verhältnissen bezeichnet, wer unter den jungen Leuten kann den Kranken helfen? Keiner, sie haben es nicht gelernt. Der Student weiß viel, aber er kann nichts. In der Praxis, an dem Kranken erst, muß er seine Kunst lernen, wie es auch allerorts bei den Lehrern wie bei den Schülern, bei den Ärzten wie bei den Laien offen eingestanden wird. Nicht auf der Universität lernt der Mediziner, was er braucht, sondern erst im Leben. Denn nicht Wissen ist ihm nötig, sondern Können.

Aber das ist noch nicht das Schlimmste an unsrer modernen Erziehung. Das Leben ist ja bildend genug und holt in allen Fächern nach, was die Schule versäumt hat. Eins kann aber der Strom der Welt nicht, er kann nicht die falschen Grundbegriffe ändern, die dem Schüler auf seinem Pfad mitgegeben worden. Nicht daß wir auf der Universität zu wenig lernen, ist das Verderbliche, sondern daß wir Falsches lernen. Die ganze ärztliche Kunst beruht auf dem Individualisieren. Nur wer den Menschen beurteilen kann, wer dem Kranken helfen will, ist wirklicher Arzt, niemals aber der, welcher Krankheiten erkennt und gegen Krankheiten kämpft. Einzig und allein das Studium des Einzelnen, des Kranken nicht der Krankheit ist unsre Aufgabe.

Solange die Universität das nicht lehrt, solange ist sie nicht nur unnütz, sondern schädlich, im höchsten Grade schädlich. Man kann alles sich aneignen, alles lernen, wenn nicht in den Hörsälen, so anderswo. Aber wenn der Geist erst einmal in die Schablone hineingezwungen ist, wenn ihm Scheuklappen vorgelegt sind, dann ist er verloren. Und systematisch knechtet die Universität jede individuelle Auffassung, systematisch drückt sie jede Regung gegen die Schablone nieder, systematisch erzieht sie ihre Schüler zu falschem, engherzigen Denken. Die Wissenschaft, die dort gelehrt wird, kennt keine Kranken, sie kennt nur Krankheitsgruppen. Sie kennt kein Individuum, sie kennt nur Fälle. Sie weiß nichts von persönlicher Diagnose, sie predigt Wortdiagnose, Krankheitsnamen. Sie ahnt nichts von individualisierender Behandlung des Einzelnen, aber sie lehrt die Mittel gegen

Krankheiten. Sie lehrt Wissen aber kein Können. Und das ist der Verderb. Nicht die ungünstigen wirtschaftlichen Verhältnisse, nicht der Mangel an Kollegialität, nicht das Pfuschertum führt das Sinken des ärztlichen Standes herbei, über das allerorten geklagt wird. Die Engherzigkeit der Ärzte ist es, die Verkrüppelung ihres Verstandes, die sie Phantome bekämpfen läßt, Krankheiten, die es nicht gibt. Der Verkennung ihres Berufes, der ein humaner ist und den sie in dem Eifer nach wissenschaftlicher Größe, wenn nicht nach schlimmerem – nach Geld – erniedrigen und schänden, das ist es, was uns die Achtung der Laien raubt.

Und das ist die Schuld der Erziehung, die Schuld der Universität. Wann hat sie ihre Schüler gelehrt, im Kranken den Menschen zu sehen und nicht den Fall? Einzelne Lehrer haben es wohl erstrebt, aber die meisten zuckten spöttisch die Achseln über diese unwissenschaftlichen Leute. Das Interesse des Falls ist maßgebend für ihr Handeln und Lehren, nicht das der Person. Überall predigen sie Methode, System, Schablone. Wer hat jemals in den Hörsälen der Kliniken ein Wort über den humanen Beruf des Arztes gehört. Wer hat jemals aus den Lehren der Fakultät schließen können, daß der Arzt helfen soll? Wird nicht überall dem Studenten durch Lehre und Beispiel gezeigt, daß die Kranken nur gut zur Bereicherung des Wissens sind? Stößt man nicht überall auf den Glauben, daß die Wissenschaft Selbstzweck sei? Gipfelt nicht unsre ganze moderne Bildung und Erziehung in dem Satz, daß die Kranken für die Wissenschaft, nicht die Wissenschaft für die Kranken da sei? Die Universität ist zur Werkstätte für den Ausbau dieses Götzentempels geworden, eine Erziehungsstätte für Ärzte ist sie nicht mehr.

Und das muß anders werden! Da nützt keine Verlängerung des Studiums, kein Krankenhauszwang, keine Änderung des Stundenplans, da hilft nur eins – Umsturz und Neubau. Ich weiß Sie wollen das nicht. Sie denken an friedliche Wege, an Übergänge, an Vermittelung. Sie lieben den Frieden. Ich aber liebe den Kampf. Wie die Charité fällt, so muß auch das Joch brechen, das die Kunst drückt, das Joch des Wissens und Nichtkönnens. Fort mit den Lehrplänen und den Kollegien, fort mit dem tentamen physicum und der naturwissenschaftlichen Vorbildung, fort mit den Experimenten und Laboratorien. Der Mediziner gehört in den Krankensaal und nicht in die chemische Küche.

Seit Jahren tragen wir Ketzer diesen Gedanken mit uns herum. Jetzt ist es Zeit. Schweninger hat das erlösende Wort gesprochen. Brecht die Universitäten und gebt uns Ärzteschulen, auf denen der Student lernt, wie der Lehrling vom Meister. Anstalten müssen es werden, frei vom Zwang der Universität, gleichberechtigt und gleich mächtig. Sie soll das Zentrum sein, von dem aus die Bildung geleitet wird, dort soll das Neustudium seinen Sitz haben, nicht ein theoretisches, sondern ein praktisches. Nicht in Gruppen sollen die Kranken geteilt werden. Der Mann mit dem Schädelbruch soll neben dem Herzkranken liegen, der Gichtbrüchige neben dem Blinden. Die künstliche Trennung der Fächer, die für den praktischen Arzt nicht existiert, muß fallen. Die Wirklichkeit kümmert sich wenig darum, ob ein Arzt mehr Chirurgie oder mehr innere Medizin auf den Kliniken getrieben hat. In buntem Wechsel führt sie ihm Kranke aller Art zu, stets kranke Menschen, nicht Krankheitsgruppen. Vom ersten Tage an muß das der Schüler merken, denn nur so wird ihm das Verständnis seines Berufes aufgehen, der ein praktischer, ein humaner ist, kein wissenschaftlicher. Vom ersten Tage an muß er von Bett zu Bett wandern und unter Führung des Lehrers lernen zu sehen und zu hören, zu untersuchen und zu diagnostizieren, vor allem zu helfen.

Helfer auszubilden soll das leitende Motiv sein. Denn „hilf" ist der Schrei, der tausendfältig an das Ohr des Arztes im späteren Leben schlägt und er kann es nicht, wenn er es nicht lernt. Nicht auf dem Seziersaal laßt den jungen Menschen seine Tätigkeit beginnen. Lasset die Toten ihre Toten begraben.

Auf dem Krankensaal muß er erst sehen, wozu ihm die Kenntnisse gut sind. Zeigt ihm am Menschen, wie weh es tut, wenn ein Bein gebrochen ist, zeigt ihm, wie schwer es ist, das zerschmetterte Glied zu heilen und dann schickt ihn hin und laßt ihn an der Leiche lernen, wie der Knochen gestaltet ist, den das Leben zerbrach, wie die zerfetzten Muskeln, Nerven und Adern verlaufen. Zeigt ihm am Kranken, wie schrecklich es ist, in Atem haschender keuchender Not mit der Wassersucht zu ringen, wie schwer es ist die Pein zu lindern und dann schickt ihn ins Laboratorium und laßt ihn Chemie treiben, soweit er es braucht. Zeigt ihm, wie rasend Diphterie und Schwindsucht wüten, lehrt ihn, wie mühsam die Seuchen einzudämmen sind, und dann laßt ihn durchs Mikroskop die unheimlichen Feinde des Menschengeschlechts schauen. Nur so wird er es lernen ein Arzt zu sein. Nur so wird er ein Könnender werden und nicht ein Wissender, nur so wird er ein Helfer sein. Und helfen soll der Arzt, helfen und nur helfen. Und in den Ärzteschulen muß er das lernen, nur das.

Die Universität hat ihren heiligen Beruf nicht erfüllt. An Euch, Ihr Lehrer der Jugend, ist es, Wandlung zu schaffen. Ihr die Ihr die Großen seid, auf die die Augen der Welt gerichtet sind, ihr müßt voranschreiten als Wegebahner. Fasset die Axt fest, mit der Ihr die Trümmer der wankenden Zwingburg zerstört, führet das Richtmaß gut, mit dem Ihr Neues baut. Wenn Ihr es nicht tut, wird es von andern geschehen.

Fangt nach den jungen Menschen, die unsern heiligen Beruf leben wollen. Frisch wie sie vom Gymnasium kommen, so führt sie ans Bett der Kranken, lehrt sie sie pflegen und hegen, lehrt sie sie lagern und betten, füttern und tränken, behandeln und helfen, vor allem lehrt sie sie lieben.

AN EINE UNBEKANNTE

Baden-Baden, den 9. 10. 1907

Sehr verehrtes gnädiges Fräulein,
ich würde mich schwer dazu entschließen, mit Rat und Wort in Ihr Geschick einzugreifen, wenn mir Ihr Brief nicht die Gewißheit gäbe, daß Sie schon selbst den richtigen Weg betreten haben und daß es nur noch ein kurzes Zögern ist, ehe Sie sich der unbekannten Welt anvertrauen. Da mag es doch wohl von Nutzen sein, wenn Sie ein Stück weiter auf diesem Wege eine Gestalt sehen, die Ihnen nicht ganz unbekannt ist.
Zunächst das eine: Vergessen Sie nicht, daß Ihre Erlebnisse Ihnen einen großen Vorsprung vor andern strebenden Menschen gege-

ben haben. Das Leben verfährt oft hart und mit Ihnen ist es überaus grausam gewesen. Aber alles läßt sich zum Guten wenden, ja es wendet sich von selbst zum Guten, wenn man es still wirken läßt. Sie sind zu einer Höhe der Anschauung plötzlich emporgehoben worden, zu der andre ein ganzes Leben im günstigsten Fall brauchen, und da ist es nicht wunderbar, wenn Ihnen die Augen verschleiert sind und Sie, dem Schwindel erliegend, den Mut verlieren. Wenn man aber schwindlig ist, so soll man den nächsten festen Gegenstand ins Auge fassen. Es dauert nicht lange, so kann man ruhig in die Tiefe sehen, die unter uns liegt. Sie suchen nach Pflichten und Arbeit. Wer danach sucht, der ist weit von der Sicherheit des Lebens entfernt. Der Mensch ist so von Pflichten umgeben, daß er genug zu tun hat, um abends ohne Vorwürfe zu Bett zu gehen, und alle Pläne helfen ihm nicht einen Schritt weiter. Wenn Sie studieren wollen, warum nicht? Wenn Sie das Abiturientenexamen machen wollen, so tun Sie es. Es ist nicht so schwer, wie Sie es sich denken, und Sie haben Zeit. Es kommt ja nicht darauf an, einen Beruf zu haben, sondern zu wirken. Und das können Sie während des Studiums ebenso gut, wie nach bestandenem Examen. Lassen Sie sich also nicht von voreiligem Ehrgeiz treiben. Wenn das Examen nicht in zwei Jahren gemacht werden kann, so machen Sie es nach drei, oder meinetwegen auch zehn Jahren. Man soll nicht streben, vorwärtszukommen, sondern mit seinem Pfunde wuchern, wirken, geben. Ein Mensch wirkt aber nie durch das, was er weiß, nur durch das, was er ist. Und Sie sind schon etwas. Verwerten Sie es. Seien Sie freundlich mit den Menschen. Denken Sie nicht an sich, außer daß Sie versuchen, Freude zu machen durch Ihr Dasein. Und dazu ist es nötig, daß Sie nicht in der Erinnerung leben. Alles, was Ihnen geschehen ist, muß vorbei sein, sobald es geschehen ist. Legen Sie die Trauerkleider ab, sobald es nur geht. Vermeiden Sie alles, was sie an Ihr Leid erinnern kann; seien Sie liebenswürdig, seien Sie duldsam. Wenn irgend jemand, so sollten Sie gelernt haben, daß die Menschen wohl schwach sind, aber nicht schlecht. Und wenn Sie es noch nicht gelernt haben, so warten Sie noch ein, zwei Jahre, und Sie werden es wissen. Achten Sie auf Ihr Äußeres, pflegen Sie es! Das ist die erste und wichtigste Aufgabe der Frau durch ihre bloße Erscheinung Wohlbefinden zu verbreiten. Und es ist nicht leicht. Glauben Sie nur ja nicht, daß irgendeiner, der Sie schmäht, es mit Bewußtsein tut. Die dummen Menschen reden nach, was ihnen vorgeredet wird, und denken nichts dabei. Es geht Ihnen nicht anders, als es mir gegangen ist, vielleicht in größerem Maßstabe, aber das ist doch nur ein Vorzug. Lernen Sie aus der Natur, wenn Sie sich ihr widmen wollen. Was will des Menschen Schicksal sagen gegen das jeder Pflanze, jedes Tiers. Sie werden auf Schritt und Tritt, wenn Sie die Augen aufmachen, Ihr eigenes Schicksal wiederfinden, nur tausendmal fruchtbarer. Und der Mensch ist nicht mehr wert als die Spinne oder der Stengel einer Blume, die untergeht, damit Platz sei für neues Wachstum. Mit jedem Atemzug werden Millionen Wesen vernichtet, damit neue entstehen, und das Unglück der Menschen ist nicht größer als das der Natur. Wenn man es überhaupt Unglück nennen will. Denn, wer Geduld hat, sieht, daß Not, Krankheit, Verbrechen und Tod alle zum Besten führen. Schauen Sie einmal recht aufmerksam ein Blatt am Boden an, und Sie werden sich mit Ihrem Schicksal versöhnen. Wirken Sie. Tun Sie die Pflicht des Tages. Seien Sie bei allem mit ganzer Seele und denken Sie nicht daran, ob es Zweck hat oder nicht. Die größte Idealität führt nicht weiter als die sorgfältige freudige Tat im Kleinen.

AN FRAU EMMA STROPP, VERFASSERIN DES ARTIKELS „DIE FRAU OHNE PERSÖNLICHKEIT"

Baden-Baden, den 22. September, 1909
Sehr verehrtes gnädiges Fräulein,
gestatten Sie mir meinen Dank für das Interesse auszusprechen, mit dem Sie den von mir verfaßten und in der *Zukunft* abgedruckten Vortrag gelesen haben. Da Sie Ihre Entgegnung mit der ausgesprochenen Absicht geschrieben haben, zu einer Besprechung anzuregen, darf ich mir gestatten, mich daran zu beteiligen. Allerdings möchte ich bitten, meinen Brief lediglich als einen Ausdruck meiner persönlichen Dankbarkeit anzusehen. Mir liegt

nichts daran, vor der Öffentlichkeit mich zu verteidigen. Sie mag selbst urteilen. Mir liegt aber daran, eine aufmerksame Leserin zu gewinnen, da es vermutlich nicht das letztemal gewesen sein wird, daß Sie dieses oder jenes Zeug von mir vor Augen bekommen.

Zunächst einige Irrtümer, die nicht Ihnen, sondern der Schriftleitung der *Zukunft* zur Last fallen. Ich bin nicht Nervenarzt, habe vielleicht ab und zu mit Nervenkranken zu tun, aber nicht mehr als jeder andre Arzt. – Schweninger schreibt sich mit n nicht mit nn. – Die Angabe, daß ich Christ zu sein glaube, stammt aus Herrn Hardens Feder. Er ist dafür verantwortlich. Vermutlich wären diese Angaben von Harden nicht gemacht worden, wenn er mich von seiner Absicht, den Artikel abzudrucken, unterrichtet hätte. Er hätte damit seinen Leserinnen die Blamage erspart, aus meinem angeblichen Beruf Schlußfolgerungen zu ziehen, die für die Beweiskraft ihrer Urteile sehr schädlich sind. Ich selbst bin Harden dankbar, da ohne sein Eingreifen meine Meinung über die Frau wohl nur in einem engen Kreise bekannt geworden wäre, wie Sie es ganz richtig feststellen.

Weniger richtig ist Ihre Annahme, daß ich Studien an Frauencharakteren meiner Umgebung gemacht hätte und sie in meinem Vortrag schilderte. Mein Vortrag beschäftigt sich nicht mit Frauencharakteren. Zu meinen Schlüssen bin ich nicht durch Beobachtung meiner Patientinnen gekommen. Sie haben zuviel Phantasie. – Die Allgemeinheit der Frauen lehnt sich – ich sage es nur mit Bedauern, da ich damit eine Ihrer Illusionen zerstöre – sie lehnt sich nicht gegen meine Schlüsse auf. Es wäre ja auch sehr schlimm, wenn alle Frauen den Ausdruck Persönlichkeit ebenso falsch gebrauchten, wie Sie es leider tun. –

Es ist nicht erlaubt, einen Namen wie den Goethes falsch zu schreiben. Daß das Wort Gottnatur, von eben diesem Goethe stammt und was er darunter versteht, können Sie bei einigem Fleiß in seinen Werken finden. Es wird auch nichts schaden, wenn Sie sich bei dieser Gelegenheit über den Sinn seiner Worte: Höchstes Glück der Erdenkinder ist doch die Persönlichkeit durch Lesen des Gedichtes, in dem die Zeilen enthalten sind, unterrichten. Sie werden sich dann davon überzeugen, daß Sie etwas leichtherzig sich dieses Titels bedient haben. – Das wundert mich nicht. Denn anscheinend ist Ihnen der Unterschied zwischen Persönlichkeit und Charakter nicht klar. Sonst würden Sie nicht Frau Rat Goethe – nicht Goethe – eine Persönlichkeit nennen, diese Frau, die geradezu der Typus der Unpersönlichkeit ist. Zu Ihrer Beruhigung kann ich Ihnen aber sagen, daß Sie bei dieser Verwechslung ein recht zahlreiches Gefolge von Frauen haben, wie sich denn zu meinem Erstaunen eine ganze Reihe von sonst sehr würdigen Damen dagegen wehren, daß ich ihnen und allen Frauen weniger Egoismus zutraue als den Männern. – Das hat mich einigermaßen über die Behauptung getröstet, daß Charlotte von Meysenburg voll und ganz Weib war. Ich hatte mir eingebildet, sie sei eine alte Jungfer gewesen.

Die Ehestatistiken der verschiedenen Staaten sind mir bekannt. Sonst würde ich doch kaum meinen Vortrag geschrieben haben. – Die Empfindung eines Mädchens für einen Mann ist meines Wissens eine andre als die einer Frau für einen Mann. Wenn diese letztere Empfindung Liebe genannt wird, so muß man die Empfindung des Mädchens anders benennen. Ich hab dafür den Ausdruck Sehnsucht gebraucht und den Vergleich mit einem blühenden Fliederbusch gezogen. Das ist eher eine Schmeichelei als eine Beleidigung. – Was wahre Dichter von der Liebe gesungen haben, ist von Dichtern gesungen worden, nicht von jungen Mädchen. Gott sei Dank braucht man die gereimten Gefühle der jungen Mädchen bisher noch nicht zu lesen, um für gebildet zu gelten. – Unglückliche Ehen bestehen leider auch trotz der innigsten Liebe, ja sie sind sogar auffallend häufiger in den Kreisen, in denen aus Liebe geheiratet wird, als in denen, die aus andern Anschauungen heraus für die Zukunft ihres Geschlechts sorgen.

Zu meiner großen Befriedigung machen Sie sich in den folgenden Zeilen meine Anschauung oder besser meine Mahnung – denn die Anschauung hegen ja viele – zu eigen, daß ein Mädchen sich nicht einer Versorgung wegen hingeben solle, sondern besser tue zu warten, bis der kommt, zu dem ihr Charakter paßt, zu dem ihre gesunden Sinne sie hinziehen, nachdem sie reif genug geworden, selbständig zu urteilen. Ich danke Ihnen nochmals ausdrücklich dafür, daß Sie so den Kern meines Vortrags einem größeren Frauenkreise nahebringen. – Riesenfrüchte habe ich von dem Baum, der eben erst durch die Arbeit der Frauenbewegung gepflanzt ist, nicht verlangt, nicht einmal erwartet. Ich stehe dieser Bewegung aber sympathisch gegenüber und fördre sie, soweit es der enge Kreis, in dem ich als praktischer Arzt gebannt bin, gestattet. Das Nichtstun, zu dem die Frauen seit der Abschaffung des häuslichen Spinnens und Webens gezwungen waren, hat viel geschadet. –

Daß Sie über die Bedeutung der Periode so schlecht unterrichtet sind, beweist mir, daß Sie selbst wenigstens keinen Wert auf Persönlichkeit legen. Sonst hätten Sie sich gewiß um ein Naturereignis gekümmert, dem Sie so gut wie andre Frauen unterworfen sind. Sie würden dann wissen, daß die Periode im wesentlichen ein psychischer Vorgang ist, demgegenüber die physischen Ereignisse gar nicht in Betracht kommen. Dieser Mangel an Persönlichkeitstrieb rührt mich in seiner Bescheidenheit so, daß ich darauf verzichte, Sie näher in den Zweck und die Folgen der kritischen Tage für das Innenleben der Frau einzuweihen.

Für unzurechnungsfähig habe nicht ich die Frau während dieser Zeit erklärt, sondern deutsche Gerichtshöfe, die sich mit Rücksicht auf die Tatsache, daß drei Viertel aller von Frauen verübten Verbrechen in den kritischen Tagen ausgeführt werden zu dieser strafenmildernden Anschauung entschlossen haben.

Indem ich zum Schluß noch mein Bedauern ausspreche, daß Sie nicht noch auf andre anfechtbare Punkte eingegangen sind, da mir dadurch die heitere Stunde, die ich Ihnen verdanke, verkürzt worden ist, bin ich

Ihr ganz ergebner

Dr. Georg Groddeck

AN SANDOR FERENCZI

Lieber Sandor,
auf Deine Abhandlung vom 11. Oktober antworte ich erst heute,
befinde mich also im Vorteil, da Du vergessen hast, was Du geschrieben hast. Über die Selbstanalyse und ihre Resultate werde
ich hinweggehen, es gibt da für mich wenig zu sagen, weil ich mit
diesem Ausdruck nichts anfangen kann. Nach meiner Ansicht ist
der Hauptanalysator das Leben selbst, und was wir Ärzte dabei
tun, ist meist eine armselige Selbstüberhebung. Wir sind willen-
lose Instrumente, deren sich das Leben, zu irgendwelche nie zu
enträtselnden Zwecken, bedient. Jedesmal, wenn ein gütiges
Schicksal mir diese Einsicht für einen kurzen Moment schickt,
fühle ich mich wohl und heiter, mag sonst in mir und um mich
vorgehen, was da wolle. Nun sehe ich aber nicht ein, warum mich
das Leben nicht ebensogut als Instrument zu meiner Analyse wie
zu der eines andern gebrauchen sollte. Wenn man wartet, sieht
man die Resultate. Meine letzte Erkrankung, die anfänglich so
kärgliches Material lieferte, hat mich plötzlich mit einer Flut von
Erinnerungen, Deutungen und sogenannten Erkenntnissen über-
schwemmt. Ich bin damit recht zufrieden.
Ich glaube, der Unterschied zwischen uns beiden, ist der, daß Du
gezwungen bist, die Dinge verstehen zu wollen und daß ich gezwungen bin, nicht verstehen zu wollen. Mit andern Worten, die
aus den Gedankengängen der psychoanalytischen Mode entnommen sind, ich fühle mich in der Imago des Mutterleibes mit seinem Dunkel wohl und Du willst davon fort. Bei so verschieden
gerichteten Trieben geht der Unterhaltungsstoff nicht aus, und
das ist eine Gewähr für die Dauer der Freundschaft. Man wird
immer etwas zu disputieren haben. So nimmst Du zum Beispiel
an, daß zum Gelingen der Analyse die Vaterübertragung notwendig ist. Aber warum soll die Mutterübertragung oder die der Ge-
spielen oder die der Milchflasche oder des Rhythmus oder der
Gummipuppe und der Klapper weniger nützlich sein? Ich habe
nun einmal das Unbestimmte gern, zweifle lieber und lasse vor
allem gern für mich sorgen. Deshalb ist die Erfindung des Es für

mich so bequem. Ich habe das Gefühl, daß Du gern lachst, das liebe ich auch zu tun. Warum sollen wir also das, was sich wissenschaftlich nennt, so ernst nehmen? Mir kommt es so vor, als ob die Wissenschaft in dem Moment aufhört, in dem sie in eine Regel verwandelt, ein Gesetz wird. Der Prozeß des Gesetzemachens ist nach meiner Meinung in unserm Spezialfach schon so weit vorgeschritten, daß wesentliche Dinge nicht mehr von den überzeugten Analytikern entdeckt werden können, sondern nur von den Zweiflern, zu denen ich Freud, Dich und mich rechne. Freud ist durch seinen unseligen Glauben an die absolute Notwendigkeit des Taufens, der Namengebung gehemmt, macht es aber wett durch sein Genie. Du hast davon auch genug, aber bist auf die Anerkennung eingestellt und bemerkst nicht, daß der große Hut des Erwachsenen, der dessen verdummtes Haupt umgibt, damit nur ja nichts hineinkommt oder herausgeht, für uns Kinder ein Spiel ist, Gott sei Dank ein Spiel. Und ich zu guter Letzt produziere selber nichts, bin allzusehr mütterlich, auf das Empfangen- und Wachsenlassen gerichtet; meine Spiele mit meiner übrigens älteren Schwester nannten wir Mutter und Kind, und ich war fast immer die Mutter. Oder auch so, ich bin eine Verdauungsmaschine, die fremde Gedanken aufnimmt und sie nach gehöriger Verarbeitung als Wurst wieder von sich gibt, so daß schon viel Arbeit und Kenntnis dazu gehört, um diesen und jenen Bestandteil in seiner früheren Form zu erraten.

Du magst die Zahlenanalysen nicht, vielleicht sind sie auch falsch, aber was macht das aus, wenn sie nützlich sind? Und Du machst mir im Leben nicht weiß, daß Du den Nutzen nicht erfahren hättest.

Und nun kommt für mich ein böser Satz: „Die Analyse ist ein soziales Phänomen, eine Wiederholung der seinerzeitigen Erziehung." Ja, darauf läuft es leider hinaus, aber wir machen das nicht, weil es gut ist, sondern weil wir eitel sind, und wir stiften oft Unheil mit unserm Erziehen. Weder sich noch andre bessern wollen, wer das könnte, wäre wahrhaft ein Messias.

Daß wir unsere eigenen Komplexe in wissenschaftliche Entdeckungen projizieren, versteht sich von selbst. Wie sollten wir sonst auch nur das geringste entdecken.

Nun aber zum Schluß: Niemand wird mit mehr Spannung meiner weiteren Analyse entgegengehen als ich. Du weißt vermutlich selber nicht, welche Erwartungen ich daran knüpfe. Aber das ist etwas Persönliches: Daß die bezopften Kollegen so auf der Analyse jedes Aspiranten bestehen, ist doch nur, um hervorzuheben: Wir Klugen brauchen das nicht – sie sind ja alle nicht analysiert worden –. Aber Ihr seid dumm, also kommt gefälligst und hört, was weise Männer über Ödipus, Totem und Tabu, kindliche Sexualtheorien, Anal- und Kastrationskomplexe Freud nachsprechen können, ohne ihn zu verstehen. „Die Welt ist rund, und ich bin der Mittelpunkt", pflegt Tante Anna zu zitieren, und das ist wohl der Standpunkt aller Menschen. Narzismus nennt es Freud. Hoffentlich hat er das Lachen nicht verlernt.

Wird es etwas mit Budapest? Ich weiß es nicht. Es ruht im Schoße der Götter. Vorläufig ist viel Aussicht dafür vorhanden, daß ich gar keine Ferien bekomme. Einer aus meinem näheren Bekanntenkreise hat es sich in den Kopf gesetzt, ein Theratom zu bekommen, das inoperabel ist und gibt nun vor, von mir behandelt werden zu wollen. Vermutlich hat er gehört, daß es sich in der Marienhöhe leichter stirbt als anderswo.

Grüße mir Gisella und sage ihr, daß ihr Kind und ihre Schwester angenehme Menschen sind, die man gern behandelt. Ihr werdet Euch ja bald selbst überzeugen, daß Elma nicht schlechter hier geworden ist. Wo aber ist Dein Gedächtnis? Über Deine Atemstörungen haben wir viel gesprochen, nur leider hast Du viel verschwiegen. Aber das ist ja das Leben, Verdrängen, darin besteht es.

Emmy ist brillant, ich wollte, Ihr könntet sie jetzt sehen.

Wir grüßen beide herzlichst. In treuer Freundschaft

Groddeck

AN EINEN ARZT-PATIENTEN

Baden-Baden, den 11. Juni 1929

Lieber Herr A . . .,
Ihr Herr Vater hat mir, wie Sie wohl wissen, Ihren Brief von
Ende Mai gegeben, in dem Sie über Ihren Aufenthalt hier Ihre
Meinung sagen. Ich möchte dazu einige Bemerkungen machen,
die ich für wichtig halte.

Soweit ich verstanden habe, machen Sie einen wesentlichen Unterschied zwischen organischen und funktionellen Erkrankungen.
Ein solcher Unterschied ist aber nur gemacht worden, weil die
medizinische Wissenschaft bisher nicht imstande gewesen ist und
vermutlich noch lange Zeit nicht imstande sein wird, die organischen Grundlagen sogenannter funktioneller Störungen aufzudecken oder die psychischen Vorgänge, die zur Organerkrankung
führen, nachzuweisen. Niemals aber hat die Wissenschaft, mag
sie nun den oder jenen Weg gegangen sein, behauptet, daß solche
organischen Grundlagen nicht existierten oder daß organische Erkrankungen nicht psychisch bedingt seien. Man hat das immer als
ein bisher unlösbares Rätsel betrachtet, hat aber nie daran gezweifelt, daß hinter dem Rätsel Wahrheit steckt. Das ging schon
deshalb nicht, weil man ja wußte, daß in dem Keimplasma Kräfte
stecken, die den Aufbau des Menschen bewirken, die die Organe
und den Organismus Mensch schaffen. Organisch und psychisch
ist eine Einheit, deren beide Faktoren sich nicht sondern lassen;
eins ist ohne das andere nicht da, sie bedingen sich gegenseitig.
Es ist nicht nur möglich, die Psyche physisch zu beeinflussen und
die Physis psychisch, sondern es geht gar nicht anders. Daß es
Menschen gibt, die daran zweifeln und es bestreiten, weiß ich,
aber das ändert an dem Faktum nichts. Es ist bekannt, daß man
die Dinge, die selbstverständlich sind, am schwersten sieht, daß
vor allem die professionelle Forschung kaum je etwas gewertet
hat, was selbstverständlich ist. Wundern kann man sich nur, daß
die Universitäten teilweise noch an Arbeiten allerersten Ranges
wie die von Driesch, Panty, Uexküll, Spemann usw. vorübergehen, als ob sie nicht existierten. Ich sollte denken die Jugend, be-

sonders die medizinische Jugend, hätte ein Recht zu der Forderung, Mitteilungen über Dinge zu bekommen, die seit Jahrzehnten unsere besten Köpfe beschäftigen.

Wenn nun an der Einheit in der Zweiheit des Organischen und Psychischen-Physischen nicht zu zweifeln ist, so ist die psychische Einwirkung auf organische – sogenannte organische – Erkrankungen erst recht nicht zu bezweifeln. Sie werden sich Jahre des mühseligen Irrens ersparen, wenn Sie am Kranken von vornherein Psyche und Physis beachten und behandeln. Einer der großen Chirurgen des vorigen Jahrhunderts, Nußbaum, pflegte den Studenten zu sagen: „Die meisten Wunden heilen unter jedem Verband, auch wenn Sie Kuhdreck drauflegen; es bleiben aber einige übrig, die heilen nur unter dem antiseptischen Verband." (Damals kannte man Asepsis noch nicht.) So ist es mit allen Erkrankungen. Dreiviertel der Kranken werden unter jeder Behandlung gesund, von dem übrigen Viertel sterben die meisten. Nur sehr wenige bedürfen wirklich des Arztes. Dann muß es aber auch ein Arzt sein, das heißt er muß nicht nur seine Approbation haben, sondern er muß die tausend Imponderabilien besitzen, die zum Arzten befähigen, er muß Persönlichkeit haben im weitesten Sinne des Worts, muß ein Mensch in allem Menschlichen sein. Und dazu gehört, daß er etwas von der Bedingtheit organischer Erkrankungen durch die Psyche weiß und diese Kenntnis in der Behandlung verwerten kann.

Wenn der eine Mensch aus dem zweiten Stock eines Hauses stürzt, bricht er sich beide Beine, ein andrer stürzt aus demselben Fenster und es tut ihm nichts. Der eine läuft sein Leben lang mit Typhusbazillen oder Diphteriebazillen oder Tuberkelbazillen herum und ist gesund, der andre erkrankt, sobald ein Bazillus in sein Inneres kommt. Von fünf Kindern in einer Familie bekommen drei das Scharlachfieber, zwei bleiben gesund. Haben Sie schon einmal versucht, eine Ursache dafür zu finden? Irgendwann einmal wird diese Frage an Sie herantreten. Vielleicht denken Sie dann daran, daß ich Sie heute daran erinnere, daß es eine Psyche gibt, das heißt etwas, das sich aus Bewußtem und Unbewußtem zusammensetzt und in dem das Unbewußte das Wichtigere ist und daß hinter der Psyche und Physis noch etwas existiert, was

Driesch Entelechie im Anschluß an Aristoteles nennt und was ich im Anschluß an Nietzsche und aus Bequemlichkeitsrücksichten das Es genannt habe.

Nehmen Sie einen ausgesprochen organischen Krankheitsfall, etwa einen Knochenbruch. Es wäre der Blödsinn selbst, wenn man einen solchen Bruch psychisch behandeln wollte, man verbindet ihn. Wie aber, wenn die Fraktur unter dem Verband nicht heilt? Sie können operieren usw. Manchmal heilt die Fraktur aber auch dann nicht. Sollte es sich dann nicht empfehlen einmal an das Wunder des Organaufbaus zu denken? An die Tatsache, daß im Menschen bevor ein Knochen da ist, schon die Kraft zur Knochenbildung war, daß diese Kraft ein ausgezeichneter Chemiker, Physiker, Denker, Mathematiker war, längst ehe sie sich das Denkorgan des Gehirns schuf? Der Knochen ist nicht der Gegenstand der Behandlung, der Mensch ist es und immer nur der Mensch. Und zum Menschen gehört eben die Einheit Physis-Psyche. Die Organe – auch das Gehirn – stehen unter der Macht des Unbekannten. Wenn dieses Unbekannte das Organ erkranken lassen will, wird es krank, wenn es das Organ genesen lassen will, wird es gesund. Und ebenso wie man mit dem Messer, mit dem X-Strahl, mit dem Medikament, der Diät nur behandeln, aber nicht heilen kann, kann man mit psychischen Mitteln nur behandeln, nicht heilen. Aber das psychische Mittel ist ebensoviel wert wie das Messer, oder die Elektrisierung oder die Massage, eins schließt das andre nicht aus. Es kommt darauf an, das für den Kranken Passende zu finden. Die übliche Rede: „Das und das ist unheilbar", sollte man den arroganten Narren überlassen, die denken, weil sie es nicht können, kann es niemand. Ein Arzt kann immer nur sagen: ich kann es nicht heilen. Selbstverständlich: er heilt ja nie, er behandelt nur. Er kann auch sagen: ich vermag es nicht zu behandeln; aber zu sagen: Niemand kann es, ist über die Maßen unanständig.

Sie legen Wert auf die Diagnose und haben recht damit, aber die Diagnose kann nur für einen geringen Teil der Behandlung verwertet werden. Man weiß nämlich nie recht genau, was noch gesund ist und nur mitleidet. Gewiß läßt es sich feststellen, ob eine Niere tuberkulös ist; wie weit aber die Tuberkulose das Gewebe zerstört hat, das weiß man nicht, weiß es meist nicht einmal dann, wenn man die Niere seziert.

Über etwas wissen Sie aber offenbar gar nichts, das ist die Psychoanalyse. Das wundert mich nicht, weil es tatsächlich nur wenige Menschen gibt, die etwas davon wissen. Ihre Äußerungen sind fast wörtlich dieselben, die ich vor achtzehn Jahren drucken ließ als meine eigene Überzeugung. Damals verstand ich davon nichts. Seitdem habe ich mich davon überzeugt, daß die Methode, die Freud leider Psychoanalyse genannt hat, was viel Irrtum hervorrief, berufen ist, alle Wissenschaften – nicht nur die medizinische – von Grund aus zu verändern. Zu einem großen Teil hat sie das schon getan. In der Medizin speziell wird sie als Untersuchungsmittel und Arznei für Diagnostik und Behandlung in absehbarer Zeit ebenso wichtig sein wie etwa das Hörrohr oder das Messer. Ihre tiefste Bedeutung liegt aber nicht auf medizinischem Gebiet. Vor allem ist sie kein Allheilmittel, läßt sich aber ebensogut beim Herzfehler verwenden wie das Digitalis und bei der ... wie die Elektrizität. Das eine schließt das andre nicht aus. Bei diesem Brief kommt es mir nicht darauf an, Sie dazu zu überreden, einen Versuch mit meiner Behandlung zu machen. Die Aussichten auf Erfolg sind durch das Hin- und Herreden nicht gewachsen, lassen sich auch niemals vorhersagen. Solche Behandlungen sind nur etwas für Menschen, die alles ausprobiert haben und zuletzt nach dem greifen, womit sie hätten beginnen sollen, nach der Wahrheit. Die Wahrheit aber ist, daß jeder Weg zur Heilung führen kann, aber nur dann, wenn man ihn geht. Wenn man stillsteht, kommt man nicht nach Rom.

Sie sind jung, und der Jugend ist es erlaubt und ist es Natur, rasch zu erleben, rasch zuzufassen und rasch zu verwerfen. Aber sie muß dann auch dem Alter das Recht lassen, ein wenig über das Ungestüm des Jungen zu lächeln. Das Lächeln gilt unsern eigenen Erinnerungen. Wir waren auch einmal jung und ungestüm, wissen, welch großer Vorzug in dem Urteil der Jugend liegt, beneiden sie darum, freuen uns aber, daß wir statt dessen den Mut erworben haben zu glauben, was uns unglaublich schien.

Herzlichst Ihr

Groddeck

AN PROF. DR. PHIL. HANS VAIHINGER

Baden-Baden, den 8. Mai, 1930

Sehr geehrter Herr Geheimrat,
herzlichen Dank für Ihr ausführliches und gütiges Schreiben vom
5. Mai. Ich will versuchen, möglichst genau alles mitzuteilen, was
ich weiß.

Mein Vater war der älteste Sohn des damaligen Bürgermeisters
von Danzig Justizrat Groddeck, der während und nach der Revolution Abgeordneter des Landtags und Schriftführer der Konser-
vativen Partei war; wie mein Vater zu erzählen pflegte, ist ihm
manche Katzenmusik von dem Mob Berlins gebracht worden und
einmal soll man ihm den Strick unter die Nase gehalten haben,
an dem er aufgehängt werden sollte. Zunächst waren es wohl
diese Erlebnisse, die meinen Vater zu seiner Auffassung der Demokratie brachten. Gewählt hat er sein Thema wohl selbständig
im Anschluß an Heckers Werk über ansteckende Geisteskrankheiten.

Die Mutter meines Vaters war eine geborene Hecker, war aber
nicht verwandt mit dem Psychiater, ebensowenig wie meine
Großmutter Koberstein, die ebenfalls mit ihrem Mädchennamen
Hecker hieß, ohne daß irgendwelche Blutsbeziehungen zwischen
ihr und der Großmutter Groddeck oder dem Psychiater bestanden;
sie war vielmehr die Enkelin eines Berliner Bürgers, der das Fried-
rich-Wilhelms-Gymnasium gestiftet hat. – Da ich persönlich
mich seit langen Jahren mit dem Studium des Unbewußten beschäftigt habe, liegt mir der Gedanke nahe, daß der Name Hecker,
nicht bloß das Werk des Psychiaters bei der Themawahl und dem
Interesse für ansteckende Geisteskrankheiten mitgewirkt hat;
den Muttereinfluß nehmen wir ja von vornherein als gegeben an, selbst wenn das Verhältnis zwischen Mutter und Sohn
später kühl wird, wie es bei meinem Vater der Fall war; dagegen
sind seine Beziehungen zu meiner Großmutter Koberstein gebo-
rener Hecker sehr innig gewesen, ja ich nehme an, daß er zum
Teil zu der Ehe mit meiner Mutter durch die große Liebe zu seiner
Schwiegermutter gekommen ist. Mein Vater kam etwa im Alter
von 16 Jahren nach Schulpforte als Kostgänger bei meinem Groß-

vater Koberstein; er war also nicht Pförtner Alumnus, sondern sogenannter Extraneer, das heißt, er lebte als Kind des Hauses bei meinen Großeltern. Bald nach seiner Ankunft erkrankte er an einem schweren Herzleiden – er ist daran im Jahre 1885 zugrunde gegangen – und meine Großmutter und ihre älteste damals sechzehnjährige Tochter haben ihn ein halbes Jahr lang gepflegt, während er bettlägerig war. Sein Vater nahm ihn dann von der Schule fort, er hat sein Abiturium als Wilder gemacht. In dieser Pflegezeit haben sich meine Eltern gegenseitig versprochen, allerdings ohne daß die beiden Väter damit einverstanden waren. 1850 waren sie schon verlobt und haben 1852 geheiratet; ich bin der jüngste Sohn, 1866 geboren. Auf diese Schülerliebe hat meine Großmutter Koberstein sicher großen Einfluß gehabt und das besagt sehr viel. Ich habe diese Großmutter, die schon 1859 starb, nicht gekannt, aber ihr Briefwechsel mit meiner Mutter und alle Erzählungen, die ich von ihr gehört habe, beweisen, daß sie ein einzigartiger Mensch war. Als ich im Jahre 1904 mit Frau Förster-Nietzsche Nietzsches Grab besuchte, erzählte sie mir, daß am vorhergehenden Abend Nietzsches Freund Gersdorff bei ihr gewesen sei und sie drei Stunden lang ununterbrochen von Frau Koberstein unterhalten habe; das war 50 Jahre nach ihrem Tode. Nietzsche hat meine Großmutter noch gekannt, und wenn er vielleicht auch keine persönlichen Beziehungen zu ihr gehabt hat, so muß er doch viel von ihr gehört haben. Im Jahre 1859 und 60 muß er auch meine Mutter kennengelernt haben, die damals fast ein Jahr in Pforte gelebt hat. Mein Vater, der nach seinem Staatsexamen als Choleraarzt nach Marienburg mit seiner jungen Frau gegangen war, hat von 56 bis 83 in Kösen eine Solbadeanstalt gehabt und sein Haus war bis in die siebziger Jahre der geistige Mittelpunkt der nahen und fernen Umgebung. Unter anderm tagten dort regelmäßig die Germanisten Deutschlands, die sogenannte Vogelweide unter der Leitung Kobersteins. Der Forscher der Etrusker Korssen, mit dem Nietzsche von Naumburg aus viel verkehrte – er war Lehrer in Pforte – war täglicher Gast in meinem Elternhause. Ich halte es für wahrscheinlich, daß Nietzsche meinen Vater gekannt hat, daß er zum mindesten den Titel der berüchtigten Doktordissertation oft hat erwähnen hören; und wenn er persönlich mit meinem Vater zusammengetroffen ist, so muß er davon einen starken Eindruck behalten haben. Mein Vater war ein dämonischer Mensch, der aus einem reichen Unbewußten lebend, jedem, der mit ihm zusammentraf, etwas gab: er sah Welt und Menschen mit eigenen Augen. Übrigens war er ebensowenig wie ich Nervenarzt, sondern einfacher praktischer Arzt, allerdings mit eigenen seiner Zeit weit vorausgeschrittenen, vielleicht auch weit hinter seiner Zeit zurückgebliebenen Ansichten, je nachdem man es nennen will. In seinen letzten Lebensjahren grub er für seinen ärztlichen Privatgebrauch das schon damals fast vergessene Buch Rademachers, des Wiederentdeckers von Paracelsus, aus. Ich habe diese „Erfahrungsheillehre" Rademachers schon als Gymnasiast gelesen; es ist für meine ärztliche und menschliche Entwicklung ebenso wichtig gewesen wie mein Schüler- und Freundesverhältnis zu Schweninger.

Das ist ungefähr, was ich über die Möglichkeit von Beziehungen zwischen meinem Vater und Nietzsche sagen kann. Höchstens kann ich noch hinzufügen, daß der vorhin erwähnte Korssen sicher die Dissertation meines Vaters besessen hat, wie sie denn überhaupt in Pforte allgemein bekannt gewesen sein muß, da mein Vater damals, als Nietzsche mit den Pförtner Lehrern verkehrte, noch sehr beliebt dort war.

Der demokratische Verleger, von dem ich sprach, ist Schneider und Co., Berlin. Das Buch wurde, als sich die politische Einstellung des Verlags herausstellte, zurückgezogen und der Drucker Sieling, Naumburg übernahm den Vertrieb. Damit war das Schicksal des Buchs entschieden. Sieling war ein kleiner Drucker, der das Naumburger Kreisblatt, noch in meiner Gymnasiastenzeit ein armseliges Wurstblättchen, herausgab.

Mein Vater verließ Marienburg, als er als letztes Opfer der Epidemie selber schwer an Cholera und Typhus erkrankte; meiner Mutter zuliebe zog er nach Kösen. Dort verlor er in den Gründerjahren sein Vermögen, siedelte nach Berlin über als Armenarzt und bekam eine der ersten Kassenarztstellen, die nach dem Krankenkassengesetz gegründet wurden. In dieser Stellung hat er sich rasch zu Tode gearbeitet. Meine Mutter, die die echte Tochter eines bedeutenden Mannes war und alles beherrschte, was man damals Bildung nannte, im Grunde aber nur Mutter war, hat ihn sieben Jahre überlebt. Beide waren Menschen, deren Kind zu sein, Verpflichtungen auferlegt.

In der Pförtner Bibliothek muß die Dissertation meines Vaters sein, da mein Großvater Koberstein seine Bibliothek der Pforte vermacht hat. Aber es kann sein, daß das Buch später verlorengegangen ist; wenigstens war, als ich 1885 das Abitur in Pforte machte, diese überaus wertvolle Bibliothek noch nicht katalogisiert, ja nicht einmal aufgestellt. Wie kostbar sie war, geht daraus hervor, daß in der Literaturgeschichte meines Großvaters kein Buch erwähnt ist, das er nicht selber gelesen hätte, und da er Bücher, die er las, auch besitzen wollte, finden sich eine große Menge verschollener Bücher darin und sehr viele Erstausgaben. Unter anderm ist dabei ein Buch, dessen Vorbesitzer enthauptet wurde, weil er es sich dadurch verschafft hatte, daß er den eigentlichen Eigentümer ermordete. Mein Großvater soll es auf einer Auktion gekauft haben.

Wie sonderbar es in Pforte, das ich von ganzem Herzen liebe, manchmal zuging, geht daraus hervor, daß man es im Jahre 1904 noch nicht wagte, ein Bild Nietzsches, ein Geschenk seiner Schwester, aufzuhängen.

Da Sie gütig genug sind, sich nach meinen eignen Verhältnissen zu erkundigen, füge ich noch zwei Worte hinzu. Ich habe ein Sanatorium, in dem sich Leute zusammenfinden, die anderwärts nicht genesen. Manchmal habe ich Glück mit diesen schwierigen Behandlungen, manchmal nicht. Ich bin Schüler Schweningers, wohl des größten Arztes des letzten Jahrhunderts. Auf seinem Wege gehend fand ich mich plötzlich, ohne zu wissen, wie es zugegangen war, der Verwertung unbewußter Vorgänge in der Behandlung organischer Krankheiten gegenüber. Als ich einige Jahre später Freuds Werke kennenlernte, mußte ich − nicht sehr leichten Herzens − auf die Idee verzichten, selbst Entdecker zu sein. Denn es stellte sich heraus, daß die erste Kenntnis über diese Dinge mir aus einer Notiz der täglichen Rundschau zugeflogen war. Das einzige, was ich mit einem Schein des Rechts für mich beanspruchen darf, ist, daß ich die Kenntnis des Unbewußten in die Behandlung aller Kranken vor allem der organisch Leidenden

eingeführt habe und daß ich ebenso wie Freud einsehe, daß die
Psychoanalyse eine Weltangelegenheit und nur nebenbei eine
medizinische ist, und daß ihre Verankerung mit der Medizin ein
Unglück ist. Einen Titel habe ich nicht, aber ich habe Menschen,
die mich lieben, und auch Einsichten, die meinem Leben Harmonie geben, soweit das möglich ist. Einen Prospekt meiner kleinen Anstalt – 15 Zimmer –, in der meine Frau hilft, nicht bloß
im Haushalt, sondern als Mitarbeiterin, kann ich nicht schicken,
ich habe keinen. In den Preisen richte ich mich nach dem Vermögen meiner Kranken, in der Behandlung verlasse ich mich auf
meinen Kopf und auf meine Hände und auf die Ansicht, daß
jeder Kranke seine eigene Erkrankung hat und daß, wer ihm helfen will, zunächst dem Satze huldigen muß: nil humani a me
alienum esse puto und dem andern: Kindlein liebet einander!
Leidende aller Art suchen mich auf; ich bin nicht Spezialist, sondern praktischer Arzt mit allen Kenntnissen und Erfahrungen,
die mir ein tätiges Leben gegeben hat. Und dann darf ich wohl
noch sagen, daß ich über dem Arztsein nicht vergessen habe, daß
der eigentliche Beruf des Menschen ist, Mensch zu werden.
Haben Sie vielen Dank für ihre große Freundlichkeit. Mit vorzüglicher Hochachtung Ihr ganz ergebner

Groddeck

AN FRAU X ÜBER EHEPROBLEME

Baden-Baden, 3. 4. 1932

. . . . . .
Über die Verhältnisse sonst kann ich mich nur theoretisch äußern
und möchte Sie nur bitten, meinen Worten das zu entnehmen,
was Sie für richtig halten und das andre beiseite zu legen.
Die moderne Ehe ist von so großen Schwierigkeiten umgeben,
daß es ein Wunder zu nennen ist, wenn alles glatt geht. Der
Grund dafür ist, daß beide Teile von vornherein unter falschen
Voraussetzungen das Bündnis schließen. Man ist der Ansicht,
daß seelische und körperliche Liebe die Grundlagen einer guten
Ehe sind; aber beide Geschlechter sind so verschieden in seeli-

scher und körperlicher Beziehung, daß eine richtige Liebe gar nicht zustande kommen kann, wenn man nicht etwas mehr vom Manne und vom Weibe weiß als unsre Zeit. Man versteht heutigen Tages nicht mehr, daß der Mann in erster Linie Sohn seiner angetrauten Frau ist. Der Mann ist und bleibt Kind und seine Männlichkeit tritt nur ausnahmsweise hervor; dabei hat ihm die Natur die Anmaßung mit in die Wiege gelegt, stets als Mann gelten zu wollen. Es gibt hie und da Frauen, die diese seltsame Eigentümlichkeit aller Männer kennen, und unter hundert solchen Frauen findet sich dann eine, die genug mütterlichen und weiblichen Humor und Liebesfähigkeit besitzt, um im stillen über seine Wichtigtuerei zu lächeln, seine Albernheiten nicht bloß zu sehen, sondern sie auch zu lieben. – Ich kann Ihnen keinen Rat geben, kann auch Ihren Mann ebensowenig ändern wie irgendeinen andern Mann. Wenn Ihnen ein gütiges Geschick erlaubt, die Tatsache anzuerkennen, daß der Mann zu Zeiten das Köstlichste ist, was Gott geschaffen hat, daß er aber meistens wie ein fünfjähriger oder meinetwegen wie ein fünfzehnjähriger Junge handelt und denkt, wird alles – durch Sie Frau X – wieder in Ordnung kommen.

Das ist so ziemlich alles, was ich Ihnen vorläufig sagen kann. Versuchen Sie herauszufinden, wann und wo und wie Sie die Herrschaft über die Ehe verloren haben; vermutlich ist das schon in der ersten Zeit Ihrer Ehe geschehen. Die andre Frau, die in das Leben des Mannes eintritt, hat an sich keine Anziehungskraft, sie bekommt sie erst dadurch, daß die Ehefrau im Gatten den Helden sucht und den Knaben, der er ist, ungeduldig behandelt. Ich danke Ihnen herzlich, daß Sie Vertrauen zu mir gehabt haben, und glaube es nicht besser erwidern zu können als durch Mitteilung von Dingen, die jede Frau weiß, aber keine, mit wenigen Ausnahmen, recht beachtet. Die Grundlage für alle Lebensverhältnisse, auch für die Ehe, ist Ehrfurcht, Ehrfurcht auch den Fehlern und Vergehen des Menschen gegenüber.

Mit allen guten Wünschen Ihr ergebener

Groddeck

AUFSÄTZE

NACHLUST UND NACHBEWUSST

In Theorie und Praxis der Psychoanalyse spielt das Wort – mitunter auch der Begriff – „Vorlust" eine Rolle. Wer sich dieses Wortes bedienen will, tut gut daran, sofort den Gegensatz „Nachlust" zu assoziieren und ihn bereitzuhalten, solange er mit dem Wort „Vorlust" operiert. Ferner muß er bedenken, daß Vorlust, Lust und Nachlust gleichwertig sind. Die Idee, daß sexuelle Vorgänge in Kurvenform verlaufen, ist eine Hypothese, mit deren Hilfe man sich vieles klarmachen kann. Mehr als das ist sie nicht, sie hat nichts mit der Wahrheit zu tun, sondern mit der Erforschung der Wahrheit und unter Umständen ist sie für den Forscher ebenso hinderlich, wie es etwa für einen Botaniker hinderlich wäre, das Dampfschiff seiner Ozeanreise mit in den Urwald zu schleppen. Besonders für die Betrachtung und Wertung des genitalen Vorgangs, den zu überschätzen oder zum mindesten als etwas Besonderes, abseits von anderem Stehendes anzusehen jedweder sowieso geneigt ist, wird die Vorstellung der Kurve mit ansteigender Vorlust und abfallender Nachlust mitunter verhängnisvoll. Es entsteht dann die Ansicht, daß die Ejakulation, der Orgasmus die Hauptsache oder gar das Ziel des Aktes sei. Das ist falsch. Der Akt ist der Weg zu einem Ziel, einer von vielen Wegen; das Ziel aber ist, wie es sich aus dem Sprachgebrauch – Selbstbefriedigung – herauslesen läßt, der Friede. Den kann man sich ja verschieden vorstellen, etwa als Schlaf, Tod, Mutterschoß, Samenexistenz im Hoden und Eierstock, oder als Verdoppelung der Kraft, Neugeborensein, Auferstehung und Leben. Für die Forscher aber, die durchaus die Vorstellung einer Kurve beim genitalen Akt mit Anstieg, Gipfel und Abstieg nicht loswerden können, muß ausdrücklich gesagt werden, daß dieser erdachte Gipfel verhältnismäßig selten mit dem Moment des Orgasmus, der Ejakulation zusammenfällt, daß er mindestens ebensooft in der Periode der sogenannten Vorlust oder Nachlust liegt. Wer diese Erkenntnis von sich weist, versperrt sich selber den Einblick in weite und wichtige Lebensgebiete des gesunden und kranken Menschen. So wird ihm zum Beispiel der Begriff Perversion nur allzu leicht zur

Bezeichnung für etwas Krankhaftes, er wird blind dafür, daß das Leben eine ununterbrochene Kette von Perversionen ist, daß speziell der Geschlechtsakt in seinem Verlauf alle erdenkbaren Perversionen enthält und daß heute der Anblick eines Frauenschuhs, morgen das Durchblättern eines Wäschekatalogs, übermorgen das Öffnen eines Hosenstalls oder das Schürzen eines Kleides die von der Libido betonten Punkte sind, an die sich gewissermaßen automatisch die weitere Linie des Begattungsaktes anschließt, die dann schon in die Nachlust gehört. Er wird von Sodomie sprechen, als ob das etwas Besonderes wäre und ganz verdrängen, daß er selber erst vor wenigen Stunden den stolzen Gang eines Pferdes oder den Hochzeitsflug eines Bussards bewundert hat und daß sich diese verdrängte, vertierte oder sublimierte Erregung in irgendeiner Form sexuell und genital Bahn bricht, kurz er wird das sein, was er als Arzt so wenig als möglich sein darf, moralisch. Solch ein Arzt, der in seiner Verdrängungsnot sich das bißchen Wonne des Samenergusses als das Wesentliche des geheimnisvollen Eros vorstellen möchte, wird nie einsehen, daß die Wörter „Regression", „Fixation", „Sublimierung" und wie sie alle heißen mögen, Bezeichnungen für normale Lebensvorgänge sind, die nur unter Vorbehalt für die Schilderung des Kranken verwendet werden. Er wird infolgedessen auch nicht entdecken, daß viele, die in ihren psychoanalytischen Schriften solche Ausdrücke verwenden, selber nicht Bescheid wissen, daß sie zwischen der ersten und zweiten Druckseite einen komplizierten Verdrängungsvorgang zustande bringen, um das, was sie zunächst normal nannten, krankhaft nennen zu können, daß sie statt zu analysieren, moralisieren, aus Ärzten Richter werden, und er wird wortgläubig nachbeten, was innerlich Ungläubige vorbeteten.

Man ist seit Jahren damit beschäftigt, die Psychoanalyse zu systematisieren. So bedauerlich ich das auch finde – denn Systeme sind Schranken – so sehe ich doch die Notwendigkeit dieses Vorgangs ein, da der Mensch durch sein Menschsein zum Systematisieren gezwungen ist. Wohl dem, dem ein gütiger Gott Mißtrauen gegen fremde und eigene Systeme mitgegeben hat. Er wird auch dann Unheil genug stiften, aber er wird sich wenigstens bewußt sein, daß er ein Bösewicht ist, und er wird versuchen zu lavieren und hie und da etwas in das System einzuschmuggeln. So möchte ich es mit dem Wort „Nachlust" tun.

Auf die Gefahr hin bei den Verstehenden ein Lächeln, bei den Mißverstehenden Hohnlachen hervorzurufen, begebe ich mich an die Definition zunächst nur des genitalen Vorgangs, bemerke aber dabei, daß ich die Definition für alle sexuellen das heißt menschlichen Vorgänge für richtig halte, soweit ich überhaupt etwas für richtig halte.

Der Geschlechtsakt kann als in drei Teilen verlaufend gedacht werden, die als Vorlust, Lust und Nachlust bezeichnet werden mögen. Als Lust ist der betonte Punkt aufzufassen, der nur selten mit der Ejakulation zusammenfällt. Was zeitlich davor liegt, ist die Vorlust, was zeitlich danach geschieht, ist die Nachlust. – Es können mehrere Lustpunkte da sein, also auch mehrmals Vorlust und Nachlust eintreten. – Die Zeitdauer dieser Phasen wechselt, ebenso wie der Wert der Phasen für das Interesse des Arztes wechselt. – Da die Phase der Nachlust bisher überhaupt nicht oder nur beiläufig beachtet worden ist, so verdient sie augenblicklich das Interesse der Psychoanalytiker am meisten. – Die zur Zeit wichtigste Form der Nachlust ist die Unlust, die sich in dem dummen Sprichwort kundgibt: Omne animal post coitum triste. – Es ist wünschenswert, daß die Männer erfahren, wie wichtig die Nachlust für die Frau ist und daß sie häufig andre Formen hat als die des Mannes, daß die Zeit nach dem Orgasmus unverhältnismäßig oft für die Frau der genußreichste Teil des Verkehrs ist, daß ein zu frühes Verlassen ihres Betts ein Diebstahl an ihrer Lust und eine unverzeihliche Beleidigung ist. Es ist wünschenswert, daß die Frauen erfahren, wie eng die Nachlust des Mannes mit seinem Kindsein und seinem Mutterkomplex zusammenhängt, daß also seine alberne, auf Unkenntnis und Dummheit beruhende Gewohnheit, sich sofort nach der Ejakulation auf die andre Seite zu legen und zu schlafen weder Geringachtung noch Mangel an Gemüt bedeutet, sondern eine häufige Form der Nachlust ist, eben die Gewißheit bei der Mutterimago zu sein und keine Sorgen zu haben. Es ist ein – wenn auch ungeschicktes – Kompliment. Es ist wünschenswert, daß die Psychoanalytiker Ernst mit ihrer Lehre machen und ihren Glauben daran durch die Einsicht betätigen, wie groß die Bedeutung der Nachlust für den Mann ist, da sie in der schweren Verdrängungsform der Unlust auftritt. Es macht auch hier, wie so oft den Eindruck, als ob die Psychoanalyse den Ödipuskomplex – denn der verursacht diese Unlust – vergessen will. Die Folgen solcher Kenntnisse für den Verlauf der Ehe und für eventuelle Erkrankungen werden nicht ausbleiben.

Ich versage mir das Vergnügen nicht, diese Mitteilung mit der Frage zu beschließen, warum die Ejakulation allgemein überschätzt wird. Ich bin geneigt anzunehmen, daß dafür der Glaube an den Fortpflanzungstrieb in einer verdrängten Form verantwortlich ist, daß selbst die freien Geister eine Entschuldigung für den Genuß brauchen. Nachdem man die Idee, daß das Kindermachen das Vergnügen entsühne und heilige, mit der Mistgabel fortzujagen versucht hat, ist man froh die Gouvernante Moral in Männerkleidern wieder bei sich zu sehen. Difficile est satiram non scribere.

Es wäre vielleicht besser gewesen, statt des Worts Vorlust den Ausdruck „vorbewußte Lust" zu wählen, der dann durch die Assoziation „bewußte Lust", „nachbewußte Lust" zu ergänzen wäre. Aber wenn man etwas aus der Geschichte der Psychoanalyse lernen kann, so ist es das, daß ein Begriff, sobald er benannt ist, die Neigung hat, Wort zu werden, das heißt ein Hindernis für die Erkenntnis. Mir kommt es so vor, als ob unsre Behandlungsmethode – die Psychoanalyse – schon jetzt an vielen Stellen solche Wortschranken habe. Immerhin ist es für den oder jenen nützlich, auch bei der Lustfrage der Tatsache eingedenk zu bleiben, daß Freud bestimmte Vorgänge für wichtig genug gehalten hat, um sie mit einem eignen Etikett „vorbewußt" kenntlich zu machen.

Damit komme ich auf den eigentlichen Zweck meines Schreibens. Wenn man von einem Vorbewußten spricht, muß man sich auch einmal des Worts „nachbewußt" bedienen. Ich würde mich freuen, wenn ich mich irrte, aber ich habe den Verdacht, daß bei einer großen Zahl der Psychoanalytiker die Neigung besteht, den Vorgang des Bewußtwerdens mit dem Vorgang des Heilens in Verbindung zu bringen, daß bei weitem die Mehrzahl der Kranken so denkt, weiß ich. Tatsächlich steht der Heilungsvorgang nur in sehr lockeren Beziehungen zu dem Bewußtwerden. Die Heilung geht ausnahmslos in den bewußtseinsunfähigen Schichten des Es vor sich. Das Bewußtwerden ist mitunter eine Phase dieses unserm Verständnis entzogenen Heilungsvorgangs; eine Phase, die ihrer Sichtbarkeit und Heftigkeit wegen leicht als die Heilung entscheidend imponiert. Weit häufiger aber gelangen die Wellen des Heilungsvorgangs nur bis in die Regionen des Vorbewußten, am häufigsten treiben sie unbemerkt in der Schicht des Unbewußten, des Verdrängten ihr Wesen. Der Heilungsvorgang selbst ist und bleibt bewußtseinsunfähig, wir erfahren davon nur das Resultat, die Heilung.

Die Beschäftigung mit diesen Fragen ist auch deshalb so wichtig, weil häufig trotz des Bewußtwerdens eines Komplexes die Heilung nicht eintritt. Das Bewußtwerden hinterläßt dann keinerlei Spuren im Verlauf der Erkrankung. Aber selbst wenn scheinbar das Bewußtwerden einmal Bedeutung hat, stellt sich bei näherem Zusehen heraus, daß das Bewußtgewordene wieder im Unbewußten versinken kann und doch die Heilung eintritt. Ja man kommt schließlich zu dem Resultat, daß die Heilung sehr selten mit dem Bewußtwerden zusammenfällt, vielleicht nie. Und von diesem Gesichtspunkte aus betrachtet, halte ich es für gerechtfertigt, den Begriff „Vorbewußt" durch den Begriff „Nachbewußt" zu ergänzen.

Um möglichst deutlich zu sagen, was ich meine, wiederhole ich: Der Heilungsvorgang spielt sich in den bewußtseinsunfähigen Schichten des Es ab. Wir wissen nicht das mindeste über ihn, nicht einmal das, ob wir fähig sind, ihn zu beeinflussen. – Die Wellen, die er erregt, schlagen ab und zu bis an die Region des Bewußten. Ob das einen großen Wert für den Heilungsvorgang hat, wissen wir meist noch nicht. – Weit häufiger beruhigen sich diese Wellen, falls sie überhaupt so weit gelangen, in der Region des Unbewußten, Verdrängten. Unter Umständen scheinen sie bis in das Bewußtseinsfähige zu gelangen, andere Male bis in das Vorbewußte. Gelingt das Bewußtwerden, so ist damit noch nichts über das Resultat gesagt; das Es läßt die Heilung im zeitlich und örtlich Nachbewußten eintreten.

Die Psychoanalyse ist eine Methode der Praxis. Wer unter den Praktikern mit dem Wort „vorbewußt" arbeitet, hat die Verpflichtung, auch an das Nachbewußte zu denken. Für die Praxis ist das Wort „nachbewußt" ebenso wichtig als das Wort „vorbewußt".

(BIER, KIRSCHEN UND SAURE MILCH)

Vom Kurgarten her tönen die Klänge von Wagners Rheingold. Eine wirre Masse von Erinnerungen taucht auf. Zunächst mein ältester Bruder, der aus einem Fäßchen Köstrizer Bier auf Flaschen zieht und dazu mit froher Stimme das Schwertlied Siegfrieds singt. Es war die Zeit nach dem finanziellen Zusammenbruch der Bayreuther Festspiele, als Angelo Neumann mit dem Ring des Nibelungen auf den deutschen Bühnen hausieren ging.
Nun ändert sich die Szene: der Vorgarten des Elternhauses erscheint mit seiner hohen und breiten Akazie, unter der der Abendbrottisch gedeckt wird. Saure Milch in tiefblauen Glasschalen steht da, Bauernschwarzbrot und Wurst, dagegen fehlt Butter: mein Vater behauptete, es sei verfaulte Milch, und meine Mutter machte sich diese Schrulle des Gewaltigen zunutze, um zu sparen. Da wir Kleinen noch nicht ahnten, wie arm die Eltern durch den Krieg geworden waren, vielmehr des Glaubens lebten, der Dr. Groddeck sei der Reichste im Lande, nahmen wir den Mangel für einen Vorzug: vornehme Leute nehmen weder Butter noch Zukker. Noch andere leckere Dinge standen auf dem Tisch: zwei tönerne Flaschen süßen, schäumenden Kösner Weißbieres und Schüsseln mit Ammern und Herzkirschen. Wir sollten wählen, denn Mama war der Ansicht, daß Bier, Kirschen und saure Milch nicht gleichzeitig in den Magen kommen dürften. Zum Glück erschien der Vater, der selbst gern Kirschen und saure Milch aß – Bier war für ihn auch verfault – und der erklärte kraft seines ärztlichen Wissens und aufgrund eigener Begehrlichkeit das Mischen all dieser Herrlichkeiten für bekömmlich; er hatte etwas von der Kühnheit meines späteren Lehrers Schweninger, der zu sagen pflegte: ein ordentlicher Mensch muß Kieselsteine verdauen

können, und wer sich nicht von Kieselsteinen nähren kann, taugt
nichts; und dabei funkelten seine guten braunen Augen lachend
unter der Brille hervor, während der Mund streng gebieterische
Worte sprach und die riesige Hand, riesiger als sie sonst Sterb-
lichen beschert ist, dabei wie keine andere fest und weich zugleich,
eine Hand wie sie nur Asklepius selber haben kann, während er
diese Hand auf seine Brust legte, als ob er sein ungeduldig hilfs-
bereites Herz festhalten müsse. In seinem Buch über den Arzt
findet sich eine Stelle, wo er über die Hand des Arztes spricht:
wer sie nicht kennt, möge sie lesen.

Meines Vaters Hand war schön und wohlgepflegt, nicht solche
Raubtierpranke, wie die Natur sie mir mitgab. Wenn er besonders vergnügt war, trommelte er damit die Melodie von Feins-
liebchen mein unter dem Rebendach, die einzige, die ihm außer
dem Dessauer Marsch geläufig war. Aus jener Zeit der Abend-
mahlzeiten unter dem Akazienbaum erinnere ich mich noch seiner
Hand; er trug die Lampe fort, um mit dem Lichtschein eine Hor-
nisse hinter sich herzulocken, die sich auf den Nacken meiner
Schwester niedergelassen hatte, und wir alle bewunderten ihn;
wir wußten, wie sehr er sich vor Hornissen fürchtete. Er glaubte
an die drei Hornissenstiche, die ein Pferd töten. An demselben
Platz habe ich ihn noch einmal in Angst gesehen; eine Fledermaus
umschwirrte uns, da war er der Ansicht, dies teuflisch beflügelte
Wesen werde sich irgendeinem von uns in die Haare setzen. Wir
waren eine abergläubische Familie, und ich meinerseits mache
noch immer Kreuze, wenn ich Brot anschneide, klopfe dreimal
unter den Tisch und sage: unberufen, und das Salzfaß gebe ich
niemals jemandem in die Hand, weil dann Zank entsteht.

Das Bier taucht dann wieder in meiner Schulzeit in Pforte auf.
Damals in den Jahren von 1878–1884 war das Leben des Alum-
nats noch ziemlich klösterlich; wir durften, wenn wir nicht zu
große Sünder waren, sonntags für zwei Stunden die Klostermau-
ern verlassen. Ich habe stets zu den Sündern gehört und wohl
fünf Jahre von den sechsen meiner Internatszeit ohne Sonntags-
spaziergang verbracht; was ich gesündigt habe, war nicht des Re-
dens wert, ich habe geraucht, Karten gespielt, Tee gekocht, mich
so oft wie möglich betrunken, bin über die Mauer geklettert,

„geprellt" wie der Schuljargon es nannte; vor allem war ich maß-
los faul und ein geschworener Feind meiner Lehrer; wenn ich jetzt
zuweilen die rührseligen Ergüsse lese, mit denen frühere Schul-
kameraden der Kerle – so wurden sie genannt – gedenken,
wundre ich mich; in mir ist kein Funke von Dankbarkeit. Erst in
der Prima bekam ich ein wenig mehr Bewegungsfreiheit. Freilich,
des Sonntags wurde mir noch immer die Außenwelt versperrt.
Aber wir Primaner hatten das Recht, zweimal in der Woche im
„Turnus" auf anderthalb Stunden die Schulmauern zu verlassen,
und das habe ich, getragen von meiner jungen Leidenschaft für
den Herzensfreund, gründlich ausgekostet, bis wir beide eines Tages dieser Primanerfreiheit verlustig gingen. Wir hatten zu oft
den großen Glasstiefel Lichtenhainer Bieres in unserer Kneipe
unter dem dröhnenden Gebrüll von „Stiefel mußt sterben, bist
noch so jung, jung, jung" geleert. „Bruder, deine Liebste heißt?"
fragte der Rundgesang und ich, in der verachtungsvollen Unkenntnis von Weib und Weibesreiz hatte jubelnd den Namen
von der Schwester meines Freundes genannt; freilich kannte ich
sie nicht, aber was machte das aus? Da ich ihn liebte, mußte sie
schön sein, liebte ich auch sie. Das hat sich später bei einem anderen Freund wiederholt. Kluge Analytiker behaupten, solche
Leidenschaften für unbekannte Schwestern guter Freunde seien
ein Zeichen verdrängter Homosexualität. – Nun, an jenem verhängnisvollen Tage schwerster Besoffenheit nahm meine Laufbahn als verworfener Schüler ein rühmliches Ende; ich hatte alle
meine Mitschüler an Zahl und Schwere der Strafen unerreichbar
überholt. In einem feierlichen Schriftstück, das von sämtlichen
Lehrern und dem Provinzialschulrat unterzeichnet war – leider
habe ich diese erste und fast einzige Anerkennung meiner Leistungen, die mir der Staat zuteil werden ließ, verloren – in diesem „offiziellen Protokoll", sagte ich, wurde meinen Eltern geraten, den verderbten Sohn von der Schule fortzunehmen. Wie sie
das bei ihrer Armut hätten machen sollen, weiß ich nicht; glück-
licherweise kam die Sache nicht zur Ausführung, da ich acht Wochen später, noch ehe mein Vater sich von seinem Schreck erholt
hatte, mein Abiturientenexamen machte. Nachträglich hatte ich
den Triumph, daß der Rektor der Schule dem Schulcoetus mit-

teilte, nun seien die schlechten Elemente aus der Schule fort, nun müsse ein neues Leben beginnen.

Aus den Ferienzeiten der Schule ist mir ein Abend in dem Hof der alten Patzenhofer Brauerei im Gedächtnis. Mein Vater, der damals mühselig als Kassenarzt ein wenig Geld verdiente und der, vielleicht um sich selbst und anderen zu beweisen, daß er Achtung vor seinem spät erworbenen Proletariertum habe, seine Meinung, daß Bier verfaultes Getreide sei, aufgegeben hatte, nahm uns drei Brüder dorthin in die Rosengasse mit. Es war ein langweiliges Vergnügen, da die Großen Zeitung zu lesen pflegten und ich darauf angewiesen war, die drei Blechbäume des Hofes mit den daran baumelnden frischen Kirschen anzustaunen und die oberbürgermeisterliche Würde zu bewundern, mit der der Kellner sich auf den Bierbauch klopfte, wenn er seine ständige Erzählung von der schönen Brauknechtzeit und dem Kosten des dickflüssigen Malzextrakts mit den Worten schloß: „das gibt Brust, Herr Doktor." An diesem Abend geschah es, daß mein Bruder entrüstet vom Klosett zurückkam: er sei von einem Kerl dort angesprochen worden. Aus der Entrüstung, mit der die Großen hinter einem schäbig gekleideten jungen Mann herschalten, wobei das mir unverständliche Wort: warmer Bruder fiel, entnahm ich, daß etwas Besonderes vorgefallen war. Das war meine erste Begegnung mit einem Homosexuellen und mit den Empfindungen, die der Begriff Homosexualität bei der modernen Gesellschaft auslöst. Allerdings waren mir die Liebeleien zwischen Knaben von der Schule her bekannt, man nannte sie dort Poussagen; aber daß es sich dabei um genitale Vorgänge handeln könne, war mir nicht in den Sinn gekommen, wie denn damals noch fast das gesamte Genitalleben bei mir verdrängt war. Und gar die Erkenntnis, daß der Haß gegen die männliche gleichgeschlechtliche Liebe – gegen die weibliche pflegt er nicht annähernd so groß zu sein – daß dieser Haß ein Maßstab der homosexuellen Triebstärke und des Kraftaufwandes der Verdrängung ist, wurde mir erst spät klar.

Meine zweite Begegnung mit dem Phänomen war über ein Jahrzehnt später: der Liebhaber einer wandernden Schauspielertruppe bat mich brieflich, mit ihm zusammenzutreffen. Mein Erstaunen

war groß, als er mir seinen Liebesantrag machte und die Herrlichkeiten einer Liebesnacht mit mir schilderte. Weder Entrüstung
noch Erregung empfand ich, ich hatte nicht das Gefühl, einem
Perversen gegenüberzustehen, wie man es mir auf der Universität
beigebracht hatte; sein Empfindungsleben erschien mir vollkommen natürlich, nur vermochte ich es nicht zu teilen. Ein Jahr später stieß ich bei Nietzsche auf eine Stelle, wo er – an seinem sonstigen Mut gemessen, zaghaft – über die Folgen der Ächtung
männlicher Homosexualität in der christlichen Kultur spricht. Erst
durch die erfolgreiche Behandlung, mit Hilfe deren meine Patienten aus mir einen Menschen gemacht haben, ist mir in vollem
Umfange klar geworden, was Nietzsche gemeint hat. Ich halte
jetzt die tiefe Verdrängung der Homosexualität für eine der
Grundlagen der eigentümlich einseitigen europäischen Denkweise
im guten und im bösen Sinne.

(DIE NATUR HEILT)

Vor fünfundsiebzig Jahren wurde am 15. Juni der Schöpfer der
modernen medizinischen Wissenschaft, *Ernst Schweninger*, geboren. Wer den vor eineinhalb Jahren Verstorbenen persönlich
kannte, weiß, daß wir nimmer seinesgleichen sehen werden. Aber
was die Öffentlichkeit durch Nachrufe über ihn erfuhr, beweist,
wie die Mitwelt oft unfähig ist, ein mit ihr lebendes Genie zu
schätzen. Man rühmte ihn als den Arzt Bismarcks, als einen erfolgreichen, guten Arzt, und wer ein übriges tun wollte, nannte
ihn der Wahrheit gemäß einen guten Menschen. Wenn ich von
ihm sage: er war der Schöpfer der modernen medizinischen Wissenschaft, so muß ich das beweisen.
Wissenschaft ist nicht Gelehrsamkeit, ist nicht Wissen, sondern
das, was Wissen schafft; ist die unentbehrliche Grundlage, auf
der sich Wissen, Kenntnisse und Können aufbauen. Und ein
Mann der Wissenschaft ist nur der, der solche Grundlage legt
oder zum mindesten an dieser Grundlage arbeitet. Wer diesen
Sinn des Wortes Wissenschaft begreift, verwechselt nicht ärztliches Wissen, die Summe anatomischer, physiologischer, diagno-

stischer oder therapeutischer Kenntnisse, mit ärztlicher Wissenschaft. Wenn jemand ein Mann der medizinischen Wissenschaft genannt wird, so heißt das: dieser Mensch hat das Wesen ärztlichen Denkens und Handelns entdeckt, den Grund und Boden gewissenhaft erforscht und gemäß diesem Boden und gemäß dem Zweck des Arztseins aus eignem Sinnen und Denken heraus einen Bauplan entworfen und Fundamente gelegt, an die sich die Bauführer so lange halten können, bis ein neuer, wirklich oder scheinbar, besserer Plan erdacht wird. Das Wesentliche am Schöpfer ärztlicher Wissenschaft ist also das Wissen um den Zweck des Arztes und das selbständige Denken und Arbeiten für diesen Zweck und schließlich, was das Wichtigste ist, das Gelingen dieser Arbeit.

Als ich vor fünfunddreißig Jahren Schweninger kennenlernte, hörte ich von ihm immer und immer wieder zwei Sätze, die er als Sinn des Arztens hinstellte: „Der Arzt behandelt, die Natur heilt" und „Nicht Krankheiten, sondern Kranke sind Gegenstand ärztlicher Behandlung". Es sind alte Wahrheiten, Binsenwahrheiten, über die es sich kaum lohnt zu sprechen: und doch waren sie dem, was sich Wissenschaft nennt, in Wahrheit aber totes Wissen ist, unbekannt, und doch hat Schweninger fast ein halbes Jahrhundert kämpfen müssen, um diesen Grundwahrheiten in der lebendigen Wissenschaft Geltung zu verschaffen. Der Kampf, den er zuerst allein, verhöhnt, verhaßt, beneidet, von allen verleumdet, geführt hat, ist zu seinen Gunsten entschieden; das Gebäude der Wissenschaft wächst auf dieser Grundlage. Aber daß wir anders denken, als die Lehrer der Wissenschaft es uns vor zwanzig Jahren noch zu lehren suchten, wissen nicht viele, so unmerklich ist alles vor sich gegangen; ja die meisten ahnen nicht einmal, daß wir alle wissenschaftlich mit dem Satz: „Die Natur heilt, der Arzt behandelt" arbeiten. Und kaum einem ist die Tatsache bekannt, daß Schweninger dieses Saatkorn säte, das nun tausendfältige Frucht trägt.

Um das zu begreifen, muß man wissen, was Schweninger damit meinte: Die Natur heilt. Für ihn war das Naturheilen nicht etwa das Verwenden eines Wickels oder des Sonnenlichts, einer naturgemäßen Kleidung, naturgemäßen Essens, Trinkens, Atmens,

Schlafens, Arbeitens oder Ruhens; all diese Dinge gehören nach seiner Lehre nicht unter den Begriff: Heilen, sie sind lediglich Behandlungsmittel, die zweckmäßig, je nach dem Dafürhalten des Arztes, angewendet werden können, aber ebensogut und mit dem gleichen Recht kann der Arzt und muß der Arzt Medikamente und Gifte, Impfungen und Operationen gebrauchen, sobald er glaubt, damit Hindernisse zu überwinden, die der Erkrankungs- wille des Organismus dem Genesungswillen dieses selben Orga- nismus in den Weg legt. *Der Mensch heilt sich selbst.* Das ist der leitende Gedanke seiner Lehre. Innerhalb des Organismus spielen sich die Heilungsvorgänge ab. Das Heilen kann nicht von außen geschehen, der Organismus heilt selbstherrlich nach seinen eigenen, ihm persönlich eigentümlichen Gesetzen, die allerdings bis zu einem gewissen Grade durch die Möglichkeiten des allge- mein Menschlichen bedingt sind. Wenn Schweninger die Worte: die Natur heilt, brauchte, so geschah es in einem anderen Sinne, als die Anhänger und Gegner der sogenannten Naturheilmethode dieses Wort gebrauchen und mißbrauchen. Es gab für ihn keine Heilmethode; jeder Organismus erkrankte und heilte nach seiner nur ihm eigentümlichen Methode. Er hatte begriffen, daß eine Wunde nicht deshalb heilt, weil sie verbunden wird, sondern weil der Organismus, das ist die Natur, aus irgendwelchen Gründen beschlossen hat, die Wunde heilen zu lassen. Für ihn gab es keine anderen Heilungen als Selbstheilungen. Und die gesamte Medi- zin, mit ihren Serum- und Toxinforschungen, mit ihren Hormon- und Konstitutionslehren, mit ihren Ideen von innerer Sekretion, Immunität, Bazillenträgern, Gesundheit und Krankheit, lebt und arbeitet auf dem Boden, den dieser im wahrsten Sinne des Wortes wissenschaftlich gedachte und wissenschaftlich erarbeitete Ge- danke Schweningers geschaffen hat. Denn für jeden modernen Arzt ist der Begriff der Selbstheilung bewußt oder unbewußt die Voraussetzung seines Denkens und Handelns.

„Der Arzt behandelt", mit der Anerkennung dieses Satzes schrumpfen alle phantastischen Größenideen, die wir zu unserm, der Kranken und der Wissenschaft Unheil hegen, zusammen und machen der ruhigen, unpersönlichen, exakten Beobachtung Platz, soweit eine solche Beobachtung überhaupt möglich ist. Statt einer

Lüge sehen wir ein erreichbares Ziel vor uns, dem wir uns täglich mehr nähern können. Eine bestimmte Bahn ist damit abgesteckt, die niemand verlassen kann, ohne an der Wissenschaft Verrat zu üben. An diesen Satz glauben, nach ihm handeln und ihn mit Einsetzen seiner ganzen Persönlichkeit und mit so gewaltigem Erfolg lehren, ist nicht nur eine sittliche Tat, sondern eine wissenschaftliche ersten Ranges.

Es ist mir bekannt, daß das Wort: natura sanat, medicus curat nicht von Schweninger erfunden worden ist. Aber Schweninger ist der erste und jahrzehntelang der einzige moderne Arzt gewesen, der es als Ausgangspunkt, Schranke und Ziel der ärztlichen Wissenschaft anerkannt hat. Zum Dank dafür haben die offiziellen Wissenschaftler diesen hervorragend begabten und erfolgreichen Mann der Wissenschaft unwissenschaftlich genannt.

Nicht Krankheiten, sondern Kranke sind Gegenstand ärztlicher Behandlung. Man sollte denken, das sei so selbstverständlich, daß es nicht erst gesagt zu werden brauchte. Aber dem ist nicht so. Gewiß, der praktische Arzt, der es mit seinem Beruf ernst meint, vergißt niemals den Kranken über der Krankheit. Aber der offizielle Wissenschaftler, der in Wahrheit nur ein Gelehrter ist, einer, der etwas gelernt hat, kann dieses Wort nicht als maßgebende Formel wissenschaftlicher Arbeit anerkennen, denn die Gelehrsamkeit muß sich mit abstrakten Dingen beschäftigen, sie kann den Kranken nur so weit gebrauchen, als sich aus ihm der wesenlose unwissenschaftliche Begriff „Krankheit" destillieren läßt. Hie Krankheit, hie Mittel, mit solcher Gelehrsamkeit lassen sich Lehrbücher, Eselsbrücken schreiben; und solche muß es geben, da wir Menschen zu Zeiten alle, oft, ja meist Esel sind. Aber mit Wissenschaft hat die Gelehrsamkeit nur das zu tun, daß sie mitunter dem Mann der Wissenschaft nützlich, weit öfter freilich schädlich ist. Für die Wissenschaft, das eben wissen wir seit Schweninger, ist das Abstraktum Krankheit vorläufig unbrauchbar, weil sie vorerst den Kranken kennenlernen muß, und weil es vermutlich noch lange dauern wird, ehe sie das zustande bringt; um so länger, als sie dank den vorlauten Ansprüchen der Gelehrsamkeit noch kaum sich dieser dringenden Aufgabe bewußt ist. Nur langsam ringt sich die Erkenntnis durch, daß Kranksein eine

Lebensform bestimmter Individuen ist, nicht wesentlich anders als sonstige Lebensformen, wie etwa das Atmen, Essen, Bauen, Malen, Arbeiten, Schlafen, Gesundsein. Nach Schweninger ist die Erkrankung eine Schöpfung des einzelnen Organismus, des einzelnen Menschen, seines Es. Die Gesetze zu studieren, wann, unter welchen Umständen und zu welchem Zweck das Es, dieses rätselhafte Wesen, das bewußte und unbewußte Leben regiert, Lust bekommt zu erkranken, Lust bekommt, die Umwelt als Erkrankungsmittel zu benutzen, ist noch für lange Zeit naheliegende Aufgabe der Wissenschaft, an der sie, oft ohne es selbst zu wissen, fleißig arbeitet.

Schweninger war sich seines Wertes für die Wissenschaft bewußt. Und gerade deshalb war es ihm gleichgültig, daß man ihn unwissenschaftlich nannte. Wissenschaftlich zu arbeiten war für ihn etwas so Selbstverständliches, daß es ihm nie in den Sinn kam, es könne jemand Arzt sein, ohne wissenschaftlich zu denken. Gelehrsamkeit hielt er eher für entbehrlich, und er hatte wenigstens insofern ein Urteil darüber, als er selbst ein weit über den Durchschnitt der Universitätsgelehrten gehendes Wissen auf ärztlichem Gebiet besaß.

Schweninger hat in einem Glück gehabt: sein Wirken fiel in eine Zeit, wo der lang herrschende Materialismus anfing zusammenzubrechen. Er ist einer der Pioniere idealistisch gerichteter Lebensauffassung, der erste unter den Ärzten. Wir werden nimmer seinesgleichen sehn.

(WIDERSTAND)

Freud hat im Laufe seiner Forschungen für die Behandlung und das Verständnis der Neurosen, Psychosen und der Grenzfälle zwischen beiden Erkrankungsformen das Wort Widerstand eingeführt. Sobald man das Gebiet psychoanalytischer Tätigkeit auf die gesamte Medizin ausdehnt, stellt sich erst heraus, welche Bedeutung dieses eine Wort beanspruchen darf. Mit dem Wort „Widerstand" läßt sich nämlich vieles an dem seltsamen Phänomen der Willkür, mit der das Es des Kranken die Behandlung des Arztes zum Guten oder zum Bösen lenkt, ein wenig verständlich machen, wenn auch nicht erklären: vor allem ist es als Richtschnur für den Gang der Behandlung brauchbar.

Die Krankheit ist eine Ausdrucksform des Es: wenn Gebärden, Worte, Gedanken, Handlungen, physiologisches Geschehen wie etwa Atmung, Herzschlag, Schlafen, Verdauen, Absondern und so weiter nicht ausreichen, um bestimmte Vorgänge innerhalb des menschlichen Einzel-Es deutlich genug zur Erscheinung zu bringen, greift das Es hinaus in die Umwelt und sucht sich dort irgend etwas aus, womit es sich krank macht, um mit Hilfe der Krankheitserscheinungen auszudrücken, was es auf dem gewöhnlichen Wege nicht ausdrücken kann. Wenn wir nun auch die Gesetze, nach denen das Es handelt, nicht kennen und nicht begreifen können, ja wenn wir auch nicht einmal wissen, ob solche Gesetze existieren, so wissen wir doch aus der Erfahrung jedes Lebensaugenblicks, daß das Es Gewohnheiten hat, in denen es zu leben und zu handeln liebt. Es ist daher anzunehmen, daß das Es nur ungern zu dem außergewöhnlichen Mittel der Erkrankung greift und so bald als möglich zu seinen gewohnten Ausdrucksformen des gesunden Lebens zurückzukehren sucht. Mit andren Worten: in dem kranken Es ist stets bis zum Eintritt des Todes ein Wille zur Gesundheit vorhanden, dem der Wille zur Krankheit feindlich gegenübersteht, Widerstand leistet. Da das Es mittels der Krankheit Dinge ausdrücken will, die es auf gesundem Wege nicht ausdrücken kann, andererseits aber im Es der Trieb ist, auf gesunde Ausdrucksmöglichkeiten zurückzugreifen, wird die Genesung eintreten, sobald das Es sich davon überzeugt hat, daß es den Ausnahmezustand nicht mehr braucht. Im Allgemeinen erwirbt sich das Es diese Überzeugung von selbst. Tut es das nicht, so ist der Augenblick da, wo die Behandlung einzugreifen hat, mit Recht eingreift. Ihre Aufgabe ist – und das ist, so vielgestaltig sie auch sein mag, die einzige Aufgabe der Behandlung – dem kranken Es aus der Umwelt Dinge vorzulegen, die dem nachempfindenden Es des Behandlers, des Arztes, zweckmäßig erscheinen. In erster Linie wird es dabei darauf ankommen, dem kranken und eigenwilligen Es zu beweisen, daß es mit seinen gesunden Ausdrucksformen wieder auskommen kann. Nimmt das Es des

Kranken diesen Beweis, der mit Messer, Arznei, Klima, Bad, sogenannter Naturheilkunde, mit Suggestion oder Psychoanalyse, mit scheinbarer oder echter Wahrheit und mit scheinbarer und echter Lüge, kurz mit allen psychophysischen Mitteln des Lebens zweckmäßig und erfolgreich geführt werden kann, nimmt es diesen Beweis nicht an, so weiß der Behandler, der Arzt, daß der Wille zur Krankheit – ein Wille, der häufig genug nichts andres als schlechte Gewohnheit ist – Widerstand leistet. Seine Aufgabe ist dann, diesen Widerstand zu erforschen und auf irgendeine Weise, mit Gewalt oder mit List, zu überwinden.

Warum das Es so häufig – denn die Selbstheilungen ohne jede Behandlung sind die Regel, die Notwendigkeit fremder Hilfe die Ausnahme – warum es so häufig nach einer Weile die Sprache des Krankseins, die zum mindesten den einen Vorteil hat, die Mitmenschen aufhorchen zu lassen, aufgibt, mag in andern Zusammenhängen erörtert werden. Für die Tatsache jedoch, daß ein bestimmtes Es hartnäckig an seiner Entdeckung, daß vieles sich leichter durch Krankheit als durch Gesundheit deutlich machen läßt, festhält und entweder anfällig, kränklich ist oder langwierige Krankheiten wählt, erklärt sich wenigstens zum Teil daraus, daß schon das kleine Kind, dem verhältnismäßig wenig Ausdrucksmittel zur Verfügung stehen, erfährt, was für ein gewaltiges Machtmittel die Krankheit ist. Je frühzeitiger das Kindes-Es diese Entdeckung macht, je eher es ausfindet, welche Krankheitsarten die Umwelt, das ist im wesentlichen die Mutter, am meisten zur sorgfältigen Liebe zwingen, um so tiefer wurzelt sich die Gewöhnung an das Sprechen mit Hilfe des Krankseins und vor allem des chronisch Krankseins. Das muß, obwohl damit die Gefahr entsteht, als ob von dem Verfasser ein großer Wert auf das gesundheitsfördernde Verhalten der Mutter ihrem Kinde gegenüber gelegt würde, was dem Verfasser aufgrund seiner skeptischen Einstellung aller erzieherischen Tätigkeit gegenüber, soweit sie überlegt, dem Verstande einleuchtend ist, fern liegt, das muß trotz dieser Gefahr schon hier betont werden, weil sich das kranke Es mit Vorliebe – man könnte sagen aus Faulheit – dieser Kindheitserfahrungen als Mittel zum Widerstand bedient und diesen Widerstand durch ein andres Werkzeug aus der Kinderzeit, dem Freud den Namen „Übertragung" gegeben hat, verstärkt.

Da das Es, um krank zu werden, in die Außenwelt hineinzugreifen pflegt, um sich dort irgendeine Schädigung, eine „pathogene" Mikrobe, eine Erkältung, einen Unglücksfall als „Krankheitsursache" auszuwählen, ist es verständlich, daß es auch die Mittel zum Widerstand zunächst der Umwelt entnimmt, um sie in tausend Abwandlungen und unter immer neuen Masken mit erstaunlicher Schlauheit zu verwenden.

Aus der Masse der Widerstände hebt sich einer als der gebräuchlichste und zur Vereitelung der Behandlung nützlichste hervor, das ist der Widerstand gegen den Arzt. Es ist eine verbreitete, aber deshalb noch längst nicht richtige Annahme, daß der Kranke Vertrauen zu dem Arzt habe, den er sich gewählt hat. Zunächst wählt er ihn sehr häufig gar nicht selber, sondern geht nur zu ihm, weil irgendwelche Leute, die es gut meinen und infolge dessen falsch raten, in aufdringlicher Form zureden; dabei kann von Vertrauen keine Rede sein. Aber auch die, die nicht zur Behandlung gepreßt werden, kommen höchstens mit halbem Vertrauen zum Arzte: denn nur der Wille zur Genesung sieht in dem Arzte den helfenden Freund, der Wille zum Kranksein, dessen Existenz gerade durch das Kranksein bestätigt ist, betrachtet den Arzt als den gefährlichsten Feind und lauert im stärksten Mißtrauen darauf, Gründe für diese Feindschaft zu finden. Wenn das krankheitssüchtige Es derlei Gründe nicht findet, so erfindet es welche. Das hat den Vorteil, daß der grundlose Groll verschwiegen werden muß und infolgedessen Wochen, Monate, Jahre weiterfressen kann, daß er in seiner Ungerechtigkeit und Verstecktheit, in seiner Niederträchtigkeit den Arzt erbittert und zu Fehlern veranlaßt, daß er vom Kranken als Schuld empfunden wird, verdrängt wird und in der Verdrängung doppelt gefährlich wirkt, daß er abgebüßt werden will und als naheliegende Buße die Verschlimmerung oder Verschleppung der Krankheit wählt.

Der Zweck dieser vorläufigen Besprechung des Widerstandes ist erreicht, wenn daraus hervorgeht, wie wichtig seine Rolle im kranken Leben ist, wie unumgänglich notwendig seine Erforschung für das theoretische Denken über Gesundheit und Krankheit ist und daß der Widerstand und seine Überwindung das Tätigkeitsfeld und das Ziel jeder Behandlung bei jeder Krankheit ist. Daß der Widerstand gegen den Arzt für die Behandlung, und zwar nur für die Behandlung, die größte Bedeutung hat, sollten weder Arzt noch Kranker je vergessen. Man kann als Grundsatz annehmen, daß jede Verschlimmerung der Erkrankung, mag sie geartet sein wie sie wolle, zweierlei mit eindringlicher Deutlichkeit sagt: „Du Arzt hast einen Fehler begangen" und „Du Kranker hast eine Gemeinheit gegen deinen Arzt begangen". Das freimütige Eingestehn des Fehlers ist die Vorbedingung für das Glücken feinfühlender Verführung des Kranken zur Wahrhaftigkeit, in der letzten Endes alle Gesundheit beschlossen liegt. Der Kranke weiß, daß Krankheit ein unehrliches Mittel ist. Er ist geneigt, im Arzte den Richter zu sehen, um so geneigter, weil er weiß, daß Ärzte nicht richten dürfen. „Wenn ich diesen da, der sich rühmt Helfer zu sein, dazu bringe zu urteilen und zu verurteilen, so ist es auch mir erlaubt, zu Gericht zu sitzen über andere und über mich, so ist es auch mir erlaubt, Leid und Tod über mich selbst zu verhängen; dann ist Krankheit keine Sünde mehr", so folgert der Kranke. Welch ein Irrtum! Arzt und Kranker haben eins gemein: weder der Arzt noch der Kranke haben ein Recht zu richten; weder für den Arzt noch für den Kranken gibt es Moral; weder für den Arzt noch für den Kranken gibt es Sünde. Sie stehen beide jenseits von Gut und Böse.

(KRANKHEIT UND GESUNDHEIT)

Krankheit und Gesundheit sind Ausdrucksformen des Es. Sie stehen dem Es dauernd zur Verfügung. Die Betrachtung dieser beiden Ausdrucksformen zeigt nun eine beachtenswerte Tatsache: das Es verwendet niemals eine der beiden Sprachen allein, vielmehr stets beide gleichzeitig: Niemand ist ganz krank, irgend etwas in ihm bleibt selbst in der schwersten Erkrankung gesund; niemand ist vollkommen gesund, etwas in ihm ist selbst bei der besten Gesundheit krank. Man kann sich dieses Verhältnis im

Flamme des Kamins, wer verstimmt ist, zieht sich in den Schatten, in die Dunkelheit zurück, findet, empfindet Licht und Wärme unerträglich; wer verliebter Stimmung ist, findet rasch einen Gegenstand für seine Verliebtheit, und wenn es auch nur ein gedruckter Liebesroman oder eine im eignen Gehirn erträumte Liebesszene ist; wer haßt, sucht und findet, empfindet Haß, wer sich schuldig fühlt, wird nicht lange Zeit brauchen, um im anderen die Schuld zu finden, die ihm selbst unbequem ist, die er nach außen projiziert, von außen her begründet, so als ob er Unrecht erlitten, nicht getan hätte.

Man sieht, das Es verfährt im Empfindungsleben genauso, wie es bei dem Erkranken tut: es holt aus der Außenwelt, was es für sich brauchen kann, Wärme, Kälte, Hunger, Durst, Liebe, Neid, Tuberkelbazillen, Streptokokken, Kugeln, stechende Messer, Apfelsinenschalen, um sich ein Bein zu brechen, Fäulnis, um sein Gesicht durch schlechte Zähne zu entstellen und die Menschen von sich abzustoßen, macht irgendwelche Substanzen im Leibesinnern stinkend, um den verhaßten oder allzubegehrten Kuß abzuwehren, benutzt den Schmutz, der sich im Haar festsetzt, um daraus den berauschenden Duft der Liebesverlockung zu verfertigen oder kauft zu demselben Zweck wohlriechendes Wasser, ihm ist lächerlich zumute und da ist der Grund zum Lachen, es ist weinerlich und schon sieht oder hört es etwas, um zu weinen.

Aber das Es hat die Fähigkeit der Ambivalenz. In ihm ist das Begehren nach Hitze, wer weiß warum? Dort der Wechselfiebererreger ist brauchbar, die Hitze, das Fieber zu schaffen; und für das Begehren nach Kälte, das gleichzeitig das Es quält, ist er auch gut; das Fieber ist da in hohen Graden, aber den Körper schüttelt trotzdem der Frost. Die Begierde erwacht in dem heranwachsenden Weibe und schafft in ihr seltsame, kaum noch von der Forschung beachtete, stets falsch gedeutete Brunst mit periodischer Blutung, mit Absonderung weitwirkender Riechstoffe, die das menschliche Männchen verführen sollen und auch verführen, der Widerwille gegen die Begierde jedoch ist auch lebendig, läßt Kopf- und Kreuznerven erkranken, lähmt die Lebenslust und wirft das mit sich selber kämpfende Mädchen in das Bett. Die Schwangere freut sich des werdenden Kindes, das ambivalente Es zwingt sie zum Erbrechen, diesem tragikomischen Versuch, das Kind aus einer Öffnung rasch wieder zu entfernen, die das zweijährige Kind viele Jahre vorher für die Pforte der Begattung und Befruchtung hielt. Ein anderes Es läßt den Mann den Schwerenöter, den Unbedenklichen, den Weiberverführer spielen, in der Ambivalenz aber schmuggelt es in seine Säfte den Syphiliskeim oder das Trippergift und macht ihn auf lange Zeit hinaus ziemlich unbrauchbar für seine renommistische Wildheit. So nötigt das Es Mädchen und Knaben in Vater und Mutter ihr Leidenschafts- und Zärtlichkeitsobjekt zu lieben und gleichzeitig gibt es ihnen den Wunsch ein: wenn sie, die Mutter doch krank würde, damit ich frei von ihren erratenden Augen würde, damit ich ungestört den Vater genießen könnte; wenn er, der Vater doch stürbe, damit ich der Mann der Mutter, ihr Herr und Geliebter werden könnte, damit ich ohne Angst vor seiner Strenge tun könnte, was mich gelüstet.

Das Es ist ambivalent, spielt mit Willen und Widerwillen, mit Wunsch und Gegenwunsch sein geheimnisvoll tiefsinniges Wägespiel und treibt den Kranken in die Doppelstellung dem Arzte gegenüber hinein, in der er im Arzte zugleich den Helfer, den besten Freund liebt und den Bedroher seiner kunstvollen Schöpfung, der Krankheit sieht. Es ist die Ambivalenz, die den Kranken gehorsam macht und die zur selben Zeit den Widerstand, das eigentliche, das einzige Behandlungsobjekt, das Tätigkeitsfeld des Arztes schafft. Was es aber mit dem Widerstand, dessen Kenntnis die Grundbedingung alles zukünftigen Arztens sein wird und dessen Entdeckung allein genügen würde, Freud den größten Ärzten zur Seite zu stellen, auf sich hat, wird erst klar, wenn man erfährt, wie er sich des Mittels der Übertragung bedient.

Das Es hat, wie es scheint, von Geburt an, wahrscheinlich schon im Mutterleibe, ja von Beginn seines Lebens an Liebes- und Haß-fähigkeiten und Liebes- und Haßbedürfnisse. Diese Liebe und diesen Haß, deren allergrößten Teil es sich selber widmet und widmen muß, während der ganzen Lebenszeit widmen muß, verteilt das Es, soweit es frei verfügen kann, auf die Außenwelt, zunächst auf das, was dem frühesten Kindesleben nahetritt, Dinge, Erlebnisse, Personen, als da sind: Wärme, Luft, Licht,

Milch, Brüste, Nässe, Kot, Urin, Wasser, Leib- und Bettwäsche; Heimlichkeit, Geborgenheit, Enge und Raum, Größe und Kleinheit, Gefahr, Angst, Hunger, Durst, Atem, Sichentleeren, Geburt, Saugen, Zärtlichkeit, Ungeduld, Sorgfalt, Ungeschicklichkeit, Liebe, Haß, Freundlichkeit, Waschen, Wollust, Schlaf und dergleichen mehr; von Personen zunächst die Mutter und wieder die Mutter und wieder die Mutter und daneben Vater, Geschwister und wer es sonst noch sein mag. All diesem und tausend Dingen mehr begegnet das Kind mit ambivalenten Gefühlen, empfindet Zuneigung oder lehnt ab. Da nun das Es als Haupteigenschaft Gedächtnis hat, vornehmlich unbewußtes Gedächtnis, so neigt es zu dem, was wir Gewohnheit nennen; es gewöhnt sich, unter bestimmten Umständen dieselben Empfindungen zu produzieren. Es zieht, ohne sich dessen bewußt zu sein, Schlußfolgerungen, etwa so: jetzt habe ich es dreimal erlebt, daß ich in meinem Dreck zu lange, so lange liegen bleiben muß, wenn mehrere Menschen mit der Mutter zusammen sind; wenn der große Mann zu Hause ist, werde ich genötigt, rasch zu trinken; wenn es dunkel ist, bekomme ich entweder gar nichts zu trinken oder nur mit Widerstreben; Klingeln stört; andre Kinder stören; wenn der große Mann mit mir gespielt hat, ist Mutters Milch viel wohlschmeckender; Geschwister stören; keifende Weiberstimmen zeigen an, daß die Wascherei schmerzhaft mit Seifenschaum in den Augen sein wird; Donner macht die Mutter unaufmerksam; wenn ich schreie, sorgt man für mich, nur wenn der Große plötzlich aufhört zu schnarchen, bekomme ich Haue; Blumen im Zimmer, namentlich, wenn sie von großen, schnurrbärtigen Männern gebracht sind, machen Mutters Hände weicher; wenn Mutter aus Vaters Bett kommt, fühlt sie sich heiß an und ist zerstreut: der Große hält mich sehr ungeschickt von sich weg, wenn ich ihn mit meinem Wässerlein beehre und so weiter und so weiter. Es bilden sich Gewohnheitsgefühle aus, die jedesmal bei den und den Umständen produziert werden, ganz gleich, ob sie berechtigt sind oder nicht: sie werden von einer früheren Stimmung her auf eine neue Situation „übertragen". Man kann sagen, mit gutem Grund sagen, daß bevor noch das dritte Lebensjahr beendet ist, so viele Empfindungsquellen aller Art vom Kinde entdeckt worden sind, daß der Mensch nur noch zu übertragen braucht, auch nichts andres tut; höchstens, daß, wenn die eine Übertragung für die gegebene Situation nicht paßt, eine andre, vielleicht gerade entgegengesetzte gemacht wird. Diese Fähigkeit, äußerst rasch und äußerst ungerecht im Guten und Bösen zu übertragen, benutzt das Es in weitgehendstem Maße zum Widerstand; es überträgt Freundschafts- und Feindschaftsempfindungen auf den Arzt und fördert oder lähmt dadurch seine Bemühungen. Da das Leben mehr oder weniger aus Übertragungen besteht, so muß der Arzt, um von der Fülle der Erscheinungen nicht erdrückt zu werden, bestimmte Übertragungen auswählen und sie in der Behandlung des Widerstandes benutzen. Die Hauptübertragung, die dabei in Frage kommt, ist die von der Mutter auf den Arzt; weiterhin die vom Vater. Wenigstens ist es so nach dem Vorgang von Freud üblich geworden, und diese Wahl hat sich bewährt. Damit ist aber nicht gesagt, daß es keine andern Übertragungen gibt oder daß man berechtigt ist, andre Übertragungsmöglichkeiten außer acht zu lassen. Es ließe sich denken, daß unpersönliche Übertragungen viel wichtiger sind als diese beiden persönlichen. Wie der Stand der Dinge augenblicklich ist, dreht sich die ärztliche Tätigkeit um die beiden Übertragungen von Vater und Mutter auf den Arzt.

(ATMEN)

Die Art, wie wir atmen – und gewiß sind nicht zwei Atemzüge einander gleich, ist ein Sprechen des Es, eine Ausdrucksform des Lebens, und als solche gibt es keine falsche Atmung; die Atmung kann höchstens deshalb falsch genannt werden, weil sie den Zwecken nicht entspricht, die wir, kurzsichtig genug, als die vernünftigen, ja, als die einzig möglichen ansehen. Wenn wir unter der Leidenschaft leiden, ist es begreiflich, daß wir uns nach Ruhe sehnen, aber die Ruhe ist vielleicht unser seelischer Tod. Wenn ein Herzkranker, ein Schwindsüchtiger, ein Asthmatiker zu uns kommt und verlangt, von seiner Atemnot befreit zu werden, so kann man mit großer Wahrscheinlichkeit annehmen, daß ein methodischer Unterricht im dreigliedrigen Atmen ihm Erleichterung, oft dauernde Besserung, Beseitigung des Symptoms verschafft, aber sehr oft werden wir erleben, daß solch Atemunterricht, selbst wenn das „richtige" Atmen erlernt und geübt wird, nicht den mindesten Einfluß auf die Qual des Kranken hat; vielleicht oft genug will der Kranke nicht gesund werden, kann es nicht, weil sein Es es ihm verbietet. Es ist auch denkbar und kommt oft genug vor, daß in der Behandlung irgendeines Leidens gerade gegen diese sogenannte richtige Atmung angekämpft werden muß, daß das getadelte Luftschnappen, das hastige, pausenlose Atmen geübt werden sollte, daß die Einatmung zerhackt oder die Ausatmung methodisch verlängert werden muß, ja, daß man sie zeitweise so oberflächlich wie möglich zu gestalten hat. Das Leben ist sehr mannigfaltig, und wenn es uns auch häufig den Gefallen tut, auf unsre Methoden günstig zu antworten, so beliebt es ihm auch nicht selten, sich über unsre Künste lustig zu machen. Das Leben richtet sich nicht nach unsern Methoden, und wir tun jedenfalls besser daran, unsre Methoden nach dem Leben zu richten. Das Leben aber lehrt uns, daß das Kind anders atmet als der Erwachsene oder der Greis, der Schlafende anders als der Wache, der Müde anders als der Frische, die Ruhe anders als die Bewegung und wieder die anders als die Mühe, die Krankheit anders als die Gesundheit, der Schwindsüchtige anders als der Asthmatiker, anders auch als der Herzkranke.

Ich habe nichts gegen Behandlungsmethoden, erkenne ihren Wert an und benutze eine ganze Reihe scharf ausgearbeiteter Methoden, unter anderen mit Vorliebe Atemgymnastik. Die Zeit, in der ich, wie ein Schulknabe gegen die Pedanterie der lateinischen Grammatik, gegen jede Methode wetterte, ist längst vorbei, und das Schlagwort „Individualisieren" hat jeden Reiz für mich verloren. Ich habe, seitdem ich mir nicht mehr Mühe gebe, etwas Besondres, eine Persönlichkeit, eine Individualität zu sein, entdeckt – für mich war es eine Entdeckung –, daß jeder Mensch, sogar der Doktor, eine gewöhnliche Nase, gewöhnliche Ohren und Augen, ein gewöhnliches Gehirn hat, alles Dinge, die bei Platon, Cäsar, Müller, Schulze und Goethe oder Luther ziemlich wenige und sehr geringfügige Unterschiede gezeigt haben mögen, ich habe entdeckt, daß alle Menschen mit dem Munde essen, daß ihr Dreck immer aus einer bestimmten Öffnung herauskommt und daß sie alle Menschen sind. Methode ist etwas sehr Brauchbares, Pedanterie ebenfalls, und die vielgeschmähte Schablone erst recht. Aber ich habe auch gelernt, daß tausend verschiedene Methoden zum Ziele der Genesung führen, daß jedoch ab und zu keine hilft und daß nur auf etwas im ärztlichen Leben und ich denke auch im alltäglichen und außergewöhnlichen Leben Verlaß ist, auf den Willen des Es. Der aber läßt sich nicht selten erraten.

„WORTANALYSE"

Bauzaun

In einer Periode meines Lebens, in welcher ich alle Beziehung zu mir selbst verloren hatte, in welcher ich als Treibholz auf dem Strom des Lebens dahintrieb, ohne Willen zum Ziel und ohne Kraft zur Tat, einem falsch orientierten Pflichtgefühl gehorchend, traf mich eines Nachmittags an einer Straßenecke das Wort „BAUZAUN" mit einer geradezu magischen Gewalt. Es gab mir Kraft, Freudigkeit, *Sicherheit*. – Jahrelang behielt es seine Wirkung. Das Leben wurde hart, das Schicksal tat seine Schmiedearbeit, aus dem Träumer wurde ein Täter, aus dem Treibholz baute das „WESEN" eine Brücke; – Pflicht wurde heiliges Wissen um den Willen des „WESENS" und an einem großen Wendepunkt angelangt, da ich nach außen hin mein Leben mir ganz selbst aufbauen mußte, sah ich mir das Wort „BAUZAUN" an, und es hatte seine Wirkung verloren! Seine getreue Analyse ergab folgendes: „BAUZAUN" ist ein Zaun, der eine Baustelle umgibt, Unbefugten den Zutritt wehrt, und den Anblick der Unordnung, den eine Baustelle mit ihren Steinhaufen, Kalkgruben, Sandbergen und Bauhölzern stets bietet, vor der Außenwelt verbirgt." Der Bau ist fertig, der Zaun wird entfernt, ein jeder mag jetzt sehen, was der Baumeister im Auftrag des Bauherrn da geleistet hat, und wenn es auch nicht einem jeden gefällt, wenn der Baumeister nur weiß, daß er mit treuem Sinn gebaut hat, und sein Bestes tat, dann mag er ruhig den Bauzaun abtragen, den braucht er nicht mehr, er hat nichts mehr zu vergeben, jeder hat Zutritt, denn wo Ordnung ist, da ist auch nichts zu verheimlichen. Dank dem Bauherrn, daß er so lange Geduld hatte! Fritz Tinsch.

Der kurze Aufsatz, den ich hier mitteile, hat für mich eine besondre Bedeutung; Einiges darüber, nicht gerade das Wichtigste für mich, aber etwas Wesentliches für die Arche läßt sich leicht sagen.

Über dem Aufsatz steht „Wortanalyse". Was mitgeteilt wird, ist aber weder eine Wortanalyse – die Arbeit beschäftigt sich gar nicht mit dem Wort „BAUZAUN", sondern mit dem Sinn, den der Verfasser in das Wort hineinlegt – noch ist es überhaupt eine Analyse; wenn man es durchaus mit einem Namen aus der Chemie bezeichnen will, so ist es eine Synthese.

Synthese ist auch ein schönes Wort, und es gibt Leute genug, die damit arbeiten und auch Erfolge haben. Daß sie aber, weil sie Erfolge haben, der Welt verkünden, der Analyse müsse die Synthese folgen, sie müsse durch die Synthese vervollkommnet, ergänzt werden, beweist, daß sie den Ausdruck „Analyse" mißverstanden haben. Verdenken kann man es ihnen nicht: Freud hat wirklich einen unglücklichen Moment gehabt, als er dieses Wort für seine Entdeckungen brauchte. Auf einem Kongreß der Psychoanalytiker hat er erzählt, wie er auf die Bezeichnung verfallen ist, daß er mit chemischen Analysen, die er mit Leidenschaft betrieben habe, immer Unglück gehabt habe und als ob er das mit einer Reverenz vor der heiligen exakten Wissenschaft wieder hätte gutmachen können, hat er sein Lebenswerk Psychoanalyse genannt. Er weiß vermutlich selber sehr gut, daß er damit sich ein Kreuz aufgebunden hat, da es nur wenige sind, die wissen, daß sein Verfahren ungefähr das Gegenteil von dem ist, was man wissenschaftlich und praktisch Analysieren nennt, wenige sogar unter denen, die seinem Vertrauen am nächsten stehen, daß aber die Zahl derer, die durch das Wort irregeführt werden, Legion ist, auch unter seinen Schülern.

Der prinzipielle Unterschied von chemischer und Psychoanalyse ist wesentlich und es ist aus vielen Gründen notwendig, daß man ihn sich ab und zu klarmacht. Das Ziel bei der chemischen Analyse ist, daß der Chemiker, der Experimentator erfährt, aus welchen Urstoffen eine chemische Verbindung sich zusammensetzt und wie das gegenseitige qualitative und quantitative Verhältnis dieser Stoffe ist; er kann, wenn er Lust dazu hat, aufgrund dieser

Kenntnisse Synthese treiben, nach bestimmten Ideen Urstoffe zu-
sammenbringen, um irgendwelche neue chemische Körper herzustellen. Bei der Psychoanalyse ist es aber so gut wie gleichgültig, ob der Analysator erfährt, aus welchen Urstoffen menschliche Lebenserscheinungen zusammengesetzt sind; es nützt nichts,
wenn er es weiß, was übrigens noch nie der Fall gewesen ist. Es
kommt darauf an, daß der, der analysiert wird, Selbsterkenntnis
oder so etwas Ähnliches bekommt, daß also, um bei dem Vergleich zu bleiben, das Objekt des Analysierens, gewissermaßen
die chemische Verbindung, selbst Kenntnisse erwirbt. Wenn also
bei der Psychoanalyse irgend etwas eintritt, was mit dem Wort
Synthese bezeichnet werden kann, so ist diese Synthese Sache des
Kranken, nicht des Arztes.

Wer Psychoanalyse treiben will, muß sich klar sein, daß er damit
diesem bestimmten Kranken gegenüber auf jede erzieherische, ja
auf jede helfende oder beratende Tätigkeit verzichtet und es der
Natur, dem Es des Kranken überläßt, neue Verbindungen zu
schaffen, Synthese zu treiben. Wer analysieren will, muß einen
unerschütterlichen Glauben an das Es des Menschen haben, er
muß im höchsten Maße das sein, was man mit dem Wort fromm
bezeichnet. Fromm sein heißt stark und schicksalsgläubig sein,
demütig dem Kosmos gegenüber, fest an dessen Allmacht und
Vollkommenheit glauben und aus diesem Glauben heraus unbe-
kümmert um Gut und Böse und um den Erfolg nach vorwärts leben. Also nochmals: wer analysiert, kann nicht, darf nicht Synthese betreiben. Die Analyse gibt vielleicht dem Es des Kranken
die Möglichkeit, neue Verbindungen zu schaffen, aber der Arzt
hat damit nichts zu tun. Der Versuch, sich in diese geheimnisvollen synthesischen Handlungen des Es einzumischen ist ein grober
Fehler, der nur verzeihlich ist, weil er infolge menschlich bedingter Überheblichkeit nicht zu vermeiden ist.

Daß ich mich hier mit dieser Frage abgebe, hat seinen Grund nicht
nur darin, daß eine Menge hervorragender Leute immer wieder
den Ruf erheben, an die Psychoanalyse müsse sich eine vom
Arzte geleitete Psychosynthese anschließen; ich habe aber bemerkt, daß alle Analytiker – und mit dem Wort alle sage ich, daß
ich an mir selbst dieselbe Beobachtung gemacht habe, ja an mir

erst recht – daß alle Analytiker in sich den Trieb haben, erzieherisch, helfend, beratend einzugreifen. Und doch ist es und bleibt es die Sünde wider den heiligen Geist.

Mit all dem will ich nicht sagen, daß man mit Hilfe der ärztlichen Synthese nichts erreichen könnte, daß es falsch sei, synthetisch auf den Kranken einzuwirken. Aber wenn man aus dem Auge einen Eisensplitter entfernen will, so nimmt man dazu nicht eine Kneifzange. Umgekehrt, wenn man ein Kind aus dem Mutterleibe holen will, kann man das nicht mit einer Pinzette tun. Es gibt Kranke, die soll man operieren, andre soll man baden lassen, noch andre mit Medikamenten behandeln oder physikalisch-diätetisch, andre mag man erziehen und schließlich bleibt ein Rest, die möge man in festem Glauben, daß alle Dinge zum Besten dienen, analysieren.

(SEXUALITÄT)

Geschlechtssünden: Man macht der Psychoanalyse zum Vorwurf, daß sie sich allzuviel mit Sexualität beschäftige. Was haben doch diese Leute ihren Freud schlecht gelesen! Die Psychoanalyse hat an sich nicht das geringste mit der Sexualität zu tun, meist sind es die Kranken – oder Gesunden – die dieses ihnen so wertvolle Thema immer wieder zur Sprache bringen, nicht zum wenigsten, weil sie sich wichtig vorkommen wollen und durch Besprechen von Dingen, die man in Gesellschaften nicht bespricht, vor sich selbst einen Schein der Wichtigkeit bekommen. Ach nein, mit Psychoanalyse hat das nichts zu tun, obwohl ich nicht bestreiten will, daß auch der sogenannte – horribile dictu – Psychoanalytiker den Gesetzen seines Zeitalters unterworfen ist, natürlich auch ich, und infolgedessen mit dem Gefühl innerer Bedeutung den starken Mann spielt, dem nichts Menschliches fremd ist. Sieht man näher zu, findet man freilich bald auch bei den Heroen unsrer jungen Lebensforschung die Eitelkeit in Moral gekleidet. – Pansexualität. Wo steht denn das bei Freud? Er hat sehr deutlich und sehr entschieden gesagt, daß jede Zeit bestimmte Merkmale hat, daß es neben den zeitlosen Komplexen solche des Tages, des bestimmten Kulturzustandes gibt, und daß wir genötigt sind, uns mit so einfachen Dingen, wie es der Beischlaf während der Schwangerschaft ist, herumzuschlagen, weil das menschliche Gewissen starke Zähne hat und heutzutage nichts Rechtes zu kauen. Und dann diese schreckliche Sprachverwirrung. Der Ausdruck „Sexualität" bedeutet, daß das Menschenwesen doppelt-geschlechtlich ist, nichts weiter. Die Vorgänge des Genitallebens gehören in das Gebiet des sexuellen Lebens hinein, aber sie sind nur ein verschwindend kleiner Teil des sexuellen Lebens. Freud hat das immer und immer wieder gesagt: es ist nicht seine Schuld, daß es immer wieder vergessen wird. Wenn es mitunter so aussieht, als ob für den waschechten Analytiker nichts Anziehenderes in der Welt vorhanden ist als Penis und Vagina, allenfalls auch noch After, so darf man daraus Freud keinen Vorwurf machen, noch weniger der Psychoanalyse, ja nicht einmal uns armen Schluckern, die wir so tollpatschig auf den Dreck hereinfallen, der uns vorgeschwatzt wird. Man ist eben auch Mensch und kann nicht immer Skeptiker sein, nicht immer sich danach richten, daß jedes Ding drei Dimensionen hat und deshalb auch mindestens dreifach angesehen werden muß. Will man durchaus Vorwürfe erheben, so soll man sie dem lieben Gott machen, der unser Jahrhundert nun einmal so kurios eingerichtet hat. Besser scheint mir, die Welt in ihrem Wandel und uns selbst in unserm unaufhörlichen Wechsel anzuschauen und so gut, wie es gehen mag, einen Sinn hineinzubringen. Und den Weg zum Sinn der Dinge und unsers eignen Wesens, den hat Freud und seine Analyse allerdings erheblich erleichtert, und wer etwas davon versteht, weiß, daß die Analyse nur dann richtig geführt worden ist, wenn sie den Menschen liebenswürdiger und liebender gemacht hat; wobei das Wort „Lieben" nicht im Sinne von dem griechischen Eros, sondern von dem griechischen Agape gebraucht ist, die freilich, wie man sich aus den Evangelien überzeugen kann, kein Gegensatz zum Eros ist, sondern ihn in sich enthält. Aber wer liest heutzutage noch die Evangelien und wer sucht, wenn er sie liest, noch zu verstehen, warum Christus den kleingläubigen Petrus und den zweifelnden Thomas und den Verräter Judas zu seinen Vertrauten macht, warum er sich dagegen wehrt, gut genannt zu werden, warum er dem Mörder, der an seiner Seite am Kreuz hängt, eines Augenblicks wegen die Sünden vergibt, warum er seiner Mutter sagt: Weib, was habe ich mit dir zu schaffen; warum er sagt, daß er nicht den Frieden in die Welt bringt, sondern das Schwert, warum er die Samariterin mit ihren sieben Männern vor allen Frauen auszeichnet und warum er den Feigenbaum verflucht und so seltsame Gleichnisse erzählt. Die frommen Menschen sind von jeher den Weg der Analyse gegangen, womit ich nicht sagen will, daß die, die sich mit Analyse beschäftigen, nun auch fromm werden müßten; sie werden oft nicht einmal liebenswürdiger. Aber ist das die Schuld der Analyse? – Freud wird in den nächsten Tagen 70 Jahre. Wer mich liebt, vergesse nicht, was ich ihm schulde!

(SOZIAL ODER UNSOZIAL)

In dem vorigen Heft der Arche habe ich einen Satz Freuds abdrucken lassen, dessen Ironie mich mit Neid erfüllt: „Die Psychoanalyse fügt sich der allgemeinen Schätzung, welche soziale Ziele höher stellt als die im Grunde selbstsüchtigen sexuellen." Dieses „die Psychoanalyse fügt sich" geziemt sich für den Mann, der das Jenseits von Gut und Böse unablässig beobachtet. Ein solcher Mensch kann sich wohl der allgemeinen Schätzung des Sozialen fügen, er kann sie aber niemals als richtig anerkennen. Sie ist ja auch falsch oder wenigstens nur zu einem sehr kleinen Teil richtig. Sozial, Unsozial: wer wagt es zu entscheiden, ob ein Geschehen sozial oder unsozial ist? Das kann nur jemand, dessen Wesen nie von der Analyse berührt wurde, und wer von den Analytikern ohne den Freudschen Vorbehalt des Sichfügens von den sozialen Zielen der Analyse spricht, vergißt sein Amt, welches ist, nicht zu richten. Nur der Gott oder wer sich Gott gleich dünkt, vermag zu sagen: dies ist sozial, jenes unsozial. Der Analytiker sollte sich aber nicht Gott dünken, ja die erste und wichtigste, die segensreiche Folge des Analysierens ist, daß dem, der analysiert, seine Gottähnlichkeit zweifelhaft wird. Die Analyse darf kein anderes Ziel haben als Analyse. Uns geht das Modegeschwätz des sozialen Wesens nichts an. Wir wissen, daß der Mensch weder sozial noch unsozial ist, sondern tun muß, was sein Es ihn tun läßt und was das All – oder der Eros oder der Gott, wie man es nun nennen will – angeordnet hat. Wem die Analyse den Hochmut, die Hybris nicht bricht, mag sozial sehr brauchbar sein, mag auch ein guter Arzt und ein guter Mensch sein, aber vom Unbewußten weiß er nichts. Er ist wie ein Handlanger an der Arbeit gewesen, ohne je zu begreifen, was er arbeitete. Jeweilige Erziehungsmoden können das Soziale als wünschenswertes Ziel verkünden und erstreben, Analyse hat es aber immer nur mit dem Selbst des Menschen zu tun, sie endet nie anders als mit der Erkenntnis, daß der Mensch nichts ist, solange er von sich fortstrebt zur Allgemeinheit, daß er selbst, sein Es Welt und Gott ist. Wer diese Erkenntnis gefunden hat, ist sozial. Liebe deinen Nächsten als dich selbst! Wer gut zu sein strebt, wird nie gut sein; wer aber sich selbst, alles Streben nach einem andern, angeblich besseren Selbst verliert, wird sich selbst finden und ohne daß er es hindern kann, gut genannt werden und Sicherheit, Harmonie, Gesundheit in reichem Maße allen schenken, die fähig sind, sich schenken zu lassen. Das alles aber ohne Verdienst und Würdigkeit, von ihm selbst.

DER MENSCH STIRBT NUR DANN, WENN ER STERBEN WILL

An einem der unvergeßlichen Samstagabende auf der Marienhöhe zu Baden-Baden stellte unser Doktor die kühne Behauptung auf, das „Es" des Menschen entscheide über Leben und Tod des Menschen, dies rätselhafte „Es" sei also Ursache auch des Sterbens der Menschen; nur wenn der Mensch in seinem „Es" es selber wolle, könne der Tod ihm etwas anhaben. Ja, man könne geradezu sagen, der Mensch wähle seinen Tod sich selber. Diese Behauptung behielte selbst bei Unglücksfällen, ja selbst im Kriege mit seinen zahlreichen Toten ihr Recht. Unsere Gefallenen des Weltkrieges hätten sich ihren Tod geradezu selbst gewählt, seien selbst in ihre Kugel hineingelaufen.

Diese Behauptung erregte wohl bei den meisten Anwesenden ein ebensolch heiter-überlegenes Schütteln des Kopfes wie es seinerzeit die gescheiten Antworten des Kandidaten Jobses auf die mehr oder weniger dummen Fragen seiner gelahrten Examinatoren in der vortrefflichen, geistsprühenden *Jobsiade* des Schriftstellers und Arztes Kortum machten. Auch ich gehörte anfangs zu diesen neunmalklugen Besserwissern, aber nach einer Weile ging mir ein Licht auf, und ich entdeckte, daß eine ganze Reihe eigener Erlebnisse aus meiner Feldpredigerzeit die Richtigkeit der kühnen Behauptung unseres Doktors bestätigte.

Und dieses sind einige solcher Kriegserlebnisse, deren ich noch viele zu erzählen vermöchte: Im Januar 1915 lag die Division, der ich als evangelischer Divisionspfarrer zugeteilt war, auf einer Anhöhe, die wie ein Schiff scharf rechtwinklig durch die Ebene auf die Côtes Lorraines zusteuerte. Ich hielt mich, soweit es irgend mein Dienst erlaubte, meist bei den Kampftruppen in ihren damals noch armseligen Schützengräben und Unterständen auf; und so war ich auch an jenem Tage nach getaner Arbeit in einem Unterstande mit befreundeten Männern zusammen. Es kam bald heraus, daß es der Vorabend des Geburtstages eines mir besonders lieben Hauptmannes, der hier eine Batterie befehligte, war. Wir beschlossen, bis zwölf Uhr zusammen zu bleiben; aber es sollte anders kommen. Ich wurde noch in später Stunde zu einem Schwerverwundeten in das weit zurückliegende Feldlazarett gerufen. Niemand, der mich hätte vertreten können, war zu erreichen. Ich mußte wohl oder übel in den sauren Apfel beißen, und unter unzweideutigen Äußerungen des Mißfallens schied ich von den Kameraden. Ich war noch fünf Minuten von dem Unterstande entfernt, als mich ein in dieser Stunde seltener Granateinschlag aufhorchen ließ. Als ich vom Feldlazarett aus meine Geburtstagsglückwünsche telefonisch anbringen wollte, erfuhr ich zu meinem Schrecken, daß jene Granate in den soeben von mir verlassenen Unterstand eingeschlagen war und drei meiner Kameraden getötet und die anderen mehr oder weniger schwer verwundet hatte. Später erfuhr ich dann noch, daß die Granate gerade auf dem Platze, da ich gesessen hatte, krepiert war.

Ich habe mir damals noch keine besonderen Gedanken darüber gemacht; es war ja noch Kriegsanfang. Aber nachdem ich fast vier Jahre lang den Weltkrieg mitgemacht hatte und zwar immer an der Front, drängte sich mir immer stärker das Bewußtsein auf, daß ich wohl irgendwie und irgendwarum vor dem Tode bewahrt werden sollte. Vertrauten Freunden teilte ich dies als Vermutung mit, und erwähnte es schließlich auch entsprechend in einer Predigt und in einem Vortrage. Und nun schneiten auf mich immer dichter die Erinnerungen aus meinem Feldpredigerleben, die mir meine Vermutung immer stärker zur Gewißheit machten.

Aus der Fülle der Beispiele nur diese noch: Es war in der Champagne unweit des schwer umkämpften Pöhl- und Keilberges, wo ich auf dem Hauptverbandsplatze meiner Division unter dem Schutze der Rote-Kreuz-Flagge mich zum Schlafen niederlegte. Ruhig schlief ich, wurde aber in der Frühe des anderen Morgens durch einen dröhnenden Granatschlag und auf mich niederfallende Eisen- und Holzsplitter unsanft geweckt. Die französische Granate war, nur durch eine dünne Bretterwand von mir entfernt, wenige Schritte vor meiner Baracke eingeschlagen, hatte mehrere meiner Kameraden schwer verwundet, während ich mit einer leichten Verletzung am Fuße abkam, die mich nicht einmal hinderte, bei der Truppe zu verbleiben. Immer mehr kam mir, wenn in der Folgezeit Fliegerbomben oder sonstige „Liebesgaben" unserer Feinde in meiner Nähe niederfielen, das unbestimmte Gefühl: Was gehen die dich eigentlich an?!

An der Lys in Flandern ging ich nachts um vier mit den angreifenden Truppen vor. In Baieul kam Kampf und Vormarsch zum Stehen. In dem vielbeschossenen Orte, der unmittelbar in der Feuerlinie lag und in dem meine Kameraden zu vielen Hunderten verwundet oder getötet wurden, begegnete ich unserm trefflichen einarmigen General H. Er forderte mich auf, mich mit ihm ein wenig zu unterhalten. Er wollte wohl sich ablenken und seine innere Ruhe wieder gewinnen, der unruhvolle, schneidige Draufgänger. So gingen wir ruhig plaudernd durch die Gassen des Ortes und er erzählte mir obendrein noch lachend von seiner siebenten Verwundung, die aber nur seinen leeren Ärmel betroffen hatte. Auch in dieser gefahrvollen Stunde das unbewußte Gefühl bei aller Beklommenheit und Angst, daß keine Kugel mich treffen würde!

Ich hatte also, während mein bewußtes Ich das Gefühl der Furcht sehr wohl gekannt hat, im Unbewußten, im „Es" das sichere Gefühl, daß meine Kugel noch nicht gegossen sei. Und dabei hatte ich doch den starken Wunsch, den mein Ich damals schon klar erkannt hatte, zu fallen. In dieser Absicht hatte ich mich – und ich war doch damals als angestellter Pfarrer im Alter von sechsunddreißig Jahren nicht, auch nicht einmal „moralisch" genötigt, das zu tun – als Kriegsfreiwilliger zusammen mit einem Freunde außer in Braunschweig bei den Kavallerie-Regimentern in Halberstadt, Lüneburg und schließlich in Rathenow gemeldet. Gewisse Verhältnisse in der Heimat wollten mich dazu drängen. Um diesen auszuweichen, also aus Feigheit, suchte ich geradezu den Tod; und es schmeichelte wohl meiner Eitelkeit, daß mich nicht nur die Truppen meiner Division, sondern auch ihr Kommandeur, ein alter prächtiger General der Infanterie, der schon 70/71 mitgemacht hatte, mich den „Schützengraben-Pastor" nannte und mir am Sylvesterabend 1914 unter dieser „ehrenden" Bezeichnung das Eiserne Kreuz II. Klasse nach einem Gottesdienste in Gegenwart der Truppen überreichte, in Wirklichkeit sehr zu meiner Beschämung.

So ging es die ganze Kriegszeit hindurch, und als ich, nur einmal leicht verwundet, an seinem leidigen Ende mich besah, da hatte ich sieben Auszeichnungen auf meiner „Heldenbrust", darunter drei Kreuze I. Klasse; aber ich war mir klar bewußt, daß für mich ein Scherz, den wir damals öfters aussprachen, bitterer Ernst war: Das Oldenburger Kreuz trägt nach seinem Stifter Großherzog Friedrich August die beiden Buchstaben F. A. Wir deuteten diese Anfangsbuchstaben: Für Angst.

Und in der Tat, für Angst habe ich die Kriegsauszeichnungen bekommen, auf die ich doch so stolz bin.

Ich könnte noch viel, sehr viel erzählen; die Erinnerungen dieser Art blühen mir nur so zu. Aus allen aber ergibt sich zum mindesten für mich die klare Erkenntnis: Mein „Es" verschmähte all die vielen Möglichkeiten, die meinen Tod hätten herbeiführen können. Mein „Es" wollte nicht meinen Tod; und jetzt – im lachenden Sonnenschein Baden-Badens, in der hellen Freude, nach langem Kranksein durch unsern Doktor dem Leben mit seinem fröhlichen Kampfe wiedergegeben zu sein, in der frohen Zuversicht, daß meine Verhältnisse sich klären werden – jetzt freue ich mich von ganzem Herzen über diese Eigenwilligkeit meines „Es".

Ich wiederhole hier ausdrücklich, was ich an jenem Samstagabend gesagt habe: Der Mensch stirbt nur dann, wenn er sterben will.

Aus diesem Satz muß ich meinem ganzen Denken nach eine bestimmte Schlußfolgerung ziehen: da ich annehme, daß das Es nicht imstande ist, etwas andres zu tun, als sich die Lust zu verschaffen, die ihm im gegebenen Zeitpunkt notwendig erscheint, so geht daraus hervor, daß für mich auch im Tode das Lustprinzip wirksam ist. Das Sterben ist für mich nicht der Beweis der Verzweiflung, sondern das Ergreifen von Glücksbedingungen, die auf andre Weise nicht zu erreichen sind. Es liegt für mich eine Lusterfüllung im Sterben, genau so wie im Einschlafen. Das Sterben ist eine Äußerungsform des Es, wie das Träumen eine solche ist oder das Sprechen oder das Lieben oder das Malen oder das Kranksein. Was nach dem Tode vorgeht, weiß kein Mensch, und es liegt ganz außerhalb dessen, womit ich mich beschäftige, also auch außerhalb des Begriffes Es, der nur für die Zeit von der Empfängnis bis zu dem gilt, was nach allgemeiner Übereinkunft Tod genannt wird. Das Sterben aber gehört in das Wirkungsgebiet des Es. Daß es für die Umgebung schrecklich und qualvoll erscheint, ist für mich kein Gegenbeweis gegen die Annahme, daß der Mensch seinem Wunsch gemäß stirbt, daß sein Sterben eine Lusterfüllung ist; die Seelenvorgänge der Überlebenden sind viel zu kompliziert, als daß man irgend etwas Sicheres darüber sagen könnte.

Es ist nicht allzuschwer, sich zu der Annahme, daß der Sterbende Lustgewinn sucht, zu überreden. Zum mindesten ist der negative

Gewinn, den er durch das Sterben hat, oft deutlich zu sehen: er entflieht den Qualen, denen er ausgeliefert ist. Im allgemeinen beginnt ja schon geraume Zeit vor dem sogenannten Todeskampfe die Empfindlichkeit für Leid nachzulassen, das Es zieht sein Interesse von der Außenwelt zurück, ja es schwächt die Kraft der Übertragungen. Der heitere Abschied ist nicht allzuselten, ebenso ist ein Aufflackern der Kräfte mit einziger Ausnahme der Leidenschaft für die geliebten Menschen oft nachzuweisen, wobei die Schmerzen, die Atemnot und was es sonst sein mag, weichen. Bekannt und meist sehr verwirrend ist das bei Blutvergiftungen im Wochenbett, wenn es kurz vor dem Ende ist. Die Seele wendet sich von der Gegenwart ab und längst Verstorbenen, vielfach der Mutter zu, und Vorstellungen der Ruhe und des Friedens im Grabe, der Mutterschoß mischt sich mit Bildern der himmlischen Heimat der Religion, die ja auch dem vorgeburtlichen Leben entnommen sind. All das sind tief ergreifende Erlebnisse für den Überlebenden, so tiefgreifend, daß nur wenige sich klarzumachen versuchen, was da eigentlich im Es vor sich geht, wie das Es bis zum letzten Augenblick in wechselnder Weise dem Lustprinzip huldigt und gehorcht, wenn man es gehorchen nennen darf, was ebensogut befehlen genannt werden kann.

Am deutlichsten tritt die Flucht vor dem Leiden mit dem Bestreben, Unlust zu meiden, Lust zu gewinnen, in dem so gefürchteten Todeskampfe auf. Wir können Sterbende nicht fragen, was sie empfinden, wenn die geistige Umnachtung beginnt, aber wir können aus den Vorgängen der Narkose, auch schon des Schlafs schließen, daß mit dem Beginn der Bewußtlosigkeit jedes Leidensgefühl aufhört, daß also das, was uns so schrecklich ist, das Röcheln, die Zuckungen, die Atemnot für den Sterbenden nichts mehr bedeutet. Ja, wir können sogar noch einen Schritt weiter gehen und behaupten, daß das Es sich nicht sehr häufig mit dem Vermeiden der Unlust durch die Bewußtlosigkeit begnügt, sondern daß es unterhalb der Bewußtseinsschwelle Vorkehrungen trifft, die nicht anders als wirkliche Lustvorgänge aufgefaßt werden können. Wir wissen aus den physiologischen Tatbeständen, daß das Anhalten des Atems bis zur erträglichen Grenze mit deutlichen Lustempfindungen verbunden ist, wir sehen das täglich beim Kinde, das diesen seltsamen Weg der Selbstbefriedigung oft und oft wählt; wir haben aber auch in den Ejakulationen Erhängter den unumstößlichen Beweis, daß das Aufhören des Atmens Lustsensationen hervorruft. Sehr deutlich tritt mitunter die Tatsache, daß der Mensch im Eros stirbt, in dem rhythmischen Drücken irgendeiner Hand hervor, die der Sterbende in der seinen hält. Ebenso ist das Zupfen an der Bettdecke ein Handeln unter der Gewalt des Eros, und schließlich fehlt fast nie die fälschlich als Folge der Darmlähmung gedeutete Entleerung des letzten Augenblicks. Wer jemals eine wirkliche Darmlähmung mitangesehen hat, weiß, daß Darmentleerungen infolge von Darmlähmung ganz anders verlaufen als diese Entleerungen des Sterbenden: sie sind aktive Handlungen, Handlungen des Es als Eros.

Es ist wohl möglich, daß ich auf diese Dinge gelegentlich zurückkomme, hier möchte ich nur sagen, daß die Griechen dem Tod dieselben Züge gaben wie der Liebe und daß sie recht hatten.

Ich halte es nicht für unmöglich, daß man die Frage stellt, wie ich meinen Satz: Niemand stirbt, der nicht sterben will – angesichts der Tatsachen des Kriegs aufrecht erhalten will. Gerade der Krieg beweist, daß ich nicht nur recht habe, sondern daß alle Menschen meine Meinung teilen.

Wenn zwei Menschen vor einem Abgrund von zwanzig Meter Tiefe stehen und der eine von ihnen springt hinunter, obwohl er weiß, daß er wahrscheinlich dabei den Tod finden wird, so nehme ich an, daß er den Tod sucht. Wenn zwanzig Millionen Menschen dasselbe tun, so nehme ich an, daß diese zwanzig Millionen ebenfalls den Tod suchen. Interessant ist dann nur noch die Frage, warum so viele Menschen auf einmal sterben wollen. Leider ist die Frage nach den Gründen solchen Massenselbstmords, so viel ich weiß, noch nicht methodisch studiert worden. Die Wissenschaft hat, scheint es, Wichtigeres zu tun als sich um das Unbewußte zu kümmern. Wahrscheinlich würden auch die Verdrängungen, die zu der Erfindung von Waffen und Krieg geführt haben, sich gegen solche Forschung erfolgreich zur Wehr setzen; und das wäre kein Schaden. Denn noch halte ich es nicht für wahrscheinlich, daß die Abschaffung der Kriege eine Sublimierung im Freudschen Sinne sein würde.

(ICH PFEIFE AUF DIE PHYSIK)

Mein Interesse für Physik und meine Kenntnisse auf diesem Gebiet sind gering. Als Schüler mag ich das Fach vernachlässigt haben, weil der Unterricht von langweiligen Lehrern gegeben wurde und weil die Schule wenig Gewicht auf die sogenannten Nebenfächer legte. Als Student bin ich nur ein einziges Mal in einem physikalischen Kolleg gewesen. Helmholtz las es, aber ich habe keine andre Erinnerung daran als die, daß er endlose Zahlenreihen an die Tafel schrieb zum Zweck irgendwelcher Berechnungen und daß er nach einiger Zeit alle Ziffern wieder auslöschte und von vorn begann, weil er sich verrechnet hatte. Das hat einen unauslöschlichen Eindruck auf mich gemacht, daß ein solcher Heros der Mathematik eine einfache Rechenaufgabe nicht lösen konnte, und da ich von jeher aus persönlicher Erfahrung zu wissen glaubte, daß wir nicht Herren unsrer Leistungen sind, sondern daß unser Denken irgendwie von unbekannten Kräften geleitet wird, grub sich dieses Ereignis als Beweis für meine Ansicht tief in mein Gedächtnis ein. In die Vorlesung bin ich aber nie wieder gegangen, obwohl ich als Zögling der militärärztlichen Bildungsanstalten dazu verpflichtet war.

Der Gedanke, daß nicht der Verstand das Wesentliche beim Menschen ist, sondern irgendwelche andern Kräfte den Verstand leiten, wurde zur selben Zeit durch den Physiologen der Berliner Universität angeregt, durch Du Bois-Reymond, vermutlich ohne daß er eine Ahnung davon hatte, auf welche ketzerischen Ideen mich seine Mitteilungen brachten. Du Bois galt damals für abgetan, das, was er lehrte, sei längst von der Wissenschaft überholt, meinte die Studentenwelt. Man besuchte seine Vorlesungen, weil er Examinator war und weil er in dem Rufe stand, die Kandidaten unbarmherzig durchfallen zu lassen, wenn sie beim Examen zeigten, daß sie irgendwo anders als bei ihm Physiologie studiert hatten; man mußte die Dinge genau in derselben Weise hersagen, wie er sie vorgetragen hatte, und wenn man mutig genug war, seine eignen Worte und Wortspiele – er galt für geistreich – buchstäblich wiederzugeben, konnte man auf ein gutes Zeugnis bei ihm rechnen. Er muß mir in irgendeiner Weise gefallen haben, denn während ich in allen andern Vorlesungen, selbst in so wichtigen wie den anatomischen nur selten erschien, die chemischen kaum, die zoologischen und botanischen nie besuchte, habe ich meiner Erinnerung nach bei Du Bois nicht ein einziges Kolleg versäumt und aller Hohn meiner Kameraden verhinderte mich nicht, diesem Manne meine Hochschätzung zu widmen. Um so schmerzlicher war es mir, daß gerade dieser geliebte Lehrer eines Tages eine donnernde Rede vor versammeltem Publikum gegen mich hielt. Die großen Entfernungen Berlins, wo die einzelnen Universitätsinstitute viertelstundenweit voneinander ablagen, brachten es mit sich, daß gegen Ende der Stunde einzelne besonders strebsame Jünglinge den Hörsaal Du Bois verließen, um den Anfang einer andern Vorlesung nicht zu versäumen. Du Bois war darin sehr empfindlich und verbat sich diese Gewohnheit mit starken Kraftworten und mit Hohn, so daß, wer frühzeitig entschlüpfen wollte, seinen Platz möglichst nah der Tür wählte. Eines Tages zwang mich ein Unwohlsein mitten in der Vorlesung aus dem Saal fortzugehen. Ein Sturm der Entrüstung brauste hinter mir her. Da ich von der Schule her an alle möglichen Scheltworte der Lehrer gewöhnt war, hätte ich mir aus diesem Ausbruch verletzter Eitelkeit nichts gemacht, wenn es nicht gerade Du Bois gewesen wäre. So wurmte mich der Vorwurf und ich schrieb einen Brief an den Professor, in dem ich die Dinge auseinandersetzte. Du Bois hat mir geantwortet und sich entschuldigt; ich habe den Brief viele Jahre aufgehoben, vielleicht besitze ich ihn sogar noch. Kein Wunder, denn ich war ein achtzehnjähriger Junge und er ein weltberühmter Mann; und dann, ich war verliebt in ihn, wie ich in alle die Lehrer verliebt war, von denen ich etwas Wesentliches gelernt habe. Es sind nur ein paar und ich kann sie gut aufzählen.

Da ist zuerst Fräulein Use aus der Zeit, da ich noch im Flügelkleide in die Mädchenschule ging; sie muß wohl etwas wohlbeleibt gewesen sein nach dem Spottvers, der auf sie gesungen wurde: Use, Buse, packe dich! Eier, Weier weg! Ich danke ihr meine Vorliebe für Geschichte. In der Vorschule des Gymnasiums war es wieder ein Geschichtslehrer, rotbärtig, streng und verhaßt: Voigt war sein Name und ich liebte ihn sehr, so sehr, daß ich

mich sogar für den Landvogt Geßler begeisterte, trotz Schiller, so sehr, daß ich annehme, der Name Voigt hat großen Anteil an einer Verbindung, die meinen ganzen Lebenslauf entschieden hat. Auf dem Gymnasium hat keiner der Lehrer mein Herz zu fassen gewußt. Vergleiche mit meinen Mitschülern zwingen mich zu der Annahme, daß ich so gut wie nichts von dem Unterricht dort gehabt habe. – Die Universität hat mir drei solcher Lieben geschenkt. Die eine war Du Bois, wie ich schon erwähnte, die zweite der Frauenarzt und Geburtshelfer Olshausen; ich glaube, daß es bei ihm der Name war, der mich fesselte, wie denn Namen und Wortklänge einen fast unheimlichen Einfluß auf mich hatten und haben – ich merke das täglich an Fehlern, die ich, vom Klang zu Assoziationen verführt, in der Analyse mache. Olshausen klingt an Holzhausen an, das war ein Knabe, mit dem meine Brüder innig verkehrten, an den ich persönlich wenig Erinnerung habe, was um so seltsamer ist, als sein Name sogar jetzt, wo ich ihn niederschreibe, ein warmes Gefühl auslöst. Wenn ich mich recht erinnere, war an den Vorlesungen Olshausens nicht mehr als an denen andrer, die ich mit großer Gewissenhaftigkeit schwänzte. Aber auch er hat mir, wiederum ohne daß er es beabsichtigt haben mag, etwas fürs Leben mitgegeben. Dann kam Schweninger: über ihn brauche ich nichts zu sagen, ich habe oft genug erzählt, wie ich ihn liebte und was er für mich war. Der letzte in der Reihe ist Freud. Ich begegnete ihm zum ersten Male auf dem Kongreß im Haag. Wenn ich an diese Begegnung denke, wird mir froh zumut: ich habe damals Herzklopfen gehabt, nicht das eines Ängstlichen, nicht das des Schülers vor dem Lehrer – solch eine Empfindung habe ich niemals gehabt, glaube auch nicht, daß ich sie haben kann, weil mein Wesen wohl Ehrfurcht und Furcht fühlt, aber die Überlegenheit des andern nicht als drückend auffaßt, sondern das des Liebenden.
Wenn ich die Reihe dieser sechs Menschen betrachte, fallen mir allerlei Dinge ein. Vier von ihnen, die Buse, Voigt, Schweninger, Freud haben mir, sobald ich mit ihnen zusammentraf und ohne daß ich mir Mühe darum gab, ihr Wohlgefallen an meinem Wesen gezeigt. Alle vier waren von der Masse gehaßt, alle vier waren, zwei im Kleinen, zwei im Großen, Ketzer. Und ein ausge-

sprochner Ketzer in jeder Beziehung war mein Vater. Die beiden andern, Du Bois und Olshausen, assoziieren sich für mich mit dem Wort Holz. Wo aber hat dies Wort seinen Gefühlswert für mich her? Es führt zu meiner Mutter.

Der Psychoanalyse ist bekannt, daß Holz ein Traumsymbol der Mutter ist. Wenn ich recht unterrichtet bin, leitet man die Herkunft dieses immerhin auffallenden Symbols von der Gleichung Holz = Brennmaterial, Material – Mater – Mutter ab. Ich glaube, das ist ein Irrtum. Es scheint eine direkte Verbindung zwischen Holz und Mutter zu bestehen. Im Lateinischen heißt Mutter mater, materia aber ist der Stoff, der Mutterstoff, aus dem alles sich zusammensetzt: der Begriff materia lautet aber im Griechischen hylä und hylä heißt in andrer Bedeutung Holz. Ich halte es für wahrscheinlich, daß das ursprüngliche Denken ohne weiteres Holz und Mutter als symbolisch gleich empfindet; dann wäre die primitive Art, Feuer durch Reiben eines harten Holzes – es führt angeblich den Namen Mann – in einem weichen, das man Weib nennt, aus dem Symbolisierungszwang herzuleiten, der so viel Größeres als der dumme Verstand hervorbringt. (Man bringt – ob mit Recht weiß ich nicht – das griechische hylä etymologisch in Zusammenhang mit dem lateinischen silva = Wald, und Rhea Silvia hieß die Stamm-Mutter der Römer.) – Die materialistische Weltanschauung der Antike suchte sich die Welt mit Hilfe bewegten Stoffs zu erklären und diesen Stoff nannten sie hylä = Holz und im Lateinischen materia = Mütterliches. Hylä – Holz ist also gedanklich für sie das, aus dem die Welt entsteht, das Mutterprinzip. – Ich bin nicht sachverständig, aber ich meine, es würde sich lohnen – auch medizinisch für das Verständnis der rätselhaften Vorgänge, die wir als Hysterie zu bezeichnen pflegen, würde es sich lohnen nachzuforschen, ob hylä denselben Stamm wie hystera = Gebärmutter hat oder ob vielleicht der Grieche geneigt war, hylä und hystera zu assoziieren. Dazu würde allerdings ein langes mühseliges Studium gehören, analytische Vorbildung und eine nachschaffensfähige Phantasie; aber ich sagte früher schon einmal: gerade die Sprachwissenschaft wird sich unter dem Einfuß der Psychoanalyse gewaltig ändern und die Zeit ist nicht mehr fern, wo man die primitive Etymologie der Griechen mit ihrem berüchtigten: Alopex-pax-pux-Fuchs wieder von einer andern Ebne aus verwenden wird.

Wie dem auch sein mag, die Symbolgleichung Holz – Mutter ist uralt, besteht für das Traumleben noch jetzt, und da ist es denn nicht weiter zu verwundern, daß ein so phantastisches Gehirn wie das meine Gefühlsassoziationen weitester Ausdehnung aufgrund der primitiven Assoziationen des Unbewußten macht. Meine Fähigkeit zu träumen oder das Träumen in das Bewußtsein kommen zu lassen, ist sehr gering; ich kann mir denken, daß Konflikte im Unbewußten, die andre im Traum abmachen, bei mir im Wachen stattfinden und tausenderlei seltsame Dinge in meinem Gefühlsleben und Verstandesleben hervorbringen.

Ich kehre zu Du Bois zurück und zu dem, was so wichtig für mein späteres Leben wurde. Da ist es zunächst eine Anekdote, die er bei der Besprechung der Dampfmaschine zu erzählen pflegte. Er behauptete, daß die Grundlage zur Erfindung der modernen Dampfmaschine aus dem Trägheitsbedürfnis eines Knaben, ich glaube er nannte sogar den Namen Stephenson, entstanden sei, der sich seine schwere Bergarbeitertätigkeit durch Gebrauch des zweiarmigen balancierenden Hebels erleichtert habe. Diese Erzählung – es ist gleichgültig, ob sie wahr ist oder erfunden – erschütterte mein Vertrauen zu dem auf Kenntnissen aufgebauten Denken und stärkte meinen Glauben an das Phantasiedenken. Gleichzeitig bestätigte sie meine Wunschvermutung, daß die Charakterfehler des Menschen, zu denen ja Faulheit gerechnet wird, ihre guten Seiten haben, und schließlich stieg, vorläufig ganz dunkel, eine Ahnung in mir auf von dem, was Freud später das Unbewußte nannte.

Das zweite war, daß Du Bois bei der Besprechung des inneren Ohrs darauf aufmerksam machte, daß die Natur, längst ehe der Mensch das Klavier erfunden habe, schon das innere Ohr nach denselben Prinzipien und unter Verwendung derselben Mittel in der Form eines Klaviers gebaut habe. Dasselbe sagte er von Auge und Camera obscura und dem fotografischen Apparat, und wieder dasselbe von dem Bau des Röhrenknochens und den modernen Eisenbauten. Ich pflege noch jetzt diese drei Beispiele zu wählen, wenn ich bestimmte Seiten des Es zu verdeutlichen wünsche.

Der assoziative Zusammenhang mit meiner Arbeitshypothese vom Es leuchtet ohne weiteres ein.

Bei Olshausen war die letzte Vorlesung, die ich von ihm hörte, entscheidend. Eine nach meinen Begriffen wunderschöne Frau – ich weiß bestimmt, daß mich ihr Anblick stark erregte – wurde im Bett liegend in den Hörsaal gebracht. Olshausen fragte sie nach ihrem Befinden, sie gab heiter und lächelnd Bescheid, daß es ihr und dem Kinde ausgezeichnet gehe, daß sie so froh und dankbar sei, weil das schreckliche Fieber nun fort sei, und daß sie nun bald nach Hause wolle. Die Kranke wurde entfernt und Olshausen fragte den Studenten, der im Demonstrationsraum praktizierte, was er wohl von der Frau denke, ob er sie nicht für glücklich und gesund halte. Der Praktikant bejahte, Olshausen aber wandte sich an das Auditorium und sagte: „Die Mehrzahl von Ihnen wird wohl derselben Meinung sein wie der Herr Praktikant. Was die Kranke von sich sagte, ist ganz richtig: sie hat sehr hohes Fieber gehabt und ist jetzt fieberfrei, aber sie wird nicht gesund werden, sondern in kurzer Zeit sterben. Sie hat das denkbar schwerste Wochenbettfieber, die Temperatur ist freilich heruntergegangen, aber wenn Sie den Puls gezählt hätten, wären Sie auf fast zweihundert Schläge gekommen. Das ist der nahende Tod." Olshausen, die junge Mutter, die Erregung durch ihre Schönheit und die Erschütterung durch den Todesspruch, all das trug dazu bei, daß dieser Moment in meinem Gedächtnis blieb, während ich sonst fast alles aus der Studentenzeit vergessen habe. Und das Ereignis hat in mir weitergewirkt. Die Begierde, das war das erste, was ich lernte, kümmert sich also nicht um Unglück und Tod; im Gegenteil, Sterben und Lieben gehören in eine Reihe. – Der Tod ist nicht schwer, war das zweite, Natur läßt leicht und froh sterben, es kommt darauf an, ihr abzulauschen, wie sie das macht. – Als das Fieber wich, wurde die Frau glücklich; die Hitze der Leidenschaft war fort, aber das Herz war erschöpft. Könnte das Fieber nicht der Ausdruck des Kampfs, nicht nur zwischen Gift und Organismus, sondern zwischen irgendeiner verbotenen Leidenschaft und dem Sittengesetz sein, zwischen dem Wunsch des Herzens und der Pflicht, bei dem hier das Herz siegte, aber den Sieg mit dem Tode bezahlt?

Die Use. – Ich war, als ich bei ihr Unterricht hatte, noch nicht sieben Jahre alt. Wir Kleinen durften bei dem Geschichtsunterricht der Großen zuhören. Davon ist mir eine Erzählung im Gedächtnis geblieben, die vom falschen Waldemar, der, ein Müllerbursch, behauptete, der verschollene Markgraf Waldemar von Brandenburg zu sein. Die Verbindung mit der Phantasie aller Kinder, betrogne Prinzen zu sein, meldet sich hier, der sogenannte Familienroman; zur gleichen Zeit bekam ich den Münchner Bilderbogen von dem sächsischen Prinzenraub, von dem ich früher einmal erzählt habe. Wie aus dem Spottvers hervorgeht, muß Fräulein Use volle Brüste gehabt haben, ich glaube, daß ich auf sie die Neigung zu meiner Amme übertragen habe; wenn ich nicht irre, hatten sie beide den Vornamen Bertha.

Voigt. – Er war streng und es ging die Sage von ihm, daß er die Faulen in seine Wohnung zu bestellen pflegte, um ihnen das Sitzfleisch geduldiger zu machen. Ich hatte große Angst vor solcher Züchtigung und sehnte sie doch herbei; Kindeswünsche sind genauso seltsam wie die Erwachsener. An ihn knüpft wohl die Erkenntnis an, daß alle Menschen den Perversionen, wie es dummerweise genannt wird, untertan sind, eine Tatsache, die ich täglich und überall in ärztlicher Praxis wie im Leben des Alltags bestätigt finde. Voigt riet meinen Eltern, die nicht wußten, was sie dem frühreifen und doch so unreifen Knaben zu Weihnachten schenken sollten, mir das Stollsche Geschichtswerk *Die Helden Roms* zu geben. – Und hier ist die eine Verbindung zu den Mitteilungen erd.s: Stoll erzählt, daß Hannibal, der Held meiner Knabenzeit, als er die Gallier der Poebne zum Kampf gegen Rom verführen wollte, in ihren Kreis, als er sie zagen sah, ein Pferd mit einem dichten Schweif führen ließ und den Stärksten von ihnen aufforderte, den Schweif auszureißen; als es dem nicht gelang, trat ein Krüppel des karthagischen Heers vor und raufte dem Tiere ein Haar nach dem andern aus, bis es kahl war. „So", sagte er, „werde ich Rom überwinden." Es ist dieselbe Weisheit, die der Vater die sieben Söhne lehrte.

Warum habe ich meine kleinen Erzählungen nicht an diese Liebe zu Hannibal angeknüpft, wie ich es ursprünglich beabsichtigte? Weil mir etwas zu der Arbeit einfiel, wie Kinder zu physikali-

schen Tatsachen stehen, was mir wichtiger vorkam. – Ich sehe
mich als kleiner Junge, vielleicht war es bald nach meinem Eintritt in die Mädchenschule, neben meiner Mutter einherschreiten,
es war kurz vor einer Brücke, die man die Kettenbrücke zu nennen pflegte, was mein Erstaunen hervorrief, denn von Ketten war
dort nichts zu sehen. Kurze Zeit vor dem Ereignis, das ich erzählen will, muß ich an derselben Kettenbrücke ein Zigeunerlager gesehen haben, und Zigeuner waren für meine Phantasie stets mit
der Idee des Kindesraubs (Familienroman, Use) und des Schla-
gens (Perversionen, Voigt) verbunden. Am Himmel standen
große weiße Wolken, die mir wie Eisberge vorkamen, und plötzlich sagte ich meiner Mutter: „Ich glaube nicht, daß es Berge gibt,
deren Spitzen mit Schnee und Eis bedeckt sind." Meine Mutter
wunderte sich und meinte, ich müsse doch in der Schule gelernt
haben, daß es solche Berge gebe. Aber ich blieb dabei, daß ich es
nicht glaube. „Es kann nicht wahr sein. Berge sind hoch, ihr Gipfel ist also der Sonne näher, sie müssen wärmer sein als die Tä-
ler." Meine Mutter gab mir die übliche Erklärung, ich habe sie
aber nicht akzeptiert. Der Grund, warum ich sie nicht akzeptierte,
lag in der Situation. Wir gingen meine Brüder besuchen, die im
Internat des Gymnasiums fern von der Mutter lebten; ich aber
schritt neben der Mutter. Hätte ich zugegeben, daß es um so kälter wird, je näher man der Sonne ist, so hätte ich auch denken
müssen, daß meine fernen Brüder vom Herzen der Mutter mehr
Liebe geschenkt wurde als mir. Ein Kinderherz vermag genau wie
das des Erwachsenen Schwarz in Weiß, Weiß in Schwarz zu verwandeln. Das Herz vermag das nicht bloß, es muß es tun, denn
die Liebe ist stärker als aller Verstand. Für mich gibt es heute
noch keine Schneeberge, und wenn ich sie sehe, hasse ich sie und
hasse meine Augen, so daß sie zu tränen beginnen, und hasse
meine Ohren, so daß sie sausen. Für mich ist es auch nicht wahr,
daß die Erde eine Kugel ist, denn dann müßten die Antipoden ins
Bodenlose fallen. Es ist unmöglich, daß die Mutter schwanger
wird, Kugel wird, es ist nicht wahr, daß es Antipoden von mir
gibt, die mit dem Kopf vornweg von der gebärenden Mutter her-
abfallen. Es ist auch nicht wahr, daß die Erde sich dreht, denn
dann fielen wir alle in den Abgrund. Und eine Mutter dreht sich

nicht um sich selbst, sie steht fest zu ihren Kindern; um die Sonne mag sie sich drehen, um den Vater, aber nicht um sich selber. Pfui!

Je näher der Sonne, um so kälter? Dann wäre es also wahr, daß je näher das Kind der Muttersonne, dem Feuer der Leidenschaft in der dunklen Himmelsöffnung des Mutterleibs, das von schwarzen Haarstrahlen umgeben ist, kommt, um so kälter wird ihre Liebe? Was soll ich mit Wissen, das so gegen das Herz spricht? Für mich ist solches Wissen falsch. Ich pfeife auf die Physik.

(VERDRÄNGEN UND HEILEN)

Jetzt also, teuerste Freundin, belieben Sie, sich unsers alten Haders über das Es zu erinnern, und tun so, als ob nichts vorgefallen wäre. Und verlangen von mir, daß ich mich wieder in Gedankengänge zurückversetzen soll, die mich, zu meinem eignen Erstaunen, vor vier Jahren quälten. Und wissen doch, daß ich allenfalls vier Tage lang behalte, was ich im Eifer des Gefechts gesagt habe, aber gewiß nicht vier Jahre. So wälze ich denn auf Ihr Haupt alle Schuld, wenn das, was ich heut schreibe, im Widerspruch mit damals steht. Warum Sie auf einmal mit solchem Eifer des Wörtleins „Es" sich annehmen, verstehe ich nicht, es müßte denn sein, daß Sie die Mode mitmachen wollen. – Sehen Sie sich vor: das Wort „Es" ist Mode; die Sache, die dahintersteckt, ist es nicht, kann es auch nie werden, sie geht gegen die Eitelkeit des Menschen, zerstört das Vertrauen zu dem Ich, und das können nur wenige vertragen. Ja, selbst bei den wenigen sind es nur kurze Stunden, in denen sie mit diesem furchterregenden Begriffe arbeiten können. Das Es ist hinter dem Ich unauffindbar versteckt und straft hart, wer den Schleier zu lüften wagt.

Aber Sie haben bestimmte Fragen gestellt, die will ich, so gut ich es vermag, beantworten.

Mit der einen bin ich rasch fertig. Sie wollen wissen, wie ich mir den Vorgang der Krankheitsheilung denke. Darüber denke ich gar nichts, überlasse dieses Gebiet mit geheimer Schadenfreude denen, die durch Amt oder Selbstüberschätzung gezwungen sind, sich in Worten über Dinge zu äußern, die noch kein Mensch enträtselt hat und die auch nie enträtselt werden können, auch dann nicht, wenn man herausfinden würde, was Leben ist. Denn das Leben ist bunt.

In der Schule gab man uns eine Rechenaufgabe, wie lange Zeit man wohl nötig hat, um alle verschiedenen Arten aufzuschreiben, in denen das Alphabet in Gedanken zusammengesetzt werden kann; wenn ich mich recht entsinne, reichte dazu die Zeit von Adam bis jetzt auch bei angestrengter Arbeit nicht aus. Wenn das Leben nur vierundzwanzig Elemente hat, vermutlich sind es mehr, wären die Vorgänge der Heilung nicht mitteilbar. Lassen wir das!

Ihre zweite Frage – oder vielmehr Ihre Behauptung, denn das bedeuten Ihre Worte, nicht eine Frage – läßt schon eher die Hoffnung auf ein anregendes Geplänkel in Briefen zu. Sie sagen: „Wenn, wie man annimmt, bestimmte Erkrankungen durch Verdrängen entstehen, so müßte, sobald das verdrängte Material bewußt geworden ist, besser gesagt, sobald es Eigentum des Bewußten geworden ist und nicht nur Redensart bleibt, die Erkrankung verschwinden. Es wäre mithin die Aufgabe der Behandlung, das Verdrängte bewußt zu machen." – Sie sind nicht die einzige, die derlei denkt und äußert, ja, es scheint auch unter den Leuten vom Fach viele zu geben, die daran glauben und danach handeln. Und ist doch alles nur halb.

Es ist nicht richtig, daß Erkrankungen durch Verdrängen entstehen; es muß schon noch etwas andres dazu kommen, damit die Verdrängung zum Erkranken verwendet werden kann. Was dieses andre ist, weiß niemand. Hie und da blitzt ein Lichtlein auf, aber ehe man sich dessen versieht, ist es erloschen, und man kann froh sein, wenn es nicht ein Irrlicht war, das in den Sumpf leitet. Es ist eben das Unbekannte, und es nützt nichts, ihm allerlei Namen zu geben wie Konstitution oder Vererbung oder Prädisposition: All solche Worte erwecken die Idee, es sei ein bekannter Inhalt darin, wenn man aber näher zusieht, sind es taube Früchte, deren Schale zu knacken es sich nicht lohnt. Das Geheimnis, das Es leitet alles, auch die Verdrängungen, und benutzt sie heute zu dem Zweck und morgen zu jenem und gelegentlich, oft, sehr oft sogar, um den Menschen erkranken zu lassen. Warum es das tut, wie es das tut, wann es das tut, das weiß kein Mensch.

Haben Sie schon einmal über das Verdrängen nachgedacht? Ich meine, unabhängig von dem, was psychoanalytische Bücher darüber erzählen? – Vermutlich nicht; Sie taten auch recht daran. Es kommt bei solcher Neugier nichts andres zum Vorschein als die alte langweilige Wahrheit: Unser Wissen ist Stückwerk.

Da sie aber Auskunft verlangen, so will ich ein wenig davon erzählen. – Ich vermute, daß Sie eben damit beschäftigt sind, Ihren Sprößlingen den Nachmittagsimbiß zu bereiten. Sie tun das ohne besondere Aufmerksamkeit, denn Sie sind es gewöhnt, und alle Handgriffe vollziehen sich von selbst. Treten Sie Ihre Rolle an das Töchterlein ab; sie wird nicht imstande sein, sich bei dem Streichen der Brötchen so eifrig zu unterhalten, wie Sie es können. Sie können es aber nur deshalb, weil Sie gelernt haben, das, was Ihre Hände tun, zu verdrängen. Ja, aber Sie verdrängen nicht nur das Denken an die Beschäftigung Ihrer Hände, auch den größten Teil dessen, was Ihre Augen sehen, müssen Sie aus dem Bewußtsein fortschaffen; auf der Netzhaut entstehen fortwährend Tausende von Bildern von tausend wechselnden Gegenständen, die müssen Sie verdrängen. Ihr Gehörnerv wird dauernd von neuen Reizen getroffen, die sie zum größten Teil sofort aus Ihrer Denktätigkeit ausschalten müssen, wie sollten Sie sonst bestehen können? Auf Ihre Nase stürmen dichte Massen von Gerüchen ein, Ihre Haut wird durch die Bewegungen Ihrer Glieder, durch Atmen und Sprechen in ununterbrochener Erregung gehalten, und so geht es fort durch alles Leben und Denken, Empfinden und Fühlen. Im Grunde genommen ist das Wesentliche, was der Mensch tut, Verdrängen: das ist sein Leben.

Ich gebe zu, es ist nicht angenehm, sich das klarzumachen, es geht eben gegen die menschliche Eitelkeit; denn daß dieses Verdrängen nur selten von unserm Ich ausgeht, ist klar, muß selbst der begeistertste Verfechter des freien Willens, der Verantwortlichkeit, des Ichs einsehen. Und wenn er das einsieht, müßte er auch zu dem Schluß kommen, daß das „Ich tue" ein Selbstbetrug ist. Weder Zeit noch Raum ist für ein solches „Ich tue" vorhanden. „Ich werde getan", so ist es und so bleibt es. Freilich hat man

Auswege gesucht und gefunden, um das armselige Überbleibsel aller Verdrängungen, das schließlich als Tat angenommen, getadelt oder gepriesen wird, als Folge des Ichwillens hinzustellen; man spricht von Sichkonzentrieren und ähnlichen Dingen, aber das ist ja unverstandenes Zeug, was dahergeschwatzt wird. Das Zentrum des Menschen ist der Nabel, wer sich konzentriert, beschaut seinen Nabel, das heißt, er tut genau das Gegenteil von dem, was die Schwätzer mit dem Ausdruck bezeichnen wollen. Ungeheure Massen strömen in Wahrheit dauernd aus der Außenwelt auf uns ein: sie würden uns vernichten, wenn nicht das Es wäre, das sichtet; was für uns paßt, verwendet es für unser Ich, und was nicht dafür paßt, verdrängt es, verwendet es für etwas andres, ab und zu für das Krankwerden. Aber wenn man sagt: Erkrankungen entstehen durch Verdrängungen, so muß man gleich hinzusetzen: auch die Heilung entsteht so, auch sie ist nicht denkbar ohne neue Verdrängungen. Das Entscheidende bei der Entstehung der Erkrankung ist nicht das Verdrängen an sich, auch nicht das Mißlingen einer Verdrängung, sondern die Absicht des Es, krank zu werden; selbstverständlich benutzt es dazu das Mittel, das es immer benutzt, zu allem, was es tut, benutzt, das Verdrängen. Aber es ist nur eine Redeweise, vom Mißlingen des Verdrängens zu sprechen; dem Es kann nichts mißlingen. Ebensowenig kommt die Heilung durch Bewußtwerden verdrängten Materials zustande. Ab und zu sieht es so aus, als ob es so zugänge, und da das Es sehr viel Humor zu besitzen scheint, macht es sich nicht selten das Vergnügen, Bewußtwerden und Genesen zusammenfallen zu lassen, ein Verfahren, das die gescheitesten Leute verblüffen kann. Aber „Laß dich nicht verblüffen" lautet nach dem Katechismus des alten Troll, der mein Vater war und in dieser Eigenschaft allerlei Gutes und Böses in mich hineingepflanzt hat, das elfte Gebot: Viel häufiger, unvergleichlich viel häufiger tritt Genesung ein, ohne daß das mindeste von verdrängtem Material ins Bewußtsein käme. Die Tätigkeit des Menschen ist Verdrängen, ist, das Geschehen und Leben, Krank- und Gesundwerden hinter dem Nebel des Bewußtseins sich abspielen lassen.

Was in aller Welt, werden Sie fragen, will denn die Psychoanalyse, wenn sie nicht beabsichtigt, Verdrängtes bewußt zu machen? Ich habe nicht behauptet, daß die Psychoanalyse das nicht beabsichtige, nur ist das nicht die Absicht der psychoanalytischen Krankenbehandlung. Die Psychoanalyse hat aber viele und, man kann es nicht offen genug sagen, da Neigung besteht es zu vergessen, wichtigere Arbeitsfelder als die der Krankenbehandlung: sie ist, daran kann man nicht mehr zweifeln, der gangbare und unbedingt zu begehende Weg zur Erforschung des Menschen und damit zur Erforschung der Welt und sie ist der gangbare Weg für jeden, um den Haß zu verlernen und das Lieben zu erlernen. Sie ist trotz ihres Ursprungs identisch mit dem Verfahren dessen, der sich des Menschen Sohn nannte, vielleicht sogar wegen ihres Ursprungs: denn so schmerzlich es für die Hasser in der Welt sein mag, es läßt sich nicht leugnen, daß Christus ein Jude war. Freilich haben die Juden ihn auch gekreuzigt, aber es ist unbillig, ihnen das zum Vorwurf zu machen: Wir hätten es vermutlich nicht besser gemacht.

Für das Hauptziel der Psychoanalyse, die Erlösung des Menschen trifft also zu: sie will oft Verdrängtes bewußt machen. Der Arzt aber, der in der Krankenbehandlung Psychoanalyse verwendet, will etwas andres: er will die Widerstände des Kranken gegen die Genesung, gegen die Welt, gegen sich selbst beseitigen; dazu muß er diese Widerstände kennenlernen und dem Kranken zeigen, und da diese Widerstände mannigfaltig mit verdrängtem Material durchwoben und verstärkt sind, so bleibt ihm mitunter nichts andres übrig als sich mit dem Unbewußten zu beschäftigen. Der Zweck, den er dabei verfolgt, ist aber nicht, Unbewußtes bewußt zu machen, sondern den Heilungstendenzen des Organismus freie Bahn zum Wirken zu schaffen. Ärztliche Behandlung ist Widerstandsbehandlung. Verwendet man dabei Psychoanalyse, was oft im Interesse des Kranken, immer im Interesse des Arztes liegt, da er nur auf diesem Wege zur Zeit bis zur Höhe des erreichbaren Wissens und Könnens gelangen kann, so geschieht es nicht, um Verdrängungen zu lösen, dem Bewußtsein zugänglich zu machen, sondern nur, um die bestimmten Arten des verdrängten Materials, die die Genesung verhindern, aus der Enge, in der sie sich befinden, zu erlösen.

Freud hat, wenn ich recht unterrichtet bin, ursprünglich angenommen, daß es verdrängtes Material gibt, das eingeklemmt ist
und, da es nicht vorwärts und nicht rückwärts kann, zur Krankheit greift; folgerichtig nahm er an, daß die Genesung eintreten
könne, nicht müsse, wenn die Einklemmung beseitigt werde. Er
ist sich aber, so nehme ich an, darüber klargewesen, daß das Verdrängte, sobald es aus der Einklemmung befreit war, ebensogut
nach unten, in größere Tiefen des Unbewußten sinken könne wie
nach oben, in das Bewußte steigen. Der Effekt konnte beide Male
günstig sein: keiner von beiden Wegen hatte Vorzüge vor dem
andern. Freud hat aber niemals behauptet, daß alle Erkrankungen, oder auch nur der Teil, den er als Neurosen bezeichnete, nur
durch solche Einklemmungen bedingt seien oder daß eine Heilung
eintreten müsse, wenn die Einklemmung gelöst sei. Er ist nicht
blind und weiß so gut wie jeder, der seine fünf Sinne gebraucht,
daß mindestens fünfundneunzig Prozent aller Erkrankungen heilen, ohne daß die Behandlung das mindeste dafür kann.
Freud war also der Meinung, daß es bei der krankenbehandeln-
den Analyse nicht auf das Bewußtmachen, sondern auf die Beseitigung des einklemmenden Unfugs, des Widerstandes an-
ankäme. Vielleicht hat er diese Meinung noch: wenn es aber seine
Meinung nicht ist, so ist es jedenfalls meine Meinung, und meine
Meinung wollen Sie ja hören.
Als ich noch jung war – ich hatte damals noch keine Praxis,
spielte nur Militärarzt – brachte man eines Tages ein schreiendes
kleines Mädchen mit der Bitte, ihm zu helfen, da gerade kein
andrer Arzt zur Hand sei. Es nahm mich nicht wunder, daß die
Kleine schrie: aus ihrem Munde hing ein altväterisches Ungeheuer von einer Uhr, deren stählerne Kette in den Tiefen der
Mundhöhlung verschwand. Das Kind hatte mit der Uhr gespielt,
die Kette verschluckt und bei dem Versuch, sie wieder herauszu-
ziehen, hatte sich der spitze Haken, mit dem die Kette im Knopf-
loch befestigt zu werden pflegte, hinter den Gaumensegeln im
Fleisch festgehakt. Ich habe, wie es ja natürlich war, den Haken
mit dem Finger aus seiner Einklemmung gelöst – Unbewußtes
bewußt gemacht, wenn Sie so wollen – und die Sache war gut. –
Einige Jahre darauf geschah das Umgekehrte: ein Kind hatte eine

Münze verschluckt, die sich am Eingang der Speiseröhre festgeklemmt hatte. Nach einigen vergeblichen Rettungsversuchen der Mutter, bei denen das Auf-den-Kopf-Stellen des Kindes eine Rolle gespielt hatte, wurde ein Arzt zugezogen, der mit Pinzette und allerlei langen Zangen das Geldstück herauszubefördern suchte; das einzige Resultat war, daß die ganze Rachenwand wund wurde und daß das Geldstück mehr in die Tiefe gedrückt wurde und mit Instrumenten nicht mehr erreicht werden konnte. Jetzt kam der Arzt auf den Gedanken, es ganz in die Unterwelt des Bauchs hinabzustoßen; aber die Mutter hatte das Vertrauen zu ihm verloren, ging zu mir, und ich erntete Lob für das, was man ihn verhindert hatte zu tun: ich stieß die Münze mit der Schlundsonde nach unten. Ziehen Sie bitte die Schlußfolge aus den beiden Ereignissen, so haben Sie meine Ansicht über das Behandlungsverfahren der ärztlichen Analyse. Es kommt nicht darauf an, irgend etwas Unbewußtes bewußt zu machen, sondern die Einklemmung zu beseitigen: und da ist es nicht so selten, daß das Verdrängte, statt bewußt zu werden, in den Tiefen versinkt.

Es gibt Weise, namentlich unter meinen Mitkämpfern in der Psychoanalyse, die wollen es durchaus nicht glauben, daß eine Behandlung auch Erfolg haben könne, wenn gar nichts Unbewußtes zum Vorschein kommt. Na ja. Habeant sibi! Mir ist es gleichgültig. Ich glaube an die Notwendigkeit symptomatischer Behandlung und halte es für eine Spielerei, wenn ein Arzt sich mit kausaler Behandlung abgibt, und für eine Anmaßung, wenn er glaubt, er könne einem Menschen dadurch dauernd helfen, für alle Zukunft oder auch nur für kurze Jahre, daß er ihn „durchanalysiert". Der Vorzug analytischer Behandlung liegt nicht darin, daß sie infolge Bewußtmachens des Unbewußten gründlicher oder sicherer heilt als andre Behandlungen, wenn es solche überhaupt gibt, was ich zu bezweifeln wage – nicht jeder weiß, was er tut – sondern darin, daß sie oft das einzige Mittel ist, das Es des Menschen in den tiefsten Tiefen in heilsame Bewegung zu setzen. Damit sollte man sich begnügen.

Bei all dem muß ich noch erwähnen, daß sich meine Ansichten über die Behandlung der Widerstände auf ein viel weiteres ärztliches Gebiet erstrecken als es bei Freud der Fall ist: ich gebe zu, daß bei der Behandlung von Neurosen oft mehr verdrängtes Material zum Vorschein kommt als bei der Behandlung organischer Leiden. Aber das gilt nur im großen und ganzen. Ich bilde mir ein, manchmal bei organischen Erkrankungen tiefer in das Unbewußte eingedrungen zu sein, als es jemals bei der Behandlung der Neurosen möglich ist. Entscheidend für den Erfolg ist das aber nicht, über den Erfolg entscheidet die Beseitigung des Widerstands.

Ehe ich das ärztliche Gebiet verlasse, muß ich noch etwas über eine andre Verwendung der Psychoanalyse in der ärztlichen Praxis sagen, das ist das Diagnostizieren. Sie wissen, ich schreibe dieser Tändelei, die in so hoher Achtung bei dem Tyrannen Publikum steht, wenig Bedeutung zu. Fast alle Krankheiten kümmern sich nicht darum, was für eine Diagnose gestellt wird. Aber unter den fünf Prozent aller Kranken, für die Schweninger und seiner Lehre folgend ich überhaupt nur ärztliches Eingreifen für angezeigt halten, sind einige, bei denen ist die Diagnose wichtig. Nur muß es eine andre Diagnose sein als die, die sich ohne Berücksichtigung des Unbewußten stellen läßt. Es versteht sich von selbst, daß ein Arzt leidlich mit physikalischen und chemischen Untersuchungsmethoden Bescheid weiß: zu diesem Zweck quält er sein Gehirn ja viele Jahre lang auf der Universität. Aber das ist der unwesentliche Teil der Untersuchung. Eine annähernd richtige Diagnose kann heutigen Tages bei den fünf Prozent untersuchenswerter Objekte nur unter Verwendung der psychoanalytischen Methode gestellt werden; so wie es jetzt auf den Universitäten getrieben wird, ist es eine Schande. Die Universitäten sind samt und sonders dreißig Jahre hinter der Wissenschaft zurück.

Verzeihen Sie diesen Ausbruch meines Temperaments! Ich wollte ja etwas ganz andres zur Sprache bringen, nämlich, daß für die Diagnose, also manchmal auch für die Behandlung, wenn auch nur indirekt, das Bewußtmachen unbewußten Materials unentbehrlich ist, daß also mitunter die Behandlung des Widerstandes erst beginnen kann, wenn mit Hilfe der Analyse das Unbewußte zum Vorschein kommt. Sie begreifen aber, daß das etwas ganz andres ist als das, was so viele Laien und Ärzte für den Sinn der Analyse halten.

Und hier ist es an der Zeit, nochmals zu sagen, daß die Psychoanalyse nicht nur ein Hilfsmittel des Arztes ist, um Kranke zu
behandeln. Wenn das wäre, brauchte man nicht so viel Geschrei
darum zu machen. Dann würde ich sie wenigstens anwenden,
ohne mich darum zu kümmern, ob die Kollegen es auch tun. Ich
fühle mich nicht verpflichtet, den ärztlichen Schullehrer zu spielen. Aber ich habe an meinem eigenen Selbst erfahren und sehe
es täglich an andern: Psychoanalyse ist mehr als eine ärztliche
Sache. Sie ist innig verknüpft mit allen Menschheitsfragen. Sie
gibt uns neue schärfere Sinne, sie lehrt uns neue Welten kennen,
sie schenkt uns neue Forschungsgebiete und neue Forschungsme-
thoden, sie gibt uns ein neues kindliches Gemüt und neue Lie-
bensmöglichkeiten. Und das alles tut sie kraft ihres Bewußtmachens des Unbewußten. Solch großen Leistungen gegenüber ist es
nicht so überaus wichtig, ob man der Ansicht ist, in der Krankenbehandlung komme es auf das Bewußtmachen unbewußter Dinge
oder auf das Behandeln der Widerstände an.
Wer analysiert, gewinnt auf bestimmten Gebieten ein großes
Übergewicht über Mitmenschen und Mitwelt und ich habe noch
keinen getroffen, der es fertiggebracht hätte, nicht mehr zu analysieren, wenn er es einmal längere Zeit getan hat. Selbst Sie,
liebe Freundin, die Sie das alles nur vom Hörensagen kennen,
also im Grunde gar nicht, denn Analyse ist eine absolut praktische Sache, selbst Sie kommen nicht wieder davon los. Des freut
sich von Herzen

                                     Ihr Patrik Troll.

DAS ES UND DIE PSYCHOANALYSE

Erster Vortrag an der Lessinghochschule

Wir Menschen sind vom Leben gezwungen, Wörter zu gebrauchen, und glauben, weil wir solche Wörter brauchen, wir seien
uns auch stets des Sinns bewußt, der mit diesem oder jenem Wort
verbunden ist. Das ist aber nicht der Fall. Nehmen Sie eine so
häufig gebrauchte Redewendung wie „Ich habe mich erkältet".

Wer denkt dabei daran, daß sich in diesem Wort eine der üblichen Auffassung entgegengesetzte Theorie der Krankheitsentstehung ausspricht: nicht die Kälte, nicht das, was von der Umwelt ausgeht, ruft die Erkrankung hervor, sondern ich, der erkrankt, benutze diese an sich harmlose Ursache, um mich durch sie krank zu machen. Ähnlich liegen die Dinge bei Ausdrücken wie „Er hat sich das rechte Bein gebrochen, er hat sich eine Lungenentzündung zugezogen, er hat sich da und da angesteckt": immer liegt in den Worten der Sinn, daß der Mensch sich absichtlich krank macht, daß er eine sich ihm bietende Gelegenheit ergreift, um sich zu schädigen. Dem Sinne nach ist das „Ich erkälte mich" dem „ich schneide mir den Hals ab" ähnlich. – Den umgekehrten Sinn scheinen andre tägliche Redewendungen zu haben, etwa „dieses Geschwätz macht mir Übelkeiten" oder „bei diesem Anblick bekam ich Herzklopfen"; darin spricht sich der Versuch aus, die Außenwelt für unsere Erlebnisse verantwortlich zu machen. Deutlich kann man die Unterschiede verfolgen, wenn man mit irgend einem Kriegsteilnehmer über seine Schicksale spricht: jetzt sagt er: „An der Marne wurde ich am linken Bein verwundet" und eine Minute später: „Meinen Kopfschuß habe ich mir während der Sommeschlacht geholt." Zwei verschiedene Weltanschauungen äußern sich da; denn derlei sich anscheinend widersprechende Redeweisen werden auch für andre Dinge gebraucht, nicht nur bei Krankheiten: heut heißt es: „Während der Inflationszeit habe ich mein ganzes Vermögen verloren" und morgen: „Die Inflation hat mich gänzlich ruiniert."
Aus dieser kleinen Betrachtung geht hervor, was für ein seltsam Ding unsere Sprache ist, daß sie Dinge sagt, die wir nicht beabsichtigen zu sagen, daß wir ebensowenig wissen, was wir reden, wie was wir tun. Die Beispiele, die ich gab und an die sich vielleicht später allerlei Merkwürdiges über Krankheit und Krankheitsursache anknüpfen läßt, sollen Sie dazu geneigt machen, auch einmal andre Wörter sich etwas genauer anzusehen, vor allem das Wörtchen „Ich". Man muß ja zugeben: ohne dies Wort geht es nicht, wollte man es aus dem Sprachschatz wegnehmen, so stände das menschliche Denken still und es gäbe keine Möglichkeit der Verständigung mehr. Und doch steckt ganz etwas andres

hinter dem Wort, als wir vermuten, und es sagt etwas andres als wir zu sagen beabsichtigen.

Das Wort Ich löst den Menschen, der es gebraucht – im Denken oder im Sprechen oder im Hören – aus dem Zusammenhang der Dinge heraus, es behauptet, daß der einzelne Mensch etwas Verschiedenes von der übrigen Welt sei, es teilt das All in zwei Teile: in Ich und Welt, in Ich und Nicht-Ich. Der Mensch bekommt, sobald er dieses Wort denkt, eine Sonderstellung, er wird verantwortlich dadurch und schuldig, es drückt seinen seltsamen und doch so unbegründeten Glauben an seine Macht aus, an seine Fähigkeit, frei zu wollen. Ein jeder, der sich es einen Augenblick überlegt, weiß, daß es den freien Willen des Menschen nicht gibt, daß es aber außerhalb alles Menschenseins liegt, nicht an den freien Willen zu glauben. Die ganze Frage des freien Willens ist ein falsch gestelltes Problem, das aufhört zu existieren, sobald man sich darüber klarwird, daß der Glaube an den freien Willen ein Organ des Menschen ist, mit Hilfe dessen er lebt, ohne das er nicht Mensch sein kann, daß aber Willensfreiheit in Wirklichkeit nicht existiert, ebensowenig existiert, wie der Mensch der Welt als selbständig getrenntes Einzelwesen gegenübersteht.

Gibt es ein Ich? Das Gefühl, ein Ich zu sein, hat ein jeder, aber dieses Gefühl beweist nichts für die Wirklichkeit des Ichs. Wenn das Wort, das die Idee der Abgeschlossenheit, des Individuumseins in sich enthält, dem Begriff, der sich damit verbindet, entspräche, müßten Grenzen des Ichs zu finden sein, ein zeitlicher und räumlicher Anfang. Beides suchte man vergeblich, wollte man danach forschen. Wo soll man das Leben des Menschen beginnen lassen? Ist die Geburt der Beginn des Lebens? Aber der Mensch lebt schon im Mutterleibe. – Ist es der Augenblick, in dem das Tatsache wird, was wir Lebensfähigkeit nennen, also etwa der siebente Schwangerschaftsmonat? Aber es ist nur eine Frage der Zeit, bis die Wissenschaft und das Können des Menschen den Zeitpunkt der Lebensfähigkeit weiter zurückrücken wird. – Ist es der erste Herzschlag oder ist es die Empfängnis? Der Mensch lebt schon vor der Empfängnis, er lebt schon, ehe denn Abraham war; er beginnt nicht, er ist da von Beginn an, er ist von Ewigkeit zu Ewigkeit.

Und wo sind die räumlichen Grenzen des Menschen? Wann ist ein Stück Brot, das wir essen, Mensch geworden? Wann gehört der Sauerstoff, den wir einatmen, zum Ich? Wird der Lichtstrahl Teil des Menschen, wenn er die Hornhaut durchdrungen hat, ehe er noch die Netzhaut erreichte? Ist er erst dann Mensch, wenn sein Eindruck vom Gehirn wahrgenommen wurde? Wo, in welchem Bestandteil unseres Hörapparats wird der Laut, der unser Ohr trifft, Teil des Menschen? Gehört das Wort, das wir gesprochen haben, der Gedanke, den wir dachten, die Empfindung, die wir fühlten, noch zu unserm Ich oder hörten diese Dinge auf Mensch zu sein in dem Augenblicke, wo sie geschahen? und wann war dieser Augenblick? Nirgends ist eine Grenze, überall nur untrennbarer Zusammenhang, nirgends der kleinste Zwischenraum, in dem ein Ich Platz hätte.

Der Ausdruck „Ich" ist aber da, er wird gebraucht, hat irgendeinen Sinn und Zweck. Wenn das, was er uns zwingt zu denken – daß nämlich dem Ich ein davon getrenntes Nichtich gegenübersteht, daß Ich und All Verschiedenes ist – ungenaues Denken ist, muß das Wort eine andre Bedeutung haben, als wir gewöhnlich annehmen, und hinter diesem Wort muß sich irgend etwas verbergen, was stark genug ist, uns falsch denken zu lassen, ohne daß dadurch der Weltlauf geschädigt wird; ja, man darf wohl annehmen, daß diese geheimnisvolle Kraft, dieses Etwas, dieses Es, das Wort und Begriff „Ich" erfunden hat, bestimmte Zwecke damit verfolgt und auch erreicht, daß es den Menschen verdummt, daß es ihm ein Ichgefühl gibt, ohne das er nicht Mensch sein kann.

Wenn jemand sagt: Ich esse ein Stück Brot, so klingt das richtig; wenn er sagt: ich verdaue das Brot, das ich gegessen habe, so klingt das auch richtig. Wenn aber jemand sagen wollte: ich esse von dem Stück Brot nur so viel, wie ich unbedingt brauche, und nicht ein Tausendstel Milligramm mehr oder weniger, so ist das Unsinn, da man immer nur ungefähr weiß, wieviel man unbedingt nötig hat, und da wir nicht imstande sind, von dem Brot genau das abzuteilen, was wir brauchen, da außerdem bestimmte Mengen während des Kauens und Schluckens hier und da auf dem Wege verlorengehen. Noch weniger sind wir imstande, mit un-

serm Ich zu entscheiden, was und wieviel von dem Brot wir in
den Kreislauf des Organismus aufnehmen wollen, an welcher
Stelle und mit welchen Teilen unsrer Verdauungswerkzeuge wir
das verwandelte Brot durch die Darmwände hindurchtreten lassen wollen, wo und zu welchen Zwecken es verwendet wird, im
Gehirn, in der Muskulatur, im Auge oder wo sonst. Mein Ich hat
mit diesen Dingen nichts zu tun, und doch geschehen sie innerhalb dessen, was ich mein Ich nenne. Geht man nun das Handeln, Denken, Fühlen, kurz, das Leben des Menschen durch und
prüft die Vorgänge, so stellt sich heraus, daß überhaupt kein einziges Geschehen irgendwie vom Ich ausgeführt wird, daß vielmehr alles durch die Zusammenhänge des All bedingt wird und
daß, wollte man eine unzweifelhafte Wahrheit über Menschliches
sagen, man den gesamten Kosmos kennen müßte. Da das nicht
geht, andererseits aber der Mensch die notwendige Eigenschaft
des Denkens und Sprechens über Menschliches hat, so erfand sich
das tägliche Leben das Wort Ich und denkt und spricht so unbefangen damit, als ob in diesem Wort etwas Wesentliches enthalten wäre; freilich liegt schon in der merkwürdigen Tatsache, daß
der primitive Mensch, vor allem das Kind den Ausdruck „Ich"
nicht verwendet, der Beweis, daß das Ich etwas Erdachtes, nichts
Ursprüngliches ist.

Der Brauch, „ich" zu sagen und zu denken, befruchtet unser Leben, daran ist nicht zu zweifeln; er hat aber eine verhängnisvolle,
wenn auch notwendige Folge: er zwingt uns, unserm Leben
und Tun Verdienst und Schuld anzudichten, Verantwortung zu
empfinden. Es wäre ein Frevel, wollte man versuchen, dem Menschen das Verantwortungsgefühl fortzunehmen, die Welt würde
stillstehen, wenn es gelänge. Es wird nie gelingen und das ist gut.
So gewaltig und herrlich aber dieses Verantwortungsgefühl ist,
so glücklich und unglücklich es uns macht, für die unbefangene
Betrachtung menschlichen Lebens, ja, für die Möglichkeit, bestimmte menschliche Kräfte – man kann sie fast die höchsten und
besten Kräfte des Menschen nennen, denn sie umfassen das, was
wir mit gutem Recht und ohne Lüge Liebe nennen – wirksam zu
machen, ist das Gefühl, verantwortlich zu sein, ein beinahe abso-
lutes Hindernis. Mit andern Worten, der Gebrauch des Worts

„Ich" verschließt die wesentlichen Lebensgebiete. Um sie zugänglich zu machen, muß man Wort und Begriff „Ich" zeitweise, sooft es nur möglich ist, was freilich nur selten der Fall ist, beiseite schieben und versuchen, ohne dieses Wort auszukommen. Schön wäre es, wenn wir statt dessen „All" setzen könnten oder „Welt" oder „Natur" oder, was wohl das Einfachste wäre „Gott". Das geht aber nicht, da wir nur menschlich denken können und uns versagt ist, das Denken der Fliege oder des Steins, ja, selbst den größten Teil des Denkens unsrer Mitmenschen zu verstehen. Es bleibt nichts andres übrig, als nachzuahmen, was der Alltag durch die Erfindung des Wortes „Ich" tat, den einzelnen Menschen aus den Zusammenhängen herauszulösen, allerdings mit dem Bewußtsein, daß wir das Weltbild dadurch absichtlich entstellen, und diesem Einzelnen einen möglichst biegsamen, unbestimmten Namen zu geben, eine Bezeichnung, die von vornherein klarmacht, daß jeder Versuch der Definition scheitern muß. Seit vielen Jahren benutze ich zu diesem Zweck das Wort „Es". Ich habe mich dazu erzogen, statt des Satzes: ich lebe, zu denken: ich werde von einem Es gelebt. Ich bin mir aber dabei bewußt, daß dieser Satz ebensowenig der Wahrheit entspricht, wie der: ich lebe. Das in das Unpersönliche umgewandelte Sprechen und Denken und – auch dahin bringt langjährige Übung – Empfinden erleichtert eine bestimmte Art des Arbeitens und Untersuchens. Ich lege Wert darauf, daß es sich bei der Verwendung des Worts „das Es" nur um eine Hilfskonstruktion handelt.

Das Es des Menschen beginnt, da man es doch irgendwann beginnen lassen muß, mit der Befruchtung. Es enthält alle die Kräfte, die den Aufbau und das Weiterleben des Einzelmenschen beherrschen. Das Auszeichnende dieses Wesens ist, daß es ohne Gehirn die schwierigsten Lebensaufgaben löst, ja, daß das Gehirn und damit auch das Denken und weiterhin das Bewußtsein und das Ich von ihm geschaffen werden. Das Es ist das tiefste Wesen und Wirken des Menschen. Es vollführt alles, was mit und in und durch den Menschen geschieht, es läßt ihn entstehen, gibt ihm all seine Organe und Lebensmöglichkeiten, hilft ihm aus dem Mutterleib ans Licht des Tages, tut alles, was scheinbar der Mensch tut, nach eignem nie fehlgreifendem Ermessen, schafft

Sprechen, Atmen, Schlafen, Werk und Freude und Ruhe und Liebe und Leid, stets mit richtigem Urteil, stets zweckmäßig und stets mit vollem Erfolg, und tötet den Menschen, wenn er lange genug gelebt hat.

Mit diesen kurzen Worten lasse ich es vorläufig genug sein; im weiteren Verlauf der Vorträge wird sich Gelegenheit bieten, sich mehr mit dem Es zu beschäftigen. Heute möchte ich nur noch zweierlei kurz besprechen: das Verhältnis des Es zum Ich und die Beziehungen die zwischen dem Es und der Psychoanalyse bestehen oder angeknüpft werden können.

Vom Ich brauche ich kaum zu sprechen; es ist eine Maske, die das Es braucht, um sich vor dem Wissenwollen des Menschen zu verstecken. Darin zeigt sich deutlich die große Schwierigkeit, die den Forschungen auf diesem Gebiet entgegenstehen: das Es liebt das Dunkel und ist seltsam wie das Leben selbst, das nach Nietzsches Ausspruch lacht, wenn der Mensch ernst sich damit beschäftigt, und ernst wird, wenn der Mensch mit ihm zu spielen gedenkt. Daß es aber mit der Fiktion eines Ich Großes erreicht, was sich hie und da als Erfolg dieses Versteckspielens nachweisen läßt, kann ich im Augenblick füglich übergehen, da sich dafür die Beispiele im Laufe der Vorträge von selbst finden werden.

Was hat nun die Psychoanalyse mit dem Es zu tun? Das ist in zwei Worten gesagt: Die Psychoanalyse ist zur Zeit der beste Weg, um dem Es näherzukommen.

Was versteht man nun unter Psychoanalyse? Das ergibt sich aus dem Namen: es ist die Untersuchung der Psyche, und zwar einer bestimmten Art Psyche, nämlich der Lebensgebiete, die Freud als Psyche bezeichnet hat. Freud versteht unter dem Ausdruck Psyche alles das, was im Bewußtsein ist, und alles das, was einmal im Bewußtsein war, aber aus dem Bewußtsein verdrängt, unbewußt geworden ist. Psychoanalyse ist also, allgemein gesagt, die Beschäftigung mit dem Bewußten und Unbewußten.

Es haben sich, seit Freud seine Entdeckungen gemacht hat, eine Menge Vorstellungen über das gebildet, was er lehrt; das ist bedauerlich für unsre Zeit, weil diese grundsätzlichen Irrtümer die Zeit der Geistesumwälzung, die Freud hervorbringt, unabsehbar in die Länge zieht; das hat jedoch auch wieder sein Gutes, weil

dadurch den Ereignissen – diesen wichtigsten Ereignissen langer Jahrhunderte – das Gewaltsame genommen wird. Ich möchte aber doch meine Hörer bitten, wenn sie sich irgendwie mit der Psychoanalyse auseinandersetzen wollen – und das gehört jetzt in des Menschen Leben hinein, wie das Lesen und Schreiben – sich an die Quelle zu wenden, das heißt: Freuds eigne Bücher zu lesen. Abgesehen davon, daß diese Bücher als Kunstwerke mit das Schönste sind, was in der deutschen Literatur existiert, werden Sie auch aus dem, was über Freud geschrieben oder gesagt wird, niemals ein auch nur annähernd richtiges Bild von dem bekommen, was er meint; ich mache bei diesem Satze auch für mich keine Ausnahme, was ich Ihnen über Freud sage, ist das, was ich mir aus seinen Mitteilungen herausgelesen habe, braucht deshalb aber noch längst nicht das zu sein, was er gemeint hat. – Um Ihnen einen Begriff davon zu geben, wie gründlich seine Ansichten schon jetzt entstellt sind und täglich entstellt werden, mache ich Sie darauf aufmerksam, daß Leute, die den Ausdruck „Unterbewußt" brauchen, niemals auch nur das geringste von Freud verstanden haben, ja, daß sie vermutlich niemals sich auch nur für die Dauer einer Stunde mit seiner Lehre beschäftigt haben: Freud braucht dieses Wort nie, mit Ausnahme von ein paar Stellen, wo er sich gegen das Wort „Unterbewußt" wehrt. Für ihn existieren nur die Ausdrücke „Bewußt" und „Unbewußt"; beide zusammen umfassen die Gebiete der Psyche.
Ich muß an dieser Stelle noch einen Augenblick verweilen. Das Wort „Unbewußt" bedeutet nicht dasselbe wie das Wort „Es". Was unbewußt ist, war einmal zu irgendeiner Zeit im Bewußtsein; das Unbewußte hat die Existenz des Gehirns zur Voraussetzung. Das Es ist aber schon vor dem Aufbau des Gehirns da, das Gehirn ist ein Werkzeug des Es, womit es aus unbekannten Ursachen bestimmte, nicht allzugroße Lebensgebiete unserm Denken zugänglich macht, dabei aber Sorge trägt, daß dieses Gehirn uns auch allerlei dem Menschen eigentümliche Torheiten vorspiegelt wie beispielsweise den Ichglauben. Es und Unbewußt sind, ich wiederhole es, zwei völlig verschiedene Begriffe: das Unbewußte ist ein Teil der Psyche, die Psyche ein Teil des Es. Danach ist Beschäftigung mit dem Es auch nicht dasselbe wie Psychoana-

lyse. Das Es ist der Mensch selbst in all seinen Lebensformen und als solches weder der Psychoanalyse, noch sonst irgendeiner Untersuchungsmethode frei zugänglich; wohl aber gibt es Wege, die bis in die Nähe des Es führen, und der beste dieser Wege, der, der am nächsten an das Ziel herankommt, ist Psychoanalyse. Es wird sich das in kurzer Zeit auch dem böswilligen Gegner Freuds so deutlich aufdrängen, daß er nicht mehr wagen wird, diesen Namen anders als mit dem Gefühl der Ehrfurcht auszusprechen. Schon jetzt – es sind erst dreißig Jahre vergangen, seit Freud seine ersten Mitteilungen gemacht hat – ist die Welt durch ihn gewandelt; es wird in absehbarer Zeit kein Gebiet des Wissens und Denkens mehr sein, das nicht in seinen Grundlagen durch psychoanalytische Erkenntnisse verändert wäre. Bisher sieht es am schlimmsten auf dem Gebiete aus, auf dem Freud seine Entdeckungen gemacht hat, auf dem Gebiete der Medizin: sie ist dreißig Jahre hinter der Zeit zurück, und leider, statt sich ein wenig zu beeilen, hält sie es für wichtiger, erst die Brotfrage zu erledigen, ehe sie sich mit den Fundamenten des Lebens auseinandersetzt.

Ich behauptete, die Psychoanalyse sei zur Zeit der beste und kürzeste Weg, um dem Leben näherzukommen. Lassen Sie mich Ihnen ein Beispiel geben, was ich darunter verstehe. Ihnen allen ist die seltsame Tatsache bekannt – sie ist Ihnen so bekannt, daß Sie sie gar nicht des Nachdenkens wert halten –, daß bei einer Scharlachepidemie nicht alle Kinder einer Familie erkranken, sondern nur einige, vielleicht drei von fünf Kindern. Man hat dafür mannigfache Erklärungen zu geben versucht; sie haben alle das eine gemeinsam, daß es keine Erklärungen sind, sondern nur Redensarten, Wörter. So sagt man, das eine Kind hatte eine stärkere Konstitution; das ist aber nur eine Umschreibung der Tatsache, daß es nicht angesteckt worden ist. Es war nicht prädisponiert, es war immun, der Zufall führte dem einen Kinde mehr Ansteckungsstoffe zu als dem andern. All solche Sätze sind entweder, wie der letzte, nachweislich falsch oder es steckt nicht der mindeste Sinn dahinter; es sind Umschreibungen ähnlicher Art wie das mit vielem Ernst geäußerte und mit noch größerem Ernst aufgenommene Augurenwort: „Dieser Schmerz ist neuralgisch";

als ob es andre als Nervenschmerzen gäbe. In das Wirrsal der Prädisposition für Ansteckungen hat nun die Psychoanalyse Ordnung gebracht. Sie wendet sich nämlich an den Kranken selbst, an seine Psyche, an sein Bewußtes und noch mehr an sein Unbewußtes mit der Frage: Warum hast du dich angesteckt? Was bewog dich, aus den Keimen, die um dich herum waren und in dich hinein gelangten, einige so zu züchten, daß du sie zum Entstehen deines Scharlachfiebers benutzen konntest? Und auf diese Frage erhält man, wenn man nach der Methode verfährt, die Freud angegeben hat, Antwort, wie es scheint, richtige Antwort oder wenigstens nützliche Antwort, da oft, sehr oft sogar, das Es, sobald es zweckmäßig gefragt wurde, so daß es antworten konnte, das Kranksein aufgibt; es scheint, daß Krankheit häufig nur eine Flucht vor Unverstandenem und eine Abwehr gegen Unerträgliches ist. Daraus erklärt sich auch, warum gerade das Kindesalter besonders oft der Ansteckung ausgesetzt ist, da es ja am schwersten am Leben zu kauen hat. Mit andern Worten: ohne Freud und die Psychoanalyse würden wir nicht wissen, was wir jetzt wissen, daß jede Erkrankung einen bestimmten Sinn für den Kranken hat, daß sie beabsichtigt ist, bewußt oder unbewußt beabsichtigt, und daß man durch Enträtselung dieser Absicht, dieses Sinnes behandeln kann.

Ein andres Beispiel: es gibt eine Menge Menschen, die – auch das ist Ihnen bekannt, so bekannt, daß es des Nachdenkens nicht mehr wert erscheint – in ihrer Kindheit dieses oder jenes auffällige Talent hatten; im Laufe des Lebens geht es aber verloren oder wird, um die gebräuchliche Rede zu verwenden, nicht entwickelt. Die Psychoanalyse hat gelehrt, daß ein solches Talent nicht etwa verloren ist, sondern nur verdrängt, daß das Es aus irgendwelchen, sehr oft auffindbaren Gründen es für zweckmäßiger hielt, keinen Gebrauch von dem Talent zu machen. Gelingt es – und es gelingt mit Hilfe der Psychoanalyse gar nicht selten –, das Es zu überzeugen, daß die Ausnützung dieses bestimmten Talents keinen Schaden, weder seelisch noch materiell, bringt, so ist auf einmal das Talent wieder da, ja mehr als das: es hat sogar durch den jahrelangen Schlummer an Intensität und an Übung gewonnen, trotzdem es nicht geübt wurde; so gibt es Klavierspieler, die Jahre lang keine Taste angerührt haben und, nachdem die Psychoanalyse sie eindringlich und verständnisvoll über die Ursachen ihrer Abneigung gegen das Spielen gefragt hat, plötzlich besser spielen können als zu der Zeit, wo sie mit Anstrengung vier Stunden täglich mit Klavierüben verbrachten.

Ich hoffe, die beiden Beispiele sind klar genug, um Ihnen Lust zu geben, einmal mit meinen Augen sich das tägliche Leben, den Alltag anzusehen, mit dem sich der nächste Vortrag beschäftigen soll.

DER ALLTAG

Zweiter Vortrag an der Lessinghochschule

Irgendeine Definition des Es zu geben, ist nicht möglich; wohl aber bietet der Alltag genug, um darzulegen, was ich meine. Täglich und stündlich verwerten wir in unserm Denken, Empfinden und Handeln Dinge, von denen wir genau wissen, daß sie unabhängig von allem, was Ich genannt wird, vor sich gehen, die wir aber, da wir dem Es-Willen, dem Menschsein unterworfen sind und nicht ohne den Irrtum, den uns das Es befiehlt, leben können, als Grundlage für unsre Meinungen über unser eignes und über ein fremdes Ich nehmen.

Wenn wir uns irgendwie mit uns selbst oder mit einem Mitmenschen beschäftigen, so beschäftigen wir uns mit seinem Ich, als ob das das Wesentliche an ihm wäre; wir können vielleicht für einige Zeit uns bemühen, das Ich beiseite zu schieben und statt dessen mit dem unbestimmten Es zu operieren – und ich bitte Sie, das wenigstens heute abend, so gut es gehen will, zu tun; aber schon nach kurzen Augenblicken stellen sich kaum überwindbare Schwierigkeiten ein. Wir wissen zum Beispiel recht gut, daß niemandes Ich irgendwie bei der Tatsache beteiligt ist, daß er menschliche Erscheinungsformen hat, daß er ein Mensch ist. Wir setzen aber sofort voraus, sobald wir nur aus der Ferne wahrgenommen haben, daß dieses Wesen, das wir sehen, auf zwei Beinen geht, daß es ein Ich sei, daß es für sein Wesen und Treiben verantwortlich gemacht werden könne, täten wir das nicht, so würde sofort alles Menschliche aus der Welt verschwinden. Und doch wissen wir ganz genau, daß nicht einmal das Menschsein dieses Wesens von seinem Ich gewollt worden ist: er ist Mensch aufgrund eines Willensaktes des Alls und, wenn man etwas weiter gehen will, des Es; das Ich hat aber nicht das mindeste damit zu tun. Ja, man müßte von Rechts wegen noch weiter gehen und sagen: das ist nicht nur Mensch, sondern gleichzeitig Schall und Licht und Luft und Pflanze und Tier und Gott weiß was noch alles. – Statt das zu denken, machen wir aber von dem Es, dessen Eigentümlichkeit es ist, sich über unsern Verstand lustig zu machen, gezwungen, neue, noch viel seltsamere Schlußfolgerungen: wir sagen, dieses Wesen ist ein Mann, jenes ein Weib und, weil es ein Mann oder ein Weib ist, hat es sich als Mann oder als Weib zu betragen, und wenn es das nicht tut, so ist sein Ich zu tadeln, man kann es auffordern, sich zu ändern. Aber das Ich hat noch nie bestimmt, ob jemand eine Sie oder ein Er sein soll, die Bestimmung des Geschlechts liegt außerhalb dessen, was das Ich zu wirken hat, wenn es überhaupt etwas zu wirken hat; und weiter: noch nie gab es einen Menschen, der nur Mann oder nur Weib war, ein jeder ist eine Mischung von beiden, und es hängt nicht von seinem Ichwillen ab, ob sein Es ihm im Gegensatz zu seiner Geschlechtserscheinung mehr Weibliches oder mehr Männliches gab. – Die verwirrendsten Irrtümer aber begehen wir, indem wir die Tatsache, daß ein menschliches Wesen im Kindesalter oder im Alter des Erwachsenen oder im Greisenalter steht, zum Ausgangspunkt des Urteils über sein Ich nehmen. Nicht das Ich entscheidet darüber, wann man geboren wird und wann man stirbt, sondern das Es; und ebensowenig entscheidet das Ich, ob ein Mensch im gegebenen Moment Kind, Mann oder Greis ist. Des Menschen Alter wechselt fortwährend, jetzt ist er drei Jahre alt und im Augenblick darauf zwanzig oder achtzig, um nach kurzer Zeit wieder ein Kind zu sein: ein jeder ist, seit Abraham war, der Mensch hat kein Alter oder er hat alle Arten Alters gleichzeitig. Man glaube nur nicht, daß solche Worte, so seltsam sie klingen mögen, Spiel sind; wer ein einziges Mal sich ernsthaft mit dem Christentum auseinandergesetzt hat, weiß, daß es Altersunterschiede nicht anerkennt, ebensowenig wie Geschlechts- oder überhaupt Menschenunterschiede. Da man aber als vom Es geleitetes Wesen alle diese Unterschiede im täglichen Leben machen muß, so geht daraus hervor, wie kümmerlich all unsre Kenntnisse vom Menschen, vor allem von uns selbst sein müssen. So machen wir den Menschen, der Ich sagt, für tausend Dinge und Eigenschaften verantwortlich, für die er keine Verantwortung hat, und für tausend Eigenschaften und Dinge beim Kinde verneinen wir die Verantwortung, obwohl nicht der geringste Grund besteht, einem Kinde weniger Urteilskraft zuzutrauen als einem Erwachsenen. So Ihr nicht werdet wie die Kinder, werdet Ihr nicht in das Himmelreich kommen. Es ist in jeder Beziehung falsch, einen Unterschied zwischen dem kindlichen und dem erwachsenen Leben zu machen, sobald es sich um die Frage der Verantwortung, nicht den Gesetzen gegenüber, sondern dem Menschen als Menschen gegenüber handelt. Weil man, den stolzen Wünschen der Mutter nachgebend, dem Kinde im Alltagsleben jede selbständige Verantwortlichkeit absprach, war es möglich, daß erst zweitausend Jahre nach Christus sein Denken vom Kinde und vom Erwachsenen Gegenstand wissenschaftlicher Untersuchung wurde; erst Freud hat die alte Wahrheit vom Wesen des Kindes wieder neu verkündet.

So falsch es klingt, so ist es doch richtig: über das Ich des Menschen sagt der Alltag, das Leben nichts aus, es sei denn das, daß das Ich eine Maske des Es ist; vom Es aber sagt der Alltag sehr viel, ja, man kann sagen, der Alltag bis in die kleinsten Kleinigkeiten hinein ist eine ununterbrochene Offenbarung, ein fortwährendes Sichäußern des Es.

Da ist ein großgewachsener Mensch; nichts andres, als der freie Entschluß des Es hat dieses Wachsen in die Höhe herbeigeführt, alle Einflüsse von außen, die auf das bessere Wachstum hinarbeiteten, wurden erst wirksam, weil der Organismus, das Es die Einwirkung gestattete. Das Es muß also zu irgendeiner Zeit einen Grund gehabt haben, Körpergröße zu wünschen. Es wollte hervorragen, andre überragen. Dieser Trieb zu überragen, ist er nicht eins der wesentlichen Dinge im Menschen? So tief ist menschliches Wesen mit dem Willen zur Macht verknüpft, daß, seit Nietzsche den Ausdruck für das Phänomen fand, niemand mehr die treibende Kraft als Wesenseigenheit des Menschen zu leugnen in der Lage ist. Um so seltsamer ist es, daß der Schüler Freuds, der den Willen zur Macht zur Grundlage seiner ärztlichen Tätigkeit gemacht hat, Adler, bei der Individualpsychologie stehengeblieben ist, da doch nur ein kleiner Entschluß nötig war, um die trennende Schranke von Psyche und Physis, Geist und Körper niederzulegen. Die Kraft ererbter Wörter ist groß: an dem Wort Ich ist Adler kleben geblieben. Gerade er, der auf Nietzsche fußt, hatte es nicht nötig, denn Nietzsche war es, der an die Stelle des unbrauchbaren Wortes Ich das unbestimmte, aber verwendbare Wort Es setzte. Freilich, sähe Adler den unlösbaren Zusammenhang alles Menschlichen im Es, so wäre er sofort wieder auf Freuds Lehre von der Macht des Eros gestoßen, er hätte sich dem Gedanken, daß Körpergröße irgendwie mit dem Wunsch großer Männlichkeit, überragender Potenz, starker Erektionsfähigkeit des männlichen Geschlechtswerkzeuges zusammengehört, nicht entziehen können, und dann hätte sich herausgestellt, daß seine Individualpsychologie nicht die Spur eines selbständigen Gedankens in sich hat, sondern nur das hartnäckige Verfolgen eines Nebenweges der Psychoanalyse ist, der gewiß oft genug zu Behandlungserfolgen führt, aber irgendwann in der großen Siegesbahn Freudschen Denkens münden muß, die es verließ, weil Freuds Weg zu hell und sonnig war.

Körpergröße zeigt den Willen nach rascher Anerkennung. Kleinheit des Wuchses beweist, daß dieser natürliche Trieb zu überragen irgendwann, vielleicht schon im Mutterleib, auf Hindernisse gestoßen ist, die es dem Es rätlicher erscheinen ließen, seine Wünsche zu verstecken, auf günstige Gelegenheiten zu warten, wo die überragende Größe des Wesens, die hinter der Körperkleinheit ruht, doppelt eindrucksvoll zum Vorschein kommt. Es ist die Situation des Aschenbrödels, des häßlichen jungen Entleins im Märchen, die sich das Es durch Vermeiden des Wachsens verschafft; eine Lust am Geheimnis, am Versteckspiel spricht sich in dem kleinen Wuchs aus, ein Festhalten an dem Kindsein, bei dem man alle Lebensmöglichkeiten noch vor sich hat, bei dem man weniger scharf beobachtet wird, bei dem man nicht so vielen und großen Anforderungen ausgesetzt ist, bei dem man die Vorteile des gleichzeitigen Kind- und Erwachsenseins hat.

In den runden Formen zeigt das Es sein Begehren, für behaglich, weich und im Verkehr angenehm zu gelten, während das Eckige sofort den Eindruck der Gefahr wecken soll; der Mann, dessen Formen gerundet sind, trägt seine weibliche Anlage zur Schau, das eckige Weib betont die Männlichkeit. Der Dicke erzählt: ich bin schwer beweglich, habe ein dickes Fell, bin für das Beharren und nicht leicht aus der Ruhe zu bringen; der Magere sagt: das Leben zehrt an mir, alles dringt tief, auf alles antworte ich mit meinem ganzen Wesen und ich vermag in Dinge einzudringen, deren Kennenlernen dem Fetten versagt ist.

Ich habe nicht die Absicht und auch keine Möglichkeit, hier näher auf all diese Dinge einzugehen; es genügt mir eine Anregung zu geben. Und wer sich anregen lassen will, wird sehr rasch erkennen, daß sich das Es von jedem beliebigen Phänomen aus erreichen läßt und daß es in den einfachsten Dingen irgend etwas, viel sogar, aber gewiß niemals alles antwortet. Nur möchte ich schon hier mahnen, bei all solchem Spiel der Gedanken nie zu vergessen, daß im Wesen des Menschen Lust und Unlust, Liebe und Haß überall mitsprechen und daß die Beziehungen des Eros sich deutlich in jeder Äußerung des Lebens finden lassen, deutlicher in Körperform und Körperhaltung, in sogenannten organischen Funktionen als in dem Sprechen und Handeln des einzelnen. Das Es in seiner Gesamtheit ist immer wahrhaftig und aufrichtig; es liegt am Beobachter, wenn er sich täuschen läßt, statt der Gesamtheit sieht er Teile; er ist nicht unfehlbar, er verdrängt, was sein Es ihm wahrzunehmen nicht erlaubt.

All diese Dinge sind dem naiven Menschen, vor allem dem Kinde bekannt. Daß sie trotzdem nicht Gegenstand moderner wissenschaftlicher Forschung geworden sind, liegt nicht an der Schwierigkeit solcher Forschung, sondern an der Lust des Es am Geheimnis. Es versperrt durch Verdrängungszwang die Wege, die am raschesten in die Tiefen führen. Alles Forschen des Menschen gerät sofort auf Umwege. Dem Menschenleben wäre der Inhalt geraubt, wenn wir nicht Irrwege gingen.

Betrachten Sie ein paar andre einfache Aussagen des Es! Jemand hat lange Arme: ich kann weit greifen, sagt er damit, mein Bereich ist groß und umfassend. Ein andrer ist kurzarmig: ich will nicht zu viel begreifen, was nahe bei mir ist, will und kann ich an mich ziehen; ich begehre nur, was da ist. – Da sind Menschen mit langen Beinen, sie eilen weiten Schrittes vorwärts oder fliehen in langen Sprüngen; etwas Ruheloses, Unstetes äußert sich da. Und daneben der Mensch mit den kurzen Beinen hängt an der Stelle, ist irgendwo in seinem Wesen heimatsbedürftig, an dem Schoß der Mutter festgeheftet. Lange Finger, der Volksmund weiß, daß sie sich aneignen, was ihnen nicht zukommt; kurze Finger, der Volksmund sieht in ihnen Zeichen fehlender Widerstandskraft gegen die Roheit des Innern. Die biegsame Hand sagt etwas andres als die schlaffe oder die starre. Der dort mit dem runden Vollmondgesicht, wieviel Harmlosigkeit und einfache Genußfähigkeit trägt er zur Schau; und jener mit den langgezogenen Gesichtsumrissen denkt zu viel. „Laßt Dicke um mich sein", sagt Shakespeares Cäsar. – Da sind tiefliegende Augen, Augen, die so tun, als ob sie sich vor der Welt zurückzögen, vielleicht nur, um desto schärfer zu spähen. Und daneben der Mensch mit den vortretenden Augen, die Neugier und Angst, nicht genug zu sehen, auch wohl dauerndes Entsetzen verraten. Da ist der Schielende, der bei allem, was er tut, seine Nase, dieses Symbol seiner Kraft, seiner männlichen Potenz, zu Rate zieht, von ihr weg oder zu ihr hin schaut. – Denn die Nase ist eines der auffallendsten Ausdrucksorgane des menschlichen Es; der Mensch ist seinem Aussehen nach in erster Linie ein Nasentier, er verliert etwas wesentlich Menschliches, wenn er diesen Vorsprung in seinem Gesicht verliert, ja er wird durch einen solchen Verlust stärker getroffen, als wenn man ihm die Ohren abschneiden oder die Augen ausstechen wollte. Dieser großen Bedeutung der Nase werden sich die Menschen nur in Augenblicken bewußt, wo sie andre mit zerfressenen Nasen sehen; kaum irgend etwas andres hat die pandemische Phobie der Syphilis so furchtbar verallgemeinert als die an sich so seltene Tatsache, daß die Syphilis ab und zu das Knochengerüst der Nase angreift. Es muß etwas Besonderes mit diesem Teil des Gesichts sein, etwas so Schamvolles, daß es bei den Europäern in früher Kindheit der Verdrängung verfällt, und zwar

einer ungewöhnlich tiefen Verdrängung; sonst ließe es sich nicht
verstehen, daß so wenige wissen, wie für das Kind, genau wie
für den primitiven Menschen der Geruchssinn das Hauptmittel
ist, sich davon zu überzeugen, ob etwas gefällt oder mißfällt; sonst
wüßte man es, daß selbst der geistigste Mensch in allen Liebes-
sachen den Geruchssinn entscheiden lassen muß; sonst wäre nicht
zu begreifen, daß wir alle Zeit unsers Lebens mit Schnupfen und
ohne Schnupfen durch die Gewalt des Unbewußten gezwungen
sind, Geruchseindrücke ohne Unterlaß zu verdrängen. Es ließe
sich ein dickes Buch über diese Fragen schreiben. Um ein wenig
Interesse dafür zu wecken, mache ich nur auf das eine aufmerksam, daß der Volksmund aus der Gestalt der Nase Urteile über
den Menschencharakter entnimmt, daß ihm unter anderm Größe
und Form der Nase Zeichen der Manneskraft, die ja auch das
Weib hat, ist. Wie eng die Beziehungen zwischen Nase und Ge-
schlechtsorganen, nicht nur im Symbol, sind, beweisen die Erfolge, die bei Beschwerden der Genitalorgane durch Kokainisie-
ren der Nasenschleimhaut an bestimmter Stelle erreicht werden.
– Der Mund? Er braucht nicht erst zu sprechen, um zu sagen, was
das Es sagen will. Dünne Lippen, blasse und brennende Lippen,
schwellende und zusammengepreßte, wir lesen das ja tausendfach
in den Romanen, denken nur nicht daran, daß wir unbewußten
Offenbarungen des Es gegenüberstehen, sehen nicht, wenigstens
nicht bei den Leuten, die uns etwas angehen, bei unsern Freunden, Gatten, Kindern, daß dort die Mundwinkel herabgezogen
sind, daß hier ein erzwungenes Lächeln dauernd grinsend von
der Lügenhaftigkeit des Menschen erzählt, daß das Volk aus der
Größe des Mundes richtige Schlüsse auf den Hitzegrad des Bluts
zieht, daß der kleine Mund so oft ein Kunsterzeugnis des Verber-
genwollens, der küssende Mund mitunter ein hassender ist . . .
Da sind große weitabstehende Ohren: selbst wenn der Eigentümer solcher Ohren taub ist, sagt das Es durch die Form der
Ohren noch: hier ist einer, der viel hört. Der Geiz bildet das Kinn,
der Eigensinn baut es mächtig auf und die Spielneigung zum
scherzhaften Liebesschlagen spaltet es gar. Die großen Brüste erzählen von Mutternaturen, selbst bei kinderlosen Frauen, die
schlaffen wissen von Säuglingen zu berichten, die nie anders als

in tausendfach wiederholten Phantasien an diesen Brüsten saugten, und der dicke Bauch, auch der des Mannes zeigt, wie viele guter Hoffnung sind, ohne je ein Kind zu gebären, ja ohne die physiologische Voraussetzung des Gebärenkönnens. Die Frau, die nicht mehr gebären kann, weil sie zu alt dazu ist, sehnt den Zustand der Schwangerschaft herbei, wohl mehr als die junge, fast alle bekommen den dicken Leib, die Gebärmuttergeschwülste nach den Wechseljahren; und der alberne Schnack, mit dem die bösen Weiber gegen den Mann anfechten, es würde bald keine Kinder mehr geben, wenn die Natur den Männern das Gebärgeschäft übertrüge, entbehrt jeder Wahrscheinlichkeit.

Es ist nicht anders: mit allem, was es hervorbringt, mit Zähnen und Haaren und Nägeln, mit Farbe und Form, mit der Glätte und Rauhigkeit der Haut, mit Runzeln, die waagerecht oder senkrecht ziehen, sagt das Es etwas. Es braucht sich nicht jeder mit dieser so offenen und doch so heimlichen Sprache des Es zu befassen, aber manchmal ist es ratsam es zu tun, für den Arzt ist es eine Notwendigkeit, hie und da die Augen dafür zu öffnen. Gefahr entsteht daraus nicht: des Menschen Natur ist so, daß er gar rasch erlahmt, wenn er den Geheimnissen des Lebens nachgeht. Wenn, wozu ja heutigen Tages viel Aussicht ist, die Schande des Aberglaubens von der Deutung der Linien und Formen des Schädels, der Hand, der Nase weggewischt ist, so wird das Es neue Mittel finden, sich vor dem Forschen des Menschen zu verstecken. Ein solches Mittel hat es immer bereit: es gab dem Menschen die Eitelkeit mit, damit er dumm bleibe: Dummheit und Stolz wachsen auf einem Holz.

Der Alltag. Was ist wohl alltäglicher als Hören und Sehen? Aber bestimmt denn unser Ich, was wir hören, was wir sehen? Wir würden oft Schätze darum geben, wenn wir dieses oder jenes sehen, hören könnten, aber wir sehen es nicht, obwohl es vor Augen liegt, wir dürfen es nicht sehen. Jahrtausende und Jahrmillionen hat es Kinder gegeben, haben Mütter mit allen Fasern ihres Wesens das Kind kennenlernen wollen und sahen nicht, was das Wesen des Kindes ist, bis Freud allerlei davon entdeckte. Wir sehen nicht das, was wir ins Auge fassen, wir sehen nur das, was das Es uns erlaubt zu sehen, was es nicht verdrängt. Auf der fotografischen Platte unsers Auges bilden sich in jedem Tausendstel Zeitteil Eindrücke ab: wir nehmen fast nichts von all dem wahr, wir würden innerhalb weniger Augenblicke blind sein, wenn wir es wahrnehmen könnten und wollten. Nicht unser Ich sucht aus, was von den Lichtwellen, die in unser Auge gelangen, unserm Gehirn übermittelt werden darf, ja nicht einmal das suchen wir aus, worüber wir nachdenken wollen. Nur das Es tut das, es läßt ein winzig Teilchen die Zensur passieren, die es ausübt, alles übrige verdrängt es: denn das Leben ist Verdrängen, was wir zu tun glauben, sind Reste des sonst verdrängten Allerlebens, die das Es unserm eitlen, dummstolzen Bewußtsein gestattet.

Man glaubt, wenn man irgendwo hinhört, vielleicht jetzt in dem Augenblick, Sätze zu hören, die das über den Alltag erzählen. Aber nicht jedem Wort gestattet das Es des Hörers den Eingang in das Bewußtsein. Dieses Es wacht mit den Werkzeugen des Bewußten und des Unbewußten, deren Wirken wir zuweilen sofort nachweisen, vielleicht auch ausschalten können, aber auch mit Hilfsmitteln, die wir nicht kontrollieren können, weil sie jenseits des menschlichen Wissens liegen, über allen Eindrücken und, sobald ein Verdacht in ihm rege wird, daß etwas gehört werden könnte, was ihm nicht zweckmäßig erscheint, zwingt es den Gehörsinn, plötzlich ein Husten, ein Stuhlrücken oder sonst irgendeines der tausend Geräusche, die in einem menschengefüllten Saal ununterbrochen ertönen, zu beachten. In solchen Momenten zeigt es sich, wie gebieterisch unser Es aussucht, was verdrängt werden soll und was nicht; in solchen Momenten sieht ein jeder deutlich, daß dauernd Tausende von Schallwellen durch den Menschen überhört werden, ohne daß er diesem Wunder die mindeste Beachtung schenkt. Im Gegenteil, er glaubt bestimmt und äußert diesen Glauben in seiner Sprache, daß er fähig sei aufzupassen, daß er Herr über seine Aufmerksamkeit sei; er glaubt das Umgekehrte von dem, was vor sich geht. – Man hat die beste Absicht, jemandem zuzuhören, der Gegenstand, über den gesprochen wird, ist anregend, der Sprechende nicht unsympathisch, und doch: wer sich Rechenschaft gibt, weiß, daß plötzlich mitten in den interessantesten Mitteilungen ein ganz andrer Gedanke kam, daß man sich, während von wichtigen Lebensfragen die Rede war, überlegte, mit welcher Bahn man am besten nach Hause fahren könne, warum jene Frau traurig aussähe und das junge Mädchen dort kichere, ob der Franken noch lange steigen werde und was für Ähnlichkeiten im Gesicht des Nachbars steckten. Und unter Umständen weilt man minutenlang in Träumen oder beginnt darüber zu denken, warum man nicht eher wahrnahm, daß neben einem ein Kurzatmiger sitzt oder ein Mensch mit einer Glatze. Kehren Sie, nachdem Sie eine Weile im Freien waren, in einen überfüllten Raum zurück, Sie werden erstaunt sein, daß Sie auch nur eine Minute imstande waren, die verdorbene Luft des Saals nicht zu bemerken. Des Menschen Leben ist ein dauerndes Verdrängen, das ist das Wesentliche, von der Geburt bis zum Grab.

Was hat das Atmen mit unserm Willen zu tun? Wir werden dazu gezwungen, sobald wir den Mutterleib verlassen, es bleibt uns nichts anderes übrig als zu atmen. „Ich liebe dich so, daß ich alles für dich tun könnte", wer hätte das nicht schon einmal empfunden, geäußert oder gehört? Aber versuchen Sie, irgendeinem Menschen zuliebe den Atem anzuhalten, es wird zehn Sekunden dauern, oder wenn es hoch kommt, eine viertel Minute, und das Beweisen Ihrer Liebe erlischt in dem Hunger nach Luft. – Niemand vermag auf die Dauer dem Schlaf zu gebieten, er wird kommen oder er wird ausbleiben. Niemand kann den Schlag seines Herzens regeln, wer glaubt, er könne es, ist entweder ein schlechter Beobachter oder ein Phantast. Unser Es befiehlt uns, wie wir uns hinlegen sollen, ob wir die Beine strecken oder krümmen müssen, es heißt den einen, wie ein Fragezeichen zu schlafen, den andern mit dem Arm unter dem Kopf; beides aber erzählt verschiedenes über das menschliche Es. Der dort steht straff und jener schlaff, aber keiner von beiden ist sich bewußt, selbst der geübteste Menschenkenner und Versteckspieler nicht, wann er das tut, noch weniger, warum er es tut. Das psychoanalytische Verfahren enträtselt hier und da, selten genug, den Sinn der Bewegungen, aber auch dann nur, wenn das Es des Analytikers ihm Freiheit der Wahrnehmung gestattet. – Jemand unterhält sich, seine Worte sind moduliert: ab und zu folgt diese Modulation dem Sinn dessen, was gesprochen wird, meist tut sie das aber nicht. Leise Töne wechseln mit scharfen, hier werden Silben verschluckt und dort ein Wort gewählt, das nicht in den Sinn hineinpaßt: alles erzählt etwas über das Es, aber keine Kunde vom Ich ist zu erhalten. Leise spricht der Mensch, wenn er ein Geheimnis mitzuteilen hat oder wenn er Schlummerndes nicht wecken will. Achten Sie darauf, wie oft der Mensch in seinem Sprechen durch das Leisewerden des Tons bezeugt: hierüber spreche ich nur als über ein Geheimnis; und wenn Sie ihn fragen, was für ein Geheimnis das sei, weiß er nicht einmal, daß er eins hatte, leugnet er, daß er deshalb tonlos in der Weise des Geheimnisvollen sprach; wenn Sie aber dringend fragen, darauf bestehen, es sei ein Geheimnis in seinem Sinne gewesen, wird allmählich in ihm wach werden, was er nur leise flüstern darf und was er gerade dadurch, daß er leise sprach, betonte und der Neugier preisgab.

Wir sprechen viel von Erziehen. Aber woher kommt es, daß in derselben Familie bei denselben Erziehungsmethoden das eine Kind gerät und das andre mißrät? Im Grunde denken wir Dinge und glauben an Wichtigkeiten, die keine Wichtigkeiten sind, ja die nichts weiter als Irrtümer, Selbstbetrug sind. Melodien schießen uns durch den Kopf, während wir ernsthaft zu sein glauben, ganz versunken in tiefes Denken und Fühlen zu sein glauben, und wenn es uns erlaubt wäre, uns selbst zu erkennen, würden wir wissen, daß ganz andres für unser Wesen wichtig ist als Pflicht oder Freundschaft. Wir dürfen es nicht wissen, wie wir sind, es ist aber gut, uns hier und da klarzumachen, daß wir anders sind, als wir zu sein glauben und wünschen, stets so, wie wir uns unbewußt geben, daß aber seltsamerweise der Nachbar viel zu sehr mit sich beschäftigt ist, um zu sehen, wie wir uns geben.

Selbsterziehung, gibt es so etwas? Gewiß nicht, wenn wir damit den Gedanken verbinden, daß wir uns, daß unser Verstand, unser Bewußtes sich überlegen könnte: so oder so will ich werden und das und das muß ich tun, damit ich so und so werde. Die Entscheidung über das, was wir denken und erstreben sollen, wird außerhalb unsers Ichs getroffen, ist längst gefallen, ehe unser langsam begreifender Verstand auch nur weiß, daß eine Entscheidung getroffen werden soll. Und doch müssen wir glauben, daß unser Ich denkt und tut und empfindet; so deutlich wir uns klarmachen, daß Lieben nicht absichtlich erzwungen, planmäßig geweckt werden kann, daß das Ich nicht das mindeste mit Liebe und Haß zu tun hat, sondern daß das Es zur Liebe oder zum Haß zwingt, wir müssen doch immer wieder zu dem Wort und zu dem Glauben zurückkehren: ich liebe dich. Ja, unsre Natur ist sogar so geartet, daß wir nur mit Mühe erkennen können, daß wir ein und denselben Menschen gleichzeitig lieben und hassen, daß fast immer das Wort: ich liebe dich erst dann ausgesprochen wird, wenn der Haß oder die Gleichgültigkeit sich vordrängen, daß es ausgesprochen wird, um das enteilende Gefühl der Liebe noch eine Zeit festzuhalten, das leise mahnende Raunen der Abneigung zu überschreien.

Nirgends ist unsre Abhängigkeit von Dingen, die nichts mit dem Ich, alles mit dem Es zu tun haben, so greifbar deutlich wie auf dem Gebiete der Leidenschaften. Und doch tadeln wir den, der seine Leidenschaften nicht beherrscht und tadeln ihn mit Recht. Nur ist es Unrecht und falsch, daß wir den andern tadeln und nicht sehen, daß wir ihn nur deshalb tadeln, weil wir selbst kurz vorher in unsrer Leidenschaft unbeherrscht waren: denn nie tadelt ein Mensch seinen Nachbarn, es sei denn für eine Schuld, die ihn selbst drückt, nie beteuert ein Mensch seine Wahrheitsliebe, es sei denn, daß er eben unwahr war, nie ruft jemand: haltet den Dieb, es sei denn, daß er selber eben ein Dieb geworden ist.

Erkenne dich selbst! so stand es über dem Eingang des Delphischen Tempels. Es fragt sich nur, ob es irgendeine Möglichkeit gibt, sich selbst zu erkennen und ob solche Selbsterkenntnis sich lohnt, ob es nicht besser ist, andre kennenlernen zu wollen. Ach nein: andre erforschen, ist nur ein Mittel, um zu sich selbst zu gelangen, es ist ein Weg zur Selbsterkenntnis, für die meisten Menschen, vielleicht für alle, der einzige Weg. Und wer ihn immer wieder, trotz aller Verirrungen, aufsucht, wird nach und nach dahin kommen, Tadel und Haß und Neid in einem Maße aus seinen Lebensgewohnheiten fortzulassen, wie man kaum denken sollte. Freilich, Angst oder Hoffnung, daß die Unlust ganz verschwinden werde, braucht niemand zu hegen: der Mensch ist weder gut noch böse, er ist Mensch, und Mensch sein heißt, gut und böse sein.

Erkenne dich selbst! dazu bedarf es des Studiums der andern, aber gewiß nicht nur ihres bewußten Lebens; damit würde man nicht weit kommen; nicht ihr Ich soll erforscht werden, auch nicht allein ihr Unbewußtes, sondern ihr ganzes Es. Und der Alltag weiß viel von diesem Es zu erzählen. Man glaubt immer, man müsse in die Tiefen eines Menschen dringen, wenn man ihn kennenlernen will. In die Tiefen dringt doch kein sterbliches Auge, es ist ein vergebliches Bemühen. An der Oberfläche liegt genug, der Alltag bietet so viel, man sieht es nur nicht, und wenn man es sieht, vermag man es schwer zu deuten.

In der ärztlichen Tätigkeit bekommt man Erkrankungen der Oberfläche, Hauterkrankungen nicht selten zu sehen. Man könnte denken, daß die Art einer solchen Erkrankung am leichtesten zu erkennen sei. So ist es aber nicht: gerade die Hautkrankheiten, deren Erscheinungen mit den Augen ohne weiteres geprüft werden können, sind oft viel schwerer zu diagnostizieren als tiefliegende Erkrankungen, nicht selten ist es unmöglich, eine solche Erkrankung in diese oder eine andre Krankheitsrubrik einzureihen. So ungefähr ist es mit der Beurteilung des Alltagslebens, nur daß da die Schwierigkeit schon damit beginnt, daß wir es nur durch die schlechte Brille unsers Ichs betrachten und infolgedessen nur weniges und das entstellt sehen. Einiges läßt sich aber lernen, und der Fleiß trägt Früchte. Denn was wäre wohl dringender nötig, als von ganzem Herzen und von ganzem Gemüte Gott zu lieben, den Nächsten und sich selbst? Der Weg, um den Nächsten zu lieben und um Gott zu lieben, ist die Selbsterkenntnis. Sie läßt sich, so glaube ich, seit Freud uns lehrte, daß es ein Unbewußtes gibt, weiter treiben, als es früher möglich war. Wer analysiert, erforscht und ändert sich selbst, er erkennt sich selbst. Erkennen und lieben ist aber eins. Er erkannte sein Weib, das bedeutet: er liebte es. Aus der Liebe entsteht die Geburt. Wer sich erkennt, wird wiedergeboren.

KRANKHEIT

Dritter Vortrag an der Lessinghochschule

Der Mensch mit allem, was er ist, was mit ihm vorgeht und was er tut, ist für meine Betrachtungsart eine Erscheinungsform seines Es, sein Es offenbart sich durch ihn. Von diesem Standpunkt aus gesehen muß auch Kranksein irgend etwas über das Es aussagen, es muß einen Sinn haben, der enträtselt werden soll. Als Weg, um hinter den Sinn irgendeines Vorgangs zu kommen, benutze ich schon seit langer Zeit, allerdings mit dem Bewußtsein, daß dieser Weg durchaus nicht davor schützt, in die Irre zu gehen, die Betrachtung der Folgen des Vorgangs. Die erste und man kann fast sagen, allgemeine Folge des Krankseins ist das Gefühl zu leiden und daran anschließend das Verlangen nach Hilfe. Denkt man sich sein Leiden, gleichgültig, woran er leidet, immer mehr und mehr verstärkt, so gerät er schließlich in einen Zustand, in dem er in bestimmten Lebensgebieten abhängig von der Hilfe andrer wird, in einen Zustand, den jeder Mensch einmal durchlebt hat, er wird dem Säugling gleich. Das Es also, das seinen Träger erkranken läßt, beabsichtigt, ihn dem Wesen des Säuglings anzuähneln, das eine Mal mehr, das andre Mal weniger, je nachdem es zweckmäßig ist. Der Kranke sucht Hilfe, und zwar eine ganz bestimmte Art der Hilfe, die er aus Erfahrung kennt, er sucht die Hilfe der Mutter oder ihrer Stellvertreter. Krankheit ist immer und unter allen Umständen Sehnsucht nach der Mutter, nach der gütigen, sorgenden Mutter; Krankheit ist Rückkehr in die Kindheit. Ehe sich das Es zum Krankwerden entschließt, muß irgendwie der Wunsch, Kind zu spielen, da sein. Daß ein solcher Wunsch aus den verschiedensten Ursachen aufleben kann, ist verständlich. Aber auch da lassen sich aus den Folgen Rückschlüsse auf die Ursachen ziehen.

Wer ist der Mächtigste unter den Menschen? Man wird die Frage verschieden beantworten, je nachdem man gerade gelaunt ist. Wer aber die Machtfülle des Erwachsenen mit der des Kindes vergleicht, wird bald einsehen, daß das Kind mehr Macht besitzt als der Erwachsene, daß die Macht des Menschen von Geburt an

Tag für Tag abnimmt. Da wir alle einmal Kinder gewesen sind, also auch alle aus Erfahrung wissen, daß wir mächtiger werden, wenn wir wieder Kind, wenn wir krank werden, so liegt hier eine Seite des Willens zur Krankheit offen zutage: es ist Wille zur Macht. Dieser Wille zur Macht im Kranken ist der Ausgangspunkt und im wesentlichen auch der brauchbare Inhalt dessen, was Adler Individualpsychologie genannt hat; im Grunde genommen ist Adlers Bedeutung eine Sache medizinischer Praxis, er hat ein neues Rezept in die Mode gebracht, in dem zwei wirksame Stoffe, Freuds und Nietzsches Lehren in bestimmten Mischungen verordnet werden. Selbstverständlich kann man damit ärztlich arbeiten, sogar mit Aussicht auf große Erfolge; aber derlei wirksame Rezepte gibt es in unsrer Tätigkeit viele. Es lohnt sich nicht, sich lange dabei aufzuhalten oder gar irgendwie einen Vergleich zwischen Adler und Freud zu ziehen; merkwürdig ist mir nur, daß der Erfinder dieses Rezepts nicht einen Schritt weiter gegangen ist und sein Mittel bei den sogenannten organischen Krankheiten empfohlen hat, für die es weit brauchbarer ist als für die Neurosen, zumal er schon im Beginn seiner Laufbahn mit seinen Ideen über die Minderwertigkeit der Organe den halben Schritt in das organische Gebiet schon getan hatte.

Ein jeder von uns kennt die merkwürdigen Verhältnisse, die überall sich von selbst bilden, wo ein neugeborenes Kind ist, und wem es der Verstand nicht sagt, dem sagt es ein zorniges Gefühl des Neids und der Ohnmacht: Das Kind ist der wahre Herrscher der Welt, der König der Könige. Es gibt nur ein Wesen, das mit ihm gleiches Recht mit ab und zu gleichem Erfolg beanspruchen darf, das ist der Kranke. Der Kranke findet, unter was für Menschen er auch sei, immer Helfer und Pfleger und Diener.

Er findet auch, genau wie das Kind, Liebe, Liebe ohn all Verdienst und Würdigkeit: sie wird ihm zuteil, aus keinem andern Grunde als, weil er Liebe braucht, genau wie das Kind. Und diese Liebe hat das eine Besondere an sich, daß es Mutterliebe ist, Liebe, die im Liebenkönnen ihren Lohn findet. Wer begriffen hat, daß das Menschenleben von der Mutter ausgeht, sich von ihr entfernt und aus der Entfernung immer und unablässig wieder zur Mutter hinstrebt, dem ist es nicht rätselhaft, warum der Mensch sich krank werden läßt, ist es doch die einzige Möglichkeit, ohne Schuldgefühl wieder eine Mutter in nächste körperliche und seelische Nähe zu bringen, ohne im Schamgefühl verletzt zu sein, Zärtlichkeiten zu genießen, die sonst nie erreichbar sind, nicht einmal mit der Geliebten erreichbar sind. Das Leben des Kranken verliert jeden Harm, das Kindsein des Kranken vernichtet alle Sitte, alles wird erlaubt. Allerdings nur um den Preis des Kindwerdens, nur unter Verzicht auf alle Vorteile, die der Erwachsene hat.

Krankheit, und das ist eine Lockung, der schwer zu widerstehen ist, macht schuldlos: Der Kranke hat kein Schuldbewußtsein, oder wenigstens besitzt er ein Mittel, das Schuldgefühl zu vernichten, dadurch zu vernichten, daß er immer kränker wird, am Ende die Erkrankung so weit treibt, daß jedes Bewußtsein und damit jedes Verantwortungsgefühl aufhört. Ist es so sinnlos, krank zu werden, wenn es so große Vorteile bietet?

Krankheit birgt in sich noch etwas andres, um die Schuld zu sühnen, sie enthält in sich die Strafe. Und diese Strafe, die der Mensch sich, ohne es selbst sich klarzumachen, auferlegt, hat den großen Vorteil, daß er sie unter Umständen der Außenwelt, dem Schicksal, dem Gott als Ungerechtigkeit zuschieben kann, Vorwürfe gegen das, was nicht Ich ist, erheben darf. Auch darin gleicht der Kranke dem Kinde. Tagtäglich spielt sich im Leben des Kindes der typische Vorgang ab, daß es irgend etwas tut, was es selbst für höchstes Unrecht hält, was ihm sein Gewissen bedrückt. Aber es teilt davon nichts mit, es kann davon nichts mitteilen, denn Erfahrung hat es gelehrt, daß man bestimmte Handlungen den andern, den Eltern nicht mitteilen darf, der Eltern wegen: es würde sie zu tief treffen; dahin gehört zum Beispiel der Todeswunsch, den das Kind gegen Geschwister, Vater, Mutter hat, täglich hat. Der Erwachsene hat ihn auch, er weiß es nur nicht, weil er längst Meister in der Verdrängungskunst geworden ist, die das Kind erst lernen muß. Dieser Todeswunsch – es kann auch etwas andres sein, verbotne Lust, Diebstahl, absichtliches Verletzen einer vertrauensvollen Seele, Verrat schlimmer als der des Judas, Lüge, Verleumdung, alles Dinge, von denen das Kindesleben angefüllt ist – wird als tiefe Schuld empfunden und deshalb sucht das Kind nach Sühne. Wie kann es sie finden? Auf eine einfache, der bewundernswerten Intuitionskraft des Kindes entsprechenden Weise: es begeht irgendeine harmlose Dummheit, von der es weiß, daß Vater oder Mutter sich darüber ärgern, es begeht sie in dem Augenblick, in dem es am Wesen des Vaters, der Mutter merkt: jetzt ist schon eine schwere Störung des Gleichgewichts in diesem großen Menschen da, jetzt wird er meine harmlose Unart zu wichtig nehmen, jetzt wird er mich so strafen, daß es in keinem Verhältnis zu meiner Unart steht. So verläuft es, und das Kind hat den Vorteil, die heimliche Schuld zu büßen, ohne sie einzugestehen, und die Eltern, die starken Gegner ins Unrecht gesetzt zu haben. So verfährt das Kind, so verfährt der Mensch, wenn er zur Krankheit greift.

Die Psychoanalyse spricht – ich weiß nicht, ob der Ausdruck von Freud selbst stammt – von einer Flucht in die Krankheit. Das macht einen Teil der Erkrankungsvorgänge mit einem einzigen Wort klar; es enträtselt nicht alles, aber sehr vieles. Wem das Leben zu schwer wird, das äußere Leben, noch öfter das eigne Innenleben, der kann sich leicht allen Schwierigkeiten, wenigstens zeitweise, entziehen, wenn er krank wird: wer sich das Bein bricht, kann nicht zum Standesamt fahren, man wird ihn auch nicht eher vor Gericht bringen, als bis er ohne Gefahr für sein Ergehen vernommen werden kann. Wer in seinem Seelenkampf nicht mehr ein und aus weiß, dem kommt ein schweres Fieber, das jede Entscheidung unmöglich macht, ja, das vielleicht das Bewußtsein so umnachtet, daß alle Erinnerung an den inneren Zwiespalt verschwindet, sehr zupaß. Die Lebenslagen, in denen Zeit gewinnen, alles gewinnen ist, sind nicht allzu selten. Bis zur Genesung mag sich alles verändert haben, bis zur Genesung mag ein andrer Entscheidungen getroffen haben, die, wenn sie sich bewähren, gern hingenommen werden, und wenn sie ungünstig ausgehen, dem von schwerer Erkrankung Genesenen die Möglichkeit geben, andern Vorwürfe zu machen, mit andern zu brechen oder ihnen großmütig zu verzeihen, kurz, Schuld und Verantwortung auf andre, die nicht das Unglück, in Wahrheit Glück hatten, krank zu sein, abzuschieben.

Die Flucht in die Krankheit bietet einen andern wesentlichen Vorteil, sie ist das wirksamste Mittel, zu verdrängen: wer erkrankt, schiebt den inneren Konflikt nicht nur in die Zukunft, um ihn dann zu lösen, er vermag mit Hilfe der Erkrankung den inneren Konflikt so tief in das Unbewußte zu verdrängen, daß er entweder überhaupt nicht wieder zum Vorschein kommt, oder daß er sich jedesmal wieder leicht durch neue Erkrankung in die Tiefen des Unbewußten verdrängen läßt.

Innerhalb der Grenzen einer Stunde lassen sich diese Dinge nur andeuten, ja selbst im Andeuten kann man nur eine nicht besonders reichhaltige Auswahl treffen. Das ist aber auch nicht nötig, da der Zweck meiner Mitteilungen nicht der ist, meine Zuhörer zu belehren, sondern sie zu eignem Forschen und Erproben anzuregen. Ich muß immer wieder darauf hinweisen, daß ich nicht in der Lage bin, zu lehren, weil ich zu wenig weiß, ja, ich bin kühn genug zu behaupten, daß die Gebiete des Es so wenig methodisch erforscht sind, daß niemand als Lehrer auftreten kann. Sie liegen aber andrerseits so offen zutage, daß ein jeder die bedeutendsten Entdeckungen machen kann und machen muß, wenn er versteht, die Welt mit kindlichen Augen anzusehen, einfach aber nicht einfältig zu sein. Vorkenntnisse können unter Umständen nützlich sein, alle Vorkenntnisse bergen aber in sich die Gefahr, daß sie leicht zu Vorurteilen werden, was dann die eigentümliche Tatsache ein wenig erklärt, daß so wenig Wahrheiten von den Wissenden und so viele von den Unwissenden, sofern sie nur kindlich sind, gefunden werden. In den Zusammenhängen, in denen meine Aufgabe hier begrenzt ist, hat Vollständigkeit nicht das mindeste zu bedeuten, worauf es ankommt, ist das Wesen des Es, wie es sich im Kranksein offenbart, an einzelnen Beispielen zu erläutern. Wenn ich erreiche, daß in einem oder dem andern die Idee lebendig wird, daß Erkrankung nichts Abnormes ist, nichts, was wesentlich anders ist als Bauen oder Dichten oder Spazierengehen oder Gesundsein, daß es eine, unter Umständen oder zeitweise sehr unangenehme, unter Umständen und zu andern Zeiten sehr vorteilhafte Sprechweise des Es ist, so habe ich mehr erreicht, als ich zu hoffen wage. Kindlich und unbefangen zu machen, ist eine der Aufgaben des Krankseins, und da der Arzt nicht anders lernen kann, als durch das Studium der Erkrankung, so werden Sie verstehen, daß ich es für die wesentliche Aufgabe des Arztes halte, seine Schutzbefohlenen zu Kindern zu machen, ohne ihnen die Weisheit des Erwachsenseins, der Erfahrung zu nehmen. Gestatten Sie mir, an ein paar Beispielen zu erläutern, was ich damit meine, daß ich die Erkrankung eine Sprechweise des Es nenne; es wird dabei nichts andres sich herausstellen, als was ich schon bei der Besprechung des Alltags gesagt habe.

Nehmen Sie eine der verbreitetsten Erkrankungen, die es gibt, die Verstopfung. Es soll ihr Sinn gefunden werden, es soll verstanden werden, was das Es in der Verstopfung sagt. Bei der Verstopfung werden Massen, die sich in einem Hohlraum unsers Innern befinden und der Regel nach innerhalb von vierundzwanzig Stunden ausgestoßen werden, länger zurückbehalten. Zunächst müßte festgestellt werden, ob die allgemeine Annahme, daß der Mensch alle vierundzwanzig Stunden seinen Darm entleeren müsse, richtig ist. Sie ist nicht richtig, es ist eine Behauptung, die von der täglichen Erfahrung immer von neuem widerlegt wird. Eine große Zahl der Menschen haben bei völliger Gesundheit häufiger oder seltener als in den von dem Aberglauben vorgeschriebenen vierundzwanzigstündigen Zeiträumen Entleerungen. Die Ausnahmen der als allgemein hingestellten Regel sind so häufig, daß man die Blindheit der Beobachter nicht begreifen könnte, wenn nicht aus andern Zusammenhängen heraus verständlich geworden wäre, daß es sich bei der Sorge um regelmäßige Entleerungen in vierundzwanzigstündigem Wechsel nicht um eine Gesundheitsfrage, sondern um psychische Sorgen, im besonderen um Geldfragen handelte; ich komme darauf zurück. Hier möchte ich nur im Vorübergehen sagen, daß ein solcher Mensch, der von Natur aus auf längere Pausen eingestellt ist, durch das Erzwingen häufigerer Ausscheidungen geschädigt wird. Ich kenne in dem verhältnismäßig der Zahl nach nicht sehr großen Krankenmaterial eine ganze Reihe meiner Patienten, die den Typus achttägiger Entleerungen haben, die ihr ganzes Leben lang künstlich krank gemacht wurden, weil man annahm, daß sie verstopft seien, während sie ganz gesund waren. Wenn es so eine große Anzahl Gesunder gibt, die ihr ganzes Leben lang, wie es scheint, im Zusammenhang mit andern Eigentümlichkeiten ihres Wesens, verstopft sind, ohne deshalb behandelt werden zu müssen, so wechselt andrerseits, man darf sagen, bei allen Menschen, der Rhythmus ihrer Entleerungen: jeder Säugling lehrt das deutlich genug. Ich knüpfe hieran eine praktische Bemerkung, vielmehr eine Mitteilung aus meiner Praxis: seit über zwanzig Jahren verwende ich Abführmittel – und auch entsprechende Diätformen – nur bei schweren Vergiftungserscheinungen und bei akuten Infektionskrankheiten, also unter Umständen, wo es darauf ankommt, innerhalb kurzer Zeit bestimmte Umänderungen herbeizuführen. Solche zwingenden Gründe sind aber überaus selten. Fast immer kann man sich mit der Tatsache begnügen, daß der Darm im After eine Öffnung besitzt, nur diese eine, daß er außerordentlich große Mengen fassen kann und daß nicht die geringste Möglichkeit besteht, daß er infolge von angehäuften Kotmengen platzen sollte, daß all die Erzählungen und Theorien von Autointoxikation durch Kotreste auf Beobachtungsfehlern beruhen und daß man ohne jedes Risiko bis zu vier Wochen, ja, vielleicht noch länger warten kann, so lange warten kann, bis die Entleerung von selbst eintritt. Die Annahme, daß sich dabei die Kotmassen verhärten und daß infolgedessen die Entleerung schmerzhaft wird, ist ebenfalls falsch. Nur in den beiden ersten Tagen wird den Massen Wasser entzogen, werden sie ausgesogen, bald aber beginnt die Darmwand Flüssigkeit abzusondern, unter dem Reiz der Kotmassen, und der Stuhlgang wird wieder weich. Nicht eine der verrufenen Folgen – Kopfschmerzen, Unbehagen, Übelkeit, Schwindel, Appetitlosigkeit – tritt auf. Solange der Mensch unter Angst lebt, hat er Angsterscheinungen; sobald er sich davon überzeugt, daß er keine Angst zu haben braucht, fühlt er sich gesund, und dies Gefühl bleibt, und wenn er auch Wochen zu warten hat.

Aber ich bin weit von dem abgeirrt, was ich ursprünglich sagen wollte. Den Sinn der Verstopfung wollte ich enträtseln. Mit der Verstopfung sagt das Es einem jeden, der hören will: in meinem Innern sind Dinge, die ich nicht hergebe, die ich für mich behalte, und da das Es annimmt, daß im Innern außer den Resten der Speisen auch alle psychischen Eindrücke, die durch Augen, Ohren und alle Sinne aufgenommen worden sind, sich sammeln, daß der Bauch der Sitz der Seele ist, so kann dieses Zurückhalten des Leibesinhalts sich auf physisches und auf psychisches Material beziehen. Die Speisereste als solche zurückzuhalten hat nur dann einen Sinn, wenn das Es bemerkt, daß die Ausnützung der Speisen innerhalb der von den Ärzten vorgeschriebenen vierundzwanzig Stunden nicht erreicht wird; es nimmt sich dann länger Zeit, die gesunde Verstopfung tritt ein. Soweit ich urteilen kann, kommt es nie oder fast nie vor, daß krankhafte Verstopfung zu dem Zwecke besserer Ausnützung auftritt; sobald unangenehme Symptome damit verbunden sind, handelt es sich um mehr oder weniger verwickelte seelische Vorgänge, die sich in dieser eigentümlichen Sprache äußern. In den allerersten Lebenstagen ist der Grund dazu häufig Zorn gegen die Mutter oder die ganze Umgebung. Das Kind fühlt sehr bald, daß es eine fast unwiderstehliche Macht in dem einfachen Verfahren der Stuhlzurückhaltung hat; wenn das Unbewußte jedoch erst diese Macht kennengelernt hat, so verwendet es sie auch im späteren Leben. Die Analyse glaubt, soweit sie überhaupt es sich gestattet zu glauben, aus der Tatsache der Verstopfung auf Eigensinn schließen zu können. – Dem Säugling steht kein Eigentum zur Verfügung, wie das größere Kind oder der Erwachsene es hat; er bemerkt aber sehr früh, daß er über die Ausscheidung seines Darminhalts bis zu einem hohen Grade verfügen kann, den Zeitpunkt der Entleerung beschleunigen oder hinausschieben kann; der Darminhalt ist für ihn Eigentum, er entwickelt daraus den Begriff des Eigentums, des Geldes. Es ist bekannt, daß kleine Kinder nur die Personen beschmutzen, die sie gern haben, sie beschenken ihre Freunde mit dem, was sie besitzen. Und diese in der ersten Lebenszeit gewonnene Vorstellung, daß Kot und Geld ein und dasselbe ist, bleibt im Unbewußten des Menschen und ist bei der Entstehung der Verstopfung fast immer wirksam. Die Verstopfung sagt: die und die Ausgabe soll gemacht werden; ich habe keine Lust sie zu machen; da ich sie aber machen muß, das Geld unbedingt hergeben muß, so behalte ich das Symbolgeld des Kots; so dumm ist das Unbewußte. Oder ist es vielleicht keine Dummheit, anzunehmen, man könne durch Zurückhalten des Stuhlgangs eine Geldausgabe wieder einbringen. Die Analyse nimmt an, soweit sie überhaupt wagt, Meinungen zu haben, daß Verstopfung Zeichen der Sparsamkeit, ja des Geizes sei. – Der Sitz der Seele ist der Bauch, so nimmt das Unbewußte des Kindes und auch des größten Gelehrten an. Hat der Mensch ein Geheimnis zu bewahren und ist in Versuchung, dieses Geheimnis mitzuteilen, so ist der Ausweg der, daß das Geheimnis verraten wird, dafür aber der symbolische Seeleninhalt zurückbehalten wird. – Der Kot gilt als Masse verfaulter Substanzen, der Mensch, wenn er erst Scham kennengelernt hat und so weit verdummt ist, daß er zwischen gut und böse unterscheidet, scheut sich, wenigstens tun es die modernen Europäer, vor den Augen andrer sich zu entleeren, und wenn er es trotzdem tut, so hat er irgendwie das Gefühl, die Spuren seines Drecks müßten beseitigt werden. Diese anerzogene, vielleicht aber auch schon in der Natur des Menschen begründete Scham überträgt er auf das psychische Gebiet: da er immer Schmutz in seiner Seele hegt und von Zeit zu Zeit genötigt ist, den Schmutz seiner Seele oder was er dafür hält, zutage zu fördern, so rettet sich sein Unbewußtes, wiederum durch Verwendung des Symbols: es hält den körperlichen Kot zurück und glaubt dadurch das Zutagetreten des seelischen Schmutzes zu vertuschen. Wenn es wirklich Menschen gibt, die sich darüber schämen, daß sie mit einem Bauch voll Dreck herumlaufen, so sind es nur sehr wenige; erst wenn der Dreck den Bauch verläßt, wird er für Dreck gehalten. Genauso ist es mit dem Dreck der Seele: wer ihn nicht zu verheimlichen versteht, ist schmutzig. – Das Wichtigste aber und das Versteckteste, was das Es durch die Stuhlzurückhaltung sagt, ist ein Bekenntnis der Selbstbefriedigung. Man ist in unsrer närrischen Welt der Ansicht, daß die Selbstbefriedigung an den Genitalien stattfindet, durch irgendwelche Manipulation dort; aber das ist nur ein kleiner Teil, ein sehr kleiner Teil aus dem großen Gebiet der Onanie. Die Menschen wissen das auch ganz gut, sie sind oft bereit, die Tatsache der genitalen Onanie zuzugeben, aber nur einzelne sind imstande, auch ihre Phantasien, die doch zu der Handlung gehören, angeblich sogar das Schädliche dabei sind, mitzuteilen; vielleicht vermag das überhaupt niemand. Irgend etwas tief Geheimnisvolles, irgend etwas nicht Mitteilbares haftet an der

Liebe des Menschen zu sich selbst, an dem jedem Menschen mit-
gegebenen und von jedem ausgeübten Wunsch, sich selbst Lust
zu verschaffen. Dieses sich selbst Lust verschaffen, das doch der
Inhalt des menschlichen Lebens ist, ohne das das Leben nicht
Leben wäre, darf nicht gesehen werden, es gehört in das Reich
des Unbewußten. Da das so ist, kann es nicht wundernehmen,
daß die zahlreichen Formen der Onanie, die sich außerhalb der
Genitalsphäre abspielen, nicht mit dem Wort Onanie, Selbstbefriedigung in Zusammenhang gebracht werden. Trotzdem ist
und bleibt es Onanie. Und die einfachste, weit früher als die
genitale erlernte Form der Selbstlust, eine Form, die den Vorteil hat, daß sie dem Bewußten und den oberen Teilen des Unbewußten als schuldlos gilt, ist die Stuhlzurückhaltung. Die
Körperteile, die bei der Entleerung und bei der Verstopfung beteiligt sind, sind rings umher von den empfindlichsten Wollust-
nerven umsponnen; anatomisch und physiologisch ist es unmöglich, eine Entleerung ohne Lustgewinn zu haben, unmöglich
verstopft zu sein, ohne Lustgewinn. Daß dieser Lustgewinn als
solcher meist nicht empfunden wird, von dem Bewußtsein nicht
empfunden und gewertet wird, ist eine Folge langer Verdrän-
gungsarbeit. Jeder Säugling zeigt deutlich, zumal bei der ersten
Entleerung, die er hat, wie groß diese Lust ist, ja jeder Erwachsene kann sich und sollte sich, falls er mit dem: Erkenne-dich-
selbst Ernst machen will, durch das Experiment am eignen Körper von der Tatsache des Lustgewinns durch Entleerung und
durch Stuhlzurückhaltung überzeugen.
Ich habe in einigen Zügen den Sinn der Verstopfung erörtert;
es sollte ein Beispiel sein. Wenn Sie diese und jene Erkenntnis,
falls es den Namen Erkenntnis verdient, auf andre Gebiete der
Erkrankung anwenden, so wird sich manches klären. So läßt
der Satz: das Unbewußte glaubt, der Sitz der Seele sei im Innern
des Menschen, einige Gedanken über Mandelentzündungen zu.
Die Mandelentzündung erschwert das Schlucken, sie erschwert
also für die Ideenwelt des Unbewußten die Aufnahme von Eindrücken der Außenwelt in das Seelenleben; die Halsentzündung
läßt sich mit einigem Recht als der Versuch des Es auffassen,
sich gegen Einflüsse abzuschließen, die es aus irgendwelchen

Gründen für verderblich hält. Erkrankungen des Kehlkopfs, Heiserkeiten beispielsweise, lassen sich als Versuche des Es auffassen, irgend etwas im Bewußten oder Unbewußten nicht laut werden zu lassen: man flüstert, wenn man nicht stören oder nicht gehört sein will. Es versteht sich von selbst, daß sich das Es, wenn es mit einfachen Mitteln seine Ziele nicht erreicht oder wenn der Ziele zu viele und zu schwierige sind, nicht bei der einfachen Verstopfung oder der einfachen Heiserkeit stehenbleibt, sondern zu Blinddarmvereiterungen, zu Bauchfellentzündungen, zu Darmverschluß, zu Kehlkopfgeschwülsten, zum Krebs greift. – Der Sinn der Erkrankung muß etwas mit der Funktion des hauptsächlich leidenden Organs zu tun haben; damit ist natürlich nicht der Sinn der Erkrankung in vollem oder auch nur in weitem Umfang aufgedeckt – der Mensch ist ja nicht bloß Magen oder Herz, er ist auch niemals magenkrank oder herzkrank, sondern immer in seiner Gesamtheit als Es krank. Aber um zu dem Es zu gelangen, ist die örtliche, sinnfällige Krankheitserscheinung ein brauchbarer Zugang. Man darf sich nur nicht scheuen, unter die Funktionen eines Organs oder eines Körperteils alles das zu rechnen, was der primitive Mensch, vor allem das Kind, dazu rechnet. Für den primitiven Menschen ist die Funktion des Herzens nicht mit seinen physikalischen Leistungen erschöpft; die kommen dabei viel weniger in Betracht als die Auffassung, daß alle Liebes- und Haßempfindungen ihren Sitz im Herzen haben, daß dort der Neid haust und der Zorn dort gehegt wird, daß im Herzen Gift sein kann, daß Sorgen auf das Herz drücken und so weiter.
Ich darf es Ihnen selbst überlassen, sich mit diesen Dingen weiter zu befassen. Fürchten Sie sich nicht davor, alberne Schlußfolgerungen zu ziehen. Es ist auf medizinischem Gebiet nicht anders als auf jedem andern Lebensgebiet: meist ist der Weg des kindlichen Denkens der beste, ja oft der einzig gangbare. Ein Mensch, der einen Blinden sieht, kann ohne Gefahr, etwas Falsches zu vermuten, annehmen, daß dieser Blinde blind wurde, weil sein Es es für besser hielt, das Augenlicht zu verlieren, vielleicht nach dem Satz der Bibel: So dich dein rechtes Auge ärgert, so reiße es aus. Es ist unter Umständen besser nicht zu

sehen als Schaden an seiner Seele zu nehmen. Es ist besser, unter Umständen, seine Hand zu verlieren als einen Menschen zu ermorden oder zu stehlen. Es ist besser, unter Umständen, das Leben durch irgendeine schwere Erkrankung, ja vielleicht durch den Tod zu fliehen als gequält von der Masse verdrängter Schuld frei zu leben. Warum sollte das Es nicht irgendeinen Bazillus, irgendeinen Kieselstein, eine Obstschale, einen Trunk kalten Wassers, einen Schreck, einen furchtbaren Gedanken benutzen, um sich im Fieber, in den Schmerzen des gebrochnen Gliedes, in der Erkältung, in der Ohnmacht oder dem Herzklopfen, ja der Wassersucht aller Verantwortung zu entziehen, alle Schuld zu vernichten, und wenn es schließlich durch den Tod oder Geisteskrankheit geschehen müßte?

Freilich, eins bleibt fraglich: Erkrankungen enthalten in sich die Lüge, den Betrug. Die Erkrankung ist kein ehrlicher Weg, und wer es für begehrenswert und für möglich hält, ehrlich zu sein, der tut gut, dem Es andre Wege zu weisen. Gibt es solche? Sie liegen jenseits von Gut und Böse. Jenseits von Gut und Böse gelangt der Mensch aber höchstens für Augenblicke.

Es hat einen tiefen Sinn, wenn Christus diesem oder jenem Kranken, statt ihm Heilung zu geben, sagt: Dir sind deine Sünden vergeben.

BEHANDLUNG

Vierter Vortrag an der Lessinghochschule

Während die Gedanken, die mich in den bisherigen Vorträgen beschäftigten, auf den Einfluß zurückzuführen sind, den Freud auf mich ausübt, muß ich bei der Besprechung ärztlicher Behandlung auf den Arzt zurückgreifen, dessen gleichen ich in vierzigjähriger Tätigkeit nicht wieder begegnet bin, auf Ernst Schweninger. Alles, was ich weiß und kann, verdanke ich ihm. Ich behaupte nicht, daß, was ich heute mitteile, treu das wiedergibt, was Schweninger dachte und lehrte, sondern nur das, was in meinem Gehirn daraus geworden ist. Ich weiß keinen kürzeren und klareren Weg zur Darlegung ärztlicher Ziele zu finden, als wenn ich die Ausdrücke anwende, in die er mit der Naivität des Genies seinen Glauben zusammenpreßte.

„Der Mensch ist das Produkt seiner Lebensverhältnisse im weitesten Sinne des Wortes: will man das Produkt ändern, so muß man die Faktoren ändern, aus denen es hervorgeht", das war der Leitsatz, nach dem Schweninger behandelte. Als ich noch jung war, verstand ich die Tiefe dieses Worts nicht; ich verwechselte damals das Wort Lebensverhältnisse mit einem anderen Wort, das Schweninger nie gebraucht hat, mit dem Wort Lebensumstände, glaubte, man müsse, um Schweningers Lehre zu befolgen, das äußere Leben des Kranken ändern, seine Lebensumstände. Aber gerade das hat Schweninger nicht gemeint, sondern er meinte und sagte Lebensverhältnisse; zu einem Verhältnis gehören aber mindestens zwei Dinge, die zu einander in Beziehung sind. Wer die Lebensverhältnisse ändern will, kann das auf dreierlei Weise tun, entweder er ändert die Außenwelt, die Lebensumstände – das ist der Weg, der den Studenten auf den Universitäten gezeigt wird und den der Arzt zu gehen pflegt, selbst dann zu gehen glaubt, wenn ihn sein Unbewußtes, sein Dämon andre Wege führt; – oder er ändert, wie es die Psychoanalyse tut, den Menschen – dabei muß sich das Produkt Mensch – Umwelt – Kranker ändern: oder drittens: er ändert das eine Mal die Umstände, das andre Mal den inneren Menschen, nötigenfalls beide gleichzeitig; das allein kann nach meiner Meinung der Sinn des Schweningerschen Leitsatzes gewesen sein. Jedenfalls wüßte ich nicht, was ich mir heute andres unter dem Wort Lebensverhältnisse vorstellen sollte.

Eine seltsame Beleuchtung bekommt der Satz, wenn man dabei eine Tatsache in Betracht zieht, die Schweninger immer und immer wieder betonte, die fast niemand beachtet, obwohl sie zutage liegt und jeder sie sehen kann. Schweninger sagte: Bei weitem die größte Zahl aller Krankheiten heilen von selbst, ganz gleich, ob sie so oder so oder gar nicht behandelt werden; wenn ich nicht irre, nannte er dabei 75 Prozent, was ich für zu niedrig halte: er zitierte dabei die drastischen Worte des Chirurgen Nußbaum, der zu sagen pflegte: Die meisten Wunden heilen, selbst wenn Sie sie mit Kuhdreck verbinden, eine gewisse Zahl aber heilt nur, wenn sie mit peinlicher Sauberkeit behandelt werden. Ein weiterer Teil aller Krankheiten bessert sich überhaupt nicht, ganz gleich, welche Behandlung stattfindet, man kann sie schätzend auf 15 Prozent angeben. Dann bleiben 10 Prozent übrig, bei denen es wirklich auf die Art der Behandlung ankommt. – Es hat keine Bedeutung, ob die angegebenen Zahlen richtig oder falsch sind, die Tatsache bleibt, daß die Behandlung selten über Gesundwerden oder Krankbleiben entscheidet. Vielleicht ist es schade, daß die Menschen diese Tatsache nicht kennen, vielleicht ist es aber auch gut: der Mensch scheint so eingerichtet zu sein, daß Angst ein Bedürfnis für ihn ist, damit er sich erlösen lassen kann. Ohne Zweifel aber bekommt die Frage nach der Art der Behandlung ein andres Gewicht, wenn man weiß, daß sie nur selten gestellt zu werden braucht.

Wenn man nun unter Berücksichtigung dessen, daß bei den meisten Erkrankungen jede Behandlung überflüssig ist, das Zahlenspiel weitertreibt, so stellt sich heraus, daß von den behandlungsbedürftigen Fällen bei weitem die meisten durch Veränderung der äußeren Lebensumstände günstig beeinflußt werden; mehr ist dann nicht nötig. Das ist der Grund, warum man es im allgemeinen bei solcher Veränderung der Umwelt bewenden läßt. Der Rest, der bleibt, ist Gegenstand der Umänderung des inneren Menschen oder einer Kombination, mit der man versucht, Umwelt und Innenwelt zu verändern. Die Erfahrungen der beiden letzten Jahrzehnte haben mich dazu veranlaßt, dieser Kombination den Vorzug zu geben. Die Erfolge dabei sind für mich und mein Wahrnehmungsvermögen so groß, daß ich geneigt bin anzunehmen, es sei bei einer solchen Kombination sogar möglich, einen oder den andern Kranken, der in die Gruppe der unbeeinflußbaren 15 Prozent gehört, nicht ohne Resultat zu verarzten. Aber das ist eine Vermutung, bei der leicht der Wunsch Vater des Gedankens sein mag.

Schweninger hatte, wie alle gescheiten Menschen, deren Gescheitheit und Güte groß genug ist, Neigung zur Selbstironie, und die Folge war, daß er bei aller Abneigung und allem Haß gegen die Schablone Sprüche benutzte, um seine Ansichten den Schülern eindringlich darzustellen. Unter anderm behauptete er, die Frage der ärztlichen Behandlung lasse sich am leichtesten mit Hilfe des Schemas erörtern, nach dem früher die lateinischen Schulaufsätze verfertigt wurden: Quis, quid, ubi, quibus auxiliis, cur, quomodo, quando; zu deutsch: Wer, was, wo, mit welchen Hilfen, warum, wie, wann. Es läßt sich tatsächlich mit diesem alten Sprüchlein allerlei deutlich machen.

Wer behandelt? Die Antwort auf diese Frage scheint einfach zu sein: der Arzt behandelt. Aber wir gehen ja von der Tatsache aus, daß der Mensch ein Es ist, daß also auch das wirksame Prinzip des Behandelns nicht ohne weiteres das Ich des Arztes ist, auch nicht sein Bewußtes und Unbewußtes zusammengenommen, sondern eben sein Es, das sich bald im Bewußten bald im Unbewußten, bald jenseits dieser beiden Systeme betätigt. Wollte der Arzt bestimmen, wer in Wahrheit behandelt, so müßte er sich selbst kennen und beurteilen können, und das vermag niemand. Danach scheint die Frage: Wer behandelt? nur sehr unbestimmt beantwortet zu werden, wenn man sagt: Der Arzt. Ja, es fragt sich sogar, ob die Antwort überhaupt richtig ist; sie ist es aber nicht. Das wird klar, wenn man weiter fragt: Wer wird behandelt? Der Kranke, das versteht sich von selbst. Aber nun taucht wieder die unangenehme Tatsache auf, daß wir vom Kranken sehr wenig wissen, daß wir nur einen geringen Teil seines Ichs, seines bewußten und unbewußten Systems und dessen, was jenseits dieser Systeme liegt, kennenlernen können, nämlich nur so viel, als das Es des Kranken offenbart und unser Es wahrnehmen will. Es stoßen in der Behandlung zwei voneinander unabhängige, aber sich nach freien Entschlüssen gegenseitig antwortende Wesen aufeinander; der Arzt wünscht den Kranken nach bestimmten, ihm nur zum geringsten Teil bekannten Ideen zu ändern mittels bestimmter, wiederum nur unvollkommen bekannter Mittel, so wie es ihm sein Es erlaubt; dieses Es des Arztes richtet sich aber in seinen Handlungen, ohne daß es dem behandelnden Arzte bewußt wird, nach dem, was ihm das Es des Kranken entgegenbringt; was es tut, ist zum großen Teil unbewußt, ja bewußtseinsunfähig. Das Es des Kranken nun, das scheinbar Gegenstand der Behandlung ist, hat, da es sich in Kranksein offenbart, Interesse daran, krank zu sein, es will krank bleiben, sucht infolgedessen das Es des Arztes irrezuführen, es so zu ändern, daß es unfähig wird, dem Es des Kranken die Annehmlichkeiten des Gesundseins deutlich zu machen, so daß es zur Gesundheit zurückkehrt. Die Frage: Wer behandelt? ist also nicht so zu beantworten, daß der Arzt den Kranken behandelt – das ist nur die eine Seite des Vorgangs –, sondern es sind gleichzeitig zwei sich immer von neuem kreuzende Behandlungen da, also auch zwei Behandelnde: Der Arzt behandelt den Kranken, der Kranke behandelt gleichzeitig den Arzt. Man könnte sagen, daß es ein Kampf zweier Behandlungen ist, von denen die eine sich bestrebt, den Willen zur Gesundheit eines andern zu kräftigen, die andre, vom Kranken ausgehende sich bestrebt, jede Maßnahme des Arztes darauf zu prüfen, ob sie nicht als Mittel, krank bleiben zu können, benutzt werden kann. Nur wenn es dem Arzte gelingt, die störende, den Arzt zu Behandlungsfehlern verleitende Tätigkeit des kranken Es so umzuwandeln, daß sie entweder den Widerstand aufgibt oder daß sie zu sehr ermattet, um genügenden Widerstand zu leisten, wird die Behandlung Erfolg haben.

Um es noch einmal deutlich zu sagen: bei der Beschäftigung mit Kranken kreuzen sich zwei Behandlungen, die beide entgegengesetzte Ziele haben. Es gibt also auch zwei „Wer", die sich gegenseitig behandeln: Der Arzt behandelt den Kranken und wird gleichzeitig vom Kranken behandelt. Dabei ist klar, daß es für den Erfolg wichtiger ist, daß die Behandlung des Arztes durch den Kranken mißlingt, als daß der Arzt nach wissenschaftlichen oder unwissenschaftlichen Grundsätzen voreingenommen handelt. Der Satz: Nil nocere – nichts Schädliches tun – ist das A und O allen ärztlichen Tuns, nur leider ist dieser Leitsatz viel schwerer zu befolgen, als man im allgemeinen glaubt.

Wenn so die Frage, wer behandelt, arg verwirrend ist, weil es zwei Behandelnde und zwei Behandelte gibt, so ist die Frage, was behandelt werden soll, mit einem Wort zu beantworten: der Widerstand. Aber sofort teilt sich Frage und Antwort, da zwei verschiedene Widerstände gegen die Genesung da sind, der eine, der von dem Kranken ausgeht, der andre, der aus dem Es des Arztes kommt. Der Widerstand, der von dem Kranken ausgeht, ist verhältnismäßig leicht unter einen Gesichtspunkt zu bringen: er ist im wesentlichen die Abneigung des Kranken, gesund zu werden. Man kann sich, um die Dinge zu vereinfachen – allerdings sind sie deshalb noch längst nicht einfach – den Kranken als ein Wesen mit doppelter Willensrichtung vorstellen: einmal geht sein Wille, sein Eswille, dahin, krank zu sein, sonst wäre der betreffende Mensch nicht krank, er ist es nur durch einen freilich meist unbewußten Willensakt; zum andern wünscht er, gesund zu werden – mit Ausnahme derer, die sich nur behandeln lassen, um sich zu beweisen, daß sie klüger sind als die Ärzte, das heißt als die Eltern, deren Stellvertreter die Ärzte sind – sonst würde er sich nicht behandeln lassen. Für die Behandlung ist die Unterstützung des Genesungswillens ziemlich wertlos, denn er ist immer da, selbst bei Sterbenden ist er da, wie das letzte Aufflackern der Kräfte kurz vor dem Sterben häufig beweist. Da aber die Unterstützung des Genesungswillens eine Aufgabe der ärztlichen Technik ist, die gelehrt werden kann, so ist sie im wesentlichen das, was auf den Universitäten gelehrt und, wenn das Glück gut ist, gelernt wird. Den Widerstand zu behandeln läßt sich nicht lehren, es läßt sich bloß lernen, und zwar ist es nur zu lernen durch Behandeln Kranker; daher kommt die verwirrende Tatsache, daß der junge Arzt trotz Begabung und Fleiß doch anfangs Pfuscherwerk tut; es geht nicht anders, und keine Verbesserung der Unterrichtsmethoden wird daran etwas ändern. Es ist betrübend, daß die Examina – bestenfalls – nur Auskunft darüber geben, daß der junge Arzt das Unwesentliche, die Technik seines Berufs beherrscht, aber es ist so. Die Approbation ist kein irgendwie sicherer Maßstab ärztlicher Tauglichkeit, ebensowenig wie das Fehlen der Approbation irgend etwas Wesentliches gegen die Eignung eines Menschen für die Ausübung des ärztlichen Berufs sagt; denn die technische Fertigkeit läßt sich überall und jederzeit erwerben, wenn auch zuzugeben ist, daß der Besuch der Universität der bequemste Weg zum Erlernen der Technik ist. – Um diese Seite ärztlicher Tätigkeit nochmals mit andern Worten auseinanderzusetzen: die Aufgabe des Arztes ist, den Genesungswillen des Kranken aus allen Hindernissen, Fallen und Schlingen zu befreien, die Genesung kommt dann von selbst. Dazu gehört eine wachsame Aufmerksamkeit: bei dem leisesten Zeichen einer Verschlimmerung, ja bei der Verlangsamung des Genesungstempos, ja selbst bei einer geringfügigen Trübung der Herzensbeziehung des Kranken zum Arzt muß der Arzt sich sagen: Ich habe einen Fehler gemacht; es kommt nur darauf an, herauszufinden, welcher Art dieser Fehler war, und ihn ehrlich mit dem Kranken zu besprechen, ohne Verlegenheit und ohne jeden Versuch, sich zu entschuldigen. – Und damit bin ich bei dem wichtigsten Teil der Behandlung, bei der Behandlung des Arztes durch den Kranken. Ich machte schon darauf aufmerksam, daß es abgesehen von dem Widerstand des Kranken gegen die Behandlung einen Widerstand im Wesen des Arztes gegen das gibt, was für die Genesung des Kranken notwendig ist; es würde mich zu weit führen, wenn ich die Bedingungen und Äußerungen dieses inneren, so oft verhängnisvollen Widerstands auseinandersetzen wollte, ich erwähne deshalb nur als klares Beispiel dafür den Kampf, den der Arzt ständig mit seiner Eitelkeit und dem von dem Publikum, den Lebenstatsachen und der dem Menschen von Natur eigenen Selbstanbetung genährten Größenwahn führen muß. Man könnte es so ausdrücken, daß der Arzt den bewußten und unbewußten Äußerungen jedes anderen unbedingten Glauben schenken darf, wenn er nur die verschiedenen Sprachweisen des Es dabei einigermaßen berücksichtigt, daß er aber sich selbst niemals auch nur das geringste glauben darf, wenn es ihm nicht durch die günstige Reaktion des Kranken bestätigt wird. Mit andern Worten, der Arzt hat in dem Verhalten dessen, den er behandelt, einen Maßstab für sein Es. Der Beruf des Arztes erleichtert die wesentliche Aufgabe des Menschen: Erkenne dich selbst in einer Weise, wie es kein anderer Beruf tut. Der Arzt ist der Mensch, der von der Behandlung unter allen Umständen Vorteil haben kann, inneren Vorteil. Nicht der Kranke sollte dem Arzte dankbar sein, sondern der Arzt dem Kranken. Daß der Kranke gesund wird, ist nie ein Verdienst des Arztes, es ist seine Schuld, die Schuld seiner

Torheit und Unwahrhaftigkeit, wenn der Kranke nicht gesund wird; der Arzt aber hat immer die Gelegenheit, in und durch die Behandlung, die er vom Kranken kostenlos empfängt, zu genesen, und wenn er es nicht tut, so ist es, weil er nicht genesen will, meist bewußt nicht genesen will; denn Vorbedingung solcher Genesung ist Verzicht auf Anbetung des Ichs, und dieser Verzicht ist für den Arzt schwerer als für andere Menschen.

So zerfällt denn die Frage, was behandelt werden soll, wiederum in zwei Linien, die sich dauernd kreuzen, voneinander entfernen, um sich wieder zu nähern und sich zu schneiden. Nur das eine ist dabei klar: Der Arzt bleibt in Behandlung, solange er seinen Beruf ausübt, aber die, die ihn behandeln, wechseln; die Resultate geben sich in seinem Wesen viel mehr als in seinen Fortschritten ärztlichen Geschicks kund, sie finden aber nie einen Abschluß. Der Kranke dagegen wird stets nur von einem Arzt behandelt, eigentlich von einer Gestalt seines Unbewußten, die über allen Wechsel der behandelnden Persönlichkeiten sich nicht wesentlich verändert, sondern immer Züge der Mutter in sich birgt. Da er eines bestimmten Leidens wegen den Arzt aufsucht, so endet die Behandlung bei ihm auch mit der Genesung; es kann sein, daß in ihm durch die Ereignisse des Krankseins und der Behandlung Umwälzungen des Wesens stattfinden, es kann aber auch sein, daß das nicht erreicht wird. Jedenfalls darf es nicht das Ziel der Behandlung sein, da sich die Behandlung nur um die Widerstände des Es zu kümmern hat. Was das Es mit sich anfängt, wenn es die Widerstände aufgibt, liegt außerhalb des Machtbereichs ärztlicher Tätigkeit. Wenn überhaupt ein Mensch zu der Einsicht kommen kann, daß man nur so weit Macht über den andern gewinnen kann, als dieser andre es erlaubt, so sollte der Arzt diese Einsicht haben, und er sollte sich auch klarmachen, daß er kein Prophet ist, daß seine Behandlung an den Augenblick gebunden ist und daß ein vorgefaßter Plan hinderlich sein kann, und schließlich, daß er den Ausgang Gott überlassen muß und infolgedessen auch nicht, ohne überheblich zu handeln, irgend etwas über diesen ihm unbekannten Ausgang mitzuteilen hat. Diagnose und Prognose, was ist es und was wird daraus, das sind Dinge, die Kranker und Angehörige zu wissen wünschen, die aber der Arzt nicht weiß, also soll er auch nicht darüber Meinungen äußern. Die Tatsache, daß man eine Behandlung übernimmt, sagt an sich, daß der Arzt Hoffnung hat, etwas leisten zu können. Das sollte dem Kranken genügen, genügt ihm auch. Den Angehörigen genügt es nicht, aber Angehörige fallen in die Rubrik „Widerstand". Ihre Neugier muß behandelt werden.

Mit dem Wort „Angehörige", diesem Schreckenswort jedes Arztes, bin ich bei der Frage angelangt, wo der Kranke behandelt werden soll. Wenn es irgend geht, soll der Kranke dort behandelt werden, wo er sich gerade befindet. Das ist so ein allgemeiner Satz, aber wie läßt sich das durchführen? Arzt und Kranker müssen in naher Verbindung miteinander bleiben, sonst fehlt die Möglichkeit, die Behandlung wirklich zu leiten; denn dazu gehört, daß der Arzt die Lebensverhältnisse des Kranken kennt, um sie nötigenfalls zu ändern. Der Ton liegt für mich dabei wieder auf dem Wort Lebensverhältnisse. Nicht die Lebensumstände sind das Wichtige für den Erfolg der Behandlung, sondern wie der Kranke sich zu seinen Lebensumständen verhält. Wenn man das im Auge behält, verliert die Frage, wo soll behandelt werden, an Bedeutung. Ich brauche nicht erst zu sagen, daß die Lebensumstände, in denen jemand krank ist, Aufmerksamkeit verdienen: das weiß ein jeder, das lehrt das tägliche Leben, das Krankenhäuser, Erholungsheime, Badeorte und Kuren hier oder dort und dieser oder jener Art erfunden hat und mit Erfolg verwendet, das lehrt sogar die Universität, die sich ja sonst dadurch auszeichnet, daß sie möglichst wenig über Behandlung lehrt, wohl in der richtigen Erkenntnis, daß sich Wesentliches nicht lehren läßt, daß nur Technik gelehrt und gelernt werden kann. Wenn ich sage, es kommt nicht sehr viel darauf an, wo eine Behandlung stattfindet, vorausgesetzt, daß dem Arzt die Möglichkeit gegeben ist, Widerstände des Kranken rasch zu erkennen, sie zu untersuchen und, wenn es möglich ist, zu beseitigen, so meine ich damit, daß der Kranke allerdings seine äußeren Lebensumstände nicht mit sich schleppt, daß er aber sein Verhältnis zum Leben, die Grundlage dieses Verhältnisses überall wiederfindet; denn diese Grundlagen sind in ihm selbst enthalten. Der Mensch ist nicht das Produkt seiner Lebensumstände, sondern er baut sich seine Umwelt selber auf, dadurch, daß er ein Verhältnis zur Umwelt schafft, sich irgendwie annehmend oder ablehnend zu ihr sich verhält, schafft er die Umwelt, wenigstens die Umwelt, die für sein Leben in Betracht kommt. Und da scheint nun beim Menschen – ich brauche absichtlich das Wort scheint, denn Bestimmtes weiß ich nicht darüber – da scheint für den Menschen ein Gesetz zu gelten, daß er sein Verhalten zur Umwelt nach den Erfahrungen seiner Vergangenheit gestaltet, daß er gegenwärtige und zukünftige Umwelt einem Bilde anzuähneln sucht, das in seiner Vergangenheit in ihm sich gebildet hat und das nach Vollendung des dritten Lebensjahres nicht mehr wesentlich sich ändert. Die Umwelt des Menschen ist – man kann es ohne allzugroße Vergewaltigung der Tatsache, ohne die ja nichts gesagt werden kann, aussprechen – ein Gebilde seiner Phantasie, ist sein ihm eigentümliches, von ihm geschaffenes Kunstwerk. Da das so ist und da der Mensch sein ganzes Leben lang nur dieses eine Kunstwerk auszuarbeiten vermag und gar keine Sekunde Zeit hat, irgend etwas andres zu tun, so lebt er im wahrsten Sinne des Wortes stets in denselben Lebensverhältnissen. Sollen sie geändert werden – und von dieser Schweninger entlehnten Idee ging ich aus – so müssen sie dort geändert werden, wo sie sich gebildet haben, das heißt der Arzt hat, wenn er wirklich behandeln will, den Kranken in seine Kindheit zurückzubringen, in das Alter vor drei Jahren. Er ahmt damit nur den Gang der Natur nach, denn wie ich Ihnen früher auseinanderzusetzen suchte, ist die Erkrankung eine Rückkehr in die Kindheit. Die Natur oder meinetwegen das Leben ist so, wie es Christus sagt; so ihr nicht werdet wie die Kinder, werdet ihr nicht in das Himmelreich kommen.

Der Kranke muß in seiner Vergangenheit durch seine Vergangenheit behandelt werden. Allerdings muß ich dabei bemerken, daß ich das Technische – etwa das Einrichten eines zerbrochenen Knochens, das Anlegen eines Verbandes, das Verschreiben irgendwelcher Medizinen oder Diäten, das Baden oder die Heilgymnastik und Massage nicht mit unter die Behandlung rechne, denn das sind Dinge, deren Beherrschung noch längst nicht das Recht geben, sich vor sich selbst Arzt zu nennen.

Wenn ich nicht fürchtete, mißverstanden zu werden, so zwar, daß man wörtlich nimmt, was nur als Gleichnis gemeint sein kann, würde ich sagen: Ab und zu gerät ein Mensch in Verhältnisse der Umwelt gegenüber, die ihn – vielleicht auch nur sein Unbewußtes – an das Bild erinnern, das er sich als Kind von der Umwelt machte, daran erinnern, wie er sich als Kind diesen oder jenen Situationen und Ereignissen gegenüber verhielt. Sein Es ist damals mit Hilfe von Kunstfertigkeiten der Phantasie und der naiven Logik, wie sie nur dem Kind eigentümlich ist, aller Schwierigkeiten Herr geworden, zumal ihm zu jener Zeit noch große Möglichkeiten des Verdrängens unlösbarer Probleme offenstanden; vor allem waren die Gelegenheiten, Verantwortung und damit Schuld auf andere abzuschieben, tausendfach gegeben, da die großen Leute, Eltern, Erzieher und so weiter sich befugt glaubten, nach menschlichen Notwendigkeiten befugt glauben mußten, dem Kinde das Verantwortungsgefühl auszureden und auszuhandeln. Das war eine bequeme Sache damals, und es ist nicht weiter zu verwundern, daß das Es, in dessen Unbewußtem solche Bilder in der Kindheit geschaffener Schuldlosigkeit leben, wieder zum Kunstwerk greift, zur Dichtung. Nur steht ihm nicht mehr derselbe Weg des Abschiebens auf die Mutter zur Verfügung, weder die Mutter noch die Anerkennung der Verantwortungslosigkeit sind da: sie müssen zunächst erdichtet werden, so erdichtet werden, daß sie wirklich in dem Schauspiel des Lebens mitspielen. Beides, Mutter und Verantwortungslosigkeit sind mit dem Erkranken gegeben, aber leider auf Kosten der inneren Wahrhaftigkeit, und eine Dichtung, die nur des persönlichen Vorteils wegen ohne Notwendigkeit erdacht wird, nicht notwendig, weil die Not unbedingt gewendet werden muß, von selbst entsteht, gewissermaßen geboren wird, da die Zeit der Schwangerschaft abgelaufen ist, mißlingt, vor dem Gewissen des Dichters mißlingt sie, selbst dann, wenn die Umwelt sie anerkennt: sie ist erlogen, nicht gedichtet. Um aber dieser neuen Schuld, die aus der erlogenen, nicht gedichteten Verantwortungslosigkeit entspringt, auszuweichen, geht das Es denselben Weg des Krankseins weiter und weiter, verkriecht sich immer tiefer hinter der Krankheit. – Wer da helfen will – es ist hier bloß von den Erkrankungen die Rede, denen mit der Technik des Arztens nicht beizukommen ist – der kann gar nichts Besseres tun als die Kindheit wahrhaft wieder herstellen, wahrhaft erdichten. Das ist unter Umständen schwer, aber doch meist möglich, weil ja jeder Mensch als eigentlichen Kern seines Wesens das Kind in sich birgt und in allen wichtigen Dingen, Atmen, Essen, Trinken, Schlafen, Handeln, Empfinden und so weiter, ja selbst im Denken Kind geblieben ist und ist. Der Kranke muß durch die Behandlung wieder in seine Vergangenheit versetzt werden, vor die frühere Entscheidung, um die er sich herumgelogen hat, gestellt werden und einsehen lernen, daß es nicht darauf ankommt, schuldlos zu sein, sondern anzuerkennen, daß man ein armseliges Menschenkind ist, dessen Macht nicht einmal dazu ausreicht, schuldig zu sein. „Gott sei mir armem Sünder gnädig", darauf kommt es schließlich hinaus.

Die Frage, quibus auxiliis, mit welchen Hilfsmitteln das alles zu erreichen ist, beantwortet sich von selbst aus dem, was ich eben gesagt habe: der Arzt, der behandeln will, wirklich behandeln will, muß kindlich sein; je mehr er Kind ist, um so besser wird ihm sein Werk gelingen. Freilich um diesen Satz zu billigen, muß man erst anerkennen, daß das Kind der weise Mensch ist. Wer das nicht anerkennen kann, für den bleibt ein solcher Satz unsinnig. Ich möchte wünschen, daß unter meinen Zuhörern viele aus eigner Überzeugung meine Meinung von der Überlegenheit des Kindseins dem Erwachsensein gegenüber teilen. Um aber allen verständlich zu sein, kann ich die Formel wählen, daß die Hilfsmittel der Behandlung die gesamte Persönlichkeit des Arztes sind, wohlgemerkt die gesamte Persönlichkeit, wie sie eben nur beim Kinde zu finden ist oder in den Zeiten, in denen man wieder Kind ist. Solche Zeiten kehren täglich bei jedem Menschen wieder, aber wir kennen sie nicht, weil wir uns selbst so wenig kennen. Sich zum Bewußtsein bringen, wie oft wir naiv aus der Kindlichkeit heraus leben und denken und handeln, ist der Mühe wert; aus dieser methodischen Aufmerksamkeit ergibt sich von selbst eine rhythmische Ordnung dieser Zeiten und weiterhin eine große Verbreiterung der Persönlichkeit, so daß sie Menschenwelten umfassen und verstehen lernt, die ihr früher unbekannt und unzugänglich waren. Ich hätte also ebensogut sagen können, um Arzt zu sein, muß man seine Persönlichkeit so weit auszudehnen suchen, daß sie viele Saiten des Menschen bewußt spielen lassen kann, daß sie Menschliches in einem Grade beherrscht, wie andre es nicht beherrschen. Der Arzt braucht nicht Menschenkenntnis, sondern Kenntnis des Menschlichen. Daß sich solche Kenntnis des Menschlichen erlernen läßt, beweist die Psychoanalyse. Sie ist der Weg, der bis zu Freud nur den Kindern und den kindlich phantasiebegabten Erwachsenen gangbar war, den jetzt ein jeder gehen kann, wenn auch nicht jeder weit auf dem Wege kommt. Jedenfalls läßt sich jetzt schon sagen, daß der Arzt, der an der Psychonanlyse vorübergeht oder sie gar ablehnt, sich des besten Hilfsmittels beraubt, mit ganzer Seele zu behandeln; das heißt, ein solcher Arzt handelt ungefähr so wie einer, der Blutungen grundsätzlich durch Anwenden von siedendem Öl behandeln wollte.

Kur? Warum behandelt der Arzt? Weil er behandeln muß, aus keinem andern Grunde. Es geht ihm genauso wie der Schwangeren: wenn ihre Stunde gekommen ist, muß sie gebären. So und nicht anders ist es mit dem Behandeln des Arztes. Wenn seine Stunde da ist, muß er gebären, was in ihm ist, gleichgültig, ob er ein schönes Kind oder eine Mißgeburt in die Welt setzt, und da er immer schwanger ist und fast immer in kreißendem Zustand – er wird ja dauernd dadurch befruchtet, daß ihn sein Beruf zur Selbsterkenntnis zwingt – wird er behandeln und immer wieder behandeln, weil er es muß. – Ich würde auf das Warum nicht eingegangen sein, wenn nicht so viel Unrichtiges und Verderbliches über den Beruf des Arztes gesagt würde, vor allem daß sie ihren Beruf aus Menschenliebe betrieben oder gar, daß sie sich aufopfern. Solch Gerede wollen wir doch ruhig den seltsamen Eltern überlassen, die ihren Kindern vorreden, sie hätten die Kinder aus Liebe zu diesen noch gar nicht vorhandenen Kindern gezeugt, oder den Müttern, die es für erlaubt halten, von Aufopferung zu sprechen, während ihnen der erste Moment des Nachdenkens zeigt, daß Kinder zu haben eine unermeßliche Freude ist, niemals ein Opfer. Der Arzt opfert sich nicht auf, er hat seinen Zwang in sich, und Menschenliebe besitzt er an sich nicht mehr als ein jeder, nur erleichtert ihm sein Beruf, menschenliebend zu werden und den Haß zu verlernen. Daß es so wenig Menschenverächter unter den erprobten Ärzten gibt, ist eine Gunst, die ihnen ihr Beruf schenkt.

Quomodo, wie soll der Arzt behandeln? – es ist eine alte Forderung, die immer wieder von neuem gestellt wird: er soll kausal behandeln, was sagen will, er soll die Ursache der Erkrankung finden und sie beseitigen oder unschädlich machen, dann wird die Erkrankung von selbst verschwinden. Vielleicht tut sie es; ich weiß es nicht, glaube auch nicht, daß irgend jemand es weiß, halte diese Forderung auch nur für ein Geschwätz. Denn die Ursache einer Erkrankung kennen, heißt: Gott gleich sein; es geht einfach nicht. Um sich die Möglichkeit einer ursächlichen Behandlung vorspiegeln zu können, muß man einem Taschenspielerkunststück des Lebens Glauben schenken, was allerdings bei der Sucht des Menschen – man nennt es ein Gesetz menschlichen Denkens – überall Ursachen zu finden, nicht weiter wunderbar ist. Man muß zu diesem Zweck annehmen, daß der Mensch ruhig sich gefallen läßt, was die Bazillen oder die Kälte oder das Gift mit ihm machen will, man muß annehmen, daß die Erkrankung von außen entsteht, also genau das Umgekehrte dessen, was der Fall ist. Eine Quantität Gift, Art und Zahl der jeweiligen Krankheitserreger, darüber läßt sich ja allerhand aussagen, aber das ist höchstens ein Teil der Sache, ein unwesentlicher Teil; die causa, die Ursache ist der Mensch selber, ist, wie er sein Verhältnis zu den äußeren Vorgängen gestaltet, und da dieses Verhältnis sich dauernd ändert, kann man nichts über die Ursache sagen, es sei denn, man kenne den Menschen ganz; und das würde voraussetzen, daß man das All kennt. – Vielleicht ist es überflüssig, daß ich diese Dinge bespreche; ich tue es, weil ich das Gefühl habe, daß sich die leidige Ursachsucherei und der Glaube, man könne Ursachen finden, auch in die Vorstellungen der Psychoanalyse eingedrängt haben und dort allerlei Verwirrung anrichten. Demgegenüber erkläre ich, daß ich nicht der Ansicht bin und daß auch die Psychoanalyse nicht der Ansicht ist, daß Verdrängungen Ursachen von Erkrankungen seien und daß die Behandlung der Verdrängungen ursächliche Behandlung sei. Vielmehr ist sie, wie jede Behandlung immer war, ist und sein wird, eine symptomatische, eine, die sich nach den Symptomen zu richten hat, von den Symptomen ausgeht und sie als leitendes Prinzip benutzt. Allerdings gehört unter den Begriff Symptom nicht nur die Temperatur, der Pulsschlag, die verschiedenen Krankheitszeichen, sondern alles, was das Es des Kranken zeigt und was das Es des Arztes wahrnehmen kann, von der Gestalt des Kinns bis zu den tiefstverborgenen Gemütsbewegungen, von den gegenwärtigen Situationen bis in die fernste Vergangenheit. Immer ist es aber ein Bild, ein lebendiges Bild, was wir behandeln, niemals eine Ursache, immer der Mensch, die Ursache, nie die Umwelt. Ob etwas von dem, was der Mensch in seinen Symptomen zeigt, wichtig für die Behandlung ist oder nicht, läßt sich von vornherein nicht beurteilen, es kommt erst durch die Erscheinung heraus, die Freud Widerstand genannt hat. Da der Widerstand, dieses eigentliche Objekt jeder Behandlung erst nach und nach in seinen verschiedenen Äußerungen kenntlich wird, so ist es verhältnismäßig unwichtig, wie die Behandlung begonnen wird, wichtig ist dagegen, daß sie geduldig und aufmerksam durchgeführt wird; Geduld und Aufmerksamkeit sind Hilfsmittel, die, man kann fast sagen, jede Behandlung zu einer richtigen Behandlung machen. Wer sich dabei bewußt bleibt, daß der Arzt das Instrument ist, mit dem sich der Kranke herzustellen sucht, daß die Aufgabe des Arztes also ist, ein gutes Instrument zu sein, nicht aber ein guter Dirigent, der würde den Vorstellungen, die ich mir von der ärztlichen Tätigkeit mache, am ehesten entsprechen.

So bliebe denn, um einen vorläufigen Abschluß dieser oberflächlich geordneten Ansichten über Behandlung zu geben, noch die Frage übrig, wann soll der Arzt behandeln. Die Antwort ist für mich leicht, sie steht aber in Widerspruch mit dem, was üblich ist: Der Arzt soll nur dann behandeln, wenn der Kranke es von ihm verlangt. Dieser simple Satz enthält in sich eine scharfe Absage an das Verlangen der Allgemeinheit, der Arzt solle für

Hygiene des Lebens sorgen, seine Aufgabe sei in erster Linie, Krankheiten zu verhüten. Ich bin der Ansicht, daß das Aufgabe der Gesundheitsbeamten ist, nicht Aufgabe des Arztes. Er mag sich, wenn er Lust hat, damit beschäftigen, aber dann soll er wissen und nie vergessen, daß er durch die Beschäftigung mit allgemeiner Hygiene und durch spezielle Verhütung von Krankheiten in sich den größten Feind seiner ärztlichen Begabung stärkt, den Größenwahnsinn, daß er den Charakterfehler, dem der Arzt sowieso in erschreckendem Maße verfällt, die Überhebung, aufpäppelt und damit seine Leistungsfähigkeit auf seinem eigentlichen Gebiet, der Krankenbehandlung herabsetzt. Der Arzt ist der Kranken wegen da, nicht der Gesunden wegen. Er ist ein Instrument, mit dem der Kranke sich gesundet. Je feiner das Es des Arztes auf die Taten eines kranken Es reagiert, ohne seine eigenen Ideen dareinzumischen, seine eigenen Unvollkommenheiten, um so eher verdient er den höchsten Titel, den die Menschheit zu vergeben hat, den Titel: Arzt.

SCHICKSAL UND ZWANG

Das Thema, das mir Graf Keyserling für meinen Vortrag gestellt hat, lautet: Schicksal und Zwang. Wenn ich nur mit mir selbst zu tun hätte, würde ich rasch damit fertig sein; ich würde sagen: Schicksal, das bin ich selbst, und Zwang erkenne ich nicht an. Ich werde in aller Kürze auseinandersetzen, was ich mit diesen beiden Sätzen meine.

Wir stellen uns im täglichen Leben die Dinge und Geschehnisse einzeln vor, wir sprechen von ihnen, als ob sie unabhängig voneinander wären und geschähen, als ob der Baum oder der Stein, das Tier, der Mensch für sich allein als Einzelerscheinung existiere, als ob der Hund aus eigner, ihm innewohnender Kraft belle, der Baum aus eigner Kraft wüchse, der Mensch mit eignem, freiem Willen und mit voller Absicht das und das tun könne. Aber schon bei diesen einfachen Beispielen fällt auf, daß unser Denken Unterschiede macht, die unser Sprechen nicht anerkennt; wenn wir sagen: der und der Mensch reitet über die Heide, die

Katze läuft über den Weg, der Vogel baut sein Nest im Gebüsch, so meinen wir damit etwas andres, als wenn wir sagen: die Wolken ziehen am Himmel entlang, die Sonne geht auf, der Stein rollt den Berg hinunter. Während das Sprechen den Wolken, der Sonne, dem Stein noch Selbständigkeit andichtet, hat das Denken dem Leblosen schon längst jede Willensfreiheit abgesprochen. Ja, wir sind nicht einmal beim Leblosen stehengeblieben. Bei dem Satze: Der Baum bewegt sich im Winde, meinen wir, daß der Baum vom Winde bewegt wird; wir haben, auch in unsrer alltäglichen Vorstellungsweise, der Pflanzenwelt die Möglichkeit freier Willensbestimmung aberkannt. Bei den Tieren sind wir auf einen andern Ausweg verfallen, wir lassen sie aus Instinkt handeln, hinter dem irgendwelche nicht näher definierte Zwangsmechanismen stecken sollen, und erreichen auf diese Weise, daß nur für den Menschen die Willensfreiheit übrigbleibt. Da wir aber, sobald wir auf wissenschaftlich-experimentellem Wege oder mittels des logischen Denkens das Problem der Willensfreiheit untersuchen, sofort und stets erkennen, daß es eine solche Freiheit nicht gibt, sondern daß alles, was ist und geschieht, notwendig ist und notwendig geschehen muß, helfen wir uns, um unser Ichbewußtsein, unsre Überzeugung von der unabhängigen Selbstbestimmung unsers Denkens und unsrer Handlungen, unsre Verantwortlichkeit und unser Schuldgefühl – alles Begriffe, ohne die der Mensch nicht leben kann, die wesentliche Eigenschaften des Menschseins sind – um uns all das und mehr zu erhalten, helfen wir uns mit der Konstruktion des Worts und Begriffs Schicksal und schieben dieses Wort und diesen Begriff, sobald es uns paßt, in unser Denken und Sprechen ein. Die gewöhnliche Sprech- und Denkweise beschränkt das Wort Schicksal auf menschliches Erleben, für andre Dinge, für eine Stadt, ein Reich, die Welt, gebraucht sie dieses Wort nur, wenn sie dem Menschlichen angeähnelt worden sind.

Sieht man sich nun das Wort Schicksal ein wenig näher an, so stößt man auf eine merkwürdige Eigenschaft bei ihm: es enthält in sich einen Doppelsinn, wird einmal als etwas gedacht, was dem Menschen Ereignisse schickt, was also selber ein waltendes Wesen ist, im Gegensatz dazu aber auch als etwas, was von einer dritten unbestimmten Macht dem Menschen geschickt wird, über ihn verhängt wird; das Wort wird ambivalent gebraucht. Diese Ambivalenz beweist, daß in der Idee Schicksal ein Geheimnis, ein Mysterium, etwas Irrationales steckt, etwas, mit dem man nicht fertig werden kann, das, ganz anders als das Wort Notwendigkeit oder Zwang, einen dunklen, unklaren Inhalt hat; und da die Schicksalsidee sich im wesentlichen nur auf Menschliches bezieht, so ist zu vermuten, daß das mystische Dunkel des Worts und der Idee durch das Menschliche bedingt ist, daß ein Geheimnis des Menschen sich darin verbirgt und offenbart.

Wer in der Antike, im besonderen bei den Griechen, von denen ab und zu, meist im Anschluß an ästhetische Betrachtungen der griechischen Tragödien, behauptet wird, die Schicksalsidee sei für ihre Denkweise bedeutsam gewesen, nach Aufklärung forscht, wird sehr bald enttäuscht sein. An und für sich ist es ja schon schwer, die leitenden Gedankengänge einer sich über Jahrtausende wechselvoller Geschehnisse erstreckenden Kultur aufzufinden, bei den Griechen ist es aber unmöglich, weil im Laufe der Zeiten so viel über sie und ihr angebliches Denken geschrieben und gesprochen worden ist, daß man sie nicht mehr unbefangen sieht; sie sind für uns fremd und unverständlich, so gut wir sie auch zu verstehen glauben. In der Frage der Schicksalsidee aber läßt sich mit ziemlicher Sicherheit sagen, daß sie für die Griechen ebenso verschwommen und sich selbst widersprechend, ebenso geheimnisvoll war wie für uns, daß auch sie etwas Menschliches und zwar ein Mysterium des Menschen darin ausdrückten.

Wir alle sehen das antike Griechenland unwillkürlich in dem Spiegel Homers, und das wird vermutlich so bleiben, weil eben, abgesehen von der Bibel und dem Märchen, nichts existiert, was unsrer Neigung kindlichen Träumens und Dichtens so entspricht wie Ilias und Odyssee. Daher kommt es, daß uns als Bild der antiken Schicksalsidee zuerst die Szene einfällt, wie Zeus auf dem Gipfel des Ida sitzend den Willen des Schicksals erforscht, wie er die Schicksalslose der Danaer und Troer abwägt und sich der Entscheidung der Waage fügt. Wesentlich dieser Stelle wegen, die freilich an dichterischer Schönheit unvergleichlich ist und sich tief in das Gemüt eines jeden eingräbt, ist in uns die Vorstellung entstanden, der Grieche habe die Idee eines allwaltenden Schicksals gehabt, einer Moira, der Götter und Menschen und alles, was ist, unterworfen sei. Daß das ein Irrtum ist, ein Irrtum, hervorgerufen, wie ich schon sagte, durch die Gewalt der Dichtung, zeigt die Erzählung der Ilias wenige Gesänge später, wo es heißt: Jetzt würde auch gegen den Willen der Moira die heilige Ilios gefallen sein, wenn nicht Apollo die Mauer der Stadt gegen den stürmenden Helden geschützt hätte. Und wie bei Homer so findet man überall bei den Griechen dieselbe Doppeldeutigkeit der Moira, wie es bei uns mit dem Schicksal ist: die Moira ist ihnen allwaltend und doch nicht allwaltend, ein jeder ist ihrem Willen unterworfen und doch vermag ein jeder gegen ihren Willen zu handeln. Die einzige Aufklärung, die wir aus dem Studium der Antike über die Schicksalsidee bekommen, ist, daß man vor Jahrtausenden mit dieser Idee genau so willkürlich verfuhr, wie wir es tun, daß man sie benutzte oder beiseite warf, je nachdem es zweckmäßig schien, daß sie aber immer da war, dunkel, geheimnisvoll, drohend, ewig. Und immer klarer wird es nun: die Schicksalsidee ist irgend etwas, was zum Menschen gehört, eine menschliche Eigenschaft, ein seelisches Organ des Menschen, etwa entsprechend den Augen oder dem Herzen des Menschen, ein Hinausstellen und Gestalten eines inneren Problems, fast möchte man sagen eines inneren unlösbaren Gegensatzes, den jeder Mensch von Natur aus in sich hat. − Sie sehen, ich nähere mich ein wenig dem Satz: das Schicksal, das ist der Mensch selbst.

Noch einen Schritt weiter auf diesem Wege führt die Betrachtung der sogenannten Schicksalstragödie der Griechen und gerade des Stücks, das stets als typische Schicksalstragödie in der gebildeten Welt angeführt wird, des Königs Ödipus von Sophokles. Wie Sie alle wissen, lebt unter uns ein Mann, Sigmund Freud, der aus dieser Tragödie den sogenannten Ödipuskomplex abgeleitet hat. Seit er das getan hat, weiß ein jeder, der nicht notgedrungen die Einsicht in die Probleme des Lebens verleugnet, daß unser Leben in weiten, unübersehbar weiten Strecken von einem inneren, allen Menschen gemeinsamen Konflikt beherrscht wird, dessen Eigentümlichkeit es ist, daß er wohl zu zeitweiliger Ruhe kommt, aber immer da ist und jederzeit in der oder jener Form wieder ausbrechen kann, daß er, um den Ausdruck zu gebrauchen, Menschenschicksal ist, wenn er auch nur einen Teil dieses Schicksals in sich schließt: es ist der Kampf zwischen dem aus der Tiefe geborenen und nie endenden Wunsch nach dem Besitz der Mutter und dem überall und zu allen Zeiten anerkannten Verbot des blutschänderischen Verkehrs zwischen Mutter und Kind. – Hier ist nicht der Ort, auf die Frage des Wunsches nach der Blutschande und des dem Menschen eingeborenen Verbots der Blutschande, auf die Bedeutung des Ödipuskomplexes für menschliches Erleben einzugehen. Nur um deutlicher zu machen, was darunter zu verstehen ist, wenn ich behaupte: das Schicksal ist eine Projektion eines zur Natur, zum Wesen des Menschen gehörigen Mysteriums nach außen, habe ich diese seltsamen Vorgänge in unserm Unbewußten und Bewußten erwähnt, habe sie gerade deshalb erwähnt, weil sie sich von dem Sophokleischen Ödipus an bis zur fernsten Vergangenheit und bis in die neuste Gegenwart, in der Poesie und wo es auch sei, verfolgen lassen und so durch die Zeitlänge ihres Vorkommens etwas Beweiskraft haben.

Ehe ich weitergehe, werde ich mich ein wenig mit dem zweiten Wort des Themas, mit dem Worte Zwang beschäftigen. Der Begriff Zwang setzt zweierlei voraus: einmal, daß eine Macht da ist, die ein Objekt zu etwas zwingen will und möglicherweise auch zwingt, und dann, daß das Objekt, das gezwungen wird, den Zwang als seinen Neigungen widersprechend empfindet und ihn zu brechen wünscht. Zwang ist also wiederum etwas, was wir uns als außerhalb unsres eignen Wesens, zum mindesten unsres eigentlichen Wesens – wir sprechen ja auch von einem inneren Zwang – vorstellen; nur fehlt dem Zwang, wenn man ihn mit dem Schicksal vergleicht, das Großartige, Allgewaltige, Unvermeidliche; er existiert nur so lange, als der Mensch sich nicht einordnet, nur so lange, als er den Sinn von Welt und Leben nicht anerkennt. Der Zwang läßt sich überwinden. Wenn man einen Menschen in einen Kerker wirft, so zwingt man ihn, in diesem Kerker zu leben. Dieser Zwang hört aber in dem Augenblicke auf, wo der Gefangene beschließt, nicht mehr gegen die Kerkermauern anzurennen. Der Gefangene ist, selbst wenn er an die Wand geschmiedet ist, fähig, könnte es wenigstens sein, aus diesem Zwang eine Notwendigkeit zu machen, sie anzuerkennen und sich innerhalb der Grenzen dieser Notwendigkeit ein eigenes, ihm eigentümliches Reich der Freiheit zu schaffen. Jeder Zwang endet, sobald er nicht mehr als Zwang empfunden wird. Das ist allerdings schwer, und es gelingt nur selten, das Chaos der Empörung gegen den Zwang zum Kosmos der Anerkennung der Notwendigkeit umzuwandeln. Der Satz: den Zwang erkenne ich nicht an, lautet richtiger: wenn ich das wäre, was ich gern sein möchte, würde ich Zwang nicht anerkennen.

Und nun endlich steht man Worten gegenüber, die nicht, oder wenigstens nicht allzumenschlich angemenschelt sind, den Worten Notwendigkeit und Ordnung, und ihnen schließt sich als drittes das Wort Bedingtheit an. Alle drei erweitern das Feld des Denkens aus sich heraus in das Unendliche; sie haben, wenn sie sinngemäß gebraucht werden, nichts mehr mit dem Einzelmenschen, mit dem Ich, mit der Willensfreiheit zu tun, das alles geht auf, verschwindet in der Unermeßlichkeit des Alls; ja fast könnte man sagen, das Menschliche ist aus diesen Worten ausgeschaltet, so weit es sich überhaupt ausschalten läßt; völlig ist das nicht zu erreichen, weil wir Menschen alles menschlich auffassen und begreifen, mit unsern Menschensinnen wahrnehmen, mit unsern Menschengedanken denken und mit unsern Menschenworten sprechen. Erst wenn man sich von den Worten Schicksal und Zwang abwendet und statt dessen Worte braucht, die Unendlichkeit und Ewigkeit umfassen, die Raum für das Außermenschliche bieten und dem Menschen den schmalen Raum zuweisen, den er in Wahrheit ausfüllt, wenn man die Gottähnlichkeit des Menschen als das erkennt, was sie ist, die ihm wesensgemäße Anmaßung des Glieds, ein Ganzes zu sein, und statt des Menschen die dunkle Welt setzt, erst wenn man von Bedingtheit, Notwendigkeit, Ordnung spricht, kann man dem Problem der Freiheit nähertreten, sich mit ihm beschäftigen. Und dann hat es keinen Zweck mehr, denn in diesem Moment der Höhe, zu der ein jeder sich zeitweilig erhebt, existiert der Begriff Freiheit nicht mehr, infolgedessen auch nicht das Problem der Freiheit. In diesen größten Augenblicken eines Menschenlebens ist eben alles bedingt, alles notwendig, alles geordnet.

Bedingtheit will sagen, daß die Dinge sich gegenseitig schaffen und umwandeln, daß ein Ding ohne das andre nicht existieren kann, daß ein Ding so und nicht anders ist und nicht anders sein kann, weil die andern Dinge so und nicht anders sind und nicht anders sein können, daß etwas Einzelnes nicht da ist, daß das Einzelne ein unlösbares, notwendiges, geordnetes Glied des Ganzen, des Alls ist, daß das Einzelne nur ein Symbol des Ganzen ist, ein Zauberspiegel, in dem das All in Bewegung und Ruhe sehen kann, wer Augen dazu hat, und daß es die dem Menschenwesen zugehörige Hybris ist, der Dünkel des Menschen, gottähnlich zu sein, während er doch nur ein Gleichnis Gottes ist, – was ihn verleitet, das Einzelne zu etwas Ganzem zu machen. Es ist vergeblich, denn das Einzelne läßt sich nicht ohne Lüge aus dem Zusammenhang des Ganzen lösen, es ist nicht frei, es ist bedingt.

Und es ist notwendig. Notwendigkeit, das ist, was die Not wendet oder was so wendig ist, daß es sich der Not fügt und damit die Not vernichtet. Damit tritt zu dem Begriff des Bedingtseins noch etwas andres, etwas Zweckmäßiges, etwas, was die Not unmöglich macht. – In dem Wort „Notwendigkeit" liegt etwas dunkel Absichtliches, irgend etwas, was wieder eine Verbindung mit Menschsein, Absichtlichsein, Freisein herstellt, wenn diese Verbindung auch noch so locker ist. Es wird sich später aufklären, was es zu bedeuten hat, daß sich uns immer wieder – es gilt das selbst vom vorsichtigsten abstrakten Sprechen und Denken – in dergleichen Auseinandersetzungen menschliche Maßstäbe aufdrängen.

Das Wort Notwendigkeit schließt nun aber das Ordnende in sich. Um Not von der Bedingtheit abzuwenden oder die Bedingtheit der Not zu fügen, muß irgendwelche Ordnung, wenn sie auch nur negativ gerichtet ist, da sein. Und sie ist da, wenigstens für das menschliche Urteil ist sie da. Wir sind, da wir nun einmal Menschen sind und nichts andres sein können, von keinem andern Standpunkt als von dem menschlichen aus zu urteilen vermögen, unfähig das Chaos zu denken, für uns gibt es nur den Kosmos, wir sind infolge unsers Menschseins dazu gehalten, ursächlich zu denken, und das Wort Ursache setzt eine Ordnung voraus.

Es fragt sich nun, ob es richtig ist, daß alles bedingt ist; vorläufig habe ich es nur als Behauptung hingestellt. Es ist nicht meine Sache, die Gültigkeit des Satzes von der Bedingtheit der Dinge logisch zu beweisen, zumal das tausendmal logisch bewiesen worden ist. Vielmehr ziehe ich mich auf das Gebiet zurück, das ich aufgrund meines Berufs einigermaßen kenne, auf das Gebiet des Arztes, auf die Beobachtung des menschlichen Lebens. Auf diesem Gebiet habe ich nie etwas andres kennengelernt als Bedingtheit. Der Mensch ist in allem und jedem bedingt durch Umwelt und Innenwelt; nicht ein Augenblick in seinem Leben ist da, wo ihm Gelegenheit zu freier Wahl, zu freiem Willen gegeben wäre. Nicht eine einzige Lücke ist in den Zusammenhängen mit sich selbst und der Welt, und wenn sie noch so schmal wäre, wo sich etwas wie Freiheit einschmuggeln könnte, selbst nicht die des Ja- oder Neinsagens. Der Mensch ist eben nicht ein Teil des Ganzen – ein Teil setzt die Möglichkeit des Abteilens, des Trennens voraus –, er ist ein Glied des Kosmos, das nicht aus dem Kosmos isoliert werden kann. Um deutlich zu machen, was ich damit meine, brauche ich Sie nur daran zu erinnern, daß wir zu unsrer Existenz tausenderlei Dinge brauchen: Luft, Wasser, Bewegung, Schlaf und so weiter, ja, daß selbst der Fakir, der jahrelang ohne Atmung und Nahrung lebendig begraben zubringt – das Experiment ist gemacht und sorgfältig überwacht worden; so schlimm das für unsre physiologische Wissenschaft ist, deren Grundlehren dadurch in ihrer Allgemeingültigkeit widerlegt sind, läßt sich an der Tatsache eines Lebens ohne Sauerstoffzufuhr und ohne Nahrungszufuhr nicht zweifeln –, daß selbst der Fakir nachweislich bedingt ist durch seine Entstehung, durch seine Vergangenheit, durch den Lebenstrieb in ihm, durch den unentrinnbaren Kosmos. Ja, bei dem Erforschen dieser Bedingtheit stößt man auf Tatsachen, die erschrecken, die wohl angeschaut und ausgedacht werden können, deren Übernahme in das tägliche Leben aber unmöglich ist, weil sie zu viel Grauen erregen. Es stellt sich nämlich, schon bei kurzer Überlegung, zu der man sich allerdings nur schwer entschließen kann, heraus, daß das Individuum Mensch eine willkürliche, der Notwendigkeit unsres Denkens entsprungene Erfindung ist; denn für dieses angebliche Individuum Mensch gibt es weder zeitlich noch räumlich Anfang und Ende, bestehen weder zeitlich noch räumlich Grenzen. Niemals entsteht ein Mensch, er war schon von Ewigkeit her, in andrer Form, aber er war, und die Bezeichnung Mensch ist nur der Name einer bestimmten Form des wandelbaren, aber immer seienden Alls; niemals stirbt ein Mensch; das, was ist, bleibt, wechselt nur die Form. Es ist nicht möglich anzugeben, wann oder wo der Sauerstoff, den wir einatmen, das Brot, das wir essen, das Wasser, das wir trinken, Mensch wird, Bestandteil unsrer selbst wird, es ist nicht möglich anzugeben, wann, an welcher Stelle der Lichtstrahl, die Tonwelle, der elektrische Strom unser eigen wird, in uns einverleibt wird. Die Dinge fließen im ewigen Wechsel des Stirb und Werde ineinander, sind nicht zu trennen, sind bedingt. Es ist nichts da, wo das Einzelwesen frei sein könnte, ganz einfach, weil das Einzelwesen nicht existiert außer in unsrer dichtenden Phantasie. In Wahrheit – es kann nicht anders sein – hat noch nie jemand an der völligen Bedingtheit des Seienden, auch des Menschen, gezweifelt; in Wahrheit ist noch nie jemand gedanklich überzeugt davon gewesen, daß es eine Freiheit gäbe. Das hindert nicht, daß auch noch nie jemand wirklich an die Bedingtheit geglaubt hat, einen solchen Glauben zur Grundlage seines Wesens und Lebens gemacht hat, daß noch nie jemand an der Existenz und Notwendigkeit des freien Willens gezweifelt hat. Zwischen beiden Behauptungen besteht nur ein scheinbarer Widerspruch, den aufzulösen wohl nichts geeigneter ist als das Wort Notwendigkeit. Der Glaube wendet die Not des Wissens.

Notwendigkeit, Ordnung, auch bei diesen Worten könnte ich sagen: ich bin Arzt und als solchem ist mir der Gedanke, daß alles Geschehen notwendig und geordnet ist, unentbehrlich. Es würde aber nur halb aufrichtig sein. Daß überall, in allen Dingen und in allem Geschehen Notwendigkeit und Ordnung ist, glaube ich, und Glauben ist mehr als Wissen. Wer weiß, kann immer noch zweifeln, ob er es nicht irgendwann besser wissen wird; der Glaube aber ist eine gewisse Zuversicht des, das man hoffet, und ein Nichtzweifeln an dem, das man nicht siehet. Wer glaubt, zweifelt nicht und wird nie zweifeln, wird wenigstens immer wieder zu dem Nichtzweifeln und der gewissen Zuversicht zurückkehren, weil im Glauben – ganz und gar nicht im Wissen – die Erfüllung letzter und unentbehrlicher Wünsche liegt. Ich glaube also, daß in der Bedingtheit Notwendigkeit und Ordnung herrschen, der Glaube aber schließt das Verlangen nach Beweisen aus, er bedarf ihrer nicht, ja verträgt sich nicht einmal mit Beweisen, da er Wissen wird, sobald der Beweis da ist. Ich bin auch der Ansicht, daß ein jeder zu diesem Glauben an Notwendigkeit und Ordnung hinneigt, daß ein jeder ihn in mehr oder weniger verdrängter Form besitzt und daß sich wohl bis zu einem gewissen Grade finden läßt, warum ein solcher Glaube bei dem einen mehr, bei dem andern weniger verdrängt wird. Für den Arzt fallen, je länger und eindringlicher er sich mit dem Leid des Menschen beschäftigt, um so mehr die Verdrängungsschranken fort, so daß der seltsam widerspruchsvolle Zustand zutage tritt, daß der Arzt unsers Jahrhunderts trotz seiner materialistischen Ausbildung und seiner fast typischen Schaustellung eines unwahren Atheismus der Vertreter des Glaubens geworden ist, wenn auch dieser Glaube nichts mit Kirche und Dogma zu tun hat.

Trotz dieser Absage an die Gültigkeit der Beweise gebe ich aus meinen Berufserfahrungen ein Beispiel der Notwendigkeit, nicht um zu beweisen, sondern zu erläutern. Die moderne Medizin arbeitet, wie Sie alle wissen, theoretisch mit dem Begriff der Immunität, und auch praktisch tut sie das in ausgedehnter, vielleicht übertriebener Weise. Sie geht dabei von der Idee aus, daß der Organismus kosmisch, geordnet ist und auf jede Schädlichkeit mit irgendwelchen Schutzmaßregeln – etwa mit Bildung von komplizierten chemischen Stoffen, Antitoxinen oder wie man sie sonst nennen mag, mit Eiterungen, Fieber, Brand, Verminderung der Lebensprozesse, Linderung des Schmerzes durch Bewußtlosigkeit oder Stumpfheit des Empfindens und so weiter – notwendig antwortet, daß, gleichzeitig und von der Krankheit bedingt, auch die Neigung zur Selbstheilung da ist, daß sie notwendig da ist, immer und unter allen Umständen. Daß das Wenden der Not zur inneren Harmonie dem Organismus nicht immer gelingt, versteht sich von selbst, da dieser Organismus ja nicht isoliert, nicht für sich bestehend, sondern bedingt ist und sich infolgedessen den Dingen, dem All fügen muß. Eins gibt es aber für jeden Menschen, was alle Not wendet und endet, den Tod, der für den Arzt als Arzt kein Schrecken ist, sondern Freund und letzte, beste Hilfe. Ich zweifle nicht, daß ein jeder aus seinem eignen Lebenskreise heraus das entsprechende Beispiel dafür findet, wie alles notwendig ist, oder um es anders auszudrücken, wie alle Dinge zum Besten dienen.

Auch für mein Nichtzweifeln an der Ordnung, am Kosmos, an der Unmöglichkeit des Chaos gebe ich ein Beispiel aus der ärztlichen Erfahrungswelt: wenn man dem Hunde – und es gilt dasselbe auch für den Menschen, nur sind die beweisenden Experimente am Hunde gemacht worden – ein Stück Fleisch zu fressen gibt, so werden in seinem Magen-Darmkanal genau so viel und genau so geartete chemische Stoffe gebildet und abgesondert, als zur Verdauung dieses Fleischstückes nötig sind, bei einem Stück Brot werden andre Mengen und anders zusammengesetzte Mengen abgesondert, aber stets die Menge und Art, die zur Verdauung des Brotes nötig ist. Es herrscht Ordnung, und wenn die Ordnung gestört wird, so beginnt die Notwendigkeit, in der Form der Krankheit, zu arbeiten, der stets als letztes Mittel der Tod dienstbar ist. – Im übrigen darf ich voraussetzen, daß Ihnen die Tatsachen noch erinnerlich sind, die Driesch im vorigen Jahr mitgeteilt hat; sie allein und noch mehr, wenn aus seinen und andrer Forscher Entdeckungen ergänzendes Material hinzugefügt wird, sind am besten geeignet, eine, wenn auch noch so unwillig aufgenommene Vorstellung von der bedingten, notwendigen Ordnung zu geben, die jedes Chaos, aber auch jede Freiheit ausschließt.

Jede Freiheit, auch die der Wesensgemäßheit, auch die des Ja- und Neinsagens; denn letzten Endes gibt es nichts andres als Wesensgemäßes, und letzten Endes gibt es kein Nein, sondern nur ein Ja. Dem Ich ist es möglich, etwas für nicht wesensgemäß zu halten, das Ich kann zu etwas nein sagen, es kann an Notwendigkeit und Ordnung glauben, ja alle diese Fähigkeiten des Ich gehören zu ihm, sind Bestandteile des Ich, ohne die ein Ich, ein sich als Einzelwesen empfindendes Ich – und wir empfinden uns von Natur aus alle als Einzelwesen – nicht denkbar ist; aber da das Ich, das Einzelwesen eine Fiktion des Menschen ist, allerdings eine Fiktion, zu der der Mensch unweigerlich greifen muß, selbst wenn er noch so fest Buddha zu sein glaubt oder Buddha wirklich ist, da das Ich nur ein Werkzeug, eine Art Anschauungsinstrument, irgendeine Art Brille ist, durch die zu sehen uns das All befiehlt – warum, weiß Gott allein, der alles besser weiß –, sind seine Ansichten über Wesensgemäßheit, Ja und Nein, Notwendigkeit und Ordnung auch nur fiktiv. Sie sagen etwas über den Menschen aus, über seine Eigentümlichkeiten und Eigenschaften; über den Kosmos, über das All sagen sie nichts aus. Das All sagt vielmehr deutlich und vernehmlich für den, der Ohren hat zu hören: „Du bist mein, ich gebe das Gesetz, daß du dich Mensch nennst und dich für ein selbständiges Menschenwesen hältst, ich schenke dir den Glauben an dein Ich, an dein Menschsein und schenke ihn dir als Zeichen eines Menschseins. Lebe und sei blind, damit du immer Sehnsucht nach dem Lichte habest."

Mit Fug und Recht könnte ich hier meinen Vortrag schließen; denn ich glaube, deutlich genug gemacht zu haben, was ich mit dem Satze meinte, das Schicksal, das bin ich selbst: weil wir bedingt sind, gibt es kein Schicksal, sondern nur Ordnung: weil wir aber von dieser Ordnung das Ichgefühl mit allen seinen Folgen – Schuld, Verantwortung, Freiheit – als Lebensorgan mitbekommen haben, in tausendfacher bittrer und über alles süßer Erfahrung aber lernen, daß wir weder ein Ich sind, noch eine Schuld, noch eine Verantwortung, noch eine Spur von Freiheit haben, weil wir also unter der Ambivalenz stehen, so müssen wir, sobald die Ambivalenz nicht im Gleichgewicht ist, sobald die Not der Menschennichtigkeit uns bewußt zu werden droht, notwendig den einen Teil der Ambivalenz, eben das Bewußtwerden der Bedingtheit, aus uns herausdrängen und als Schicksal – man könnte auch Gott sagen oder Natur oder Ordnung oder All –, als etwas uns Fremdes unschädlich machen. Der Mensch ist so eingerichtet, daß er sich durch sein Denken und sein Erfahren für Augenblicke klarmachen kann und klarmachen muß: ich habe keinen freien Willen; er ist aber zugleich so eingerichtet, daß er durch diese Wahrheit wie durch jede Wahrheit in Not gerät und deshalb notwendig in seinem Tun und Denken und Fühlen, in seiner Art zu leben in die Dämmerung halber Wahrheit und halber Lüge flüchtet und darin wirkt: Ich kann, was ich will. Und wenn schon der Gebrauch des Wortes und der Idee Schicksal nur ein Verleugnen der Wahrheit und ein in Dunkel gehülltes Eingeständnis unsrer Zugehörigkeit zum All, die wir töricht genug Schwäche nennen, ist, so ist das Wort Zwang fast nicht mehr menschlich, sondern allzu menschlich. Kein Mensch muß müssen. Es gibt keinen Zwang; es gibt Ordnung.

Wie gesagt, ich könnte hier aufhören. Aber damit Sie sehen, wie ernsthaft das alles gemeint ist, wie lebensgestaltend oder, wenn Sie den Ausdruck vorziehen, schicksalhaft der Versuch der Einsicht und Anerkennung der Menschenambivalenz wirkt, werde ich um denselben Mittelpunkt Mensch einen engeren Kreis schlagen, statt vom Makrokosmos vom Mikrokosmos, statt vom Wesen des All vom Wesen des Menschen ein paar Worte sagen.

Die Begriffsbildung und Wortgebung Mensch ist nur möglich durch ein gewaltsames, in sich falsches Loslösen eines Gliedes aus dem All. Da wir aber den Begriff und das Wort haben und unsrer Natur nach anerkennen, so dürfen wir uns auch einen Begriff über das Wesen des Menschen machen, allerdings immer mit dem Vorbehalt, daß wir uns dabei innerhalb eines erdachten, nicht wahren Kreises bewegen. Da fällt zunächst auf, daß das Wesen des Menschen ganz etwas andres ist, viel ausgedehnter und wahrer ist als das Wesen des Ich. Der Beweis dafür ist einfach, da ja das Wort Ich erst etwa im dritten Lebensjahr Gewalt über den Menschen bekommt, man aber nicht gut dem kleinen Kinde das Menschsein absprechen kann. Abgesehen davon lehrt uns aber jeder Augenblick, daß der größte Teil unsers Lebens nicht das mindeste mit dem Ich zu tun hat; nicht unser Ich läßt das Herz im Rhythmus schlagen, nicht unser Ich ernährt die Zellen, nicht unser Ich wählt unter den Sinneseindrücken aus, was Wahrnehmung werden soll, nicht unser Ich schafft unsre Erkrankungen oder unsre Genesungen, nicht unser Ich läßt uns lieben, hassen, schlafen, wachen, sondern irgend etwas andres tut das alles, etwas Undefinierbares, Unbestimmtes, das man gerade dieser Unbestimmtheit wegen das Es nennen kann. Diesem Es nun des Menschen – nochmals, es ist eine erkünstelte, lediglich zu ärztlichen Zwecken erfundene Bezeichnung – muß man, ebenso wie man es mit den Menschen tut, irgendeinen Anfang geben, und warum sollte man ihm nicht denselben Anfang geben, den wir gewohnheitsmäßig dem Menschen geben, den Moment der Empfängnis.

Wer sich zu diesem – gewiß fehlerhaften, aber immerhin zum Zwecke der Forschung als Arbeitshypothese brauchbaren – Schlagen eines mit dem Allgedanken konzentrischen Kreises, in dessen Umfangslinie der Moment der Entstehung des Es, der Empfängnis liegt und der das Es umfaßt, entschlossen hat, für den ergeben sich einige merkwürdige Durchblicke auf das Menschenleben, die dem anmaßenden Wort: der Mensch ist sein eignes Schicksal, einen Schein des Rechts geben.

Sehen wir einmal zu, wie die Dinge eines Menschenlebens von diesem Moment an verlaufen; allerdings dürfen Sie dabei nicht vergessen, daß wir sehr weniges über den Menschen und sein Leben wissen, sehr vieles, das meiste nicht wissen. Zunächst ist da ein Vorgang, den wir die Befruchtung nennen. Das Wort ist leicht ausgesprochen und das Geschehnis läuft in kurzer Zeit ab. Wenn man aber bedenkt, daß seit Menschenaltern die Schar der wissenschaftlichen Heroen unter Heranziehung Tausender von Handlangern damit beschäftigt gewesen ist, diesen Vorgang zu erforschen, und doch kaum tiefer als in die oberflächlichsten Schichten vorgedrungen ist, geschweige denn, daß man ihn künstlich nachmachen könnte, wenn man das bedenkt, so bekommt man eine Ahnung davon, was für ein seltsam mächtiges Wesen das Es des Menschen ist; denn um diese Befruchtung zu bewerkstelligen, muß das Es über mathematische, physikalische, chemische Kenntnisse verfügen, deren geringer Bruchteil, in das Bewußtsein eines Menschen aufgenommen, diesem Menschen zur größten Berühmtheit aller Zeiten verhelfen würde. An die Befruchtung schließt sich die Furchung und Teilung der befruchteten Zelle an; Sie erinnern sich aus dem Vortrag Drieschs vom vorigen Jahr, was es damit auf sich hat; der geringste Rechenfehler des Es, das Verfehlen einer chemischen Mischung um ein Tausendstel Milligramm würde unberechenbare Folgen haben, hat es auch unter Umständen; im allgemeinen ist aber die Geschicklichkeit, die künstlerische, schöpferische Sicherheit des Es so groß, daß es ohne Schwierigkeit von der Umwelt zugefügte Schäden wieder gutmacht, ja, daß es die Not benutzt, um eine Tugend daraus zu machen. Dabei hat Driesch aus dem großen Gebiet, das er bearbeitet und beherrscht, nur weniges erzählt.

Ich will Sie nicht mit Einzelheiten belasten, sonst könnte ich eine Menge Dinge von der Schöpferkraft dieses Es erzählen, wie es Gewebe baut und Organe, Augen, deren wunderbare Struktur alles übertrifft, was je ausgedacht und von künstlerischen oder sonstigen Genies geschaffen worden ist, Ohren, die feiner gebaut sind – schon allein, weil sie lebendig sind – als die besten Instrumente der Akustik, die Hand, deren Beschreibung durch einen dichterisch begabten Forscher wie Bell schon das Entzücken jedes Menschen hervorruft, Kanalisationen, Filter, Gewölbe, lebendig bewegte Farben, Organe, die das Leben auf Jahrtausende, vielleicht auf ewige Zeiten weitergeben: das alles und mehr lasse ich beiseite und richte Ihre Aufmerksamkeit nur auf das eine: das Es, die wirkende, schaffende Kraft des Menschen, sein Wesen, sein Es gibt ihm das Gehirn und erhält es ihm, läßt es denken, schreibt ihm die Gedanken, Wünsche, Neigungen vor, macht den Menschen so, daß er Bewußtsein hat. Es zieht aber auch die Grenzen dieses Bewußtseins. Das Es gibt dem Menschen das Ichgefühl, das Es läßt ihn erfinden, dichten, sprechen, aufrecht gehen, sehen, hören, bauen, läßt ihn krank werden, heilt ihn, wählt ihm das Weib, bestimmt den Samenfaden, aus dem sein Kind entsteht: das Es ist allmächtig, es bestimmt jede Einzelheit des Menschenlebens, das Größte und das Kleinste, ohne daß das Ich des Menschen, sein Bewußtsein, sein Wille das geringste daran ändern kann.

Der Beruf als Arzt hat mich mitten in ein Geschehen hineingestellt, das deutlich, deutlicher als sonst wohl, spricht: Der Mensch, isolierst du ihn aus dem All, ist ein Mikrokosmos, ein Es, durch dessen vom Makrokosmos, vom All gegebene Ordnung jeder freie Wille, jede Spur von Wählen oder Entscheiden ausgeschlossen ist: dieses für jeden, der sehen will, sichtbar gebundene Geschehen ist die Krankheit. Nicht der bewußte, angeblich frei wollende Menschenteil entscheidet über Krank oder Gesund, sondern die bedingte, notwendige Ordnung des Es macht krank oder gesund. Das ist eine Binsenwahrheit, denn niemand nimmt wohl an, daß sich der Mensch mit bewußter Absicht, freiwillig den Tuberkelbazillus aussucht, um an ihm zu erkranken. Selbst der Versuch, sich künstlich, durch irgendwelches Gift, durch eine Kugel, durch Öffnen der Pulsader, durch Hinausspringen aus einem Fenster krank zu machen oder sich zu töten, gelingt nur dann, wenn das Es die Erlaubnis dazu gibt, weil es mit Erkrankung oder Tod eine Not wenden will. Der Selbstmord ist ebensowenig ein Resultat des freien Willens wie etwa eine Lungenentzündung. Und es ist ein Irrtum anzunehmen, daß man mit Hilfe frei gewollter Energie Krankheiten überwinden könne; jeder Todeskampf beweist, daß solche Ansichten nur Ausflüsse der dem Menschen von Natur eingepflanzten maßlosen Eitelkeit sind.

Auch für den Zufall ist kein Raum in der geordneten, notwendigen, bedingten und sich selbst bedingenden Welt des Es. Was so aussieht, etwa Unfälle, Infektionen, Kriegsverletzungen, läßt sich in jedem einzelnen Fall bei genügend geduldiger Untersuchung auf Freuds Wegen der Psychoanalyse als vom Es gewollt nachweisen, wobei ich wiederum betonen möchte, daß auch das Es nur scheinbar freien Willen, Allmacht besitzt, letzten Endes aber von kosmischen Zusammenhängen geleitet wird. Das Wort: Für mich ist noch keine Kugel gegossen, das bei so vielen wunderbaren Rettungen aus Schlachtengefahr gesprochen worden ist, hat einen Sinn; weder Zufall noch freier Wille entscheiden über Not und Tod, ja beide sprechen nicht einmal mit, denn sie existieren nicht. Wenn das Es verwundet werden will, sucht es die Kugel auf, wenn es nicht verwundet werden will, wird es nicht verwundet, und wenn die Kugeln so dicht fliegen wie Hagelschauer. Das Es, das die Verwundung nicht will, gestattet seinem Menschen, dieser seiner Erscheinungsform nicht, in den Kugelregen hineinzugehen, läßt ihn vorher abkommandieren oder schickt ihm auf dem Marsch eine Ohnmacht, oder läßt ihn desertieren.

Um nicht mißverstanden zu werden, füge ich hier eine kurze Bemerkung ein, warum ich von einem Es spreche, wenn es ein solches Es nicht gibt. Das geschieht, weil diese Fiktion, dieses Produkt meiner schweifenden Arztphantasie einen außerordentlichen praktischen Wert besitzt. Seit Freud die Lehre von dem Unbewußten aufgestellt hat, ist uns Ärzten die Möglichkeit gegeben, uns mit bewußter Entdeckerfreude in einem weiteren Kreise

ärztlichen Handelns zu bewegen, als es früher möglich war, da
wir in den kreuz und quer laufenden, sich fortwährend über-
schneidenden Linien des bewußten Lebens und des Zufalls um-
herirrten; es ist eine Möglichkeit da, ein wenig das Chaos ärztlichen Denkens zu ordnen, und zwar mit Hilfe des fiktiven Begriffs des Es. Da ich tausendfach in Wort und Schrift den Ausdruck „Es" benutze und benutzt habe, so wird man nicht ungeduldig werden, wenn ich auseinanderzusetzen suche, daß man gerade mit Hilfe dieser Fiktion wie mit einem neu eingeführten Instrument, etwa mit einem besonders scharfen Mikroskop, von
praktischer Seite her den allerdings überflüssigen Beweis der doppelt gebundenen Willensunfreiheit des Menschen führen kann.
Wer sich mit dem Unbewußten und weiter mit dem Es beschäftigt, dem geht es wie dem Denker und Erkenntnisphilosophen: er
findet keinen Raum für Willensfreiheit oder überhaupt für Freiheit. Alles sieht er bedingt, notwendig, geordnet. Auf dem Wege
der praktischen Erfahrung oder, um es noch mehr einzuschränken,
auf dem Wege meiner ärztlichen Tätigkeit bin ich zu dem gleichen
Resultat gekommen wie Driesch: es gibt keine Freiheit. Daß er sich
die Freiheit des Neinsagens vorbehalten hat, halte ich für eine
Folge seines Menschseins, seines Unterworfenseins unter die Gesetze des Es, und ich gebe ihm gleichzeitig zu, daß mein Glaube
an die Notwendigkeit und an die Ordnung ebenso eine Folge
meines Menschseins, ein Gehorsam gegen das Es ist.
Das Es ist allmächtig; ich gab schon vorher die Beschränkung
dieses Satzes; die Allmacht des Es ist bedingt durch die Dinge,
durch das All. Aber damit, daß wir den Menschen aus dem All,
aus seiner Bedingtheit durch das All herauslösen – und das ist, so
unerwartet Ihnen auch diese Behauptung kommen mag und so
gefährlich sie Ihnen erscheinen mag, weil sie alle Schuld und Verantwortung zu zertrümmern scheint – ach, täte sie es nur –, das
ist die dauernde Einstellung des menschlichen Gehirns, zu der es
immer wieder zurückführt, wenn es für Augenblicke in das Welt-
all hineingeschaut hat – damit, daß wir ihn aus dem All herauslösen, machen wir ihn nicht frei. Er verfällt der Gewalt des Es.
Nochmals: Das Herauslösen an sich ist ein Fehler im Denken. In
Wahrheit darf man und braucht man nicht von Allmacht, weder

von der des Es noch des Alls, noch Gottes zu sprechen; es ist alles notwendige, geordnete Bedingtheit.

Ich bin am Schluß meiner Ausführungen. Aber gerade an diesem Schluß erhebt sich düster und undurchdringlich die Frage: Wenn es denn wahr ist – und ich halte es für wahr –, daß der Mensch nur das denken kann, was ihm sein Es zu denken vorschreibt, was er seinem Wesen nach denken muß, wer gibt ihm dann Gewißheit über dies eine Ding, das alles in sich schließt, das All? Kann der Mensch etwas andres denken, als seinem Wesen gemäß ist? Nein. Kann er anders leben und erleben, als seinem Wesen gemäß ist? Nein. Muß er nicht alles, auch das All, auch Gott seinem Wesen gemäß umgestalten? Ja. Bedingt er nicht selbst alle Dinge seinem Wesen gemäß? Ja. Wäre es nicht möglich, daß alles in Wahrheit anders ist, daß wir alles, der Organisation unsers Es folgend, umschaffen? Es ist möglich.

So wäre denn doch in gewissem Sinne der Mensch sein eigenes Schicksal.

Das Problem der Freiheit ist nicht zu lösen. Ich bin nicht imstande, etwas andres darüber zu sagen als: Wir wissen, weil wir Menschen sind, daß es Freiheit nicht gibt; wir glauben, weil wir Menschen sind, daß es Freiheit gibt. Wir sind durch unser Es gezwungen, zu wissen und zu glauben.

Und da ist zu guter Letzt der Zwang, und den erkenne ich nicht an. Wie aber soll ich ihm entgehen? Es gibt nur ein Mittel dagegen, das ist, sich ihm fügen, es dem Kinde gleichzutun, so zu tun, als wäre freier Wille, was in Wahrheit Zwang ist, gleich dem Kinde, ernst und mit ganzer Seele mit dem Leben zu spielen.

Der Spruch: So ihr nicht werdet wie die Kinder, werdet ihr nicht in das Himmelreich kommen, hat für mich eine unwiderstehliche Anziehungskraft.

(ERZIEHUNG)

Wer in der Arche Meinungen kundgibt, setzt – so nehme ich an – voraus, daß wenigstens der Führer des Schiffs diese Meinung anhört und zu verstehen, wohl auch darauf zu antworten sucht. In der Stimmung, in der ich jetzt schreibe, sind es zwei Worte, die immer wieder in meinem Gehirn auftauchen: Verantwortlichkeit und Erziehung: dagegen weckt das Wort „Willensfreiheit" keinen Widerhall in mir, heut nicht, obwohl ich einsehe, daß es einen Sinn hat, Verantwortlichkeit und Erziehung mit Willensfreiheit in Verbindung zu bringen.

Wie ist es nun eigentlich mit der Erziehung? das ist eine Frage, die mir tausendfach gestellt wird, oft genug mit dem Zusatz: soll man versuchen zu erziehen oder soll man es nicht? Und ab und zu nimmt man mir die Antwort vorweg und sagt: es scheint, daß Sie nichts von Erziehung halten.

Soll man erziehen? Da ist das verhängnisvolle „Du sollst". Nein, du sollst eben nicht, aber du erziehst, du kannst gar nicht anders als erziehen. Du sollst tun, das bedeutet, du bist Herr der Zukunft oder wenigstens, du lebst in Zukunftsgedanken mit der bewußten oder unbewußten Idee, daß du Einfluß auf die Gestaltung der Zukunft hast; du tust, diese beiden Worte enthalten eine Betrachtung, sind Erkenntnis, Gegenwart. Meiner Denkweise nach bin ich auf das „du tust" eingestellt, nicht auf das „du sollst tun". Für mich ist die Frage: soll man erziehen oder soll man nicht erziehen unbedeutend, mir bedeutet es etwas, daß man erzieht, daß das Erziehen eine notwendige wesentliche Eigenschaft des Menschen ist, daß er, ebenso wie er eine Haut hat und ein Herz, auch das Erziehen als Eigenschaft besitzt. Und ebenso, wie ihm das Wesen der Haut oder des Herzens unverständlich ist, wie er nur ihre Existenz feststellen und je nach seinen Kenntnissen, nach der Beschaffenheit seines Es sich irgendwelche Zusammenhänge zurechtdenkt, sich irgendein Bild macht von Haut und Herz, wobei er sich nur selten klarmacht und klarmachen kann, daß ein Bild etwas andres ist als der Gegenstand, den es darstellt, ebenso denkt er sich irgend etwas über den Wert seiner erzieherischen Tätigkeit zurecht, macht er sich ein Bild von den Wirkungen, die er auf andre Menschen, auf seine Zöglinge, zu denen alle ihm begegnenden Menschen gehören, ausübt. – Wir wissen nichts über unser erziehendes Wirken, wir können nichts darüber wissen, aber wir erziehen ohne Unterlaß: ob es zum Guten oder zum Bösen für unsre Zöglinge ausgeht, können wir, so sehr wir uns Mühe geben, nicht beurteilen. Wir erziehen nicht, weil wir Gutes tun, nützlich sein wollen, sondern weil es unsre Natur ist, ausnahmslos jedes Menschen Natur.

Die Frage lautet, richtig gestellt, nicht, wie soll man erziehen, sondern wie erziehe ich, wie wirkt dieses Wesen, das sich mir unter dem Wort Ich darstellt, auf den andern im gegebenen Moment und am gegebenen Ort; wie ist dieses Ich beschaffen, handelt es nach Vernunft und mit Bewußtsein, planmäßig oder geleitet von unbekannten Kräften? Die Antwort, die ich geben kann, ist die eine, einzige Antwort, die überhaupt gegeben werden kann: Nicht mein Wille, sondern dein Wille geschieht.

Erkenne dich selbst! Der Form nach ist es eine Aufforderung, eine Mahnung, nach Selbsterkenntnis zu streben; in Wahrheit ist es aber nur eine Feststellung der Tatsache, daß der, der einige Kenntnis von sich hat, ein besonderes Instrument in der Hand des Alls, Gottnaturs ist, daß er besondere Kräfte hat, Wirkensmöglichkeiten, die ähnlich allen Menschen in einem bestimmten Alter verliehen sind, den Kindern. Die besten Erzieher sind die Kinder, und: So Ihr nicht werdet wie die Kinder, so werdet Ihr nicht in das Himmelreich kommen.

Selbsterkenntnis ist nicht Kenntnis unsers Ichs, sondern unsers Selbsts, unsers Es. Und es besteht für mich kein Zweifel, daß der Mensch, solange sein Ichbewußsein noch schwach ist, mehr von seinem Selbst, von seinem Es weiß, als von dem Zeitpunkt an, wo er das verhängnisvolle Wort „Ich" gebraucht. Das Wort Ich ist eine Brille – eine unentbehrliche, nicht zu vermeidende Brille, die uns zwingt, alle Dinge, vor allem unser Selbst verzerrt, entstellt oder verschönert zu sehen, die Gottnatur uns gab, damit wir nicht sind wie Gott.

Es ist nicht jedem gegeben, kindlich zu sein, und die, denen ein gewisses Maß der Kindlichkeit gegeben wurde, haben kein Verdienst daran, ebensowenig wie der Hammer ein Verdienst daran hat, daß er Hammer und nicht Glocke ist. Es ist nicht zu allen Zeiten erlaubt, sich selbst zu kennen. Freue sich ein jeder, der Augenblicke der Selbsterkenntnis hat. Wenn das, was mir zuweilen zuteil geworden ist, Augenblicke der Selbsterkenntnis gewesen sind und nicht etwa solche der Selbsttäuschung, so kann ich nur sagen, daß in solchen Augenblicken Dinge enthalten sind, die zum Glauben zwingen, zum Glauben an sich selbst; nicht an das Ich, es ist nicht ein stolzer selbstzufriedener Glauben, sondern eine Einsicht, die wohl einzig und allein mit dem Wort Glauben wiedergegeben werden kann.

Der größte König der Menschheit ist das Kind. Wer mächtig zu werden wünscht, – und wer wünschte das nicht – der geht zu den Kindern und läßt sich von ihnen erziehen; denn ihrer ist das Himmelreich.

Habe ich damit eine Antwort darauf gegeben, ob man erziehen soll und wie man erziehen soll? Nach meinem Empfinden: ja. Man soll nicht erziehen, man erzieht fortwährend; darin besteht das Leben. Wie man erzieht, wissen wir nicht, da wir aber ohne Unterlaß erziehen, in jedem Augenblick des Lebens, in jeder Sekunde, ohne es zu merken oder zu bedenken, so hat es nur für die Sinn, sich über die beste Art der Erziehung den Kopf schwer zu machen, die sich aus irgendwelchem Mißverstehen des Lebens heraus berufen fühlen, das Ich als den Lebensführer zu betrachten, gut zu sein, nach dem Guten zu streben. Aber es ist nicht wahr, daß wir wissen, was gut und böse ist; die Schlange hat uns das weisgemacht. Für unser tiefstes Wesen bleibt es dabei: an sich ist nichts weder gut noch böse, das Denken macht es erst dazu; und in der Marienhöhe, wo sonst wenig verboten wird, ist das Denken verboten.

Und nun die Verantwortlichkeit. Mit der ist es dasselbe: sie ist eine Eigenschaft des Menschen; das Gefühl, verantwortlich zu sein, gehört zum Menschen; lediglich die Form des Verantwortungsgefühls wechselt, so daß sich der eine so, der andre anders verantwortlich fühlt, genau so, wie der eine eine helle und der andre eine dunkle Haut hat. Man versuche es doch einmal, sich nicht verantwortlich zu fühlen: es geht nicht. Bis zu einem gewissen Grade kann man diese Eigenschaft menschlichen Seins verdrängen, aber es ist kein wesentlicher Unterschied, ob das Verantwortungsgefühl sich in Gewissensbissen oder im Streben äußert, im Kranksein oder in der Musik, in einem Laster oder in einer Tugend. Das alles sind lediglich Namen, Aufschriften, mit denen wir ungefähr bezeichnen, ob der Inhalt des Gefäßes berauscht oder erquickt, ob Wein darin enthalten ist oder ein Digitalisdekokt, Gewohntes oder Ungewöhnliches.

Mein Beruf ist nicht zu erziehen, ist auch nicht zu helfen, ist auch nicht, Verantwortungen zu geben oder zu nehmen: der ärztliche Beruf hat nur mit dem Augenblick zu tun, der Arzt hat zu sein, nicht zu handeln. Je mehr das Sein hervortritt, je mehr er ist, statt zu handeln, um so leichter wird es dem Kranken sich seiner zu bedienen.

Wir sollen nicht, wir sind.

(EINE ABBITTE)

Ich habe nie etwas von ihr gelesen, aber wenn ich ihren Namen hörte oder irgendwo eins ihrer Bücher sah, höhnte meine anmaßende Bildung, und ich kam mir erhaben vor. Ich bitte ab.

„Die modernen Schriftsteller geben dem Volk nicht, was es haben will. Sie öden die Leute mit ihrem eigenen Elend und ihrer Wirklichkeit an, sie wollen das Volk ertüchtigen, ihm jede Poesie, jedes Märchenhafte wegnehmen. Das fühlt das Volk, es will etwas anderes haben, es will keine Realistik, kein Grauen. Ich muß meinen Leuten etwas bringen, wodurch sie aus allem Elend befreit werden, das ist das Geheimnis meines Erfolges. Das gute Ende ist ein so unerhörtes Glück im Leben, daß es so gut wie gar nicht eintrifft, aber weil meine Leute sich an die Hoffnung klammern, lasse ich es immer gut ausgehen. So schlimm, wie das Leben ist, kann man es gar nicht schildern. Alle wollen das Volk mit Kaviar füttern, das Volk sagt, das ist 'ne Schmiere, Heringsrogen ist dasselbe. Ja, lieber Gott im Himmel, unsere Zeit ist so arm an Idealen, was ist das ganze Leben ohne Poesie und Ideale?

Ich lehre die Leute erst lesen; wenn sie das gelesen haben, was ich schreibe, wagen sie sich an ein besseres Buch, an literarische Sachen. Es gibt so viel Literatur und so wenig Leute, die fürs Volk schreiben, gäbe es mehr, hätte ich selbst nicht den großen Erfolg."

Ist das nicht herrlich? – Wer hat es gesagt? Frau Courths-Mahler.

„Heutzutage bin ich selbst eine komische Figur", sagt sie in anderm Zusammenhang. „Ich war mehrmals im Kino, die Leute lachen zuerst, wenn sie mein Bild in der Wochenschau sehen, zuerst lachen einige, dann klatschen aber viele. Wenn Schriftsteller einen billigen Witz machen wollen, dann ist es immer über Courths-Mahler." Als ich das las, schämte ich mich. „Wer selbst etwas kann, hat mich nie angefeindet." Dabei habe ich eine warme Freude empfunden.

Frau Courths-Mahler hat recht, und wir hochmütigen Geschmäckler haben tausendmal unrecht; sie ist uns tausendmal überlegen, sie kennt ihre Grenzen, ist wahr. Und wer von uns dürfte das von sich sagen? Wer von uns bleibt innerhalb seiner Grenzen? Wer von uns kann so schreiben, daß das Volk, wirklich das Volk sein Geschreibe liest?

Ich habe doppelt Ursache, abzubitten, weil ich im Grunde meiner Seele schon längst weiß, daß all unser literarischer Hochmut nicht echt ist, daß sich dahinter die Unfähigkeit verbirgt, daß wir nicht können, was Frau Courths-Mahler kann. Was nottut – das wissen wir alle –, ist der Dichter, der das Volk versteht und den das Volk versteht; noch ist er nicht da, aber wenigstens gibt es Schriftsteller, die noch genug Volkssinn haben, nur leider, wir gehören nicht dazu. Man hat dem Volke das Buch weggenommen – wir alle haben uns an diesem Diebstahl des Besten, was das Volk hatte, beteiligt –, aus dem es sich nahm, was zu ihm paßte, die Bibel. Da wir nichts gaben, was allenfalls den schweren verhängnisvollen Verlust ersetzen mochte – selbst unsre großen Dichter gaben dem Volk nichts, rein gar nichts –, so ist die Frage erlaubt, ob nicht Schriftsteller von der Art der Frau Courths-Mahler viel gerechteren Anspruch auf Ehren und Anerkennung haben als wir halben Menschen, die weder reif genug sind, um für die wenigen Reifen zu schreiben, noch Kind genug, um für das Kind Volk den Erzählton zu finden.

Im Grunde meiner Seele, sagte ich, weiß ich das längst, und ich habe dieses Wissen gelegentlich im Gespräch über einen andern vielgeschmähten Volksschriftsteller, Karl May, geäußert. Da ich nie etwas von Frau Courths-Mahler gelesen habe, kann ich nicht sagen, was sie für das Volk so anziehend macht; ich vermute aber, daß es mit ihr dasselbe ist wie mit Karl May, daß sie eine Seite des Menschlichen, die bei uns Ästheten in die Verdrängung geraten ist, während der naive Mensch sie noch unbefangen lebt, offen zu zeigen vermag. Mit andern Worten, ich nehme an, daß sie wahrhaftiger ist, als wir es sind, ebenso wie ich Karl May trotz seines erstaunlichen Lügens für wahrhaftiger halte, als es tausend und abertausend gepriesene Schriftsteller sind. Unsereins denkt zuviel, hat zu viel Absicht, wir wollen zu viel und können zu wenig. Karl May, vermutlich auch Frau Courths-Maler, geben sich selbst, schlecht und recht, wie sie sind, sie wollen nicht schöne Kinder in die Welt setzen, sondern sie wollen nur gebären, sich vermehren. Sie sind Naturen, wollen nicht mehr sein, und ich denke, das ist genug. Jedenfalls ist es für mich mehr als der Wunsch, Künstler zu sein, wenn einem nicht mehr zur Verfügung steht als Talent. Die Kunst ist keine Frage des Talents.

Im Anschluß hieran möchte ich ein kleines Erlebnis erzählen, das ich vor etwa sechzehn Jahren hatte. Damals existierte hier in Baden-Baden ein Volks- und Diskussionsklub. Ich beteiligte mich an den Debatten lebhaft, erntete bald Beifall, bald harten Tadel. Eines Tages hielt ein Herr – er war, so viel ich weiß, irgendwie eine Art Jugenderzieher von Beruf, ein Gymnasialprofessor, glaube ich, soll aber später etwas wie ein Sachverständiger über das, was schmutzige und schundige Literatur ist, geworden sein, wozu ich der Nation herzlich Glück wünsche –, hielt, sage ich, in diesem Klub eine donnernde Rede gegen den Schmutz und Schund in der Literatur; er erntete seinen wohlverdienten Beifall. Ich weiß nicht, welcher Teufel mich ritt, ich meldete mich zum Wort und versuchte, die billige Weisheit in längerer Rede mit Ernst und Hohn zuzudecken. Das Publikum, das sonst gern jede Gelegenheit benutzte, seine Hände zu regen, blieb eisig schweigsam und der Sachverständige für Schmutz und Schund kanzelte mich zunächst als Menschen ab, entzog mir dann aber moralisch die Qualifikation als Arzt. Das ist mir oft auch anderwärts und bei andern Gelegenheiten geschehen, aber selten so mit Unrecht. Denn ich bin noch heute der Ansicht, daß der Mensch zu seinem Wohlergehen und um schaffen zu können eine gehörige Portion seelischen und körperlichen Dreck braucht, unmoralische Aufregung und moralische Entrüstung, Verfolgung und entsetzliche Gefahr der Unschuld, vorübergehenden Triumph des Bösen mit nachfolgender furchtbarer Strafe, Aufregung. Mit andern Worten, ich glaube, daß das Volk die Schundliteratur braucht; nimmt man sie ihm, so wird nach und nach noch viel tolleres Zeug geschrieben und gelesen oder in Szene gesetzt werden, eventuell inmitten des Lebens mit Bomben und Granaten. Der Mensch hat Dreck in sich und mit Recht. Man kann ihn zwangsweise eine Zeitlang an der Entleerung verhindern, irgendwann macht sich aber die Natur geltend, und bei solchem künstlichen Abschaffenwollen des notwendigen Vorgangs kann es leicht zu Explosionen außerhalb der von der Sitte dafür festgesetzten Örtlichkeiten kommen.

(DER MENSCH, NICHT DER KRANKE BEGEHRT HILFE)

Wer das sechzigste Lebensjahr überschritten hat, tut gut daran, zu sammeln und mitzuteilen, was er weiß oder zu wissen glaubt. Wenn ihm das Glück günstig ist, findet er die Form, die ihm gemäß ist: dem einen steht es, sich in das feierliche Gewand ernsten Strebens zu hüllen, ein zweiter redet sein Sprüchlein, bedeutsam mit erhobenem Zeigefinger den Wert seiner Weisheit betonend, ein dritter plaudert, will unterhaltend lehren; ich aber kann nichts andres tun, als mit mir selber sprechen: das ist die Art, in der ich von frühester Kindheit an mich äußern mochte.

Was geht in mir vor, wenn mir, dem Arzt, der Mensch als Kranker gegenübertritt? Es ist nicht anders, als es bei andern Ärzten sein wird: ich suche zu erkennen, was das für ein Mensch ist, der von mir Hilfe begehrt. Damit bin ich schon mitten in der Untersuchung und Behandlung drin, das Entscheidende ist schon geschehen: denn entscheidend ist, daß ich mit einem Menschen zu tun bekomme, daß dieser Mensch leidet und von mir Hilfe verlangt. Ob dieser Mensch im Sinne der üblichen medizinischen Wissenschaft krank ist oder nicht, hat mit dem, was zunächst vorgeht, nichts zu tun; es ist unwesentlich, ob ich als Arzt ihn für krank halte oder nicht, er erwartet von mir nicht Kenntnisse, sondern helfende Tat. Nicht der Krankheit soll geholfen werden, sondern dem Menschen. Nicht mit der Krankheit habe ich es als Arzt zu tun, sondern mit dem Menschen.

Der Gedanke, daß der Arzt eine Diagnose stellen müsse, um helfen zu können, beherrscht immer noch das Handeln des Arztes, obwohl allmählich andre Auffassungen Geltung bekommen; dem Denken der Allgemeinheit aber ist es unbegreiflich, daß man ärztlich tätig sein könne, ohne sich um die Diagnose, um die Feststellung der Krankheit zu kümmern; selbst den Laienarzt, den Pfuscher, wie der Sprachgebrauch zu sagen pflegt, zwingt das Wünschen des Publikums dazu, von der Krankheit des Menschen als von etwas Wesentlichem zu sprechen. Es wird noch Jahrzehnte dauern, ehe es üblich wird, Diagnosen des Menschen zu stellen. Fachmännische Irrtümer – und um fachmännischen Irrtum handelt es sich bei unsrer Art des Diagnostizierens – leben noch lange weiter, nachdem sie von den Fachmännern als Irrtümer erkannt sind; sie sind zähe Massen, träge und schwer umzubringen. Gerade deshalb muß, wer es mit seinem Beruf ernst nimmt und Freude daran hat, immer wieder bis zum Überdruß sagen: Die Diagnose der Krankheit hat nur einen sehr geringen Wert, ist meist entbehrlich und oft, sehr oft schädlich. Daß man den Menschen erkennt oder vielmehr errät – von Erkennen kann kaum je die Rede sein – ist notwendig. Der Arzt hat nicht das geringste mit Krankheiten zu tun, das ist Sache des Pathologen, der Arzt als Arzt hat nur mit dem einen bestimmten Menschen zu tun, der sich um Hilfe an ihn gewendet hat, alles übrige geht ihn nur so weit etwas an, als er es zur Behandlung brauchen kann. Einzig und allein drei Tatsachen sind zur Einleitung der Behandlung zu beachten: der Mensch, der behandelt werden soll, sein Hilfesuchen und sein Verhältnis zu dem Menschen, bei dem er Hilfe sucht. Das sind die Gegenstände des diagnostischen Forschens; alles andre ist demgegenüber nebensächlich.

Man sollte denken, daß es leicht sei, nach dieser Anweisung zu verfahren; dem ist nicht so. Man könnte im Gegenteil sagen, daß solch Diagnostizieren die schwerste Aufgabe des Arztes ist, ja daß diese Aufgabe vollständig zu lösen unmöglich ist. Daß sie so schwer ist, erklärt die Tatsache, daß gerade diese Aufgaben der Diagnostik gewöhnlich vernachlässigt werden. Die Aufmerksamkeit des Arztes gilt fast immer zunächst der Feststellung des Leidens – er untersucht – und der Feststellung dessen, was sich etwa gegen das Leiden tun läßt, wie man es bekämpfen kann. Daß der einzelne Mensch erraten werden soll, mit allen Mitteln, mit vielem Fleiß, in möglichst allen Lebensbeziehungen, daß der Arzt nicht mit Krankheiten, auch nicht einmal mit kranken oder leidenden Menschen zu tun hat, sondern mit Hilfesuchenden, die vielfach, meist, nicht krank sind oder bei denen das Kranksein etwas Nebensächliches ist, daß von dem Augenblick an, wo der Hilfesuchende dem Helfer gegenübertritt, etwas ganz Neues entsteht, das Wichtigste für Diagnose und Behandlung: das Verhältnis von Hilfesuchendem zu Helfer und umgekehrt, das wissen nur wenige und die es wissen, können ihr Wissen nur selten verwenden; denn sie sind keine Götter, sie tragen in sich den Feind alles Arzt- und Gottseins, die Eitelkeit.

Ich hoffe, man versteht, daß ich von mir gesprochen habe, als ich so heftig tadelte. Von wem sollte ich sonst wohl sprechen, da ich so wenig, so nichts vom andern weiß? Ich bin alt genug – ich sagte es schon, um von mir, ausschließlich von mir sprechen zu dürfen. Das bitte ich nicht zu vergessen: es sind Selbstgespräche, die ich hier niederschreibe.

Vergiß nicht, daß es ein Mensch ist, der da zu dir kommt! Erinnere dich, was du vom Menschen weißt, und die erste Tugend des Arztes, Bescheidenheit, wird dir von selbst zufallen; denn dir ist bekannt, wie wenig du weißt. Gewiß, du kannst sagen, da ist jemand, der ist weder Stuhl noch Teppich, weder Tier noch Blume, weder Stein noch Holz. Aber ist es auch wahr, was du da sagst? Nein. Der da ist in Wahrheit auch Tier und Blume, Stein, Holz, Teppich und Stuhl. Hüte dich, wenn du ihn jetzt aus seinem Zusammenhang mit dem All herauszulösen dich unterfängst, daß du nie vergißt, wieviel Fehler schon dieser Versuch der Isolierung mit sich bringt und mit sich bringen muß, Fehler, die, tausendfältig begangen, schon so viel Schutt um dich aufgehäuft haben, daß es all deiner Kraft bedarf und all deiner Größe, um über den Haufen hinwegsehen zu können. Wenn du den Menschen isolierst, von ihm sagst, er ist nicht Tier und Blume, Stein und Holz, so bist du wie ein Mensch, der sein Leben lang nichts andres tat, als durch ein Mikroskop sehen: der ist in Gefahr, Himmel, Erde, Sterne wegzuleugnen, die er ja nicht durch das Mikroskop betrachten kann. Gedenke also dessen, daß der Mensch, den du vor dir hast, eine willkürliche Schöpfung deines Mangels an Einsicht ist, daß er gewiß nicht so ist, wie du ihn zu sehen glaubst, daß du nur eine kümmerliche Wahrscheinlichkeit aussprichst, wenn du dekretierst: dieser Mensch ist so und so beschaffen.

Freilich, es bleibt dir nichts andres übrig, wenn du behandeln willst, als diesen unvermeidlichen Fehler zu machen, aber du sollst wissen, daß es ein Fehler ist, sonst stehst du noch unter dem einfachsten Indier in deiner Einsicht. Im übrigen entschließe dich zum wissenschaftlichen Irren; das Leben ist stark und läßt dich nicht daran scheitern, daß du unwissend bist. Aber nun sei auch weiter ehrlich und gesteh dir ein, daß du auch dieses isolierte Stück Welt vergewaltigst, wenn du es als in sich verbundne Einheit betrachtest. Dem ist nicht so. Du weißt es, diese von dir erkünstelte Einheit ist eine tausend-millionenfache Vielheit, ein Konglomerat unzähliger und unmeßbarer in sich unabhängiger und doch vom ganzen Menschen bedingter Vielheiten. Jede Zelle, jeder Zellenkern, jedes winzige Teilchen lebt sein eignes Leben. Bist du Narr genug, wissen zu wollen, wenn man nicht wissen kann?

Ja, ich bin kühn genug zu wissen, trotz alledem, genau so wie jeder kühn genug dazu ist, kühn genug mich zu irren, nur irre ich wissentlich, nur besinne ich mich manchmal darauf, daß ich mich irre. Und solch Besinnen ist viel wert. Die Gefahr des Menschen ist seine Eitelkeit, seine Gefahr und seine größte Stärke. Wer es nicht begreift, dem ist schwer zu helfen.

Den Menschen soll man diagnostizieren, möglichst viele Breiten, Tiefen, Flachheiten und Engen seines Wesens, das, was allen Menschen gemeinsam ist und das, was dem einzelnen allein eigentümlich zu sein scheint, welch letzteres allerdings dem alternden Blick immer mehr zusammenschrumpft. Seine Gestalt und die Form seiner Glieder und Teile innen und außen, seine Funktionen vom Atmen, Schlafen, Bewegen, Verdauen, Herzschlagen an bis zum Sprechen, Denken, Empfinden. In tausend Sprachen spricht da das Es zu uns, laut und stumm, zaghaft und vorlaut frech, in wohlgefügten, leicht verständlichen Perioden und in raschen Interjektionen, und zuweilen in einem Kauderwelsch, das kindisch oder irrsinnig gar klingt, dem der rechte Sinn aber trotzdem abzulauschen ist. Dazu gehört zuweilen auch eine physikalische oder chemische Untersuchung, eine Röntgenaufnahme, ein Behorchen des Herzens, Beklopfen der Brust, Durchleuchten verborgener Höhlen und was es sonst noch für ärztliche Untersuchungsmethoden geben mag; aber all diese Dinge, die den Arzt auszumachen scheinen, sind nur gelegentliche Notwendigkeiten, bedeuten nicht allzuviel in dem ärztlichen Handeln, sind meistens entbehrlich und dürften niemals leitend in der ärztlichen Tätigkeit sein, geschweige denn sie erschöpfen. Nicht jeder, der zum Arzt kommt, verlangt Hilfe gegen seine Krankheit, die meisten suchen nur Hilfe irgendwelcher Art, den meisten ist nicht viel geholfen, wenn die Erkrankung heilt.

Der Mensch, nicht der Kranke, sucht den Arzt auf, der Mensch, nicht der Kranke begehrt Hilfe. Wohl ist es oft der kürzeste und leichteste Weg zu helfen, wenn man sein Kranksein anpackt, aber es muß nicht sein; denn das Kranksein ist nur eine Äußerungsform des leidenden Es, das laut sein Kranksein betont, damit es um so besser sein tiefstes Geheimnis verbergen kann.

Den Menschen erforschen, das drängt sich immer wieder als letzte wichtigste Aufgabe des Arztes vor, und an dieser Aufgabe hat unser Forschen im letzten Jahrhundert herzlich wenig gearbeitet. Ja man kann ohne Bedenken sagen, daß wir vieles vergessen haben, was unsre Altvordern wußten, und was für den Arzt – wohl auch für den Gelehrten, obwohl ich mir kein Urteil über diese seltsame Menschengattung anmaße – dringend wissenswert ist.

Der Mensch ist nicht immer derselbe, das weiß ein jeder, er wandelt sich fortwährend; wer aber denkt daran, daß er sich fortwährend wandelt? Wer scheut sich aus diesem Grunde davor, eine Diagnose zu stellen; und doch wissen wir alle um diesen ununterbrochenen Wechsel im Bestande des Menschen. – Gewiß, wir verfolgen den Verlauf der Krankheit und verändern unsre Diagnose, wenn die Symptome uns zwingen, den Fall unter ein andres nosologisches Etikett zu bringen, ihm einen andern Krankheitsnamen zu geben. Aber es handelt sich ja eben im Arztleben nicht darum, Krankheiten zu erkennen, sondern den hilfesuchenden Menschen, und dessen Wandlung verfolgen wir nicht oder nicht genug. So bleibt uns denn, ganz mit Recht, alles Wesentliche der Menschen verborgen, die sich uns anvertrauen möchten; sie sind uns Patienten, Kranke, nicht Menschen. Das Kranksein ist uns immer noch etwas wesentlich andres als das Gesundsein, wir erkennen da noch immer nicht die Ambivalenz des Lebens an, wir tun immer noch so, als ob Kranksein ein Übel an sich sei, als ob das Es nicht ebenso sublim in der Sprache des Krankseins wie in der des Malens oder Dichtens oder Forschens sei. Wir verstehen noch immer nicht, daß das Es mit dem Kranksein genauso tiefe Gedanken ausdrückt, wie mit den Evangelien und daß es in beiden Formen immer dasselbe verkündet: „Siehe die Größe Gottes und das Wunder Mensch!"

Der Mensch wandelt sich, da ist kein Zweifel; und bleibt doch immer derselbe; auch das weiß ein jeder. Niemand wird einen Menschen mit einem Hunde verwechseln oder mit einer Mücke. Aber auch das vergessen wir, wenn es an das ärztliche Diagnostizieren geht. Sonst wäre es nicht möglich, daß in den ärztlichen Schriften zwei Grundtatsachen fast nie erwähnt werden, die in jede allenfalls redliche Diagnose hineingehören: die eine, daß das Es des Menschen doppelgeschlechtlich ist, daß jeder Mensch Zwitter ist, daß es noch nie einen Nur-Mann gegeben hat oder ein Nur-Weib – und die andre, daß das Es des Menschen zeitlos ist, daß es niemals Kind oder Erwachsener oder Greis ist, sondern stets alles drei zugleich, daß aber, wenn man die drei Entwicklungsstufen ihrer Bedeutung und Wichtigkeit nach bei dem einzelnen gegeneinander abwägen will, Mannbarkeit und Greisentum so gut wie nichts sind gegenüber dem Kindsein. Man kann getrost den Satz: So Ihr nicht werdet wie die Kinder, werdet Ihr nicht in das Himmelreich kommen, dahin umändern: Da Ihr alle Kinder seid, seid Ihr alle im Himmelreich. Leider nimmt es keiner so leicht wahr, daß er Kind ist; der Zwanzig- und Sechzigjährige ist noch ebenso wie der Sechsjährige von dem Wunsche besessen, groß zu sein, und da das nur selten gelingt, wenigstens groß zu tun; was freilich lächerlich genug ist.

Da ich die Absicht habe, diese Selbstgespräche hie und da mit Beispielen schmackhaft zu machen, will ich ein wenig erzählen. Da ist ein Dienstmädchen, sie klagt über lebhafte Schmerzen in der Herzgegend, man hat sie untersucht, Herzklappengeräusche festgestellt, im Röntgenbild die Vergrößerung des Herzens gezeigt, eine Schmerzhaftigkeit hohen Grades am siebenten Zwischenrippennerv gefunden, die Schwellung der Füße bis herauf zu den Waden gesehen und zur Diagnose verwendet. Eine Mitralinsuffizienz heißt es, auf Deutsch ein mangelhafter Verschluß der Herzklappe. Ruhe, sorgfältige Pflege, Fingerhutkraut innerlich. Weder gegen die Krankheitsnamen noch gegen die Behandlung läßt sich viel sagen. Nur, die Behandlung hilft nicht und die Diagnose, der Krankheitsname ist falsch. Wenigstens ziehe ich diese Schlußfolgerung aus dem weiteren Verlauf. – Das Mädchen hat, wie man es ja nicht allzuselten sieht und wie es nach der Aussage Wissender für bestimmte Männer besonders anziehend ist, einen schwarzen Schimmer auf der Oberlippe, ja, nach einiger Zeit, als sie zutraulicher geworden war, erzählte sie, daß dieser Schnurrbart zu Zeiten rasiert werden müsse, sonst werde ihr Mund zu häßlich. Wäre es nicht ratsam gewesen, der Arzt hätte, ehe er auf den Krankheitsnamen und die Digitalisbehandlung sich einließ, dies deutliche Zeichen der Männlichkeit des Mädchens beachtet? Ihm wäre dann vielleicht aufgefallen, daß der rechte Zeigefinger infolge eines Fingergeschwürs steif geworden war. Wenn er dann noch gesehen hätte, daß dieses entschieden scheue Mädchen einen Bubikopf trug, daß ihr Haar nach Knabenart gescheitelt war, daß sie den Vornamen Friederike führte, wäre ihm vielleicht der Gedanke gekommen, sich ein wenig über das Männliche in diesem Weibe zu unterrichten. Er hätte dann, immer von den Aussagen und dem Verhalten des Mädchens geleitet, wahrscheinlich bald einen Zweifel bekommen, ob das Ausbleiben der Periode seit über einem Jahr wirklich durch den angenommenen Herzfehler bedingt sei oder etwa auch als Aussprechen männlicher Wünsche zu deuten sei. Vielleicht wäre er sogar ketzerisch genug gewesen, ganz gegen alle Regeln der Wissenschaft, die Schwellung der Füße ebenso wie die Steifheit des Fingers als Erektionssymbol aufzufassen, nicht als Folge der fehlerhaften Herztätigkeit. Kurz er hätte sich dann veranlaßt gesehen, den Menschen zu erforschen, und da die Geschichte wahr ist, hätte er bald erfahren, daß dieses Mädchen eine hoffnungslose und ihr Herz und Gewissen quälende gleichgeschlechtliche Liebe hatte. Sie würde es ihm nach und nach erzählt haben, wie sie es mir erzählte, hätte er nur daran gedacht, daß zu den Grundlagen der Diagnose die Feststellung gehört, wie weit die Männlichkeit des weiblichen Hilfesuchenden geht und die Weiblichkeit des männlichen. Zu guter Letzt würde ihn ein neues Röntgenbild, das Verschwinden des Wassers aus den Füßen, der Herzgeräusche, das Wiedereintreten der Periode und das Aufhören der Schmerzen belehrt haben, daß kein Herzklappenfehler bestand. Vor allem aber – und deshalb eigentlich spreche ich von dieser Sache, – er würde erfahren haben, daß dieses Mädchen sich ihre Krankheit gewählt hatte, weil Kranksein, vielleicht sogar Sterben für ihr irregehendes und schlechtunterrichtetes Es leichter zu ertragen war als der unerfüllte und ihrem Gemüt widernatürlich scheinende Trieb zum Weibe.

Für heute mag es genug sein.

LAWRENCE DURRELL

GEORG GRODDECK

Wenn Werk und Lehre Georg Walther Groddecks (1866–1934) heute nicht so bekannt sind, wie sie es verdienen, ist es vielleicht weitgehend seine eigene Schuld. Er fand, daß es seine erste Aufgabe sei, zu heilen; der Schriftsteller und Lehrer kam erst in zweiter Linie. Außerdem wußte er auch, wie schnell der Schüler das lebendige Wort in ein totes Dogma verwandeln kann. Er wußte, daß der erste Schüler auch sehr oft der erste ist, der die Wahrheit entstellt. Und dies Wissen erfüllt seine Schriften mit jener köstlichen, sich über sich selbst lustig machenden Ironie, die so viele seiner Leser für deplaciert erklären; eine Ironie, die sehr deutlich sagt: „Ich fordere euch nicht auf, mir, sondern euch selbst zu folgen. Ich bin lediglich da, um zu helfen, wenn ihr mich braucht." Unsere Zeit braucht ihre Groddecks und wird sie auch so lange weiter brauchen, bis sie die ganze Majestät und den ganzen Schrecken des „Es" begreifen kann, über das er so viel in seinen verschiedenen Büchern, ganz besonders aber in seinem vernachlässigten Meisterwerk, dem *Buch vom Es,* gesprochen hat. Wenn man jedoch untersucht, welchen Platz Groddeck innerhalb der Psychologie einnimmt, stößt man auf ein paar allgemeinverbreitete Mißverständnisse, die zum Nutzen derjenigen aufgeklärt zu werden verdienen, die ihn fälschlich für einen orthodoxen Schüler Freuds gehalten haben oder immer noch halten. Groddeck war der einzige Analytiker, dessen Anschauungen einen gewissen Einfluß auf Freud hatten; und Freuds *Das Ich und das Es* ist, wenn auch unglückseligerweise eine Fehlinterpretation, doch eine Huldigung für Groddecks Theorie vom Es. Andrerseits war Groddecks Bewunderung für Freud so groß, daß man dem Kritiker verzeihen muß, der ihn einst als „Popularisierer der Freudschen Theorie" bezeichnete. Doch könnte keine Behauptung weiter von der Wahrheit entfernt sein, denn während Groddeck eine Menge aus dem Rüstzeug des Meisters gelten läßt und anwendet, trennt ihn eine völlig andere Ansicht über Beschaffenheit und Funktion der menschlichen Psyche für immer von Freud. Seine Anerkennung Freuds beginnt und endet mit jenen wunderbaren Entdeckungen über das Wesen des Traumes und die Bedeutung von Widerstand und Übertragung. Doch unterschied sich

Groddeck bei der Anwendung dieser großartigen Instrumente des Geistes ebensosehr von Freud, wie Lao-tse sich von Konfuzius unterscheidet. Er erkannte und rühmte sie als bedeutende Entdeckungen der Epoche: Er gebrauchte sie auf seine eigene Weise als Waffen gegen organische Leiden: Er verehrte Freud als das größte Genie seiner Zeit: Aber im Grunde teilte er nicht seine Ansichten über das Wesen der Kräfte, die im menschlichen Organismus Gesundheit oder Krankheit bewirken. Auf diesem Gebiet weichen Groddecks und Freuds Doktrinen voneinander ab. Und dies Gebiet ist es auch, das Groddeck als geborenen Philosophen erweist; es ist ihm ebenso unmöglich, Körper und Seele wie Gesundheit und Krankheit voneinander zu trennen.

Für Freud bestand die Psyche des Menschen aus einer bewußten und einer unbewußten Hälfte; für Groddeck aber schien die ganze Psyche mit ihrem unausweichbaren Dualismus nur eine Funktion einer anderen Sache zu sein – einer unbekannten Größe –, für die er in seinen Arbeiten den Namen „Es" wählte. „Psychisch behandeln heißt also", schreibt er, „Bewußtes und Unbewußtes ärztlich dem Kranken zur Verfügung stellen, es mit bestimmten Zielen und in bestimmter Weise benutzen, um dem Kranken Linderung, Besserung, Heilung zu ermöglichen. Das Objekt der Behandlung ist nicht allein die Psyche des Kranken, sein Psychisches und Physisches, die Welt, die er ist, sein Mikrokosmos ...

In den zehn Jahren, die seit meinen letzten Mitteilungen über die Arbeitshypothese vom Es des Menschen verstrichen sind, hat sich nichts ereignet, was mich veranlassen könnte, diese vielfach erprobte Betrachtungsart aufzugeben oder etwas Wesentliches daran zu ändern ...

Ich bin der Ansicht, daß der Mensch vom Unbekannten gelebt wird. In ihm ist ein Es, irgendein Wunderbares, das alles, was er tut und was mit ihm geschieht, regelt. Der Satz ‚ich lebe' ist nur bedingt richtig, er drückt ein kleines Teilphänomen von der Grundwahrheit aus: Der Mensch wird vom Es gelebt ..."

Wenn wir Groddeck mit einiger Genauigkeit für uns selbst interpretieren wollen, müssen wir von Anfang an diese grundlegende Divergenz der Auffassungen über das Wesen von Gesundheit und Krankheit und die Rolle der Psyche begreifen. Für Freud ist, ebenso wie für das ganze Zeitalter und die Zivilisation, denen er sowohl als Repräsentant wie als Teil angehört, das Ich das Höchste. Da ist es, gleich einem eisenbeschlagenen Kasten, dessen Fächer darauf warten, geordnet und mit Fachausdrücken der Psychoanalyse vollgestopft zu werden. Groddeck jedoch erschien das Ich als eine verächtliche Maske, uns vom Intellekt zugeschoben, der sich dem Menschen aufdrängt und ihm einredet, er werde von Kräften angetrieben, die unter der Kontrolle des Bewußtseins stehen. Was aber, fragt er, entscheidet, auf welche Weise die Nahrung, die in den Magen kommt, zerkleinert wird? Was ist das Wesen der Kraft, die die Schnelligkeit des Herzschlages bestimmt? Was brachte den ursprünglichen Keim dazu, sich immer wieder zu teilen und so verschiedenartige Dinge wie Großhirnrinde, Muskel oder Schleim zu formen?

„Wenn wir uns irgendwie mit uns selbst oder mit einem Mitmenschen beschäftigen, so beschäftigen wir uns mit einem Ich, als ob das das Wesentliche an ihm wäre; wir können vielleicht für einige Zeit uns bemühen, das Ich beiseite zu schieben und statt dessen mit dem unbestimmten Es zu operieren – . . . Wir wissen zum Beispiel recht gut, daß niemandes Ich irgendwie bei der Tatsache beteiligt ist, daß er menschliche Erscheinungsformen hat, daß er ein Mensch ist. Wir setzen aber sofort voraus, sobald wir nur aus der Ferne wahrgenommen haben, daß dieses Wesen, das wir sehen, auf zwei Beinen geht, daß es ein Ich sei, daß es für sein Wesen und Treiben verantwortlich gemacht werden könnte, täten wir das nicht, so würde sofort alles Menschliche aus der Welt verschwinden. Und doch wissen wir ganz genau, daß nicht einmal das Menschsein dieses Wesens von seinem Ich gewollt worden ist: Er ist Mensch auf Grund eines Willensaktes des Alls und, wenn man etwas weiter gehen will, des Es; das Ich hat aber nicht das mindeste damit zu tun . . . Was hat das Atmen mit unserem Willen zu tun? Wir werden dazu gezwungen, sobald wir den Mutterleib verlassen, es bleibt uns nichts anderes übrig, als zu atmen. ‚Ich liebe dich so, daß ich alles für dich tun könnte‘, wer hätte das nicht schon einmal empfunden, geäußert oder gehört? Aber versuchen Sie, irgendeinem Menschen zuliebe den Atem anzuhalten, es wird zehn Sekunden dauern, oder wenn es hoch kommt, eine Viertelminute, und das Beweisen Ihrer Liebe erlischt in dem Hunger nach Luft. – Niemand vermag auf die Dauer dem Schlaf zu gebieten, er wird kommen oder er wird ausbleiben. Niemand kann den Schlag seines Herzens regeln . . .“

Der Mensch also ist selbst eine Funktion dieser geheimnisvollen Kraft, die sich durch ihn ausdrückt, durch seine Krankheit nicht weniger als durch seine Gesundheit. Für Groddeck war das psychoanalytische Rüstzeug nur eine Linse, mit der man ein wenig tiefer als bisher in das Mysterium des menschlichen Wesens – des Es-Wesens – blicken konnte. Deshalb stand über der Theorie die Psychoanalyse, wie er sie handhabe, das metaphysische Prinzip, das sich durch das Verhalten des Menschen, durch seine Größe, Gestalt und Überzeugungen und Wünsche offenbarte. Und Groddeck bestimmte sich selbst zum Wächter, und, wo es möglich war, zum Dolmetscher dieser geheimnisvollen Kraft. Er kam zu der Überzeugung, daß die Ursachen von Krankheit und Gesundheit unbekannt sind; schon während seiner langdauernden klinischen Praxis hatte er bemerkt, daß die gleiche Krankheit oft durch verschiedene Behandlungsweisen geheilt wurde, was ihn schließlich zu dem Glauben brachte, daß Krankheit als *Entität* nur so weit existiert, als sie ein Ausdruck der Gesamtpersönlichkeit eines Menschen ist, seines Es, das sich durch ihn äußert. Krankheit ist eine Form der Selbstäußerung.

„Es klingt absurd, aber es ist doch wahr, daß jede Behandlung des Kranken die richtige ist, daß er stets und unter allen Umständen richtig behandelt wird, ob er nun nach Art der Wissenschaft oder nach Art des heilkundigen Schäfers behandelt wird. Der Erfolg wird nicht von dem bestimmt, was wir unseren Kenntnissen gemäß verordnen, sondern von dem, was das Es unseres Kranken mit unseren Verordnungen macht. Wäre das

nicht so, so müßte ein jeder Knochenbruch, der regelrecht ein-
gerenkt und verbunden ist, heilen . . .
Dem ist aber nicht so. Wäre wirklich ein so großer Unterschied
zwischen dem Tun eines Chirurgen und dem eines Internisten
oder Nervenarztes oder eines Pfuschers, so hätte man recht,
sich seiner gelungenen Kuren zu rühmen und sich der Mißerfolge zu schämen. Aber dazu hat man kein Recht. Man tut es,
aber man hat kein Recht dazu. . . . bin ich von ungefähr auf die
Idee gestoßen, daß es außer dem Unbewußten des Gehirnden-
kens analoges Unbewußtes in andern Organen, Zellen, Gewe-
ben und so weiter gibt, und daß sich bei dem innigen Zusam-
menschluß dieser einzelnen Unbewußtwesen zum Organismus
ein heilender Einfluß auf jedes dieser Einzelwesen durch Analyse des unbewußten Gehirns gewinnen läßt . . .
Da es mir immer leichter geworden ist, zu behaupten als zu beweisen, greife ich auch hier zur Behauptung und sage:
Auf dem Wege der Analyse läßt sich jede Erkrankung des Organismus, gleichgültig, ob sie psychisch oder physisch genannt
wird, beeinflussen . . . An sich gibt es kein Gebiet der Medizin,
auf dem sich Freuds Entdeckung nicht verwerten ließe. Nun
gebe ich zu, es kann notwendig sein, ist es sogar meist, ein
schlechtgebautes Haus so schnell wie möglich umzubauen oder
niederzureißen, einen Menschen, der eine Lungenentzündung
hat, ins Bett zu stecken, ihn zu pflegen, einem Wassersüchtigen
etwa mit Digitalis das Wasser wegzutreiben, einen zerbrochenen Knochen einzurenken und unbeweglich zu machen, ein
brandiges Glied abzuschneiden. Ja, ich habe sogar begründete
Hoffnung, daß ein Architekt, dessen Neubau sofort nach der
Übergabe an den Bauherrn umgebaut oder niedergerissen wird,
in sich gehen, seine Fehler einsehen, sie in Zukunft vermeiden
oder seinen Beruf ganz aufgeben wird, daß ein Es, wenn es sein
eigenes Fabrikat, Lunge oder Knochen, geschädigt und dadurch
Schmerz und Leid erfahren hat, vernünftig wird und für später
etwas gelernt hat . . .
Ich bin, wie Ihnen bekannt ist, stets ein Besserwisser gewesen,
und wenn mir jemand die berühmte Apfelsinenschale entge-
genhielt, die trotz aller Polizeivorschriften auf der Straße lag

und den Armbruch der Frau Lange herbeigeführt hatte, bin ich hingegangen und habe sie gefragt: ‚Welchen Zweck verfolgen Sie damit, den Arm zu brechen?' Und wenn mir jemand erzählte, der Herr Treiner hat gestern Morphium genommen, weil er nicht schlafen konnte, habe ich Herrn Treiner gefragt: ‚Wie und wodurch ist gestern die Idee ‚Morphium' so stark in Ihnen geworden, daß Sie sich schlaflos machten, um Morphium nehmen zu können?' Bisher ist mir immer Antwort auf solche Fragen geworden, was auch nicht allzu verwunderlich ist. Alle Dinge haben zwei Seiten, also kann man sie auch von zwei Seiten betrachten, und überall wird man, wenn man sich Mühe gibt, eine äußere und eine innere Ursache für die Geschehnisse des Lebens finden."

Die modernen Wissenschaften wenden so ziemlich ihr ganzes Interesse der äußeren Ursache zu; es ist ihnen bis jetzt noch nicht gelungen, der philosophischen Sackgasse zu entkommen, die durch den üblichen Glauben an die Kausalität und, Hand in Hand damit, an das Ich als ein mit freiem Willen begabtes Wesen, entstanden ist. In all den wunderbaren Schriften Freuds spüren wir, wie der analytische Intellekt einer Kette von Ursache und Wirkung folgt; wenn nur das letzte Glied erreicht, wenn nur die erste Ursache festgestellt werden kann, wird das ganze Muster deutlich werden. Solch ein Grundgedanke war jedoch in Groddecks Augen falsch; er hielt das Ganze für eine unbekannte, eine für immer unerkennbare Entität, deren Schatten und Funktionen wir sind. Nur ein ganz kleiner Winkel dieses Gebietes kann durch den, der die Augen offenhält, erforscht werden, nur der äußere Rand dieses Universums liegt innerhalb des Fassungsvermögens des begrenzten menschlichen Verstandes, der eine Funktion davon ist. Während Freud also von Heilung spricht, meint Groddeck tatsächlich etwas anderes – Befreiung durch Selbsterkenntnis; und seine Auffassung von Krankheit ist mehr philosophisch als rational. Auf dem Gebiet von Theorie und Praxis ist er Freuds dankbarer und höchst aufmerksamer Schüler, aber er benutzt ihn zu Zielen, die weit größer sind, als sie Freud selbst je in den Sinn kamen. Die Psychoanalyse war in Gefahr, sich nur mit dem Fassonieren von Verhaltensweisen abzugeben, durch den Überbau klinischer Terminologie zu schwer belastet, lief sie Gefahr, eher in Begriffen medizinischer Entitäten zu denken als in denen von Patienten. Hier liegt das Geheimnis von Groddecks Abneigung gegen technische Phrasen und seine Entschlossenheit, sich selbst so einfach wie möglich auszudrücken, nur die alltäglichen Waffen der Analogie und des Vergleiches anzuwenden, um seinen Standpunkt klarzumachen. Im *Buch vom Es*, das in Form von Briefen an eine Freundin verfaßt ist, behandelt er das ganze Problem der Gesundheit und Krankheit von einem metaphysischen Standpunkt aus, mit der ironischen Weigerung, seine Anschauungen dogmatisch oder geordnet in ein System zu bringen. Aber das Buch selbst, das vor heiterer Ironie und Poesie überströmt, bringt es fertig, dieses Erfahrungsgebiet mit bemerkenswerter Treue zu umschreiben; aus ihm geht Groddeck nicht nur als großer Arzt, sondern auch als Philosoph hervor, dessen Idee vom Es in ihrer Klarheit und Tiefe unzweifelhaft altgriechisch ist. „Vergebens", sagt Freud einmal, „beteuert Georg Groddeck, mit der Wissenschaft nichts zu tun zu haben." Ja, vergebens, denn Groddecks Erkenntnisse werden täglich hervorgeholt, um die mechanischen Entdeckungen der Wissenschaft zu ergänzen, der Wissenschaft, die er respektierte, aber für deren Teil sich zu halten er ablehnte. „Krankheit und Gesundheit", sagt er, „sind Ausdrucksformen des Es. Sie stehen dem Es dauernd zur Verfügung. Die Betrachtung dieser beiden Ausdrucksformen zeigt nun eine beachtenswerte Tatsache: das Es verwendet niemals eine der beiden Sprachen allein, vielmehr stets beide gleichzeitig: Niemand ist ganz krank, irgend etwas in ihm bleibt selbst in der schwersten Erkrankung gesund; niemand ist vollkommen gesund, etwas in ihm ist selbst bei der besten Gesundheit krank. Man kann sich dieses Verhältnis im Bilde der Waage veranschaulichen. Das Es spielt damit, legt bald rechts bald links Gewichte auf die Schale, niemals aber läßt es eine der beiden Schalen leer; dieses oft so seltsame, immer sinnvolle, niemals sinnlose Spielen ist das Leben. Verliert das Es die Lust am Spiel, so läßt es sich selber sterben. Der Tod ist stets ein freiwilliger

Tod, nie stirbt ein Mensch, ohne sterben zu wollen . . . Das Es ist ambivalent, spielt mit Willen und Widerwillen, mit Wunsch und Gegenwunsch sein geheimnisvoll tiefsinniges Wägespiel und treibt den Kranken in die Doppelstellung dem Arzte gegenüber hinein, in der er im Arzt zugleich den Helfer, den besten Freund liebt und den Bedroher seiner kunstvollen Schöpfung, der Krankheit sieht."

Die Krankheit steht also in derselben Beziehung zum Patienten, wie seine Handschrift und seine Fähigkeit, Gedichte zu verfassen oder Geld zu verdienen; Schöpferisches blieb für Groddeck immer Schöpferisches, ob es sich in einem Gedicht oder einem Krebs ausdrückte, wenn das Leben des Patienten ihm nur verriet, daß unter der Oberfläche die Sprache einer geheimnisvollen Kraft am Werke war – hinter dem ideologischen Gerüst, das das Ich um sich selbst errichtet hatte. So redete die Krankheit nicht weniger als die Gesundheit ihre eigene Sprache, und wenn die Frage nach Heilung auftauchte, legte Groddeck Gewicht darauf, seinen Patienten zu befragen, nicht um sich mit der „Krankheit" zu befassen, sondern in dem Versuch, zu deuten, was das Es des Patienten durch die Krankheit möglicherweise auszudrücken suchte. Wie wir oben sahen, resultiert die Heilung für Groddeck immer aus der Beeinflussung des Es, dem beigebracht wird, sich weniger schmerzensvoll auszudrücken. Die Rolle des Arztes ist die eines Katalysators und sein erfolgreiches Eingreifen meist ein Zufall. Deshalb war die Kunst des Heilens für Groddeck eine Art geistiger Athletik sowohl für Arzt wie Patient, für den einen, indem er durch Selbsterkenntnis lernte, sein Es von abträglicher Einstellung zu heilen, für den andern, indem er von dem Interpretations-Schüler lernte, das anzuwenden, was Graham Howe so treffend „die Willensfreiheit der Begierdelosigkeit" genannt hat: oder mit anderen Worten, wie er sich selbst von der *Begierde zu heilen* befreien konnte. Dieser Wunsch erscheint nur denen paradox – und heutzutage sind ihrer viele –, die nicht die leiseste Ahnung haben, was es ist, Zustände gewahr zu werden, die außerhalb der bequemen und gewohnten Schläfrigkeit des Ichs liegen. Wir sind noch immer die Kinder Descartes', und nur ab und zu wird man einem Geist begegnen, der jenen unerbittlichen Hauptsatz durch die Worte zu ersetzen wagt: „Ich bin, also kann ich lieben."

Diese Unzufriedenheit mit der allgemeinen Anerkennung der Krankheit als klinischer Entität brachte Groddeck schließlich dazu, wo immer es möglich war, keine Zuflucht mehr zu Arzneimitteln oder zum Messer zu nehmen; in seiner kleinen Klinik in Baden-Baden arbeitete er lieber mit seinen zuverlässigsten Bundesgenossen, einer Kombination aus Diät, Tiefenmassage und Analyse. Sein Ruf als Arzt gründete sich auf diese Jahre erfolgreichen Praktizierens, während seine Schriften ihm durch ihren beunruhigenden, entwaffnenden, spöttischen Ton ebenso viele Schüler wie Patienten, ebenso viele Feinde wie Bewunderer einbrachten. Der größte Teil seiner Theorien und Meinungen war, zusammen mit dem Begriff des Es, auf dem seine Philosophie basiert, schon ausgearbeitet, bevor er Freud gelesen hatte. Dennoch akzeptierte er die Freudschen Erkenntnisse in vielen Fällen gern und freudig und hörte nie auf, Freud zu verehren; aber während man das Werk Jungs, Adlers, Ranks und Steckels wohl als Abänderung und Zusatz zur fundamentalen Freudschen Theorie ansehen kann, ist Groddecks Fall einmalig und außergewöhnlich. Ganz selbständig steht er als Philosoph und Arzt neben Freud.

„Mit ihm", schrieb Keyserling nach Groddecks Tod, „ist einer der allermerkwürdigsten Menschen dahingegangen, welche mir je begegnet sind. Er ist der einzige Mensch meiner Bekanntschaft, bei dem ich immer wieder an – Lao-tse denken mußte: Sein Nicht-Tun war in geradezu zauberhaftem Grade schöpferisch. Er stand auf dem Standpunkt, daß der Arzt gar nichts weiß, gar nichts kann, möglichst wenig tun soll: Er habe nur durch sein Dasein die eigene Heilkraft des Patienten herauszufordern. Natürlich konnte er sein Baden-Badener Sanatorium durch diese Technik bloßen Nicht-Wissens und Nicht-Tuns nicht im Gang erhalten. So heilte er durch eine Kombination von Psychoanalyse und Massage, bei welcher Weh-Tun eine nicht zu unterschätzende Rolle spielte: Aus der Abwehrbewe-

gung gegenüber dem Schmerz wuchs bei seinen Patienten –
denn zu ihm kamen nur solche, welchen Groddeck kongenial
war – der Heilungswille, und zugleich fiel ihnen beim akuten
Schmerze, durch stichwortartige Fragen aufgerufen, allemal zur
Kur Dienliches ein. So heilte Groddeck bei mir in weniger als
einer Woche eine rückfällige Venenentzündung, an welcher ich
nach dem Urteil anderer Ärzte lange Jahre, wenn nicht zeitle-
bens hätte weiterkranken müssen."

Für den Patienten versuchte Groddeck, die verborgene Sprache
des Es durch den Nebel des äußeren Symptoms und der klinischen Erscheinung hindurch zu interpretieren. „So behaupte
ich", schreibt er, „die Krankheit kommt nicht von außen, der
Mensch erschafft sie selbst, benutzt die Außenwelt nur als
Werkzeug, um sich damit krank zu machen, greift aus seinem
unerschöpflichen Instrumentenlager der ganzen Welt bald die
Spirochäte der Syphilis, heute eine Apfelsinenschale, morgen
eine Gewehrkugel und übermorgen eine Erkältung heraus, um
sich selbst damit ein Leid zuzufügen. Stets tut er es mit dem
Zweck der Lustgewinnung, weil er als Mensch von Natur
Freude am Leid hat, weil er als Mensch von Natur sich sündig
fühlt und das Gefühl der Schuld durch Selbstbestrafung fortschaffen will, weil er irgendeiner Unbequemlichkeit ausweich-
en will." Für Groddeck ist das Ich offensichtlich nur ein re-
flektierendes Instrument, ein Hilfsmittel bei der Deutung der
treibenden Kraft, die hinter den Aktionen und Reaktionen des
ganzen Menschen steht; und vielleicht ist es gerade dies, was
seiner Philosophie die erfrischende Lebendigkeit gibt. Es ist
eine Philosophie mit unbegrenztem Horizont, wohingegen die
gewöhnliche Anwendung der Psychoanalyse deutlich zeigt, daß
sie sich auf einer Kosmogonie aufbaut, deren Wirkungsbereich
ebenso begrenzt ist wie das derjenigen, die das Universum Kel-
vins und Huxleys einengte. Wenn Freud uns eine Methode für
die Untersuchung der Verhaltensweisen gibt, beruht sie auf
einer Philosophie der Ursachen; für Groddeck leiten sich jedoch
alle Ursachen von einem unerkennbaren Prinzip ab, das unser
Leben und unsere Handlungen beseelt. So werden wir vor der

Hybris bewahrt, uns selbst als Ich anzusehen und unsere Auffassung vom Menschen auf die Geographie seiner Reflexe zu beschränken; indem wir das Ich für eine Funktion halten, können wir uns selbst leichter neu ausrichten auf die Belastungen und Spannungen einer Realität, die das Ich nur zu oft zurückweist, weil es sie nicht begreifen kann oder weil es sie fürchtet. Soviel also über den grundlegenden Unterschied zwischen Freuds und Groddecks Philosophie; falls ich mich klar ausgedrückt habe, wird es deutlich geworden sein, daß sie sich ergänzen und einander nicht widersprechen, wie manchmal angenommen wird; denn Freud steuert vieles zu dem wirksamen und grundlegenden Mechanismus der Analyse bei, und Groddeck akzeptiert es freudig. Als Gegenleistung stellt Groddeck eine Philosophie der Orientierung und Bescheidenheit zur Verfügung, die die technokratischen Beiträge Freuds rechtfertigt und es uns ermöglicht, die Probleme und unglücklichen Konsequenzen nicht nur der Krankheit, denn diese existiert nicht *per se* – sondern des Leidens schlechthin zu verstehen. Mit Freud dringen wir tiefer in den Vorgang des Erkennens ein; mit Groddeck erfahren wir das Mysterium der Teilhaftigkeit an der Welt, deren Teil wir sind und von der uns unser Ich zu trennen versucht hat.

Und wie steht es mit dem Es? Groddeck behauptet nicht, daß es so etwas überhaupt gibt. Er ist sehr darauf bedacht, zu betonen, daß das Es kein Ding an sich ist, sondern nur eine Art und Weise des Erkennens, eine praktische Faustregelmethode, um die Wirklichkeit unter ihren vielen trügerischen Masken anzugreifen; tatsächlich hat darin seine Philosophie erstaunliche Ähnlichkeit mit dem Tao-Begriff der Chinesen. Das Es ist ein Weg, kein Ding, kein Prinzip und keine intellektuelle Erfindung. Unter dieser Voraussetzung ist er bereit, ein Brustbild des Es in Angriff zu nehmen.

„Aber irgendwo muß man eine Grenze setzen, dies hypothetische Es beginnen lassen, und diesen Beginn setze ich für meine praktisch-wissenschaftlichen Bedürfnisse durchaus eigenmächtig an die Stelle, wo Ei und Samenfaden sich vereinigen . . . ebenso wie ich es Ihrem Belieben überlasse, aus der Masse der

Todesvorgänge irgendeinen Moment auszuwählen und ihn als Ende des Es anzunehmen . . . Diese hypothetische Es-Einheit, deren Ursprung in der Befruchtung festgelegt ist, enthält tatsächlich in sich zwei Es-Einheiten, eine weibliche und eine männliche . . . Ich weiß nicht, ob ich bei Ihnen wie bei andern Frauen – und auch Männern natürlich – eine völlige Unkenntnis des Wenigen voraussetzen darf, was man über die weiteren Schicksale des befruchteten Eis zu wissen glaubt. Für meine Zwecke genügt es, wenn ich Ihnen mitteile, daß sich dieses Ei nach der Befruchtung daranmacht, sich in zwei Teile zu zerlegen, in zwei Zellen, wie die Wissenschaft diese Wesen zu benennen beliebt. Diese zwei teilen sich dann wieder in vier, in acht, in sechzehn Zellen und so fort, bis schließlich das zustande kommt, was wir gemeiniglich ,Mensch' nennen . . . In dem winzigkleinen Wesen, dem befruchteten Ei, steckt irgend etwas, ein Es, das imstande ist, die Teilungen in Zellenhaufen vorzunehmen, ihnen verschiedene Gestalt und Funktion zu geben, sie dazu zu veranlassen, sich zu Haut, Knochen, Augen, Ohren, Gehirn und so weiter zu gruppieren. Was in aller Welt wird aus diesem Es im Moment der Teilung? Offenbar teilt es sich mit, denn wir wissen, daß jede einzelne Zelle eine selbständige Existenzmöglichkeit und Teilungsmöglichkeit hat . . . Bitte, Liebe, vergessen Sie nie, daß unser Gehirn und damit unser Verstand, Geschöpf des Es ist . . . Längst ehe das Gehirn entsteht, denkt schon das Es des Menschen, es denkt ohne Gehirn, baut sich erst das Gehirn. Das ist etwas Fundamentales, etwas, was der Mensch nie vergessen dürfte und doch stets vergißt. In dieser Annahme, daß man mit dem Gehirn denkt, eine Annahme, die sicher falsch ist, ist die Quelle von tausend und abertausend Albernheiten, freilich auch die Quelle für wertvolle Entdeckungen und Erfindungen, für alles, was das Leben verschönt und verhäßlicht . . . Dem Es steht das Ich gegenüber . . . dies Ich, das mir nur als ein Werkzeug des Es gilt, das uns jedoch die Natur als Herrn des Es anzusehen zwingt; und wie es auch sei und was auch sonst noch zu sagen wäre: Für die Menschen bleibt immer der Satz: Ich bin Ich . . . Wir kommen nicht los davon, und selbst indem ich behaupte, dieser Satz sei

falsch, bin ich gezwungen zu handeln als wäre er wahr. Doch Ich ist durchaus nicht Ich, sondern eine fortwährend wechselnde Form, in der das Es sich offenbart, und das Ichgefühl ist ein Kniff des Es, den Menschen in seiner Selbsterkenntnis irrezumachen, ihm das Sichselbstbelügen leichter zu machen, ihn zu einem gefügigeren Werkzeug des Lebens zu machen ...
Und daraus ergibt sich für mich, daß auch jede einzelne Zelle ein solches Individualitätsbewußtsein hat, jedes Gewebe ebenso, jedes Organ auch, und jedes Organsystem desgleichen. Mit andern Worten: jede Es-Einheit kann, wenn sie Lust dazu hat, sich selbst weismachen, sie sei eine Individualität, eine Person, ein Ich.
Ich weiß, diese Betrachtungsart verwirrt alle Begriffe. Aber ich muß es doch aussprechen, daß ich glaube, die menschliche Hand hat ihr eigenes Ich, sie weiß, was sie tut, und sie ist sich auch dieses Wissens bewußt. Und jede Nierenzelle und jede Nagelzelle hat ebenso ihr Bewußtsein und ihr bewußtes Handeln, ihr Ichbewußtsein. Beweisen kann ich es nicht, aber ich glaube es, deshalb, weil ich Arzt bin und gesehen habe, daß der Magen auf bestimmte Nahrungsmengen in ganz bestimmter Weise antwortet, daß er in Art und Menge seiner Absonderungen bedachtsam vorgeht, erwägt, was ihm zugemutet werden wird und danach seine Maßnahmen trifft, daß er Auge, Nase, Ohr, Mund und so weiter als seine Organe benutzt, um damit festzustellen, was er tun will.
... dieses von mir für die Zellen, die Organe und so weiter beanspruchte Ich ist mir nicht etwa dasselbe wie das des Es. Durchaus nicht. Vielmehr ist dieses Ich nur ein Produkt des Es, etwa wie die Gebärde oder der Laut, die Bewegung, das Denken, Bauen, Aufrechtgehen, Krankwerden, Tanzen oder Radfahren ein Produkt des Es ist ... Über das Es selbst wissen wir nichts."

An dieser Stelle verdienen die orthodoxen Einwände des Rationalisten festgehalten und erwogen zu werden. Es sind Fragen, die Groddeck selbst zu beantworten sich nicht die Mühe nahm, da er überzeugt war, daß man ohne einseitige Beweisführung und Sophisterei keine Hypothese aufstellen könne, die alle bekannten Fakten eines Falles einschließe, und er keine Lust hatte, sich um eine Deutung zu bemühen, die möglicherweise den Anschein erwecken würde, das Ganze der Realität zu umfassen, während sie jedoch in Wahrheit nur unfruchtbare Formeln lieferte. Groddeck glaubte, daß alles, was man als Tatsache voraussetze, früher oder später widerlegt werden könnte; daher seine Vorsicht, mit der er die Hypothese des Es nicht als Wahrheit, sondern als Methode einführte. Doch hätte ein rationalisierter Kritiker jedes Recht, ungefähr folgende Fragen zu stellen: „Daß zum Beispiel ein inoperabler Krebs, der gegen jede andere Behandlung resistent ist, einem Groddeckschen Angriff mittels Massage und Analyse zu weichen vermag, liegt im Bereich des Glaubhaften. Sogar die Hypothese des Es könnte in diesem Fall ein brauchbares Werkzeug sein. Freud hat die Grenzen zwischen bewußter und unbewußter Absicht so weit verändert, daß wir geneigt sind, auf Ideen einzugehen, die noch vor fünfzig Jahren phantastisch erschienen wären. Aber wenn tausend Menschen sich an einer einzigen Sendung Obst mit Typhus infizieren, müssen wir dann annehmen, daß das individuelle Es jedes Einzelnen diese Selbstäußerung aus dem Wunsch nach Selbstbestrafung gewählt hat?" Auf derartige Fragen wird man in Groddecks Büchern keine Antwort finden; doch wenn ihn die Einführung des Es als Teilhypothese zufriedenzustellen scheint, so deshalb, weil sich sein Hauptinteresse auf die individuelle Äußerung des Es richtet. Doch gibt es in dieser Hypothese nichts, was eine umfassendere Anwendung ausschlösse. Hätte er sich selbst mit einer solchen Frage beschäftigt, würde er sehr wahrscheinlich geltend gemacht haben, daß genau wie die Zelle und das ganze Individuum ihre Ich-Es-Polarität haben, auch jede Gesellschaft oder Gemeinde imstande sein müsse, ihre eigene zu entwickeln. Die Konventionen der Logik, nach denen wir leben, verlangen, daß wir dem Individuum seine Individualität zuerkennen, aber diese Individualität Begriffen wie „Staat", „Gemeinde", „Nation" versagen – obwohl wir diese Begriffe täglich in unseren Gedanken verwenden, als wären es Spielmarken. Aber wenn unsere Zeitungen von einer „durch Seuche dezimierten Gemeinde" oder von einer „von Hysterie befallenen Nation" sprechen, akzeptieren wir den Begriff ohne Schwierigkeit, obwohl unser Bewußtsein derartige Gebilde als Fiktionen zurückweist. Und in Kriegszeiten wird eine Nation als Individualität mit gewissen besonderen Merkmalen behandelt, Politiker „wenden sich an die Nation"; die *Times* untersucht mit Hilfe einschlägiger Statistiken „die Gesundheit der Nation". Könnte es nicht sein, daß eine solche, von uns für eine Fiktion gehaltene Einheit in ihren Bestandteilen eine Spur der individuellen Einheit widerspiegelt, die laut Groddeck nicht weniger eine Fiktion ist? Wenn ein nationales Ich, warum kein nationales Es? Aber ich merke, daß ich vielleicht zu weit gehe, wenn ich den Anwendungsbereich der Hypothese vom Es ausdehne; denn wenn Groddeck selbst darüber schwieg, hatte er ohne Zweifel seine Gründe.

Und wie steht es mit dem Gebiet des reinen Zufalls oder Mißgeschicks? Einem Menschen, der von einer zusammenstürzenden Wand verletzt wurde? Dem Opfer eines Eisenbahnunglücks? Können wir annehmen, daß ihn sein Es zum Opfer gewisser Umstände gemacht hat? Wir wissen nahezu nichts über Prädisposition – und doch ist es ein Wort, das die Ärzte häufig bei Fällen anwenden, deren kausaler Zusammenhang deutlich zu sein scheint, bei denen Ursache und Wirkung überzeugend verknüpft sind; so genügt das Opfer der erblichen Syphilis den Regeln unserer Logik, während wir das Opfer eines Eisenbahnunglücks einfach für ein passives Objekt des Schicksals halten. Und doch anerkennen wir im Unterbewußtsein Prädisposition bei Individuen, bei unseren Freunden, denn wie oft rufen wir bei der Nachricht eines Unglücks aus: „Aber das *mußte* jemandem wie X passieren!" Die Wahrheit ist, daß alle Zusammenhänge zwischen Geschehnissen und Objekten in dieser Welt am Mysterium des Unbekannten teilhaben, und wir haben nicht mehr Recht, eine Reihe von Vorfällen mit Worten wie „Krankheit" oder „Leiden" in Schutz zu nehmen, als andere mit Worten wie „Unglück" oder „Zufall" abzutun. Groddeck selbst war ein zu gewiefter Metaphysiker, um sich der Gnade von Worten auszuliefern. „Nun sollte ich Ihnen etwas über die Entstehung der Krankheit sagen, aber darüber weiß ich nichts. Und über die Heilung . . . Aber darüber weiß ich erst recht nichts. Beides nehme ich als gegebene Tatsachen hin. Höchstens von der Behandlung könnte ich etwas sagen. Und das will ich auch tun.

Das Ziel der Behandlung, jeder ärztlichen Behandlung ist, Einfluß auf das Es des Menschen zu gewinnen . . .

Im allgemeinen hat man sich mit dieser Art der Krankheitsbehandlung, die man, weil sie sich mit den Krankheitserscheinungen, den Symptomen beschäftigt, symptomatische Behandlung nennt, begnügt. Und kein Mensch wird behaupten, daß man darin nicht recht getan hat. Aber wir Ärzte, die wir von Berufs wegen dazu verurteilt sind, Herrgott zu spielen und infolgedessen zu anmaßlichen Wünschen neigen, sehnen uns danach, eine Behandlung zu erfinden, die nicht das Symptom, sondern die Ursache der Erkrankung beseitigt. Wir wollen kausale Therapie treiben, so nennen wir es im medizinischen Latein-Griechisch. In diesem Streben hat man sich nun nach diesen Ursachen der Erkrankung umgesehen, hat erst theoretisch unter Aufwand von viel Worten festgestellt, daß es zwei angeblich wesensfremde Ursachen gibt, eine innere, die der Mensch aus sich herausgibt, eine *Causa interna,* und eine äußere, *Causa externa,* die aus der Umwelt stammt. Und nachdem man sich so über eine reinliche Zweiteilung einig geworden ist, hat man sich mit einer wahren Wut auf die äußeren Ursachen gestürzt, als da sind: Bazillen, Erkältungen, zu viel Essen, zu viel Trinken, Unfälle, Arbeit und was es sonst noch gibt . . .

Allerdings hat es immer und zu allen Zeiten Ärzte gegeben, die ihre Stimme erhoben haben um zu sagen: der Mensch macht seine Krankheiten selbst, in ihm liegen die *Causae internae,* er ist die Ursache der Krankheit, und eine andere braucht man nicht zu suchen . . .

Und damit bin ich beim springenden Punkt. Man kann gar nicht anders als symptomatisch behandeln, und man kann auch nicht anders als kausal behandeln. Denn beides ist dasselbe. Es existiert gar kein Unterschied zwischen den beiden Begriffen . . .

In Wahrheit bin ich überzeugt, daß ich mit der Psychoanalyse nichts andres tue als früher, wo ich heiße Bäder gab, Diäten verordnete, massierte und herrisch befahl, was ich alles auch jetzt noch tue. Das Neue ist nur der Angriffspunkt der Behandlung, *das Symptom, das mir in allen Verhältnissen dazusein scheint, das Ich.* Meine Behandlung, soweit sie nicht dieselbe ist wie früher, besteht in dem Versuch, die unbewußten Komplexe des Ich bewußtzumachen, methodisch und mit aller List und Kraft, die mir zur Verfügung steht. Das ist allerdings etwas Neues, aber es stammt nicht von mir, sondern von Freud, und was ich dazugetan habe ist nur, daß ich diese Methode auch bei organischen Leiden verwende. Da ich der Ansicht bin, daß der Gegenstand ärztlicher Tätigkeit das Es ist, da ich der Ansicht bin, daß dieses Es in selbstherrlicher Kraft die Nase formt, die Lunge entzündet, den Menschen nervös macht, ihm Atmung, Gang, Tätigkeit vorschreibt, da ich weiterhin glaube, daß sich das Es ebenso durch Bewußtmachen unbewußter Ichkomplexe beeinflussen läßt wie durch einen Bauchschnitt, so begreife ich nicht – richtiger begreife ich es nicht mehr –, wie irgend jemand glauben kann, Psychoanalyse sei nur bei Neurotikern verwendbar, organische Erkrankungen müsse man nach andern Methoden behandeln.«

Jetzt ist wohl deutlich geworden, warum wir Groddeck so viel Zeit und Platz einräumten, um ihn – so weit wie möglich mit seinen eigenen Worten – das Gebiet des Es festlegen und abgrenzen zu lassen. Die Ich-Es-Polarität ist nicht nur der Grundstein, auf dem seine Philosophie sich aufbaut, vielmehr können wir, ohne sie zu erfassen, auch nicht dazu übergehen, das Bild dieses Dichter-Philosoph-Arztes einigermaßen zureichend zu entwerfen; denn seine Erkenntnisse über Funktion und Rang des Ichs in der Welt erstrecken sich nicht nur auf seine Forschungen über Gesundheit und Krankheit, sondern auch auf das Gebiet der Kunstkritik und der Kosmologie, wo seine Beiträge nicht weniger originell und schön sind. Mangel an unmittelbarer Kenntnis seiner Gedichte, seines einzigen Romanes und dessen, was seine Übersetzerin »ein Epos« nennt, hält mich von der Aussage über dichterische und schriftstellerische Seite seiner Tätigkeit ab; aber der eine unvollständige Band Kunstschriften, der in England unter dem Titel *The World Of Man* er-

schienen ist, wird es dem Leser ermöglichen, Groddecks Unter-
suchungen über Malerei in der Terminologie des Es-Verfahrens
zu folgen – denn er war überzeugt, daß der Mensch die Welt in
seiner eigenen Vorstellung erschafft, daß all sein Gedachtes
und Getanes, Wissenschaft, Kunst, Verhalten, Sprache und so
weiter, sehr deutlich die Natur seines primitiven Erlebnisses
und nicht weniger die seine Gedanken und Handlungen beherr-
schende Verwirrung zwischen dem Ich und dem Es widerspiegelt. Unglücklicherweise wurde Groddeck 1934 durch den Tod
verhindert, mehr als den Entwurf seines Planes auszuführen,
der darin bestand, jeden Zweig der Wissenschaft und Erkenntnis mit den Begriffen seiner Hypothese zu überprüfen; aber in
den uns hinterlassenen Fragmenten über Kunst, Sprache und
Dichtung ist die metaphysische Basis seiner Philosophie sorgfältig erläutert und behandelt. Niemand, der seine Bücher nicht
in der Originalsprache gelesen hat, kann sich im einzelnen über
seinen Humor und die entwaffnende Einfachheit und Poesie
seines Stils äußern, doch reicht es für die Feststellung, daß auch
in der Übersetzung genug von Groddecks Persönlichkeit zutage
tritt, um das Abenteuer, ihn zu lesen, sowohl für den Arzt wie
für den zeitgenössischen Künstler der Mühe wert zu machen –,
denn Wissen und Erfahrung des einen ergänzen Inbrunst und
Niederlagen des andern; und Kunst und Wissenschaft sind
heute dichter zusammengeschlossen als je zuvor durch die bloßen Begriffe des fundamentalen metaphysischen Dilemmas,
dem sie sich beide ausgesetzt sehen. Alle Wege führen zur Me-
taphysik.

Groddeck wurde oft um die Erlaubnis gebeten, daß man in England eine Gesellschaft unter seinem Namen nach Art der Freudschen und Adlerschen Gesellschaften gründen dürfe; aber er
lehnte die Vorschläge jedesmal lachend mit den Worten ab:
„Schüler wollen nur immer, daß ihre Lehrer auf der Stelle treten." Er wollte in jedem Falle vermeiden, daß sein Werk sich in
einer unfruchtbaren Formel festhalte und erstarre; daß seine
Schriften Maulwurfshügel für eifrige Systematiker würden, die
möglicherweise nichts anderes als ein Lippenbekenntnis zu seinen Theorien ablegen und nur den Buchstaben seiner Schriften

auf Kosten des Geistes respektieren würden. In gewisser Weise ist das schade, denn es führte zu einer unverdienten Vernachlässigung – ganz zu schweigen von der ausgesprochenen Schande, daß sein Werk in England mit einem Schutzumschlag erschien, der die fatalen Worte trägt: „Ausgeliefert in versiegeltem Zellophanumschlag, nur zum Gebrauch von Studierenden für Medizin und Psychologie." Und dies für *Das Buch vom Es*, das in jedem Bücherschrank stehen sollte!

Es war in diesem Aufsatz kein Raum, die vielen klinischen Fälle zu zitieren, an Hand derer Groddeck seinen Lehrsatz immer wieder anschaulich macht; ich war sozusagen gezwungen, die harten Nüsse der Theorie herauszuholen und sie ohne Zusätze und Erläuterungen zu offerieren. Doch genügt es, zu sagen, daß kein Analytiker es sich leisten kann, Groddecks Ansichten über Themen wie Widerstand und Übertragung, Dauer der Analyse, Zusammenhang zwischen Analyse und organischen Störungen und Anwendung der Massage außer acht zu lassen. Wenn Groddeck auch vielen Ansichten Freuds voll und ganz zustimmte, so hatte er doch viele Vorbehalte und Korrekturen, die auszusprechen er nicht zögerte. Denn wenn Freuds Philosophie eine des Wissens ist, ist die Groddecks eine des Hinnehmens durch Verstehen.

Ein anderer grundlegender Unterschied verdient hervorgehoben zu werden – ein Unterschied, der die Divergenz von Freuds und Groddecks Temperamenten ebenso deutlich zeigt wie die jener beiden Einstellungen gegenüber der Medizin, die sich, oft in Opposition zueinander, von den Tagen des Hippokrates bis heute erhalten haben. Während Groddeck voll und ganz für die Philosophie des Nicht-Attachierens eintritt, lehnt er es ab, sein Erbe als Europäer zugunsten dessen aufzugeben, was er als asiatische Philosophie ansieht. Seiner Ansicht nach ist der Europäer zu stark vom christlichen Mythos beeinflußt, um irgendeinen anderen wirklich begreifen zu können; so kommt es, daß seine Interpretation der religiösen Haltung gegenüber dem Leben uns zurück zu Christus weist, und wenn er Freuds Ödipustheorie auch akzeptiert, zögert er doch nicht, zu sagen, daß er sie für eine Teilerklärung hält. Groddecks Christus aber unterscheidet sich radikal von den verkleinernden Bildern, die bei den trockenen Theologen unseres Zeitalters so sehr in Gunst stehen.

„Er [Christus] war und wird nicht sein, sondern er ist. Er ist nicht nur wirklich, was doch wohl etwas Ähnliches wie wirkend sagt, er ist wahr.

Ich bin nicht imstande, diese Dinge in Worte zu fassen, neige auch zu der Ansicht, daß sie nicht in Worte gefaßt werden können, sie sind unbeschreiblich, sind Gleichnis, sind Symbol. Und das Symbol läßt sich nicht sagen, es lebt und wir werden von ihm gelebt. Man kann davon nur ganz unbestimmt sprechen – das ist wohl der Grund, warum das unbestimmte Wort: Es, das neutrale Neutrum, rasch aufgegriffen worden ist . . ."

Und der Mensch lebt, mit den Worten Groddeckscher Psychologie gesagt, durch die unaufhörliche Symbolisierung seines Es durch Kunst, Musik, Krankheit und Sprache. Der Prozeß seiner Entwicklung – seine allmähliche Selbstbefreiung von Krankheit, die eine Fehlorientierung seiner wahren Natur ist – kann nur durch lange und geduldige Selbsterforschung zustande kommen; jedoch nicht so sehr dadurch, daß er das Ich in sich erforscht, als vielmehr die Haupttriebkraft, das Es, das sich durch eine Vielfalt von Idiosynkrasien, Vorlieben, Stellungnahmen und Beschäftigungen offenbart. Es ist diese völlige philosophische Hingabe Groddecks an das Es, die seine Philosophie für den Patienten, den Künstler und den Durchschnittsmenschen gleich wichtig macht. So verschmilzt das Symbol der Mutter, auf das er in seinem wunderbaren Essay über die Kindheit solchen Nachdruck legt, mit dem der Kreuzigung, die dieses tiefe, tragische Problem künstlerisch zum Ausdruck bringt.

„Fragt man jemanden, was er, wenn er die christliche Anschauung ausschalte, in der Kreuzform sähe, so erhält man fast regelmäßig die Antwort: Es ist ein Mensch mit ausgebreiteten Armen, und wenn man weiter fragt, wozu der Mensch die Arme ausbreite, so lautet die Antwort: um zu umarmen . . . Aber weder das Kreuz kann umarmen – denn es ist fühlloses Holz – noch der Mensch, der daran hängt – denn er ist festgenagelt.

Und er wendet dem Kreuz den Rücken zu . . . Was ist das Kreuz, durch das er, allzu eng daran genagelt, sterben muß, damit die Menschheit erlöst werde? Das Kreuz kann nur die Mutter sein. Im Deutschen nennen wir den Knochen, in den der Schmerz der Geburtswehen verlegt wird, das Kreuz; die Lateiner nannten ihn, längst ehe es Christen gab, *Os sacrum,* den heiligen Knochen. Das Kreuz ist die Mutter, die den Sohn umarmen würde, wenn sie nicht Holz wäre und an deren fühlloser Liebesgebärde der lebendige Sohn in Liebe angenagelt ist . . .
Christus hängt an dem Kreuz . . . Christus aber ist der Sohn, des Menschen Sohn, wie er sich selbst nennt, der Mensch als Sohn. Damit ist für mich bewiesen, daß die verlangenden Arme, die nicht umarmen dürfen, die Arme der Mutter sind . . . daß Mutter und Sohn mit Nägeln aneinander genagelt sind, ohne je sich nahe kommen zu können: der Mutter bleibt kein andrer Weg, dem Verlangen zu entfliehen, als lebloses Holz, unempfindliche Materie zu werden, der Sohn aber, dessen Wort: ‚Weib, was habe ich mit dir zu schaffen', das tiefste Geheimnis der Menschenwelt kundgibt, stirbt freiwillig mit vollem Bewußtsein dessen, was er tut . . ."

In Groddecks Schriften über das Wesen von Kunst und Mythos finden wir, aufs deutlichste erhellt, seine Grundgedanken über die Natur des Symbolismus und die Beziehung des Menschen zu dem ideologischen Gespinst, mit dem er sich umgeben hat; dort wird man auch erkennen, wie klar und brillant Groddeck die Rolle der Kunst in der Gesellschaft interpretierte. Er ist der einzige Psychoanalytiker, für den der Künstler kein interessanter Krüppel, sondern ein Mensch ist, der durch Hingabe seines Ichs an das Strömen des Es zum Vermittler und Übersetzer der nichtkausalen Kräfte wurde, die uns beherrschen. Daß Groddeck die furchtbaren ambivalenten Kräfte, denen der Künstler so häufig zum Opfer fällt, völlig richtig einschätzte, ist selbstverständlich; doch sieht er auch, daß das Dilemma des Künstlers gleichzeitig das jedes anderen Menschen ist, und daß dies Dilemma unaufhörlich in der Kunst zum Ausdruck gebracht wird, ebenso wie es sich in Formen von Krankheit und Sprache manifestiert. Wir leben (aber vielleicht sollte ich das Verb so abwandeln, wie Groddeck es tut), wir werden gelebt durch einen symbolischen Prozeß, für den unser Leben nur eine polierte Oberfläche liefern, in der er sich spiegeln kann. Wie sprachliche Zusammenhänge als „reale Inhalte" in den Träumen von Groddecks Patienten auftauchen, so stellen die in der Kunst zum Ausdruck gebrachten sprachlichen Zusammenhänge des Symbolismus vor die Augen der Welt ein bleibendes Bild der Strafen, des Schreckens und der Herrlichkeit zu leben – oder von dieser nichtkausalen Realität, deren Identität wir nicht erraten können, gelebt zu werden. „Mögen wir noch so gelehrt sein", schreibt Groddeck, „es hilft uns nichts: Ein Fenster bleibt für uns Auge, eine Höhle Mutter, ein Pfahl Vater."

In der Kunst offenbaren diese Symbole, längs des Gespinstes aus gefühlsmäßigen Zusammenhängen zurückverfolgt, eine Welt uralter Vorstellung und werden Bestandteile der Sprache des Es; und in ihrem Licht wird das Wesen des Menschen zu mehr als einem sterilen Ich mit seinen dualistischen Konflikten zwischen Schwarz und Weiß. Tatsächlich liefert die Geschichte der Evangelien, im Licht von Groddecks Nicht-Attachieren neu ausgelegt, einen weit fruchtbareren Ertrag von Deutungen, als wenn wir sie mit den dualistischen Begriffen des Ichs, das heißt mit andern Worten des Willens, betrachten. „Nur in der Form der Ironie lassen sich die tiefsten Dinge sagen, und wer die Evangelien lesen will, um zu verstehen, was sie sagen, tut nach meiner Meinung gut daran, sich diesen Satz einzuprägen: Das Tiefste läßt sich in der Form der Ironie sagen, denn das Tiefste ist immer außerhalb der Moral, und weiter: Das Tiefste ist ambivalent; beide Seiten sind wahr." Und vielleicht ist der von Groddeck als Ironiker gedeutete Christus jener Christus, den wir heute für uns selbst neu zu deuten bemüht sind. Hier ist kein Platz für den traurigen, langmütigen, historischen Christus der zeitgenössischen Interpretation, sondern für einen Christus, der imstande ist, zu symbolisieren und seine künstlerische Rolle zu erfüllen, sein künstlerisches Opfer zu vollbringen vor dem Hintergrund einer Geschichte, die, wenngleich wir sie nicht ganz zu verstehen vermögen, für uns doch einen wohlerwogenen und unerbittlichen Sinn in ihrem Symbolismus birgt.

Wir haben in diesem Essay Groddeck ausdrücklich als Philosophen dargestellt, weil das, was er zu sagen hat, über medizinische Bedeutung hinausgeht. In der Medizin mag er einfach für einen weiteren unorthodoxen Vitalisten gehalten werden, für den das Ganze mehr als die Summe der Teile bedeutet: Bestimmt wurde er häufig kurz als ein Arzt abgetan, „der die Psychoanalyse bei organischen Erkrankungen mit bemerkenswertem Erfolg anwandte." Wenn auch sein Beitrag zur Psychoanalyse unbestreitbar ist, wäre es doch nicht fair, seine Forschungen auf dies Teilgebiet zu beschränken, wenngleich er sein ganzes Arbeitsleben in der Klinik verbrachte und seine Schriften ohne großes Interesse für ihr weiteres Schicksal verfaßte. Doch wäre es gleichfalls falsch, ihn als Philosophen zu zeichnen, der mit einem Zollstock jede menschliche Aktivität mißt. Der gemeinsame Faktor seines ganzen Werkes ist seine Gesinnung und die Lehre vom Es, die weit genug ist, alle Äußerungen menschlichen Lebens zu umfassen; weder beengt noch begrenzt noch versteift sie die Objekte, auf die sie fixiert ist. Mit anderen Worten widerstand Groddeck dort, wo er mit dem Leben zu tun hatte, der Verführung einer künstlichen Moral und zog es vor, dem Leben die unumschränkten Rechte einer Unbekannten einzuräumen, aus der das Individuum möglicherweise eine Gleichung für den Alltag abzuleiten imstande wäre; und damit hat er eine Botschaft nicht nur für Ärzte, sondern genauso für Künstler, für Kranke nicht weniger als für Gesunde. Man kann ihn am besten interpretieren, wenn man seine Lehre vom Es (vermittels der wahr-falschen Ambivalenz, auf die er so großen Nachdruck legte) sowohl als Wahrheit wie auch als poetische Fiktion gelten läßt. Und da Groddeck es vorzog, sich als Europäer und Christen zu bezeichnen, wäre es gleichfalls ungerecht, immer wieder von den östlichen Religionen zu sprechen, denen das Es zu entstammen oder denen es verwandt zu sein scheint. („Die Kraft des Auges, zu sehen, beruht ganz auf der

Kraft der Vision, die dem Licht zugehört, das durch das Auge sieht, aber vom Auge nicht gesehen wird; das durch das Ohr hört, aber vom Ohr nicht gehört wird; das durch den Verstand denkt, aber vom Verstand nicht gedacht wird. Es ist der ungesehene Sehende, der ungehörte Hörende, der ungedachte Denkende. Anders als Es gibt es keinen Sehenden, keinen Hörenden, keinen Denkenden." *Shri Khrishna Prem.)*

Groddeck würde lächelnd zugestimmt haben, denn das Prinzip des Nicht-Attachierens ist sicherlich der Kern seiner Philosophie; aber seine Geistesbeschaffenheit ist weit mehr griechisch als indisch. Und seine Deutungsmethode verbindet, genau ausgewogen, harte, gesunde klinische Wirklichkeit mit Theorie. Wenn man ihn liest, hat man das Empfinden, daß jede Behauptung, wie phantastisch sie auch immer sein mag, der Werkstatt und nicht einem ideologischen Treibhaus entstammt.

Vier Bücher, die seinen Namen tragen, sind in England erschienen. Von ihnen ist *Das Buch vom Es* das einzige, das Anspruch auf Vollständigkeit erhebt: Die drei anderen Bände enthalten Essays und verschiedene Aufsätze, die von der Übersetzerin zusammengestellt sind. Ihre Titel lauten *The World Of Man, The Unknown Self* und *Exploring the Unconscious.* Der erste und dritte Band enthalten eine gründliche Darstellung seiner Ansichten über das Wesen von Gesundheit und Krankheit; *The World Of Man* enthält den unvollendeten Entwurf seiner projektierten Studie über das Wesen der bildenden Kunst. Im letzten Band finden sich auch einige allgemeine Kunstkritiken, aber er ist hauptsächlich bemerkenswert wegen eines Essays mit dem Titel *Unconscious Factors In Organic Process,* der Groddecks Ansichten über Massage darlegt und eine Art neuer Anatomie des Körpers in der Terminologie psychischer Vorgänge enthält. Trotz der ungeheuer verworrenen Anordnung dieser Aufsätze, ganz zu schweigen von einer Übersetzung, die eingestandenermaßen Poesie und Stil des Originals auch nicht annähernd zu erhalten wußte, sollte man diese Bücher alle lesen, wenn man sich ein einigermaßen ausreichendes Bild von Groddecks geistiger Leistung machen will.

Im Rahmen dieses kurzen Essays habe ich mich jedoch so weit
wie möglich an die Philosophie gehalten, die hinter seiner Praxis steht, ohne auf eine detaillierte Darstellung seines medizinischen Glaubensbekenntnisses und dessen klinischer Anwendung einzugehen; bei einem so luziden und brillanten Autor
wie Groddeck ist man immer in Gefahr, die klaren Wasser seiner Ausführungen durch langatmige Deutungsversuche und
verworrene Kommentare zu trüben. In seinem Werk sind Theorie und Wirklichkeit so kunstvoll verwoben, daß man immer in
Gefahr ist, das Gespinst seiner Gedanken zu zerstören, indem
man es zu zerstückeln versucht. Ich bin zufrieden, wenn es mir
gelungen ist, einen Begriff von der Ich-Es-Polarität seiner Philosophie und seiner Auffassung vom Menschen als eines organisch Ganzen zu geben. Aber wie stets bei Groddeck empfindet
man, daß Stoff und Stil in ihm eine so glückliche Verbindung
eingegangen sind, daß jeder Versuch, ihn mit anderen Worten
zu erklären, sich so plump anhören muß wie die freie Nacher-
zählung des Hamlet von einem Schuljungen. Diese Befürch-
tung muß entschuldigen, daß ich hier mit einem letzten Zitat
ende:

„Jede Betrachtung ist einseitig, jede Meinung ist eine Fälschung. Beim Betrachten zerfällt das Ganze in einzelne Betrach-
tungsfelder; um sich eine Meinung zu bilden, muß man das
Ganze in Teile zerlegen. Die Mängel, die der Betrachtung anhaf-
ten, lassen sich einigermaßen dadurch ausgleichen, daß man die
Welt von vielen Seiten aus betrachtet, die Mängel der Meinung
dadurch, daß man zweckmäßige Einteilungen wählt . . .
Gerade unsre Zeit strebt danach, diese einheitliche Auffassung
von Körper und Seele wieder zur Grundlage des menschlichen
Meinens und Tuns zu machen. Meine eigene Überzeugung ist,
daß eine solche einheitliche Auffassung vom Menschlichen
einem jeden eingeboren ist, daß er sie nie gänzlich aufgeben
kann und daß wir unterhalb des Geredes und Gedenkens unsrer
eigenen Person und der europäischen Gesellschaft immer bei
einiger Aufmerksamkeit als eigentliche Triebkraft alles menschlichen Lebens das Individuum Mensch in seiner Verbindung

mit dem Kosmos aufspüren können. Der Erfolg eines solchen Aufspürens ist wachsende Einsicht in die symbolischen Beziehungen zwischen Mensch und Welt, in das, was sich kaum mit andern Worten ausdrücken läßt als mit denen: Der Mensch ist Teil im Ganzen und Ganzes im Teil. Wir verstehen ihn besser, wenn wir das All in ihm verstehen, den Teil als Ganzes, und wir kommen dem All näher, wenn wir den Menschen als Teil des Alls betrachten."

NACHWORT

Beeinflußt durch Schweninger gewann Groddeck schon früh die Erkenntnis, daß man nicht Krankheiten, sondern den kranken Menschen behandeln müsse und daß der Arzt möglichst rein das Menschsein in sich selbst entwickeln solle. In der Psychoanalyse sah er die Möglichkeit, Leben und Welt aufs neue zu durchforschen und die Menschlichkeit des Menschen zu erweitern. Er versuchte durch Wort und Tat zu beweisen, daß die Unterscheidung körperlicher und seelischer Krankheiten ein Irrtum ist, daß Körper und Seele im Wesen dieselbe, in der Form nur verschiedene Äußerungen von etwas Unbekanntem sind, dem er den Namen das „Es" gegeben hat. Die Briefe an Freud sind ein kleiner Ausdruck dieser Auffassung. Unser besonderer Dank gilt den Erben Sigmund Freuds, die es möglich gemacht haben, daß in diesem Band auch die Briefe Freuds an Groddeck gedruckt werden konnten. Der Briefwechsel mit Freud wird hier erstmals veröffentlicht (lediglich vier Briefe Freuds sind bereits in dem bei S. Fischer erschienenen Band Sigmund Freud, Briefe 1873–1939 enthalten; vgl. dazu den Vermerk am Ende des Inhaltsverzeichnisses).

Wir haben es als wertvoll erachtet, noch eine Anzahl andrer Briefe, auch aus früheren Jahren, beizufügen, die dieses leidenschaftliche Suchen nach einem Verständnis des Menschen zeigen. Die meisten der hier abgedruckten Aufsätze sind in der Arche, einer vergriffenen Privatzeitschrift, die Groddeck in den Jahren 1925–1927 herausgab, erschienen. In dieser Zeitschrift fand ein freier Meinungsaustausch zwischen Groddeck, Freunden, Patienten und an der Psychoanalyse Interessierten statt. Groddeck äußerte sich hier in bedeutsamen Aufsätzen zu menschlichen und ärztlichen Problemen.

Die Texte werden hier unverändert abgedruckt. In den Briefen wurden gelegentlich rein private und für den Leser uninteressante Stellen sowie Bemerkungen, die noch Lebende kränken könnten, weggelassen. Solche Auslassungen sind jeweils durch sechs Punkte markiert. Einige der ursprünglich für die Arche geschriebenen Aufsätze wurden hier in leicht gekürzter Fassung abgedruckt. In Klammern gesetzte Überschriften zeigen an, daß die betreffenden Aufsätze in der Arche ohne Überschrift erschienen und die Titel von Verlag und Herausgebern gewählt wurden. Generell wurde die Orthografie dem heutigen Gebrauch angepaßt, während die teilweise recht eigenwillige Interpunktion erhalten blieb. (Nur in Ausnahmefällen wurde ergänzend ein Satzzeichen eingefügt, wo das zur Verdeutlichung des Sinns nötig schien.) M. H.

ANMERKUNGEN

7 *1912 ein Buch veröffentlicht:* Nasamecu. Der gesunde und der kranke Mensch. Leipzig, 1913.

8 *Ihre Psychologie des Alltags:* Zur Psychopathologie des Alltagslebens. Berlin 1904; neu in: Ges. Werke IV. London, 1942 ff. (seit 1960 bei S. Fischer, Frankfurt/M.)
die Traumdeutung: Leipzig u. Wien 1900; neu in: Ges. Werke II u. III. A. a. O.

10 *Die Adlerschen Theorien:* Alfred Adler (1870–1937), österr. Psychoanalytiker, später Begründer der Individualpsychologie. Siehe seine grundlegende Studie über Minderwertigkeit von Organen. Wien u. Berlin 1907.

14 *Adler:* vgl. d. Anm. zu S. 10.
In meinem Aufsatz über das Ubw: Das Unbewußte. Wien 1915; neu in: Ges. Werke X. A. a. O., S. 264 ff.
Jung: Carl Gustav J. (1875–1961), schweiz. Psychologe und Psychiater.
Ferenczi: Sandor F. (1873–1933), ungarischer Psychoanalytiker.
Pathoneurosen: eine besondere Form von Neurose, die im Zusammenhang mit einer organischen Erkrankung steht.
des Lamarckschen Entwicklungsgedankens: J. B. Antoine de Lamarck (1744–1829), franz. Naturforscher.

17 *Pawlows Experimente:* Iwan Petr. P. (1849–1936), russ. Physiologe.
die Abderhaldenschen Versuche: Emil A. (1877–1950), schweiz. Physiologe.

20 *eine Broschüre:* Groddeck, Psychische Bedingtheit und psychoanalytische Behandlung organischer Leiden. Leipzig 1917. Auch in: Psychoanalytische Schriften zur Psychosomatik. Wiesbaden 1966.
Imago: Imago, Zeitschrift für Anwendung der Psychoanalyse auf die Natur- und Geisteswissenschaften. Wien 1912–1937.
Aufsatz ... über die Paradiessage: Ludwig Levy, Sexualsymbolik in der biblischen Paradiesgeschichte. Imago 5, 1917, S. 16 ff.

21 *Ihrer Schrift:* Psychische Bedingtheit und psychoanalytische Behandlung organischer Leiden. Leipzig 1917. Auch in: Psychoanalytische Schriften zur Psychosomatik. A. a. O.

22 *Ihre interessante Bemerkung:* Der Brief mit dieser Bemerkung befand sich nicht im Nachlaß von Groddeck.
Rosmersholm: Schauspiel von Henrik Ibsen.
Rebekka West: Person in Rosmersholm.
Sachs: Dr. Hanns S. (1881–1947), Psychoanalytiker.

23 *Rebekka West:* Groddeck, Tragödie oder Komödie. Eine Frage an die Ibsenleser. Leipzig 1910, S. 42. Auch in: Psychoanalytische Schriften zur Literatur und Kunst. Wiesbaden 1964.
Nora: Nora oder ein Puppenheim, Schauspiel von Henrik Ibsen. Vgl. Groddeck, Tragödie oder Komödie, Leipzig 1910, S. 1 f. Auch in: Psychonal. Schr. z. Lit. u. Kunst.

24 *Baumeister Solneß:* Schauspiel von H. Ibsen. Vgl. Groddeck, Tragödie oder Komödie, Leipzig 1910, S. 108 ff.
der Wildente: Schauspiel von H. Ibsen. Vgl. Groddeck, Tragödie oder Komödie, Leipzig 1910, S. 77 ff.
Manuskript: Der Wanzentöter oder die entschleierte Seele Thomas Weltleins. Psychoanalytischer Roman. Ersch. u. d. T.: Der Seelensucher. Wien, Internat. Psychoanalytischer Verlag 1921. 2. Aufl. ebd. 1925.
meiner Broschüre: Psychische Bedingtheit und psychoanalytische Behandlung organischer Leiden. A. a. O.

25 *das Manuskript meines Romans:* Vgl. d. Anm. zu S. 24.
Vorträge: Hundertfünfzehn Psychoanalytische Vorträge, gehalten im Sanatorium Groddeck, Baden-Baden 1916–1919. Manuskript.
1. Buch Moses: Vortrag 8. November 1916, S. 4 f.
Struwelpeter: Vortrag, 24. August 1918. Gedr. in: Psychoanalytische Schriften zur Literatur und Kunst, S. 241 ff.
Klingersche Bilder: Vortrag, 22. Mai 1918, S. 9 f. – Max K. (1857–1920), Maler.
skurriler Titel: Der Wanzentöter. Vgl. d. Anm. zu S. 24.

26 *Schwefeldampf:* Wunscherfüllungen der irdischen und göttlichen Strafen. Intern. Zeitschrift für Psychoanalyse, VI, 1920, S. 216–227. Auch in: Psychoanalytische Schriften zur Psychosomatik.

27 *Höllenaufsatz:* Vgl. d. Anm. zu S. 26.
Aufsatz über Symbolik: Über das Es (Ms. von 1920). Ersch. in: Psychoanalytische Schriften zur Psychosomatik.
eingesandte Analyse: Eine Symptomanalyse. Intern. Zeitschr. f. Psychoanalyse, VI, 1920, S. 320–327. Auch in: Psychoanalytische Schriften zur Psychosomatik.

28 *Thomas Weltlein:* Held des Romans der Seelensucher (vgl. d. Anm. zu S. 24.).

29 *Radierung von Félicien Rops:* Félicien R. (1833–1898), belg. Grafiker und Maler.

32 *meine Mitteilungen auf dem Kongreß:* Vgl. Über die Psychoanalyse des Organischen im Menschen. Vortrag beim VI. Intern. Psychoanalyt. Kongreß im Haag, Sept. 1920. Intern. Zeitschr. f. Psychoanalyse, VII, 1921, S. 252–263. Auch in: Psychoanalytische Schriften zur Psychosomatik.

33 *Nachklang aus den Kongreßtagen:* Über die Psychoanalyse des Organischen im Menschen. Vortrag beim VI. Intern. Psychoanal. Kongreß im Haag, September 1920. Intern. Zeitschr. f. Psychoanalyse, VII, 1921, S. 252–263. Auch in: Psychoanalytische Schriften zur Psychosomatik.
Rank: Otto R. (1886–1939), österr. Psychoanalytiker. Damals Leiter des Intern. Psychoanal. Verlages.
Fräulein Anna: Anna Freud (1895), Tochter von Sigm. F., Psychoanalytikerin.

34 *„braven Aufsatz":* Vgl. d. Anm. zu S. 32.

35 *Die Schlußsätze meines Aufsatzes:* Vgl. d. Anm. zu S. 32.

36 *„Jenseits des Lustprinzips":* Ges. Werke XIII.

37 *mißgestalteten Aufsatz:* Der Symbolisierungszwang. Imago VIII, 1922, H. 1, S. 67–81. Auch in: Psychoanalytische Schriften zur Psychosomatik.

38 *Manuskript angekommen:* Der Symbolisierungszwang (vgl. d. Anm. zu S. 37).
„Narren": Der Seelensucher.
. . . ihn zu begrüßen: Rezension des Seelensuchers von Sandor Ferenczi. Imago VII, 1921.
Die fünf Briefe: Die ersten fünf Briefe des Buches vom Es. Wien, Internat. Psychoanalyt. Verlag 1923 u. Wiesbaden, Limes 1961.

39 *(Massenpsychologie und Ich-Analyse):* Ges. Werke XIII.

41 *mit Bernheim gemacht hatte:* Hippolyte B. (1837–1919). Arzt und Psychiater. Freud studierte 1889 bei Bernheim die Wirkungen der hypnotischen Suggestion.

42 *Die Freundin:* Das Buch vom Es. Psychoanalytische Briefe an eine Freundin. A. a. O.

44 *in der mosaischen Menschenschöpfungsgeschichte:* Das Buch vom Es, ²1961, S. 102 ff.
Menstruation: Ebd., S. 109 ff.
W. Stekel: Wilhelm St. (1868–1940), Wiener Nervenarzt, Psychoanalytiker.

45 *Stekel:* Vgl. d. Anm. zu S. 44.
Buch über die Träume: Wilhelm Stekel, Die Sprache des Traumes. Wiesbaden 1911.

46 *des letzten Groddecks:* der Bruder Hans G. (1860–1914), Journ.
Schwester: Caroline, gen. Lina Groddeck, geb. Bad Kösen 21. 6. 1865, gest. Baden-Baden 17. 2. 1903.
Mutter: Caroline Groddeck, geb. Koberstein, geb. 12. 7. 1825 in Schulpforta, gest. 20. 9. 1892 in Berlin.
an einen Menschen angeschlossen: Begegnung 1915 mit Emmy von

Voigt, geb. Larsson (1874–1961), seiner späteren Frau und Mitarbeiterin.

47 *Abraham:* Dr. med. Karl A. (1877–1925), Psychoanalytiker.
Hanns Sachs: Vgl. d. Anm. zu S. 22.
Ernest Jones: Dr. med. E J. (1879–1958), Psychoanalytiker.
Eitingon: Dr. med. Max E. (1881–1943), Psychoanalytiker.
Ferenczi: Vgl. d. Anm. zu S. 14.

48 *Frau Ferenczi:* Gisella F.

50 *das ... Manuskript der Freundinbriefe:* Das Buch vom Es. A. a. O.
Rank: Vgl. d. Anm. zu S. 33.
Roman: Der Seelensucher.
Polgarsche Kritik: Alfred Polgar, Berliner Tageblatt 20. 12. 1921.
das Troll: Emmy Groddeck (vgl. d. Anm. zu S. 46).

51 *Marlitt geschmökert:* Eugenie M. (1825–1887), Unterhaltungsschriftstellerin.
Freundinbriefe: Vgl. d. Anm. zu S. 50.

52 *Dorabruchstück:* Bruchstück einer Hysterie-Analyse. Freud, Ges. Werke V.
der Name Raabe: Vgl. Das Buch vom Es, ²1961, S. 222.

53 *Schwabs Volkssagen:* Gustav S. (1792–1850), Hrsg. und Nacherzähler deutscher Sagen und Volksbücher.
Thomas: 2. Teil des Romans Der Seelensucher.

54 *Abraham:* Vgl. d. Anm. zu S. 47.

56 *Ihrer Vorlesungen:* Vorlesungen zur Einführung in die Psychoanalyse. Ges. Werke XI.

58 *bei Kielholz, Jakob Böhme:* Arthur K., Jacob Böhme (1575–1624), ein pathographischer Beitrag zur Psychologie der Mystik. Schriften zur Angewandten Seelenkunde, 1919.

59 *Ihres ... Vortrags:* Groddecks Vortrag über das Es, gehalten auf dem Intern. Psychoanal. Kongreß in Berlin (25.–27. Sept. 1922), Ms. nicht vorhanden.
in einem meiner ersten Briefe: Brief vom 17. 4. 1921.
Hattingberg: Dr. iur. Hans von H., deutscher Psychoanalytiker.
Vortrag auf dem Kongreß: Zur Analyse der psychoanalytischen Situation. Die im folgenden abgedruckten Briefe mögen dem besseren Verständnis für Groddecks Verhalten gegenüber H. dienen.

München, 1. November 1922
Lieber Kollege Weltlein!
Ihr Seelensucher, den ich erst dieser Tage in die Hand bekam, hat mir die Augen geöffnet. Ich begreife nun, warum gerade *Sie* meinen Berliner Vortrag als einen Angriff auf den Vater deuteten. *Sie* mußten eigentlich besser verstehen als irgendein anderer, was ich wollte, da Sie es aber überdrüssig sind

„recht zu haben" (wie ein Professor, ohne es zu werden) mußten Sie mich „mißverstehen". *Sie* könnten mich und meine Absicht nicht ernst nehmen, während
Sie sich selbst und die Psychoanalyse im Weltlein verspotteten. (Sie brauchen
meine Deutung nicht um in der Hauptperson Ihres Vaterbeseitigungstraumes
den Träumer selbst wiederzuerkennen und die blutige Satire, siehe etwa Seite
288, Odysseus als Erfinder der Klistierspritze auf psychoanalytische Deutungs-
künste herauszuhören.)
Gerade deshalb haben Sie mich aber doch ernst genommen (Angriff auf den
Vater), wo die Liebeslockung auch für den Nichtanalytiker offen zutage lag.
(Der Vater hat ihr nicht widerstanden, mit der Verleihung des Titels „enfant
terrible" geantwortet.)
Kurz und gut – nicht wahr, *ich* bin das brävere Kind!?! Aber nicht nur das
wollte ich Ihnen sagen, sondern noch mehr: Warum nehmen Sie die Psychoanalyse so wenig und die Gefahren Ihres Masochismus so überernst, daß Sie
sich nur im Narrengewande unter die Menschen wagen? Selbsterniedrigung ist
ein schöner Religionsersatz und der süße Schnaps des Selbstbedauerns ein guter
Tröster unsrer Schwäche – wer sollte das besser wissen als ich!
Aber dennoch: im Grunde ist Ihnen der Rausch nur Surrogat, wie mir – *Sie
suchen* – das hat mir Ihr Weltlein erzählt (Der Wunsch verrückt=von der Mutter
zurückempfangen zu werden=Sehnsucht nach der großen Aufgabe).
Ich habe mich früher gegen Sie gewehrt, es war ja so bequem, sich an der
Verkleidung zu stören, und wieder einen mehr als „Idioten" abzutun. Ich will
es nicht mehr – und darum nehmen Sie den herzlichen Händedruck eines Menschen, der, wie Sie weiß, was es heißt, zu viel verstehen zu müssen.
Grüß Gott Ihr aufrichtiger Hans Hattingberg

Baden-Baden, den 14. November 1922.
Lieber Herr von Hattingberg,
seitdem ich weiß, daß der Seelensucher als Friedensstifter dient, hat mein Erstaunen über dieses merkwürdige Ei eines blinden Huhns noch zugenommen.
Die Erinnerung an meinen schroffen Angriff auf Sie nach Ihrem Vortrag war
mir unangenehm. Wie gewöhnlich wußte ich schon, während ich sprach, daß
irgend etwas in mir vorging, was mit dem Kongreß nichts zu tun hatte. Das
hat sich bestätigt: ich bin drei Wochen lang recht krank gewesen. Mein Aufenthalt in Berlin stand unter dem Zeichen eines Abstechers in meine Kinder-
heimat. Freud hat dabei die Rolle der Mutter gespielt und Sie die eines meiner Brüder, der bei all meinen Erkrankungen auftritt. An der Oberfläche spielte
außerdem das deutliche Gefühl, vor einer Aufgabe zurückgewichen zu sein.
Nach allem, was vorausgegangen war, hätte ich mich für oder gegen die offizielle Handhabung der Psychoanalyse erklären müssen. Statt dessen habe ich
den Narren gespielt und mich darüber geärgert, daß Sie Dinge zur Sprache
brachten, über die ich mich hätte äußern müssen. Allerdings hätte ich meinem
Stoß eine andere Richtung gegeben als Sie, und auch heute noch bin ich der
Ansicht, daß man die Sache anders hätte anfangen und vollenden müssen.
Gegen einen Ausdruck in Ihrem Brief wehre ich mich, gegen das Wort „suchen".
Ich glaube, von diesem Hang frei zu sein. Möglicherweise ist die Differenz
unsres Urteils über Groddeck jedoch nur eine verschiedene Deutung des Worts
„suchen".
Im Narrengewande werde ich noch einmal auftreten. Ich halte die Satire für die
einzige Form, in der mäßig begabte Leute sich auch in der fernen Zukunft le-
bendig erhalten können.
Ich erwidre Ihren Händedruck herzlich. Vornehmes Denken und Handeln ken-
nenzulernen, ist sehr angenehm.
Ihr ganz ergebener Groddeck

München, 3. Dezember 1922.
Ihr Brief, lieber Kollege, hat mir eine besondere Freude bereitet, weil er die
Bestätigung dafür brachte, daß zwischen uns ein besonderer Grad des Ver-

stehens möglich wäre – dafür aber kann man gar nicht dankbar genug sein, wenn man Menschen findet – denen es auch so „kompliziert" geht.
Ich hörte durch Delmar, daß Sie nach Budapest wollen. – Führt der Weg nicht über München? Ich würde mich *herzlichst* freuen, Sie hier begrüßen zu können, Ihnen meine Sprößlinge zu zeigen.
Es wäre auch manches, worüber ich mich sehr gerne mit Ihnen auseinandersetzte – im Anschluß an Ihren Brief. Ich bin eben daran, meinen Berliner Vortrag druckfähig zu machen, stocke an einem dritten Teil, der zeigen soll, was mir als das Wesentliche an der analytischen Situation erscheint.
Das „Suchen" kann ich nicht zurücknehmen – wer noch an sich arbeitet – sucht eine bessere Lösung, und das tun Sie doch.
Ich hoffe also auf eine angenehme Überraschung und begrüße Sie inzwischen sehr herzlich

als Ihr aufrichtiger H. Hattingberg

60 *meiner liebenswürdigen Übersetzerin:* Emmy Groddeck übersetzte Freuds Psychopathologie des Alltagslebens ins Schwedische.
Erscheinen vom Es: Das Buch. Vgl. d. Anm. zu S. 50. Pfarrer Dr. Oskar Pfister erwähnt folgende Äußerung Freuds in der Schweizerischen Zeitschrift für Psychologie, Bd. IX, Nr. 2, S. 153: Freud sagte mir bald nach Erscheinen des „Buches vom Es" (1923) im Gespräch: „Groddeck hat ganz sicher zu vier Fünfteln recht mit seiner Zurückführung organischer Leiden auf das Es und vielleicht trifft er mit dem Rest auch das Richtige."

61 *„Ich und Es":* Das Ich und das Es. Ges. Werke XIII.
Die eingeschickte aristotelische Abhandlung: Das Ding an sich. Analytische Versuche an Aristoteles' Analytik, von Egenolf Roeder von Diersburg (1890–1968), Doktor der Philosophie. Imago, IX, 1923, H. 3.

62 *beiliegende Schrift:* Nachlust und Nachbewußt. Vgl. S. 131 ff.

63 *Übersendung von Ich und Es:* Das Ich und das Es. Vgl. d. Anm. zu S. 61.
meine Schrift über „Vorbewußt und Vorlust": Vgl. d. Anm. zu S. 62.

66 *Ranks Korrespondenz:* Rank hatte einige Änderungen und Kürzungen beim Buch vom Es vorgeschlagen. Vgl. S. 54.
Eitington: Vgl. d. Anm. zu S. 47.
Hattingberg: Vgl. d. Anm. zu S. 59.
des Todestags meines Vaters: 22. 9. (1885). Vgl. d. Anm. zu S. 93.
der Hochzeitstag meiner Eltern: 14. 9. (1852).
meiner Mutter: Vgl. d. Anm. zu S. 46.

67 *Operation im Munde:* Kieferoperation wegen eines Karzinoms.

68 *auf dem Standesamt sich haben trauen lassen:* Die schwierigen Geldverhältnisse der Kriegs- und Inflationszeit hatten die Scheidung von der ersten Frau verzögert.

69 *der schwedischen Übersetzung:* Vgl. d. Anm. zu S. 60.

70 *mit der Maschine schreibe:* Dieser Brief befand sich nicht unter den Briefen, die Anna Freud 1934 an Emmy Groddeck zurückschickte. Im Nachlaß von E. G. war ein Durchschlag.

71 *Aufsatz über Aristoteles:* Vgl. S. 61.

72 *um die Zahl 2467:* Zur Psychopathologie des Alltagslebens. Ges. Werke IV.

74 *Sie haben recht:* Der Freudbrief, auf den sich Groddeck bezieht, befand sich nicht im Nachlaß.
ein paar Vorträge: Vorlesungen an der Lessing-Hochschule Berlin, Oktober-November 1924 u. d. T.: Das Es. Einführung in die Psychoanalyse.
über den Grafen Keyserling: Hermann Graf K. (1880–1946), Philosoph und Kulturpsychologe.

75 *Auch seinen Aufsatz über die Psychoanalyse:* Heilkunst und Tiefenschau. Der Weg zur Vollendung. Mitteil. der Ges. für freie Philosophie H. 8/9, Darmstadt 1924, S. 3 ff.
Er macht so viel Gerede von mir: In dem obenerwähnten Aufsatz schreibt Keyserling: Groddeck ist der vorurteilsfreieste aller Analytiker und im übrigen der des Sinns seiner Kunst bewußteste Arzt, der mir begegnet ist.

76 *seine Bemerkungen über die Psychoanalyse:* Keyserling, Heilkunst und Tiefenschau. Vgl. d. Anm. zu S. 74 f.

77 *Ihre Autobiographie:* Selbstdarstellung. In: Die Medizin der Gegenwart in Selbstdarstellungen, hrsg. von L. R. Grote, IV. Leipzig 1925. Auch: Freud, Ges. Werke XIV.
Landauer: Karl L., Psychiater und Psychoanalytiker.

78 *Qualifikation der Nichtärzte:* Sigm. Freud, Die Frage der Laienanalyse. Ges. Werke XIV.

79 *Die Zusammenkünfte:* Samstagabendzusammenkünfte im Sanatorium Groddeck zur Besprechung psychoanal. und andrer Themen.
Vortrag: Beim Kongreß in Homburg im September 1925 hielt Groddeck einen Vortrag über Das Es und die Psychoanalyse. Die Arche, I, 10 (20. 9. 1925), S. 1 ff. Auch in: Psychoanalytische Schriften zur Psychosomatik.

82 *wieder Vorträge zu halten:* Vortragszyklus Das Es an der Berliner Lessinghochschule, Herbst 1926. Die Arche, II, 1926, 15, 16, 17, 18.
Frau Andreas Salomé: Lou Andreas-Salomé (1861–1937), Schriftstellerin, Freundin Nietzsches u. Rilkes, trat 1911 in Bez. zum Wiener Kreis d. Psychoanalytiker u. zu Freud.
Ihre Anfrage: Der Brief Groddecks an den Verlag befindet sich nicht im Nachlaß.

Storfer: Albert Josef St. (1888–1944), 1921–1932 Direktor des Intern. Psychoanalyt. Verlages in Wien.

83 *der Beziehung T. W.:* Thomas Weltlein – der Seelensucher.
P. T.: Patrik Troll. Die Briefe des Buches vom Es unterzeichnete
Groddeck mit Patrik Troll.
Kongreß: Intern. Psychoanal. Kongreß, September 1927 in Inns-
bruck.

85 *Deutsch:* Dr. med. Felix D. (1884–1964), Psychoanalytiker.
der Amerikaner: Smith Ely Jelliffe (1866–1945), Psychoanalytiker.

86 *Wer immer strebend sich bemüht, den können wir erlösen:* Vgl.
dazu Groddeck, Ein Faustzitat. Psychoanalytische Schriften zur Literatur und Kunst. A. a. O., S. 228 ff.

88 *Eigentümlichkeiten der Sprache und der bildenden Kunst:* Der
Mensch als Symbol. Wien, Intern. Psychoanalyt. Verlag 1933.
*Wirken des Symbols im Gesamtorganismus und dessen einzelnen
Teilen:* Diesen Plan konnte Groddeck nur teilweise verwirklichen.
Vgl. Psychoanalytische Schriften zur Psychosomatik: Vom Sehen,
von der Welt des Auges und vom Sehen ohne Augen, S. 263 f.
Vom Menschenbauch und dessen Seele, S. 335 ff. / Vom Mund
und dessen Seele, S. 386 ff.
Das erste Kapitel ist von Storfer . . .: Vgl. Psychoanalytische Be-
wegung, IV, 2, (März/April 1932), S. 161 ff.
die Bruchstücke über das Sehen: Siehe oben.

89 *Ihr Manuskript selbst zu lesen:* Vgl. S. 88.
Mein Bruder: Martin Freud (1889–1967).

90 *Die Melancholie:* Vgl. Psychoanalytische Schriften zur Literatur
und Kunst, a. a. O.: Dürers Melancolia, S. 332 ff.
Der Krebs: Vgl. Psychoanalytische Schriften zur Psychosomatik, a.
a. O.: Von der Psychischen Bedingtheit der Krebserkrankung, S.
380 ff. (Fragment 1934).

93 Carl August Groddeck (1855–1909), Journalist, Chefredakteur der
Berliner Post, war der älteste Bruder Georg Groddecks.
unsre Eltern: Dr. med. Carl Theodor, geb. in Danzig 11. 4. 1826,
gest. in Berlin 22. 9. 1885, und Caroline Groddeck, geb. Koberstein (vgl. d. Anm. zu S. 46).
das Buch: Ein Kind der Erde. Leipzig 1905.
Schweninger: Ernst Sch. (geb. 15. 6. 1850 in Freystadt/Ob.pfalz,
gest. 13. 1. 1924 in München), Arzt des Fürsten Bismarck (seit
1881), 1884 Prof. der Dermatologie in Berlin.

94 *Wolfgang:* der Held des Buches Ein Kind der Erde.
Spitteler-Probe: Verse aus dem Olympischen Frühling. Vgl. d.
Anm. zu S. 98.

95 *ein Frauenproblem:* Vgl. G. Groddeck, Ein Frauenproblem. Leipzig 1903.

96 *ein Stück August:* Betr. den Roman Der Seelensucher (vgl. d. Anm. zu S. 24). Mit dieser Romanfigur beschäftigte sich Groddeck schon seit 1906.
Weltenträumer: der Seelensucher.
des mythologischen Ungeheuers: Groddeck, Die Hochzeit des Dionysos. Dresden 1907.

97 *Sein Arzt:* Ernst Schweninger, Der Arzt. Dresden ²1926.

98 *Spitteler:* Carl Spitteler (1845–1924), Schweizer Dichter. Groddeck hatte unter dem Titel Ein deutsches Gedicht im großen Stil in der Ztschr. Der Osten, (31. Jg. 1905, H. 12, S. 186–192) eine begeisterte Rezension über den Olympischen Frühling geschrieben, woran sich ein kurzer Briefwechsel mit Sp. knüpfte.
August: der Seelensucher.
Von dem Gedicht: Hochzeit des Dionysos. Vgl. d. Anm. zu S. 96.
über den Wasserkreislauf: Studien über die Rolle des Wassers im menschlichen Organismus. Zeitschrift für den Ausbau der Entwicklungslehre, II (1908), 3/4.

99 *die Kinder größer werden:* Else v. d. Goltz-Neumann hatte in die am 20. 9. 1896 geschlossene Ehe zwei Kinder mitgebracht: Ursula und Joachim von der Goltz (geb. 1892, Schriftsteller). Aus der Ehe Groddecks mit E. v. d. G.-N. stammte die Tochter Barbara Groddeck (1901–1957).

100 *meine Novelle:* Der Pfarrer von Langewiesche, veröff. im Feuilleton der Frankfurter Zeitung, März-April 1909. Über diese Novelle schreibt der Bruder Carl am 12. 10. 1908: „Im übrigen kann ich nur wiederholen: diese Novelle ist das Beste, was Du geschrieben hast. Ich will nicht so weit gehen, sie für fehlerlos zu erklären; in der ersten Fassung war der Schluß schwach, und ich fürchte, das wird seitdem nicht viel besser geworden sein. Aber ich fand hier bei Dir zum ersten Male ein Stück Leben anstatt mühsam abgequälter Erfindungen."

103 *Das Ich und das Es:* Vgl. d. Anm. zu S. 61.
Steckel: Vgl. S. 45.
Spielrein: Sabina S., Die Destruktion als Ursache des Werdens. Jahrbuch der Psychoanalyse IV, Bd. 2 (1912), S. 465–503.

103 *Berliner Charité:* Universitätskrankenhaus.

108 *Schweninger:* Vgl. d. Anm. zu S. 93.

111 *... vor mir verfaßten ... Vortrag:* Das letzte Kapitel aus *Hin zu Gottnatur* erschien als Vorabdruck in Maximilian Hardens Zeitschr.

Die Zukunft (Nr. v. 10. 7. 09), auf den hin Emma Stropp einen Artikel *Die Frau ohne Persönlichkeit* schrieb. Veröff. in: Die Frau und ihre Zeit, Jg. 1909, 9 (Sept.).

112 *Ich bin nicht Nervenarzt:* Harden hatte in der Anm. zum Vorabdr. des letzten Kap. aus *Hin zu Gottnatur* Groddeck u. a. irrtümlich als Nervenarzt vorgestellt.

115 Von diesem einen Brief hat Groddeck eine Kopie gemacht. Die Originale der Briefe Groddecks an Ferenczi sind nicht mehr vorhanden.
Über die Selbstanalyse . . .: Ferenczi hatte in seinem Brief vom 11. 10. 1922 geschrieben: „Ich glaube nicht an Selbstanalysen. Das Ubw. ist geschickt genug, einen gerade an den wichtigsten Punkten irrezuführen. Zu einer Analyse gehört ein Grad von Selbst-Entäußerung, der nicht möglich ist, wenn man einen großen Teil seiner ps. Fähigkeiten als kritische Instanz walten läßt, und das hat man in der Selbstanalyse, wo man gleichzeitig Vater und Sohn sein will. Teil-Analysen sind wohl auch auf diesem Wege möglich, aber höchstens zur Vertiefung oder Verbreiterung von etwas schon Bekanntem. Zu *wesentlich* neuen Erkenntnissen über sich selbst gelangt man so nicht. Dazu ist die ,Siedehitze der Übertragung' nötig, die in der Selbstanalyse fehlt."

116 *ein böser Satz?* Ferenczi schreibt: „Die Analyse ist meiner Ansicht nach ein soziales Phänomen. Es gehören (mindestens) zwei dazu. Sie ist ja nur eine verbesserte Wiederholung der seinerzeitigen Erziehung resp. der Erledigung des Gefühlsverhältnisses zu den Eltern."

117 *Wird es etwas mit Budapest:* Groddeck und seine Frau besuchten Ferenczis erst im November 1925 in Budapest.
Elma: Elma Laurvik, Tochter von Frau Ferenczi.

118 *Driesch:* Hans D. (1867–1941), Philosoph u. Biologe. Seine Bedeutung liegt in erster Linie in der von ihm geschaffenen Verbindung von biolog. Experiment, theoret. Biologie und Naturphilosophie.
Panty: Einzelheiten für uns nicht zu ermitteln.
Uexküll: Jakob Johann v. U. (1864–1944), Biologe, Schöpfer der Umweltforschung u. Mitbegründer der vergleichenden Physiologie.
Spemann: Hans S. (1869–1941), Zoologe, Entwicklungsphysiologe. Schuf mit seinen grundlegenden Schnürungs- und Transplantationsversuchen am Amphibienkeim einen der bedeutendsten entwicklungspshysiol. Arbeitskreise. 1935 Nobelpreis.

122 Der Brief ist die Antwort auf eine Anfrage des Philosophen Geheimrat Prof. Vaihinger (1852–1933) betreffend den Vater und

den Einfluß von dessen Doktorarbeit „Die demokratische Krankheit, eine neue Wahnsinnsform" (Naumburg 1850) auf Nietzsche. Vgl. S. 336.

Mein Vater: Vgl. d. Anm. zu S. 93.

ältester Sohn des damaligen Bürgermeisters: Carl August Groddeck, geb. in Danzig 13. 4. 1794, gest. das. 17. 1. 1877. Geheimer Justizrat und Oberbürgermeister.

während und nach der Revolution: 1848/49.

Heckers Werk über ansteckende Geisteskrankheiten: Justus Friedrich Carl H. (1795–1850, Prof. der Geschichte der Medizin in Berlin, Begründer der historischen Pathologie), Die Tanzwut, eine Volkskrankheit im Mittelalter. Berlin 1832, u. Die großen Volkskrankheiten des Mittelalters. Neu hrsg. von August Hirsch, Berlin 1865.

Die Mutter meines Vaters: Henriette Elmire Gr. geb Hecker, geb. in Marienwerder 25. 3. 1802, gest. in Danzig 1. 11. 1853, Tochter des Geheimen Justizrats und Oberlandesgerichtsrats Johann Gottlieb H.

Großmutter Koberstein: Caroline Henriette Auguste K. geb. Hekker, geb. 4. 5. 1802 in Berlin, gest. 1859 in Schulpforta, Tochter des Pastors Johann Christian Nathanael H.

bei meinem Großvater Koberstein: August K., geb. 10. 1. 1797 in Rügenwalde, gest. 8. 3. 1870 in Kösen, Sohn eines Pädagogen zu Rügenwalde, Pommern, der später Pfarrer in Glowitz bei Stolp wurde. Literarhistoriker, Lehrer an der Landesschule Pforte.

123 *älteste... Tochter:* Caroline Groddeck, geb. Koberstein (vgl. d. Anm. zu S. 93).

Forscher der Etrusker Korssen: Paul Wilhelm C. Corssen (1820–1875), Philologe, Geschichtslehrer in Schulpforta. Verf. von: Über die Sprache der Etrusker. Leipzig 1874.

der berüchtigten Doktordissertation: Im Nachtrag zur 5. Aufl. 1930 seines Buches Nietzsche als Philosoph schreibt Vaihinger: „Nietzsches antidemokratische Stellung ist stark beeinflußt durch die im Revolutionsjahre 1849 von der Berliner medizinischen Fakultät approbierte und in den weitesten Kreisen bekannt gewordene und viel besprochene Dissertation von Carl Theodor Groddeck, 'de morbo democratico, nova insaniae forma'. Groddeck stammte aus Danzig, wo er als Sohn des dortigen Bürgermeisters 1826 geboren ist. Die öffentliche Disputation am 21. Dezember 1849 wurde zu einem politischen Ereignis ersten Ranges: demokratische Parteiführer traten als Opponenten auf, z. B. der bedeutende Altphilologe und Grammatiker Krüger. Während das lateinische Original auf allen deutschen Universitätsbibliotheken sich unter den medizinischen Dissertationen befindet, ist die im Jahre 1850 von Groddeck selbst besorgte, erweiterte deutsche Ausgabe,

‚Die demokratische Krankheit, eine neue Wahnsinnsform' sehr selten geworden. Immerhin befinden sich Exemplare in der Preußischen Staatsbibliothek und in der Berliner Universität, sowie in den Universitäten von Göttingen und Königsberg, auch in der Bibliothek von Schulpforta.

Die Abhandlung von Carl Theodor Groddeck, einem Schüler von Trendelenburg, Benke, Johannes Müller und Kruckenberg in Halle ist durchaus ernst gemeint und auch ernst zu nehmen: im Anschluß an die damalige psychiatrische Literatur, besonders an die Lehre von Hecker über die ansteckenden Geisteskrankheiten schildert Groddeck die damalige durch ganz Europa gehende demokratische Bewegung als eine Geistesepidemie. – Titel und Sache erscheinen weniger anstößig, wenn man berücksichtigt, daß die damaligen ‚Demokraten' durchaus nicht mit der heute so bezeichneten politischen Partei zu identifizieren sind. Denn die ‚Demokraten' um 1848 vereinigten in sich nicht bloß die Konstitutionellen und die Republikaner aller Schattierungen, sondern auch die Sozialisten, Kommunisten und Anarchisten. Wie sehr damals die edleren Elemente der Partei z. B. die Dichter Kinkel und Hoffmann (aus Fallersleben) oder Carl Schurz durch den sich an die Partei anhängenden Mob gestört wurden, weiß man aus der vielbändigen Autobiographie des ebengenannten Hoffmann von F.: wilde und zuchtlose, auf Raub und Totschlag ausgehende Banden waren eben auch ‚Demokraten'. – – – Friedrich Nietzsche war von 1858–64 Alumnus in Schulpforta, wo er dem Direktor Koberstein besonders nahestand, in dessen Haus er auch C. Th. Groddeck kennenlernte. Im Kobersteinschen Hause war von der Schrift über die demokratische Krankheit oft die Rede, und Nietzsche hat auf diese Weise sicher den antidemokratischen Geist dort eingesogen und wohl auch das Buch selbst gelesen. Denn vieles, was Nietzsche in so zahlreichen Stellen seiner verschiedensten Werke über und gegen die Demokratie sagt, stimmt mit den Anschauungen von C. Th. Groddeck fast wörtlich überein. Natürlich wäre Nietzsche aus seinen späteren allgemeinen philosophischen Prinzipien heraus auch schon von selbst zu seiner antidemokratischen Stellung gekommen. Aber die historische Tatsache der Beeinflussung durch C. Th. Groddeck wirkte sich doch in der Form aus, in welcher die antidemokratische Gesinnung bei Nietzsche zum Ausdruck kommt.“

124 *Rademacher*: Johann Gottfried R. (1772–1850), prakt. Arzt, Begründer der Erfahrungsheillehre; sie verbindet die Diagnose mit der aus der reinen Erfahrung gewonnenen Therapie.
Schicksal des Buches entschieden: Es wurde aber doch ins Französische übersetzt: De la maladie démocratique, nouvelle espèce de folie. Traduit de l'Allemand du Docteur Groddeck, Paris 1850.

131 Der Aufsatz wird hier erstmals veröffentlicht. Das Typoskript im Nachlaß (6 S.) ist undatiert. Vgl. S. 62 ff.

136 *(Bier, Kirschen und saure Milch)*. Erstveröff.: Die Arche, I, 3/4 (11. 6. / 26. 6. 1925).

137 *über die Hand des Arztes:* Der Arzt. Dresden. [1]1906, [2]1926, S. 91 ff.

140 *(Die Natur heilt)*. Erstveröff.: Die Arche, I, 5 (10. 7. 1925). Siehe auch: Groddeck, Ernst Schweninger. Der Arzt, II (1930), 6, S. 167–174.

144 *(Widerstand)*. Erstveröff.: Die Arche, I, 5 (10. 7. 1925); auch in: Psychoanalyt. Schr. z. Psychosomatik (u. d. T.: Über Widerstand und Übertragung).

148 *(Krankheit und Gesundheit)*. Erstveröff.: Die Arche, I, 7 (7. 8. 1925); auch in: Psychoanalyt. Schr. z. Psychosomatik (u. d. T.: Die Ambivalenz im Dienste von Übertragung und Widerstand).

149 *Experimente von Roux:* Wilhelm R. (1850–1924), Entwicklungsphysiologe.
Driesch: Vgl. d. Anm. zu S. 118.
Spemann: Vgl. d. Anm. zu S. 118.

154 *(Atmen)*. Erstveröff.: Die Arche, I, 8 (20. 8. 1925).

156 „Wortanalyse". Erstveröff.: Die Arche, II, 2 (29. 4. 1926).

159 *(Sexualität)*. Bemerkungen zu dem Bericht einer Archeleserin über den Geschlechtsverkehr bei Schwangerschaft. Vor ihrer analytischen Behandlung hatte sie diesen als Sünde empfunden. Erstveröff.: Die Arche, II, 2 (29. 4. 1926).

161 *(Sozial oder Unsozial)*. Erstveröff.: Die Arche, II, 5 (17. 6. 1926).

162 *(Der Mensch stirbt nur dann . . .)*. Erstveröff.: Die Arche, II, 12/13 (30. 9. 1926).
Jobses: Karl Arnold Kortum (1745–1824; Dr. med., prakt. Arzt, Verfasser des grotesk-komischen Heldengedichts Die Jobsiade oder Leben, Meinungen und Taten von Hieronymus Jobs dem Kandidaten. Münster 1784; ill. v. W. Busch 1874. Neu hrsg. v. W. Müller-Rüdersdorf, Leipzig [4]1924; bürgerlicher Schüler Wielands im komischen Heldengedicht, Vorläufer Wilhelm Buschs.

168 *(Ich pfeife auf die Physik)*. Erstveröff.: Die Arche, II, 12/13 (30. 9. 1926).
Helmholtz: Hermann von Helmholtz (1821–1894), Physiker und Physiologe.
Du Bois-Reymond: Emil D. (1818–1896), Physiologe.

170 *an einer Verbindung:* Als Groddeck 1915 seine spätere zweite Frau kennenlernte, war sie die Witwe von Karl Ferdinand v. Voigt.
Olshausen: Robert Michaelis O. (1835–1915), Gynäkologe.

174 *den Vornamen Bertha:* zur Bedeutung des Namens Bertha, vgl. die Lebenserinnerungen, S. 277 ff.

Mitteilungen erd's: Ein Archeleser hatte Bemerkungen zu folgender Geschichte gemacht: Ein Mann hatte sieben Söhne, die oft uneins waren. Als er zum Sterben kam, ließ er sie rufen und gab jedem ein Bündel Stäbe in die Hand, um sie zu zerbrechen. Keiner konnte es. Der Vater löste die Schnur und zerbrach mit seinen kraftlosen Händen mühelos die Stäbe, einen nach dem andern.

176 *(Verdrängen und Heilen).* Erstveröff.: Die Arche, II, 14 (22. 10. 1926).

184 *Das Es und die Psychoanalyse.* Erster Vortrag an der Berliner Lessinghochschule, 22. 10. 1926. Erstveröff.: Die Arche, II, 15 (10. 11. 1926).

194 *Der Alltag.* Zweiter Vortrag an der Berliner Lessinghochschule, Herbst 1926. Erstveröff.: Die Arche, II, 16 (29. 11. 1926).

197 *Adler:* Vgl. d. Anm. zu S. 10.

207 *Krankheit.* Dritter Vortrag in der Lessinghochschule, Herbst 1926. Erstveröff.: Die Arche, II, 16 (29. 11. 1926).

218 *Behandlung.* Vierter Vortrag in der Lessinghochschule, Herbst 1926. Erstveröff.: Die Arche, II, 17 (17. 12. 1926).

233 *Schicksal und Zwang.* Vortrag, gehalten bei der Tagung 1925 der Gesellschaft für freie Philosophie in Darmstadt. Erstveröff.: Der Leuchter, Gesetz und Freiheit. Veröff. der Schule der Weisheit, Darmstadt 1926, S. 45–67.

247 *Bell:* Alexander Graham B. (1847–1922), Prof. für Physiologie der Stimme.

250 *(Erziehung).* Erstveröff.: Die Arche, II, 19/20 (5. 2. 1927).

254 *(Eine Abbitte).* Erstveröff.: Die Arche, II, 22 (7. 3. 1927).

Frau Courths-Mahler: Hedwig C. geb. Mahler (1867–1950), erfolgreiche Unterhaltungsschriftstellerin.

257 *(Der Mensch, nicht der Kranke begehrt Hilfe).* Erstveröff.: Die Arche, III, 2 (26. 4. 1927).

262 *nosologisches Etikett:* Nosologie = systematische Beschreibung der Krankheiten.

NAMENVERZEICHNIS